O C É A N O   A T L Á N T I C O

San Agustín

Miami

Islas Bahamas

TRÓPICO DE CÁNCER

La Habana — Matanzas
Marianao
Cienfuegos

Isla de Pinos   CUBA   Camagüey

Guantánamo   REPÚBLICA
Santiago   DOMINICANA
de Cuba

Islas Vírgenes

HAITÍ   Santiago   San Juan

JAMAICA   Puerto Príncipe   Ponce
   Santo   PUERTO
Antillas   Domingo   RICO

Antigua

Kingston   Mayores   Guadalupe

Dominica

Martinica

HONDURAS   M A R   D E L   C A R I B E   Santa Lucía

Barbados

Antillas Menores

San Vincente

NICARAGUA

Grenada

Aruba   Curaçao

Bonaire   Puerto de   (TOBAGO)
   Margarita   España   (TRINIDAD)
   TRINIDAD
   Y
El Canal de   TOBAGO
Panamá

San José   Puerto
Limón   Portobello
Colón   Panamá
COSTA
RICA   PANAMÁ

Golfo   VENEZUELA
de
Panamá

GUYANA

COLOMBIA

BRASIL

Español
a lo vivo

SEVENTH EDITION

Español a lo vivo

Ernest J. Wilkins
UNIVERSITY OF UTAH

Jerry W. Larson
BRIGHAM YOUNG UNIVERSITY

JOHN WILEY & SONS

NEW YORK   CHICHESTER   BRISBANE

TORONTO   SINGAPORE

ESPAÑOL A LO VIVO

Original editions by Terrence L. Hansen
  and Ernest J. Wilkins

Illustrations: Ric Estrada
Cover photo: Tom & Michele Grimm
  courtesy of "After Image"

ISBN 0-471-50773-3
Printed in the United States of America
10 9 8 7 6 5 4 3 2 1

Prefacio

Español a lo vivo is a second-language acquisition program designed for use on the introductory level of college Spanish. Now in its seventh edition, it continues to emphasize oral proficiency as a primary goal. Important revisions have been made to enhance the students' opportunities to communicate and interact in the language with each other and with the instructor.

The supplementary materials have been expanded and improved to develop the students' abilities more effectively in the other basic skills—reading, writing, correct usage of structures, and awareness of the cultural values and characteristics of Spanish-speaking peoples.

Changes in the Seventh Edition

The new features of the Seventh Edition of *Español a lo vivo* do not change the basic focus and format that have been used successfully over the years. Here are some of the ways the new edition has been improved.

Interaction in Pairs and Small Groups

This feature of the text has been revised and expanded to provide more opportunities for students to exchange ideas and converse more freely. Topics and issues of relevance and interest are addressed, and the situations are structured in such a way that students have correct linguistic models to use as a point of reference for interaction. Personalized questions, a traditional feature of *Español a lo vivo*, are not used just at the end of each lesson but have been incorporated into the activities and teaching strategies throughout.

Expanded Use of Illustrations

The use of illustrations to infer meaning of new vocabulary and structures has been increased in this edition. The instructor will find additional opportunities to engage students in conversations based on the illustrations.

Annotated Instructor's Edition

New in this edition, this teaching tool especially prepared for the instructor features marginal notes with teaching hints and practical strategies readily available under one cover.

Test Bank

This edition also includes a complete set of suggested testing and evaluation items for each lesson.

Audio Cassettes

The audio materials have been revised and streamlined to provide more pleasurable listening and response situations. Manipulation drills have been reduced to a minimum and the entire cassette package for a given lesson now requires less than one hour. The script for the audio program is provided in a separate tapescript booklet.

Transparencies

For the first time with *Español a lo vivo*, acetate transparencies illustrating the textbook drawings are available for use in the classroom.

Software

The software supplements have been revised and include interactive computerized units with grammar and vocabulary review plus diagnostic tests. These components are available in IBM and Macintosh versions.

Organization of the Text

Each lesson has the following sections:

A *Perspectiva* section lists the functional conversational goals and the performance objectives for language structure and culture.

A *Conversaciones* section accompanied by comprehension questions introduces the lesson's theme and includes examples of the new vocabulary and structures. A complete translation of the *Conversaciones* appears in the *Workbook*.

Next come the *Notas culturales*, written completely in Spanish and accompanied by comprehension questions that can be used to stimulate classroom interaction.

The *Interacción y Comunicación* section explains and illustrates the structures and vocabulary necessary to carry on conversations about the theme of the lesson. A prominent feature of this section is the *Interacción en parejas*, which gives the students opportunities to communicate with each other in pairs or in small groups. A

section called *Vocabulario útil* is used to introduce additional vocabulary related to the lesson theme.

A *Lectura* is included in each lesson, beginning with Lesson 2. This section serves as a vehicle for additional reading skills development and also as a basis for further student interaction.

A section called *En pocas palabras* provides a review of all the new structures and topics presented in the lesson. It offers students the opportunity to generate questions to predetermined answers. It utilizes the *Pregúntele*-type stimulus to start "*pequeñas conversaciones*" and concludes with *Preguntas personales*, which are first used by the instructor to review the topics and structures of the entire lesson, then to serve as the basis for further interaction among the students in which they express their own opinions.

The lesson ends with a *Pronunciación* section and a Spanish-English *Vocabulario* listing the active words introduced in the lesson.

The Ancillary Materials

In addition to the text, the materials for the *Español a lo vivo* program include the following:

1. The Workbook

The first section of the *Workbook* contains answer sheets that correspond to a pronunciation lesson of the tape program. The second section is a lesson designed to help students understand and practice the features of spelling, accentuation, and syllabication in Spanish. The main lessons in the *Workbook* practice concepts from the corresponding textbook lessons.

Each lesson of the *Workbook* has several different types of exercises. The first part is coordinated with the tape program and includes an answer sheet for students to record their answers to listening comprehension exercises. During this listening activity, students choose between logical and illogical answers, multiple-choice items, and true-false statements. The writing exercises that follow in each lesson focus on specific structures introduced in the lesson and lead the student to progressively freer expression, which is demonstrated through the composition of sentences and paragraphs. Each lesson also contains a crossword puzzle based on the new vocabulary items of that lesson.

A set of review exercises occurs after every three lessons.

At the end of the *Workbook* students will find an answer key to all the written exercises and the English equivalent of all the *Conversaciones*. The answers to the review exercises are also provided at the end of the *Workbook*.

2. Audio Cassettes

The audio cassette program for each lesson includes the *Conversaciones* and many of the exercises from the textbook; new structural exercises; a narrative that recombines materials from the *Conversaciones*, *Notas culturales*, and the *Lecturas*; and pronunciation and listening comprehension exercises.

3. The Tapescript Booklet

This booklet is prepared especially for the laboratory instructor or supervisor and is available on request without charge to the users of *Español a lo vivo*.

4. The Software Program

This program gives students additional out-of-class activities for (1) practicing grammatical structures and concepts, (2) rehearsing vocabulary, and (3) diagnosing deficiencies. This feature is particularly useful since it indicates areas of weakness where the student should place more emphasis in his or her studies.

A Word of Thanks

For their review of the Sixth Edition and suggestions for this edition, we are grateful to Rosa Fernández, The University of New Mexico; Shaw Gynan, Western Washington University; Ellen Hamblin, Hillsborough Community College; Ramón Meléndez, Bakersfield College; Phyllis Mitchell, Wheaton College (IL); Thomas F. O'Dea, Los Angeles Pierce College; Ronold S. Pazik, University of Windsor; Michele Hester-Reyes, College of the Sequoias; and Bruce R. Swayne, Boise State University. We also express our gratitude to our editor, Ron Nelson, and the staff of John Wiley & Sons for their helpful suggestions and cooperation, and to David Thorstad for his editing of the manuscript.

ERNEST J. WILKINS

JERRY W. LARSON

Contenido

Prefacio **v**

Lección uno
Vamos a conocernos. 1

REFRÁN: Mi casa es tu casa.

PERSPECTIVA

CONVERSACIONES: Nancy y el profesor
González / Los amigos Tony y Miguel /
Maribel y Nancy *1*

NOTAS CULTURALES: Saludos formales / Saludos
informales *3*

INTERACCIÓN Y COMUNICACIÓN 7

Cosas definidas
Los artículos definidos

¿Cuántas personas hay en la clase?
Los números cardinales de 0 a 50
El verbo **hay**

¿Qué hay en la sala de clase?

Comunicación en la clase
Instrucciones y expresiones para usar en clase

Vamos a conocernos.
¿Cómo se llama . . . ? **(llamarse)**
Los adjetivos demostrativos
Me gusta . . .

Los oficios y profesiones

VOCABULARIO ÚTIL: Profesiones *13*
La formación de preguntas
Palabras interrogativas
Frases negativas

EN POCAS PALABRAS *17*

PRONUNCIACIÓN *18*

VOCABULARIO *19*

Lección dos
La vida social 23

REFRÁN: Los libros y los amigos—
pocos y buenos.

PERSPECTIVA

CONVERSACIONES: ¿Qué estudias? / ¿De dónde
eres? / ¿Cómo es el amigo de Venezuela? *23*

NOTAS CULTURALES: La vida social / La plaza /
El bar *25*

INTERACCIÓN Y COMUNICACIÓN *27*

¿Quién habla?
Los pronombres como sujetos
Uso de pronombres como sujetos
Tú *y* **usted**
Los verbos en español—terminología
The infinitive

Classification of verbs
Conjugated forms
Regular versus irregular verbs

Comunicando en el tiempo presente
El tiempo presente de verbos regulares
Verbos regulares en **-ar**
Verbos regulares en **-er**
Verbos regulares en **-ir**
El tiempo presente de **estar**
El tiempo presente de **ser**, *verbo irregular*

Cosas definidas
Usos del artículo definido

Cosas indefinidas
El artículo indefinido

Describiendo cosas y personas
Los adjetivos
La concordancia de los adjetivos
La colocación de los adjetivos

VOCABULARIO ÚTIL: Descripciones /
Nacionalidades *38*
Usos de **ser** *y* **estar**

LECTURA: Dos hispanos *41*

EN POCAS PALABRAS *43*

PRONUNCIACIÓN *44*

VOCABULARIO *45*

Lección tres
La familia 47

REFRÁN: No es casa la casa donde no hay mujer.

PERSPECTIVA

CONVERSACIONES: Hoy vamos a visitar a los abuelos. / ¿Cuántos hermanos tienes? / El cumpleaños de mi abuela *47*

NOTAS CULTURALES: El papel de la madre / El papel del padre / La familia hispana / Los apellidos *49*

INTERACCIÓN Y COMUNICACIÓN *51*
¿Adónde vas?

El verbo irregular **ir** *(tiempo presente)*
Ir a + *infinitivo*

¿Qué día es hoy?
Los días de la semana

¿Vienes a la clase mañana?
El verbo **venir** *(tiempo presente)*

¿Tienes una familia grande?
El verbo **tener** *(tiempo presente)*
Tener que + *infinitivo*

Contracciones
Contracción de **a** + **el** → **al**
Contracción de **de** + **el** → **del**

¿De qué color son tus zapatos?
Los adjetivos posesivos

VOCABULARIO ÚTIL: La familia de Luisa *60*

Preferencias, intenciones, opiniones, deseos y obligaciones
Verbos que cambian la raíz (**e** → **ie**)
querer, **preferir**, **pensar** *(tiempo presente)*

¿Qué hora es?
El reloj y la hora
Expresiones de la hora
La **a** *de persona*

LECTURA: La familia de Luisa *66*

EN POCAS PALABRAS *67*

PRONUNCIACIÓN *68*

VOCABULARIO *69*

Lección cuatro
¿Qué carrera sigues? 71

REFRÁN: Cada loco con su tema.

PERSPECTIVA

CONVERSACIONES: ¿Qué carrera sigues? *71*

NOTAS CULTURALES: El sistema educativo / La ciudad universitaria / Planes para el futuro *72*

INTERACCIÓN Y COMUNICACIÓN *75*
Títulos y facultades

VOCABULARIO ÚTIL: Asignaturas, ocupaciones y lugares de trabajo *76*

Cursos y carreras
*Verbos que cambian la raíz (**e → i**)*
seguir, pedir, decir, vestir, medir, servir, repetir *(tiempo presente)*

¿Qué carrera siguen?

¿Conoces al presidente y sabes dónde vive?
Conocer *y* **saber**

¿Lo necesitas?
Los complementos directos
Los pronombres usados como complementos directos

¿Cuántos estudiantes hay?
Los números cardinales de 50 a 1.000.000

LECTURA: Ricardo quiere ser ingeniero. *90*
EN POCAS PALABRAS *91*
PRONUNCIACIÓN *92*
VOCABULARIO *93*

Lección cinco
¿Qué tiempo hace? 95

REFRÁN: **Al mal tiempo buena cara.**

PERSPECTIVA
CONVERSACIONES: ¿Te gusta la nieve? *95*
NOTAS CULTURALES: Los contrastes del clima *96*
INTERACCIÓN Y COMUNICACIÓN *98*

¿Qué tiempo hace?

VOCABULARIO ÚTIL: Expresiones del tiempo con **hacer** / Expresiones del tiempo con **estar** *99*

¿Llueve mucho en Chile?
*Verbos que cambian la raíz (**o → ue**)*

VOCABULARIO ÚTIL: Las estaciones del año / La fecha / Los meses del año *102*

¿Me prestas un sobretodo?
Los pronombres usados como objetos indirectos
Los pronombres usados como objetos de preposición

Los complementos indirectos y directos usados en secuencia

Pamela les da direcciones a los turistas.
*El verbo **dar** (tiempo presente)*

¿Te gusta el clima de aquí?
*Construcciones de complementos indirectos con **gustar**, **parecer** y **faltar***

¿Tienes frío?
*Expresiones con **tener***

LECTURA: Un piloto peruano *114*
EN POCAS PALABRAS *114*
PRONUNCIACIÓN *115*
VOCABULARIO *116*

Lección seis
La vida moderna 118

REFRÁN: **¡Qué bonito es no hacer nada y, después de no hacer nada, descansar!**

PERSPECTIVA
CONVERSACIONES: ¡Qué bonito es descansar! *118*
NOTAS CULTURALES: Al mediodía / En la noche / Las comidas *119*
INTERACCIÓN Y COMUNICACIÓN *121*

¿A qué hora te levantas?
La construcción reflexiva
despertarse, levantarse, bañarse, vestirse, sentarse, acostarse

VOCABULARIO ÚTIL: Días festivos importantes *128*
Panorama de pasatiempos y hobbies
La televisión: ¿una influencia buena o mala?

¿Estás descansando?
El presente con el gerundio
La formación del gerundio
Gerundios irregulares
Posición de pronombres reflexivos y complementos con el gerundio

¡Pobre de Dolores! Otra víctima del *stress*.
*Verbos que cambian la raíz (**o → ue**) (repaso)*

LECTURA: El tiempo no es oro. *137*

EN POCAS PALABRAS *138*

PRONUNCIACIÓN *139*

VOCABULARIO *139*

Lección siete
Los modos de vestir 142

REFRÁN: **Aunque la mona se vista de seda, mona se queda.**

PERSPECTIVA

CONVERSACIONES: Vamos al baile de Año Nuevo. *142*

NOTAS CULTURALES: El sastre y la modista / El modo de vestir de los estudiantes hispánicos / La forma de vestir de los deportistas *144*

INTERACCIÓN Y COMUNICACIÓN *146*

Sam espera que Isabel esté en el baile.
El modo subjuntivo
Formación del presente de subjuntivo—verbos regulares
El subjuntivo en cláusulas sustantivas

María quiere comprar ropa.

VOCABULARIO ÚTIL: La ropa y los colores / Prendas de vestir / Los colores básicos *151*
El presente de subjuntivo de algunos verbos irregulares

Voy a preguntarle algo. / Voy a pedirle cinco dólares.
Pedir, **preguntar** *y* **hacer preguntas**

El último grito
Mandatos
Formas imperativas de **usted** *y* **ustedes**
Colocación de complementos con mandatos

LECTURA: La soltera *159*

EN POCAS PALABRAS *160*

PRONUNCIACIÓN *161*

VOCABULARIO *162*

Lección ocho
¡Vivan los novios! 164

REFRÁN: **Llorar poco y buscar otra.**

PERSPECTIVA

CONVERSACIONES: ¡Zas, me dio calabazas! *164*

NOTAS CULTURALES: Los piropos / El cortejo y el compromiso / El matrimonio *166*

INTERACCIÓN Y COMUNICACIÓN *168*

¿Qué pasó?
Verbos regulares en el pretérito
hablar, **aprender**, **salir**
Uso del pretérito
Otros verbos que son regulares en el pretérito
pensar, **volver**, **acostarse**

VOCABULARIO ÚTIL: Referencias al pasado *171*

¿Qué hiciste anoche?
Algunos verbos irregulares en el pretérito
ir, **venir**, **estar**, **hacer**, **ponerse**, **ver**, **dar**

¿Quiénes fueron esas personas?
El pretérito de **ir** *y* **ser**

Yo no estudié tampoco.
Los negativos **tampoco**, **nunca**, **nada**, **nadie**, **ninguno**, **ni . . . ni**

LECTURA: Adelita tiene un problema. *181*

EN POCAS PALABRAS *181*

PRONUNCIACIÓN *183*

VOCABULARIO *183*

Lección nueve
Vamos a comer. 185

REFRÁN: **Beber y comer buen pasatiempo es.**

PERSPECTIVA

CONVERSACIONES: ¡Qué sabrosos estuvieron los churrascos! *185*

NOTAS CULTURALES: Los platos típicos / ¡Psssst! ¡Mozo! / ¡A la mesa, por favor! *187*

INTERACCIÓN Y COMUNICACIÓN *189*

¿Te divertiste mucho anoche?
El pretérito de los verbos que cambian su raíz
(e → i)
pedir, **divertirse**, **servir**

¿Dormiste bien anoche?
El pretérito de **morirse** *y* **dormirse**

¿Dijiste la verdad?
Formas irregulares del pretérito de **decir** *y*
traer
Formas irregulares de algunos verbos en el
pretérito
leer, **creer**, **oír**, **construir**
Cambios ortográficos en el pretérito de verbos
en **-car**, **-gar** *y* **-zar**

VOCABULARIO ÚTIL: ¡Vamos a comer! / En la
mesa *196*

LECTURA: En el restaurante *199*
El imperativo afirmativo de **tú**—*formas*
regulares
El imperativo afirmativo de **tú**—*formas*
irregulares
El imperativo negativo de **tú**
Mandatos formales—*repaso*
El subjuntivo en cláusulas sustantivas—*repaso*

EN POCAS PALABRAS *204*

PRONUNCIACIÓN *205*

VOCABULARIO *205*

Lección diez
Los días de la juventud *208*

REFRÁN: **A quien madruga, Dios lo ayuda.**

PERSPECTIVA

CONVERSACIONES: En esos días vivíamos muy
bien. *208*

NOTAS CULTURALES: Simón Bolívar y el sueño
de una Hispanoamérica unida / El Rey don
Juan Carlos y el Premio Bolívar *210*

INTERACCIÓN Y COMUNICACIÓN *212*

En esos días estábamos muy contentos.
El imperfecto
Verbos regulares en el imperfecto

En esos días éramos muy pobres.
Los verbos irregulares en el imperfecto
ser, **ir**, **ver**

Afortunadamente vivíamos muy bien.
La formación de adverbios en **-mente**

VOCABULARIO ÚTIL: Expresiones adverbiales
de tiempo *219*

Silvia tenía tantos pesos como Juana.
Comparaciones de igualdad

Juana era más alta que Silvia.
Comparaciones de desigualdad

Esta clase es mejor que la clase de mis amigos.
Comparaciones de adjetivos—*formas irregu-*
lares
bueno, **malo**, **mejor**, **peor**

LECTURA: Juan Carlos Ramos de La Habana *225*

EN POCAS PALABRAS *226*

PRONUNCIACIÓN *228*

VOCABULARIO *228*

Lección once
Los deportes y las diversiones *230*

REFRÁN: **De tal palo, tal astilla.**

PERSPECTIVA

CONVERSACIONES: ¡Una infracción flagrante! *230*

NOTAS CULTURALES: Los deportes y los aficionados / El fútbol / El béisbol y el jai alai *232*

INTERACCIÓN Y COMUNICACIÓN *234*

Antes mi papá jugaba mucho. Luego juró no
jugar más.
Diferencias entre el pretérito y el imperfecto

Estábamos bailando cuando entró mi novia.
El pasado progresivo

VOCABULARIO ÚTIL: Los deportes y juegos *238*

¿Cuándo conociste al profesor?
Verbos con significado distinto en el pretérito y el imperfecto

¡Yolanda es la más alta de todas!
El superlativo de adjetivos

¿Quiénes juegan mejor?
Comparaciones empleando los adverbios **mejor** *y* **peor**

¡Este partido es importantísimo!
El superlativo absoluto

Hace dos meses que él juega con ese equipo.
Hacer *con expresiones temporales*

LECTURA: Mario y sus diversiones *246*

EN POCAS PALABRAS *248*

PRONUNCIACIÓN *249*

VOCABULARIO *249*

Lección doce
Vamos de compras. 251

REFRÁN: Más vale pájaro en mano que ciento volando.

PERSPECTIVA

CONVERSACIONES: ¿Vamos de compras? *251*

NOTAS CULTURALES: Los mercados públicos *253*

INTERACCIÓN Y COMUNICACIÓN *255*

¿Qué piensas hacer este fin de semana?
Verbos regulares en el tiempo futuro
Verbos irregulares en el futuro

Betty comprará de todo.
El futuro para expresar probabilidad

¿Vamos de compras?
El presente en español con significado de shall *o* will

¿Te gustan éstos?
Los pronombres demostrativos

¿Dónde se venden estampillas?
El reflexivo como equivalente de la voz pasiva

VOCABULARIO ÚTIL: Establecimientos de servicios personales *265*

Lo hago mañana.
El presente con significado futuro

EXPRESIONES ÚTILES: Pidiendo direcciones en la calle *267*

LECTURA: La lotería *270*

EN POCAS PALABRAS *271*

PRONUNCIACIÓN *272*

VOCABULARIO *273*

Lección trece
Los pasatiempos 275

REFRÁN: Dios bendiga al que no me haga perder el tiempo.

PERSPECTIVA

CONVERSACIONES: ¿Cuál es tu pasatiempo favorito? *275*

NOTAS CULTURALES: El tablao flamenco / Madrid de noche *277*

INTERACCIÓN Y COMUNICACIÓN *278*

Los anhelos y pasatiempos
El condicional
Verbos regulares en el condicional
Verbos con raíces irregulares en el condicional

¿Podrías aconsejarnos?
El condicional en peticiones corteses

Pasamos por Salamanca para Madrid.
Usos de **por** *y* **para**

VOCABULARIO ÚTIL: Frases hechas con **por** y expresiones temporales con **hace** *286*

Se dice que bailo muy bien.
Se *reflexivo como sujeto impersonal*
El subjuntivo—repaso y práctica

LECTURA: En la taquilla *290*

EN POCAS PALABRAS *292*

PRONUNCIACIÓN *293*

VOCABULARIO *293*

Lección catorce
La medicina y los médicos 295

REFRÁN: Para el mal de amores no hay doctores.

PERSPECTIVA

CONVERSACIONES: El trauma de Susana *295*

NOTAS CULTURALES: El Seguro Social; parteras y curanderas / La farmacia, la botica y la botánica *297*

INTERACCIÓN Y COMUNICACIÓN *298*

¿Ha venido el médico?
El pretérito perfecto
El participio pasado
Participios pasados que son irregulares

VOCABULARIO ÚTIL: En el consultorio del médico *303*

Antes de salir para el teatro . . .
El pluscuamperfecto

Esas pastillas son mías.
Adjetivos posesivos—formas enfáticas
Pronombres posesivos

LECTURA: Los signos del zodíaco— el horóscopo *311*

EN POCAS PALABRAS *313*

PRONUNCIACIÓN *314*

VOCABULARIO *315*

Lección quince
Las noticias del día 316

REFRÁN: De lo que digan, ná. De lo que ves, la mitad.

PERSPECTIVA

CONVERSACIONES: Con Julio en *El Mercurio 316*

NOTAS CULTURALES: Los titulares del diario: Huelga de estudiantes / Hasta el cuello en deudas / El Papa propone la teología de la bendición frente a la violencia en su gira americana / Las ásperas sangres del terror *318*

INTERACCIÓN Y COMUNICACIÓN *319*

¿Qué piden las amas de casa? ¿Qué quieren los ciudadanos?
La expresión de deseos, peticiones y sentimientos—el modo subjuntivo en cláusulas sustantivas (continuación)
El presente de subjuntivo: verbos irregulares (continuación)
El presente de subjuntivo de verbos que cambian la raíz

VOCABULARIO ÚTIL: Expresiones de cortesía *327*

¡Ojalá que vengan a visitarnos!
El presente de subjuntivo con **ojalá**

Quiero ir mañana.
¿El infinitivo o el subjuntivo?

Estoy seguro que ellos vienen.
El subjuntivo o el indicativo en la cláusula sustantiva

LECTURA: Otros titulares de la prensa: Manifestación de Las Amas de Casa Unidas / Atracos, robos y delitos contra la propiedad / Siguen las negociaciones en Moscú para eliminar la Carrera de Armamentos / 49 muertos en las carreteras durante el fin de semana más trágico del año *332*

EN POCAS PALABRAS *333*

PRONUNCIACIÓN *334*

VOCABULARIO *335*

Lección dieciséis
La música hispánica 336

REFRÁN: Cada cabeza es un mundo.

PERSPECTIVA

CONVERSACIONES: ¡Viva la música folklórica! *336*

NOTAS CULTURALES: La música popular / La música clásica *338*

INTERACCIÓN Y COMUNICACIÓN *340*

¿Qué clase de música te gusta?
El presente de subjuntivo en cláusulas adjetivas

VOCABULARIO ÚTIL: Algunas características humanas *344*
El presente de subjuntivo en cláusulas sustantivas—repaso

Es mejor que digas la verdad.
El uso del subjuntivo con expresiones impersonales

Invitemos a la amiga de mi novia.
El imperativo de la primera persona plural— Let's . . .

¡Qué escuche ella esa música!
El presente de subjuntivo en mandatos indirectos

LECTURA: El gallo *353*

EN POCAS PALABRAS *354*

PRONUNCIACIÓN *355*

VOCABULARIO *356*

Lección diecisiete
Los amigos y la amistad *357*

REFRÁN: **Si tomas amigos nuevos, no te olvides de los viejos.**

PERSPECTIVA

CONVERSACIONES: ¡Santiago y a ellos! *357*

NOTAS CULTURALES: La amistad y la confianza / Los padrinos y las madrinas / Santiago de Compostela *358*

INTERACCIÓN Y COMUNICACIÓN *361*

¿Qué va a pasar en el futuro? ¿Qué pasa todos los días?
El subjuntivo y el indicativo en la cláusula adverbial de tiempo

A fin de que no te olvides de Santiago . . .
El subjuntivo y el indicativo en la cláusula adverbial de proviso

VOCABULARIO ÚTIL: Contestaciones sencillas *370*
Usos del infinitivo

LECTURA: Una carta de Evelina *373*

EN POCAS PALABRAS *374*

PRONUNCIACIÓN *375*

VOCABULARIO *376*

Lección dieciocho
La batalla de los sexos *377*

REFRÁN: **Contigo, pan y cebolla.**

PERSPECTIVA

CONVERSACIONES: ¡El fin del mundo! *377*

NOTAS CULTURALES: El machismo / La mujer hispana *379*

INTERACCIÓN Y COMUNICACIÓN *382*

¡Ay, si yo tuviera más tiempo . . .!
El imperfecto de subjuntivo—la formación de verbos regulares e irregulares
El imperfecto de subjuntivo en cláusulas con **si**

No es como si fuera el fin del mundo.
El imperfecto de subjuntivo después de **como si**

Con más cortesía, por favor.
El imperfecto de subjuntivo y el condicional en peticiones y expresiones corteses

Ojalá (que) tuvieras más tiempo libre.
El subjuntivo con **ojalá**
El subjuntivo en cláusulas sustantivas—repaso

VOCABULARIO ÚTIL: El noviazgo y casamiento de Ricardo y Catalina—por etapas *391*
El subjuntivo en cláusulas adjetivas—repaso
El subjuntivo en cláusulas adverbiales—repaso

LECTURA: El jefe de la familia *395*

EN POCAS PALABRAS *396*

PRONUNCIACIÓN *397*

VOCABULARIO *398*

Apéndice

Guía de pronunciación y ortografía *399*

Verbos *407*

VOCABULARIO
  Español–Inglés *429*
  Inglés–Español *461*

Photo Credits 478

Índice 480

Un pastor cuida las ovejas cerca del Alcázar, famoso castillo de Segovia, España.

Dos volcanes, ahora inactivos, complementan el paraíso exótico del Lago de Atitlán en Guatemala.

del cacto maguey. Hace falta una abundancia de
ta para producir el tequila de México.

Una comunidad tranquila y pacífica en la cordillera de los Andes. (Provincia del Cuzco, Perú)

La bella ciudad de Caracas, Venezuela.

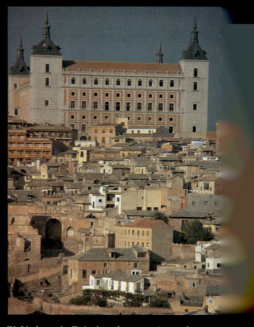

El Alcázar de Toledo, ahora restaurado, sufrió meses y meses de sitio y bombardeo durante la Guerra Civil de España.

Tráfico de noche alrededor del obelisco en la Avenida de Julio, Buenos Aires, Argentina.

La Catedral de Santiago de Compostela, España

Hermoso parque en el centro de Montevideo, Uruguay.

Casa multifamiliar de apartamentos en España.

La Glorieta Cristóbal Colón en México, D.F.

Pintoresca iglesia en Chamula, Chiapas, México.

Así se celebra el día de la Virgen Pilar en Zaragoza, España.

Fiesta tradicional de la Triana en Chile.

¡Pégale duro, Pedro! La piñata en este caso es un pato. ¡Pobre pato!

Cena formal de una familia extendida de Madrid, España.

Un pintor voluntario emplea la vereda para mostrar su talento artístico. (Las Ramblas, Barcelona, España)

Artefactos para conmemorar el Día de los Muertos (la noche del 1° al 2 de noviembre) en Michoacán,

DIVERSIONES FAVORITAS
DE LOS JÓVENES MODERNOS

Esquiar en las montañas. (Farellones, Chile)

Bailar en la discoteca. (Madrid, España)

Andar en motocicleta. (Valencia, España)

Llevar a las amigas de paseo. (Córdoba, España)

Cantar con la guitarra. (San Juan, Puerto Rico)

Lección uno

Vamos a conocernos.

Mi casa es tu casa.

PERSPECTIVA

Functional conversational goals You should be able to
1 exchange greetings and take leave.
2 make introductions.
3 count items and recognize numbers 0–50 when spoken
4 respond to basic classroom instructions.
5 identify classroom objects.
6 talk about various professions.

Language You will study and practice using
1 formal and informal greetings.
2 definite articles.

3 cardinal numbers 0–50.
4 **hay**, the present tense of **haber**.
5 classroom instructions.
6 the demonstrative adjectives.
7 **te gusta(n)** and **me gusta(n)**.
8 questions.
9 negative sentences.
10 vocabulary needed to talk about various professions.

Culture You will learn about
1 communicating in formal and informal situations.
2 greeting and taking leave of others in a Spanish-speaking society.

CONVERSACIONES

NANCY Y EL PROFESOR GONZÁLEZ

PROFESOR Buenos días, señorita. ¿Cómo está usted?

NANCY Estoy muy bien, gracias. ¿Y usted?

PROFESOR Bastante bien. ¿Cómo se llama usted?

NANCY Me llamo Nancy.

PROFESOR Mucho gusto.

NANCY Es un placer.

Los estudiantes hablan con el profesor después de la clase en la Universidad de Madrid, España.

LOS AMIGOS TONY Y MIGUEL

TONY	¡Hola, Miguel! ¿Cómo estás?
MIGUEL	Perfectamente, ¿y tú, qué tal?
TONY	No muy bien. Estoy cansado.
MIGUEL	Tú estudias demasiado.
TONY	No, no estudio mucho.
MIGUEL	¿Y cómo aprendes español?
TONY	Siempre hablo con las chicas en español.

MARIBEL Y NANCY

MARIBEL	¡Hola! ¿Qué tal? ¿Tú hablas español?
NANCY	Sí, hablo un poco. Soy Nancy.
MARIBEL	Mucho gusto. Me llamo Maribel.
NANCY	¿Dónde vives?
MARIBEL	Vivo en un apartamento. ¿Y tú?
NANCY	Vivo en la casa de mis padres.
MARIBEL	Bueno, hasta luego.
NANCY	Sí, hasta mañana.

n España no faltan hermosas playas y un clima ideal
ara tomar el sol. (San Sebastián, España)

Un momento emocionante en el campeonato mundial
de fútbol.

Las mellizas Vilagos en Los Juegos Panamericanos.

a corrida de los toros en las fiestas de San Fermín en

...quetear en el jardín de rosas. (Valencia,

Charlar con los amigos en el centro comercial. (Caracas, Venezuela)

Hacer excursiones a sitios famosos como el puente romano de Segovia, España.

Preguntas

Conteste. (Answer.)

1 ¿Cómo está Nancy?

2 ¿Cómo está el profesor?

3 ¿Cómo se llama el profesor?

4 ¿Cómo se llama usted?

5 ¿Cómo está usted?

6 ¿Cómo está Miguel?

7 ¿Cómo se llama el amigo de Miguel?

8 ¿Está cansado Tony?

9 ¿Estudia demasiado Tony?

10 ¿Cómo aprende español Tony?
   ¿Habla con las chicas?

11 ¿Está usted cansado/a?

12 ¿Habla usted con las chicas?

13 ¿Habla español Nancy?

14 ¿Habla mucho o poco Nancy?

15 ¿Habla español Maribel?

16 ¿Dónde vive Nancy?

17 ¿Vive usted en un apartamento?

18 ¿Es usted estudiante?

19 ¿Qué estudia usted?

20 ¿Habla usted español?

NOTAS CULTURALES[1]

SALUDOS FORMALES

Usted con personas mayores (*older people*) o respetadas

Usted is the equivalent of *you* when speaking with older people or persons to whom respect should be shown.

Nancy saluda a la profesora por la mañana (*in the morning*).
   —Buenos días, señora. ¿Cómo está usted?
   —Bien, gracias, ¿y usted?

Tony saluda al profesor en la tarde.
   —Buenas tardes, señor. ¿Cómo está usted?
   —Muy bien, gracias. ¿Y usted?

En la mañana   En la tarde

Es importante dar la mano . . .
   —a las personas mayores.
   —en la presentación (*when being introduced*).
   —en la reunión social (*social gathering*).
   —a las personas importantes.

Tony   El profesor

[1]The new vocabulary in the *Notas culturales* of Lesson 1 is included in the lesson vocabulary.

Estos amigos mexicanos se saludan en el Paseo de la Reforma, México, D.F. (Distrito Federal).

SALUDOS INFORMALES

Tú con los amigos, miembros de la familia, y niños

Tú is the equivalent of *you* when speaking with friends, member of one's family and children, and usually between two youths.

CON LOS AMIGOS
Tony saluda a su amigo Miguel.
—¡Hola, Miguel! ¿Cómo estás?
—Bien, ¿y tú?
—Así así. (*So-so.*)

Tony   Miguel

CON LAS AMIGAS
Maribel saluda a su amiga Nancy.
—¡Hola, Nancy! ¿Qué tal?
—Perfectamente, ¿y tú?
—Más o meños. (*All right.*)

Nancy   Maribel

—¡Hola! ¿Cómo estás? —Bien, ¿y tú? Estos jóvenes españoles estudian en la Universidad de Córdoba, España.

Un saludo cordial entre dos jóvenes de Veracruz, México.

la mamá   Maribel

Nancy   Pepe

CON LOS MIEMBROS DE LA FAMILIA
La mamá saluda a la hija.
—¡Hola, Maribel! ¿Tú estás bien?
—Sí, mamá, muy bien.

CON LOS NIÑOS
Nancy saluda al niño Pepe.
—¡Hola, Pepe! ¿Cómo estás?
—Bien, ¿y tú?
—Muy bien, gracias.

Es costumbre dar un abrazo entre amigos, y dar un beso entre amigas.

When responding to greetings, your reply will indicate how you are feeling. Listed below are three general categories of responses.

BIEN	ASÍ ASÍ	MAL
perfectamente	más o menos	estoy cansado/a
magnífico/a	regular	estoy aburrido/a (*bored*)
fantástico/a		

Interacción en parejas

A *Responda apropiadamente a los saludos de su* (your) *compañero. Luego cambien de papel.* (Then change roles.)

1 Buenos días.	**7** Hasta luego.
2 ¿Cómo está usted?	**8** ¡Hola!
3 Buenas tardes.	**9** ¿Cómo estás?
4 ¿Qué tal?	**10** Hasta mañana.
5 Buenas noches (*Good evening*), joven.	**11** ¡Hola!
6 Adiós.	**12** Buenas noches.

Estas chicas argentinas están en un café de Buenos Aires.

B *Respóndale a su compañero con el saludo apropiado.*

1 El profesor	**6** Pepe
2 La señora Gómez	**7** María
3 El presidente de la universidad	**8** La profesora
4 Nancy	**9** Miguel
5 Maribel	**10** La doctora Miranda

Se saludan dos viejos amigos argentinos de Buenos Aires.

C *Responda a las preguntas indicando sus sentimientos* (indicating your feelings).

1 ¿Cómo estás?

2 ¿Qué tal?

INTERACCIÓN Y COMUNICACIÓN

Cosas definidas

Los artículos definidos

The definite article (*the*) has four forms in Spanish: **el**, **la**, **los**, **las**. The choice of which to use depends on the number (singular, plural) and gender (masculine, feminine) of the noun it accompanies.

	SINGULAR		PLURAL	
MASCULINE	**el libro**	*the book*	**los libros**	*the books*
FEMININE	**la mesa**	*the table*	**las mesas**	*the book*

In Spanish, the names of things (not just living beings) have gender: **el libro** (masculine), **la mesa** (feminine). Nouns ending in **-o** are usually masculine and take the definite articles **el** (singular) or **los** (plural). Nouns ending in **-a** are usually feminine and take the articles **la** or **las**. (Important exceptions are **el día** *day* and **la mano** *hand*.)

You should also note that most words ending in **-dad** or **-tad** and **-ción** or **-sión** are feminine (**la actividad, la ciudad, la canción, la televisión**, etc.), and words ending in **-r** or **-l** are usually masculine (**el profesor, el chófer, el papel, el hotel**, etc.).

The plural of nouns ending in a vowel is formed by adding **-s**.

  libro—libro**s**   mesa—mesa**s**

The plural of nouns ending in a consonant is formed by adding **-es**.

  profesor—profesor**es**   joven—jóven**es** *young man—young men*

To form the plural of nouns ending in **-z**, change the **z** to **c** and add **-es**.

  lápiz—lápi**ces** *pencil—pencils*   luz—lu**ces** *light—lights*

A *Repita y cambie al plural.*

el chico
El chico. Los chicos.

1 la chica	4 la mesa	7 el papel	10 el libro
2 el profesor	5 el día	8 el estudiante	
3 la profesora	6 el joven	9 la actividad	

B *Repita con el artículo definido apropiado.*

chicos
chicos—los chicos

1 casas	4 norteamericano	7 compañeros	10 papeles
2 secretaria	5 latinos	8 canción	
3 actividades	6 doctora	9 profesores	

¿Cuántas personas hay en la clase?

PROFESOR   ¿Cuántas personas hay en la clase?
ESTUDIANTE   Hay un/una profesor/a y __?__ estudiantes.
PROFESOR   Vamos a contar a los estudiantes.

Los números cardinales de 0 (cero) a 50 (cincuenta)

0	**cero**	9	**nueve**	18	**dieciocho**	27	**veinte y siete**
1	**uno**	10	**diez**	19	**diecinueve**	28	**veinte y ocho**
2	**dos**	11	**once**	20	**veinte**	29	**veinte y nueve**
3	**tres**	12	**doce**	21	**veinte y uno**	30	**treinta**
4	**cuatro**	13	**trece**	22	**veinte y dos**	40	**cuarenta**
5	**cinco**	14	**catorce**	23	**veinte y tres**	50	**cincuenta**
6	**seis**	15	**quince**	24	**veinte y cuatro**		
7	**siete**	16	**dieciséis**	25	**veinte y cinco**		
8	**ocho**	17	**diecisiete**	26	**veinte y seis**		

A *Con su compañero/a de clase, cuente* (count) *a todos* (all) *los estudiantes.*

B *Ahora, cuéntelos de dos en dos.* (Now count them by twos.)

El verbo **hay**

The verb **hay** means either *there is* or *there are*.

¿Cuántas personas **hay** en tu familia?   *How many people are there in your family?*

Hay una mesa en la sala de clase.   *There is one table in the classroom.*

¿Qué hay en la sala de clase?

Conteste.

1 ¿Cuántas puertas hay en la clase?
2 ¿Cuántas ventanas hay?
3 ¿Hay una mesa en la sala?
4 ¿Hay un escritorio? *- writing desk.*
5 ¿Hay una pizarra en la sala? *- class room*
6 ¿Hay muchos estudiantes en la sala?
7 ¿Cuántos estudiantes hay?
8 ¿Hay muchas profesoras?
9 ¿Cuántos rubios (*blond guys*) hay en la clase?
10 ¿Cuántas morenas (*brunette women*) hay?
11 ¿Cuántos jóvenes (*young men*) hay en la clase?
12 ¿Cuántas chicas (*young women*) hay en la clase?

Comunicación en la clase

Instrucciones y expresiones para usar en clase

Siéntense, por favor.	*Please sit down.*
Silencio, por favor.	*Quiet, please.*
Abran los libros . . .	*Open your books . . .*
En la página _____.	*To page _____.*
Cierren los libros.	*Close your books.*
Repitan, por favor.	*Please repeat.*
Otra vez, por favor.	*Again, please.*
Respondan, por favor.	*Please respond.*
Más fuerte, por favor.	*Louder, please.*
Contesten, por favor.	*Please answer.*
En voz alta.	*Aloud.*
Pregúntele a _____ cómo está.	*Ask _____ how he/she is.*
Salude a estas personas.	*Greet these people.*
¿Cómo se dice _____ en español?	*How do you say _____ in Spanish?*
¿Qué significa _____ en inglés?	*What does _____ mean in English?*

Respondan apropiadamente a las instrucciones o preguntas.

1 Abran los libros en la página 15.
2 Contesten en voz alta: ¿Cómo están?
3 Más fuerte.
4 Respondan, por favor: ¿Cuántas ventanas hay en la sala de clase?
5 Saluden a estas personas: (*the person to your right, then the person behind you*).
6 ¿Cómo se dice «*door*» en español?
7 ¿Qué significa «Siéntense» en inglés?

Vamos a conocernos.

¿Cómo se llama . . .? (**llamarse**)

Manuel   Luis   Manuel   Luis   Alfredo   Manuel   Eva   Alicia

—Hola, Manuel. ¿Cómo estás?   —¿Cómo **se llama** él?   —¿Cómo **se llama** ella?
—Bien, ¿y tú?   —Él **se llama** Alfredo.   —**Se llama** Alicia.

Manuel   Luis   Alfredo   Alicia   Manuel   don Gonzalo Osorno[1]

—¿Cómo **se llaman** ellos?   —Perdón, señor. ¿**Se llama** usted don
—Ellos **se llaman** Alfredo y Alicia.   Gonzalo Osorno?
                                        —Sí, joven. Así **me llamo**.

Conteste.

1 ¿Cómo se llama el joven moreno?
2 ¿Cómo se llama la chica morena?
3 ¿Cómo te llamas tú?
4 ¿Cómo se llama la profesora/el profesor?

The verb **llamarse** is used for stating someone's name. When giving your own
name, you would say (**yo**) **me llamo** . . . (*my name is . . . /I call myself . . .*).
To say *his* or *her name is* . . ., use (**él** or **ella**) **se llama** . . . . In familiar situations
use (**tú**) **te llamas** . . . (*your name is . . . /you call yourself . . .*).

---

[1]**Don** is a title of respect used with a person's given name. **Doña** is the female counterpart.

aquel joven

este joven

ese joven

Los adjetivos demostrativos

NEAR THE SPEAKER AND THE PERSON SPOKEN TO

¿Cómo se llama **este joven**?   . . . *this* young man
¿Cómo se llama **esta chica**?   . . . *this* young woman

NEAR THE PERSON SPOKEN TO BUT AWAY FROM THE SPEAKER

¿Cómo se llama **ese joven**?   . . . *that* young man
¿Cómo se llama **esa chica**?   . . . *that* young woman

OVER THERE, AWAY FROM THE SPEAKER AND THE PERSON SPOKEN TO

¿Cómo se llama **aquel joven**?   . . . *that* young man
¿Cómo se llama **aquella joven**?   . . . *that* young woman

Estos jóvenes estudian español.   *These* young men . . .
Estas chicas estudian español.   *These* young women . . .

Esos jóvenes aprenden español.   *Those* young men . . .
Esas chicas aprenden español.   *Those* young women . . .

Aquellos jóvenes hablan inglés.   *Those* young men over there . . .
Aquellas chicas hablan inglés.   *Those* young women over there . . .

	SINGULAR		PLURAL		
	Masculine	*Feminine*	*Masculine*	*Feminine*	
this	**este**	**esta**	**estos**	**estas**	*these*
that	**ese**	**esa**	**esos**	**esas**	*those*
that	**aquel**	**aquella**	**aquellos**	**aquellas**	*those*

Interacción con el profesor/la profesora

A PROFESOR/A (*a un joven*) ¿Cómo se llama usted?
   ESTUDIANTE Me llamo _____ .
   PROFESOR/A Mucho gusto. Clase, ¿cómo se llama ese joven?
   CLASE Ese joven se llama _____ .

B PROFESOR/A (*a un estudiante*) Pregúntele a esa chica cómo se llama.
   ESTUDIANTE ¿Cómo te llamas?
   LA CHICA Me llamo _____ .
   PROFESOR/A Clase, ¿cómo se llama esa chica?
   CLASE Esa chica se llama _____ .

C *Conteste, usando adjetivos demostrativos en la respuesta* (using demonstrative adjectives in the answer).

1 ¿Habla español este joven?
2 ¿Aprende español esta chica?
3 ¿Estudia español ese joven?
4 ¿Habla español esa chica?
5 ¿Aprende español aquel joven?
6 ¿Estudia español aquella chica?

Me gusta . . .

To express the idea of liking something, Spanish uses the verb **gustar**.

¿Te **gusta** la música?	*Do you like classical music?*
No, no me **gusta.**	*No, I don't like it.*
¿Te **gustan** las clases de matemáticas?	*Do you like math classes?*
Sí, me **gustan**.	*Yes, I like them.*

Interacción en parejas

Ask your classmate the following questions, then change roles.

1 ¿Te gusta la universidad?
2 ¿Te gustan las clases?
3 ¿Te gusta la televisión?
4 ¿Te gusta la música clásica?
5 ¿Te gusta la clase de español?
6 ¿Te gustan las novelas sentimentales?
7 ¿Te gustan los tacos?
8 ¿Te gustan los republicanos?
9 ¿Te gustan los demócratas?

Los oficios y profesiones

LOS PADRES DE LUIS

MARIBEL ¿Qué profesión tiene tu mamá?
LUIS Mi mamá es profesora.
MARIBEL ¿Cómo se llama ella?
LUIS Mi mamá se llama Elena.
MARIBEL ¿Le gusta su profesión?
LUIS Sí, le gusta.

Mi mamá

La profesora, Elena Stewart

Mi papá

MARIBEL ¿Qué profesión tiene tu papá, Luis?
LUIS Mi papá es contador.
MARIBEL ¿Cómo se llama él?
LUIS Su nombre es Luis también.
MARIBEL ¿Le gusta su profesión?
LUIS No, no le gusta mucho.

El contador, Luis Stewart

Conteste.

1 ¿Qué profesión tiene la mamá de Luis?
2 ¿Cómo se llama su mamá?
3 ¿Le gusta su profesión?
4 ¿Qué profesión tiene el papá de Luis?
5 ¿Cómo se llama él?
6 ¿Le gusta su profesión?

7 ¿Qué profesión tiene su mamá?
8 ¿Le gusta su profesión?
9 Y tu papá, ¿qué profesión tiene?
10 ¿Le gusta?
11 ¿Qué profesión tienes tú?
12 ¿Te gusta?

VOCABULARIO ÚTIL

Profesiones

Mi papá es dentista. Mi tía (*aunt*) es dentista también.
El señor Paniagua es abogado. Su esposa es abogada también.

abogado/a	*lawyer*		**ingeniero/a**	*engineer*
ama de casa	*housewife*		**médico/a**	*doctor*
arquitecto	*architect*		**programador/a**	*programmer*
carpintero	*carpenter*		**químico/a**	*chemist*
cocinero/a	*cook*		**secretario/a**	*secretary*
dentista	*dentist*		**vendedor/a**	*salesperson*
enfermero/a	*nurse*			

Interacción en parejas

Modelo: ¿Tú quieres ser abogado/a? *Do you want to be a lawyer?*
Sí, quiero. *Yes, I want to. (Yes, I do.)*
No, no quiero. *No, I don't want to. (No, I don't.)*
(student's name), ¿quieres tú ser *(profession)*?

Modelo: ¿Qué quieres ser? *What do you want to be?*
Quiero ser dentista. *I want to be a dentist.*
¿Qué quieres ser, *(student's name)*?

Estos señores son científicos
especialistas en ecología.
(México, D.F.)

Ernesto el mozo y estudiante

Soy Ernesto Castaña. Trabajo en el
Restaurante Ritz y estudio inglés en
la universidad.

1 ¿Qué oficio tiene Ernesto?
2 ¿Dónde trabaja Ernesto?
3 ¿Es estudiante Ernesto?
4 ¿Qué estudia?
5 ¿Aprende francés Ernesto?

Soy Juan Carlos, el Rey de España.
Vivo en Madrid.

1 ¿Qué profesión tiene Juan Carlos?
2 ¿Dónde vive el Rey?
3 ¿Es médico Juan Carlos?

El Rey de España

La doctora Ema Miranda

Soy médica. Vivo en Los Ángeles ahora.

1 ¿Qué profesión tiene Ema Miranda?
2 ¿Dónde vive Ema ahora?
3 ¿Es rubia o morena?

Este señor es un arquitecto mexicano de Guadalajara.

El profesor está con una estudiante en la clase de computadoras. (México, D.F.)

Interacción en parejas

1 ¿Qué profesión tienes tú?
2 ¿Qué estudias tú ahora?
3 ¿Estudias francés?
4 ¿Aprendes mucho en clase?
5 ¿Dónde vives ahora?

6 ¿Trabaja mucho tu papá?
7 ¿Es médico tu papá?
8 ¿Qué profesión tiene tu papá?
9 ¿Es ama de casa tu mamá o es médica?
10 ¿Qué oficio tiene?

La formación de preguntas

Questions are formed in Spanish by:

1 Using the same word order as for a statement, and raising the voice pitch at the end of the question.

STATEMENT
Marta habla español.

QUESTION
¿Marta habla español?

2 Inverting the subject-verb word order, and raising the voice pitch at the end of the question.

STATEMENT
Marta habla español.

QUESTION
¿Habla español Marta?

3 Using a question word such as **¿dónde?** or **¿cómo?**, and placing the subject after the verb. The voice pitch is highest on the question word and falls at the end of the question.

¿**Dónde** vive Juan Carlos?   ¿**Cómo** está usted?

4 Using a tag-question word like **¿verdad?** *Right?* after a statement and raising the voice pitch at the end of the question.

STATEMENT
Ernesto estudia en la biblioteca (*library*).

QUESTION
Ernesto estudia en la biblioteca, **¿verdad?**

La profesora se llama Stewart.

La profesora se llama Stewart, **¿no?**

Palabras interrogativas

Interrogative words are used to ask questions. In the examples below the interrogative words are in boldface. The **tú** verb forms are in parenthesis.

¿Cómo está usted? (**¿Cómo** estás?)	**How** are you?
¿Cuántos libros hay?	**How many** books are there?
¿Cuánto es?	**How much** is it?
¿Cuál es su nombre? (**¿Cuál** es tu nombre?)	**What** is your name? (**Cuál** literally means *which*. This is an alternate way of asking **¿Cómo se llama?**.)
¿Dónde está su libro? (**¿Dónde** está tu libro?)	**Where** is your book?
¿Qué estudia usted? (**¿Qué** estudias?)	**What** do you study? or **What** are you studying?
¿Por qué estudia usted español? (**¿Por qué** estudias español?)	**Why** are you studying Spanish? (One answer may be: **Porque me gusta.** *Because I like it.*)
¿Cuándo estudia usted? (**¿Cuándo** estudias?)	**When** do you study?
¿Quién es el profesor?	**Who** is the teacher?
¿De quién es ese lápiz?	**Whose** is that pencil?

Interacción en parejas

A *¿Dónde viven estas personas?*

1 la profesora/el profesor   3 el Rey de España
2 tu familia   4 el presidente

B *Haga preguntas* (Make up/Ask questions) *de estas frases.*

Modelo: La profesora habla inglés.
      ¿Habla inglés la profesora? *or*
      ¿Cuándo habla inglés la profesora? *or*
      ¿Quién habla inglés?

1 El profesor/La profesora vive en un apartamento.   5 (*Another classmate's name*) aprende francés.
2 (*Another classmate's name*) habla español.   6 Hay seis libros en la mesa.
3 (*Another classmate's name*) estudia en casa.   7 Me llamo (*your own name*).
4 (*Another classmate's name*) está bien.   8 Estudio en la biblioteca.

Frases negativas

To form a negative sentence, place **no** before the complete verb.

AFIRMATIVO	Estoy cansado.	*I'm tired.*
NEGATIVO	**No** estoy cansado.	*I'm not tired.*
AFIRMATIVO	Me llamo Luis.	*My name is Luis.*
NEGATIVO	**No** me llamo Luis.	*My name is not Luis.*

When answering a question in the negative, **no** is stated twice.

	AFIRMATIVO	NEGATIVO
¿Estás cansada?	Sí, estoy cansada.	No, **no** estoy cansada.
¿Te llamas Luis?	Sí, me llamo Luis.	No, **no** me llamo Luis.

A *Cambie al negativo.*

Modelo: Vivo en México.
No vivo en México.

1 Luis está bien.
2 El profesor se llama Stewart.
3 Mi compañero/a está cansado/a.

4 Tony habla español.
5 Maribel vive en un apartamento.
6 Ernesto estudia mucho.

B *Responda en el negativo.*

1 ¿Te llamas Felipe?
2 ¿Estás bien?
3 ¿Estudias mucho?

4 ¿Vives en México?
5 ¿Habla francés el profesor/la profesora?

C *Responda en el negativo o en el afirmativo.*

1 ¿Vive en México el profesor?
2 ¿Estás cansado/a?
3 ¿Hablas francés?

4 ¿Se llama Manuel tu papá?
5 ¿Vives en California?

EN POCAS PALABRAS

Breves conversaciones

Pregúntele a _____
    cómo se llama.
    si se llama Roberto.
    cómo se llama el profesor/la profesora.
    si aprende español esa chica.
    si estudia ruso ese joven.
    si la familia está bien.
    si está bien.
    si hablan inglés aquellas chicas.

Preguntas personales

1 ¿Cómo estás?
2 ¿Te llamas Carlos?
3 ¿Cómo te llamas?
4 ¿Estás cansado/a?
5 ¿Cómo se llama el profesor/la profesora
6 ¿Aprendes mucho en la clase?
7 ¿Aprendes francés o español?
8 ¿Estudias mucho en casa?

9 ¿Habla español el profesor/la profesora?
10 ¿Vives en México o en los Estados Unidos?
11 ¿Vives en un apartamento?
12 ¿Dónde trabajas?
13 ¿Te gusta tu trabajo?
14 ¿Trabaja tu papá en la universidad?
15 ¿Dónde trabaja tu mamá?

PRONUNCIACIÓN

Spanish a

Repeat after your instructor, paying particular attention to the vowel **a** in the stressed and unstressed positions.

Buenos días.	¿Cómo está usted?	Saludos a la familia.
Hasta mañana.	¿Y en casa?	Estoy cansado.
Alicia	Anita	

Spanish d

Repeat after your instructor, paying particular attention to the two pronunciations of **d**, as a stop, or plosive, when it occurs in initial position or after **l** or **n**, and as a fricative anywhere else.

d FRICATIVE		**d** PLOSIVE	
buenos **d**ías	cansa**d**o	¿**D**ónde?	San **D**iego
uste**d**	salu**d**os	**D**onal**d**o	el **d**omingo
buenas tar**d**es	a**d**ios	**d**ías	él **d**ice

Linking

In speaking, a final consonant is linked with an initial vowel.

má**s o** menos   saludo**s a** la familia

Two identical vowels are pronounced as one.

a Ana María   d**e e**spañol

Two identical consonants are pronounced as one.

e**l l**ibro   la**s s**illas

In speech, the final vowel of one word may be linked to the initial vowel of the following word. Even though both of the adjacent vowels may be strong vowels (**a**, **e**, **o**) and do not form a diphthong, the voice does not pause between them. In the event that the vowels are identical and at least one of them is unstressed, they may blend or fuse into one sound.

Te presento **a A**licia.   Est**á e**n clase.   tod**o e**l día   s**u a**migo

VOCABULARIO[1]

a	to	**cocinero/a**	cook
abogado/a	lawyer	**¿cómo?**	how?; what?
abrazo	embrace, hug	**¿Cómo estás?**	How are you?
dar un abrazo	to hug	**¿Cómo está usted?**	How are you?
aburrido	bored; tiresome, boring	**¿Cómo se llama usted?**	What is your name? (formal)
la **actividad**	activity	**¿Cómo te llamas?**	What is your name? (familiar)
adjetivo	adjective		
afirmativo	affirmative	la **comunicación**	communciation
ahora	now	**compañero/a**	companion; partner
al	to the (contraction of **a** + **el**)	**compañero/a de clase**	classmate
alto	tall; high	**con**	with
ama	housekeeper; landlady	el/la **contador/a**	accountant
ama de casa	housewife	la **conversación**	conversation
amigo/a	friend	**cosa**	thing
apartamento	apartment	la **costumbre**	custom, habit
aquel, aquella	that (adj.)	**¿cuál?**	which?
aquellos, aquellas	those	**¿cuándo?**	when?
arquitecto	architect	**¿cuánto/a/s?**	how many?, how much?
artículo	article	**cultural**	cultural
así	so, thus	**chico/a**	boy/girl
así así	so-so	el **chófer**	chauffeur
bastante	enough, sufficient	**de**	of
beso	kiss	**definido**	definite
dar un beso	to kiss	**demasiado**	too much; too many
biblioteca	library	**demostrativo**	demonstrative
bien	well; fine	el/la **dentista**	dentist
bolígrafo	ballpoint pen	el **día**	day
el **borrador**	eraser	**Buenos días.**	Good morning.
bueno (buen)	good	el/la **doctor/a**	doctor
la **canción**	song	**don**	Mr. (title of respect)
cansado	tired	**¿dónde?**	where?
cardinal	cardinal	**el**	the (m.)
carpintero	carpenter	**él**	he; him (obj. of prep.); it
casa	house	**ella**	she; her (obj. of prep.); it
la **ciudad**	city	**ellos/as**	they; them (obj. of prep.)
la **clase**	class	**en**	in, at, on
clásico	classic; classical	**enfermero/a**	nurse

---

[1]Each lesson ends with a list of new words and expressions occurring in *Conversaciones, Interacción y Comunicación,* and *Vocabulario útil,* except for new words occurring in exercise directions or in *Interacción en parejas.* Definite articles are listed with nouns only when the gender cannot be determined from the noun ending. Adjectives are listed in the masculine form. (See explanation on p. 429.) Verbs that are not presented in their entire conjugation patterns are listed, under *Verbos,* in the forms in which they occur in the text.

entre	between, among	**los**	the (m. pl.)
escritorio	desk	**luego**	later; then; soon
ese, esa	that (adj.)	la **luz** (pl. **luces**)	light
esos, esas	those	**magnífico**	magnificent
España	Spain	**mal**	bad; poor; ill; wrong
el **español**	Spanish language; Spanish male	**mamá**	mother; mom
		la **mano**	hand
española	Spanish female	**dar la mano**	to shake hands
esposo/a	spouse; husband/wife	**mañana**	tomorrow; morning
este, esta (adj.)	this	**en (por) la mañana**	in the morning
estos, estas	these		
el/la **estudiante**	student	**más**	more
la **expresión**	expression	**matemáticas**	mathematics
familia	family	**mayor**	older; greater
fantástico	fantastic	**me**	me; myself
la **formación**	formation	**Me llamo . . .**	My name is . . .
formal	formal	**médico/a**	doctor
el **francés**	French language; French male	**menos**	less, fewer
		más o menos	all right; so-so
francesa	French female	**mesa**	table
gracias	thank you	**México**	Mexico
gusto	pleasure	**mi, mis**	my
Mucho gusto.	Glad to meet you. (Much pleasure.)	**miembro**	member
		modelo	model
hasta	until	**moreno**	dark, brown, brunette
Hasta luego.	Until later. (See you later.)	**mozo**	waiter; young boy
		mucho	much, a lot
Hasta mañana.	Until tomorrow. (See you tomorrow.)	**música**	music
		muy	very
hijo/a	son/daughter	**negativo**	negative
¡Hola!	Hello!, Hi!	**niño/a**	child
el **hotel**	hotel	**no**	no; not
importante	important	el **nombre**	name
informal	informal	**norteamericano/a**	North American
ingeniero/a	engineer	**nota**	note
el **inglés**	English language; English male	**número**	number
		o	or
inglesa	English female	**oficio**	office (position); occupation
la **instrucción**	instruction		
la **interacción**	interaction	**otro**	other; another
interrogativo	interrogative	el **padre**	father
palabra interrogativa	question word	**los padres**	parents
		página	page
el/la **joven**	young man (young woman)	**palabra**	word
		el **papá**	father; dad
la	the (f.)	el **papel**	paper
el **lápiz**	pencil	**para**	for; to
las	the (f. pl.)	**para usar**	to use
latino/a	Latin (person)	el **perdón**	pardon, forgiveness
le	to him, her, it, you	**perfectamente**	perfectly
libro	book	**persona**	person

	pizarra	*chalkboard*	
el	**placer**	*pleasure*	
	Es un placer.	*It's a pleasure.*	
	plural	*plural*	
	poco	*little, few*	
	un poco	*a little*	
	por	*in, during*	
	por favor	*please*	
	¿por qué?	*why?*	
	pregunta	*question*	
la	**presentación**	*presentation*	
la	**profesión**	*profession, occupation*	
el/la	**profesor/a**	*professor; teacher*	
el/la	**programador/a**	*programmer*	
	puerta	*door*	
	¿qué?	*what?*	
	¿quién?	*who?*	
	¿de quién?	*whose?*	
	químico/a	*chemist*	
	regular	*regular*	
el	**reloj**	*watch, clock*	
	respetado	*respected*	
el	**restaurante**	*restaurant*	
la	**reunión**	*gathering, meeting*	
el	**rey**	*king*	
	rubio	*blond(e), fair*	
	sala	*room*	
	sala de clase	*classroom*	
	saludo	*greeting*	
	se	*(sing.) himself, herself, itself, yourself; (pl.) themselves, yourselves*	
	secretario/a	*secretary*	
el	**señor**	*Mr.; sir; gentleman*	
	señora	*Mrs.; ma'am; lady*	
	sí	*yes*	
	siempre	*always*	
	silencio	*silence*	
	silla	*chair*	
	singular	*singular*	
	social	*social*	
	su	*his, her, its, their, one's; (formal) your*	
	tal: ¿Qué tal?	*How's it going?*	
	también	*also*	
la	**tarde**	*afternoon*	
	Buenas tardes.	*Good afternoon.*	

	en (por) la tarde	*in the afternoon*
	te	*you; yourself (fam.)*
	techo	*ceiling*
la	**televisión**	*television*
	tía	*aunt*
	tiza	*chalk*
	trabajo	*work, job*
	tu	*your (fam.)*
	tú	*you (fam.)*
	un, una	*a, an; one*
la	**universidad**	*university*
	usted (Ud.)	*you (formal sing.)*
	ustedes (Uds.)	*you (formal pl.)*
	útil	*useful*
el/la	**vendedor/a**	*salesperson, clerk*
	ventana	*window*
	verbo	*verb*
la	**verdad**	*truth*
	¿verdad?	*right?*
la	**vez**	*time, occasion*
	vocabulario	*vocabulary*
la	**voz**	*voice*
	y	*and*
	yo	*I*

The cardinal numbers from 0–50 are given on p. 8. Classroom expressions are given on p. 9.

Verbos

aprende	*he/she learns; you (formal) learn*
aprendes	*you (fam.) learn*
es	*he/she/it is; you (formal) are*
está	*he/she is; you (formal) are*
estás	*you (fam.) are*
estoy	*I am*
estudia	*he/she studies; you (formal) study*
estudias	*you (fam.) study*
estudio	*I study*
habla	*he/she speaks; you (formal) speak*
hablas	*you (fam.) speak*
hablo	*I speak*
hay	*there is, there are (from **haber**)*
Me gusta. (Me gustan.)	*I like it. (I like them.)*
Pregúntele	*Ask*
saluda	*he/she greets; you (formal) greet*
soy	*I am*
tiene	*he/she has; you (formal) have*
tienes	*you (fam.) have*

trabaja	*he/she works; you* (formal) *work*
trabajo	*I work*
Vamos a conocernos.	*Let's get to know each other.*
Vamos a contar.	*We are going to count.*
vive	*he/she lives; you* (formal) *live*

vives	*you* (fam.) *live*
vivo	*I live*

Refrán

Mi casa es tu casa.

My house is your house. (Make yourself at home.)

Lección dos

La vida social

Los libros y los amigos—
pocos y buenos.

PERSPECTIVA

Functional conversational goals You should be able to
1 discuss social life on campus, in the plaza, and other informal gatherings.
2 express where you or persons of other nationalities live and the various languages learned and used.
3 describe some physical and mental attributes of classmates and other persons.

Language You will study and practice using
1 subject pronouns.
2 the present tense of regular **-ar**, **-er**, and **-ir** verbs.
3 the present tense of the verb **estar**.

4 the present tense of the verb **ser**.
5 definite articles.
6 indefinite articles.
7 the forms, agreement, and placement of adjectives.
8 **ser** and **estar**.
9 vocabulary for describing persons and things.

Culture You will learn about
1 the social life of college students in Spanish-speaking countries.
2 the importance of the **plaza** in the social life of Hispanic people.

CONVERSACIONES

¿QUÉ ESTUDIAS?

JOHN ¡Hola, Isabel! Tú estudias francés, ¿no?
ISABEL Sí, leo y hablo un poco. Papá es francés.
JOHN Entonces comprendes dos idiomas.
ISABEL Sí, más o menos.
JOHN ¿Dónde vives?
ISABEL Bueno, ahora vivo aquí en este dormitorio.
JOHN ¿Ah, sí? ¿Qué tal las compañeras de cuarto?
ISABEL Son muchachas muy inteligentes y simpáticas también.

¡Qué bonito es pasar el tiempo y tomar un refresco con los amigos! (Madrid, España)

¿DE DÓNDE ERES?

ERIC ¡Hola! Soy Eric Madsen, ¿y tú?

DOLORES Me llamo Dolores.

ERIC Mucho gusto. No eres norteamericana, ¿verdad? ¿De dónde eres?

DOLORES No soy de los Estados Unidos. Soy de Chile.

ERIC Ah, chilena, ¿eh? ¿Qué estudias? ¿Materias difíciles?

DOLORES Inglés, alemán y medicina.

ERIC ¿Tú estudias medicina? Eres muy lista.

DOLORES Gracias. Eres muy amable.

ERIC Igualmente.

¿CÓMO ES EL AMIGO DE VENEZUELA?

TERESA ¡Qué guapo es ese joven! ¿No es cierto?

MARY Sí, ¿de dónde es? Es latino, ¿no?

MARTA Es de Venezuela. Es un estudiante de intercambio.

TERESA ¿Cuál es su nombre?

MARTA Se llama Rafael Castillo.

MARY Es el típico latino romántico, ¿no? —alto, moreno y guapo.

TERESA Sí, y simpático también.

MARY ¡Me gustan mucho los latinos!

Preguntas

Conteste con **sí** *o* **no** *o con una frase corta.*

1 ¿Qué estudia Isabel?

2 Habla francés un poco, ¿no?

3 ¿Es francés el papá de Isabel?

4 ¿Comprende francés Isabel?

5 ¿Qué tal las compañeras de cuarto?

6 ¿Dónde vive Isabel ahora?

24

7 Dolores no es norteamericana, ¿verdad?

8 ¿De dónde es Dolores?

9 ¿Es chilena ella?

10 ¿Estudia materias difíciles Dolores?

11 ¿Qué estudia ella?

12 ¿Es doctora Dolores?

13 ¿De dónde es Rafael?

14 ¿Es guapo Rafael?

15 ¿Cómo es el latino típico, según (*according to*) Mary?

16 ¿Es simpático Rafael?

17 ¿A ti te gustan los latinos?

NOTAS CULTURALES

Reading guidelines: Effective and efficient reading requires the reader to be able to make "sensible guesses," or determine the meaning of unknown words by their surrounding context. Although frustrating at first, this skill can only be developed through practice. For this reason, very few words in the *Notas culturales* and *Lecturas* will be glossed. It is hoped that the reader will (1) attempt to grasp meaning from context (even though the precise meaning of some words may remain a little uncertain for a while), and (2) learn how to use judiciously a dictionary or glossary. Words or non-parallel structures that are not easily understood will be glossed to the side of the reading text.

LA VIDA SOCIAL

De costumbre[l] los estudiantes en España y Latinoamérica van[l] a la plaza, a los bares, a las discotecas, o a la casa de un amigo. Van en grupos de tres o cuatro jóvenes o chicas. Según la observación de un norteamericano, los españoles viven en la calle o en la plaza.   *Customarily / go*

En las universidades no hay partidos¹ de fútbol, ni de básquetbol ni bailes organizados¹ para todos los estudiantes. Los jóvenes van a la casa de un amigo para¹ bailar, comer tapas, mirar la televisión o simplemente para conversar y tomar un refresco¹. No necesitan coches ni grandes celebraciones organizadas por la universidad para divertirse¹.

games
organized dances
in order to
tomar . . . *have a drink*
to have a good time

LA PLAZA

Los jóvenes y las chicas, las familias y las personas mayores también van con mucha frecuencia a la plaza para¹ tomar un refresco y conversar con los amigos.

in order to

En la plaza hay grupos de jóvenes¹ que cantan¹, bailan y tocan¹ la guitarra. ¡Es muy interesante! Despúes van a beber sangría y comer tapas¹ en el bar.

young people / sing / play

EL BAR

En España está muy de moda¹ pasar por varios bares por la tarde o por la noche con los amigos o con las amigas. En los bares hay tapas deliciosas de queso¹, carne¹, pescado¹, para tomar con el vino¹ o con un refresco sin alcohol.

muy . . . *very popular*

cheese / meat / fish / wine

ABOVE: Está muy de moda en España comer tapas en el bar. (Barcelona, España)
RIGHT: ¡Viva el baile y la música alegre! —¿Y las clases? —Mañana.

---

¹**Tapas** are tidbits of cheese, meat, or seafood on toothpicks set out in large trays and eaten as snacks with wine.

Preguntas

1 ¿Adónde (*To where*) van los estudiantes hispánicos?

2 ¿Van solos o van en grupos?

3 ¿Hay partidos de fútbol organizados por la universidad?

4 ¿Adónde van para tomar un refresco?

5 En la plaza los jóvenes cantan y . . .

6 ¿Qué beben en el bar?

7 ¿Dónde comen tapas?

8 ¿Es costumbre pasar por varios bares?

9 ¿Qué comen los jóvenes con el vino?

10 Hay tapas deliciosas de queso, pescado y . . .

INTERACCIÓN Y COMUNICACIÓN

¿Quién habla?

Los pronombres como sujetos *Subject pronouns*

		SINGULAR			PLURAL	
1ST PERSON	(**yo**)	**hablo**	*I speak*	(**nosotros**)	**hablamos**	*we speak*
2ND PERSON	(**tú**)	**hablas**	*you speak*	(**vosotros**)	**habláis**	*you speak*
	(**usted**)		*you speak*	(**ustedes**)		*you speak*
3RD PERSON	(**él**)	**habla**	*he speaks*	(**ellos**)	**hablan**	*they speak*
	(**ella**)		*she speaks*	(**ellas**)		*they speak*

Uso de pronombres como sujetos

Subject pronouns, such as **yo**, **él**, and **nosotros**, are not normally expressed with the verb as they are in English, since the verb ending indicates the person.

Habl**as** muy bien.	*You speak very well.*
Habl**o** inglés.	*I speak English.*
Habl**amos** español en clase.	*We speak Spanish in class.*

Estos jóvenes «estudian» en la cafetería de la Universidad de Madrid, España.

Use subject pronouns . . .

1) to clarify when otherwise it would not be clear who or what is the subject. (Such doubts are most likely to arise with third-person verb forms.) For example, the form **habla** could mean *he speaks*, *she speaks*, *it speaks*, or *you speak*. The form **hablan** could mean *you speak* or *they speak*.

2) to give emphasis, or to suggest contrast.

> Carlos y Ana hablan bien . . . pero **nosotros** hablamos muy mal.
> *Carlos and Ana speak well . . . but we speak very poorly.*
>
> **Ella** no habla español.
> *She doesn't speak Spanish.*

3) to emphasize courtesy, especially in questions. **Usted** and **ustedes** may be used in this context, but **tú** is not generally expressed in questions.

> ¿Habla **usted** español?   ¿Hablas español?

Tú y usted

When speaking to just one person, either the **tú-** or the **usted**-form may be used. The **tú**-form of the verb is used in informal situations—for instance, in speaking with close friends or classmates of one's own age.

> Tú **hablas** muy bien, Tony.   *You speak very well, Tony.*

Usted plus the **usted**-form of the verb is used in more formal situations—for example, in speaking to someone older, such as your professor or the adult friends of your parents. **Usted** is often abbreviated in writing to **Ud.**

> ¿Cómo **está usted**, señor Gómez?   *How are you, Mr. Gómez?*

When addressing more than one person, in Latin America only one form is possible, **ustedes** (often abbreviated in writing as **Uds.**). In Spain, however, three forms are possible: formal **ustedes** and familiar **vosotros** or—if all the people addressed are feminine—**vosotras**.

	ONE PERSON ADDRESSED	SEVERAL PERSONS ADDRESSED	
	Everywhere	*Latin America*	*Spain*
FORMAL	**usted**	**ustedes**	**ustedes**
FAMILIAR	**tú**	**ustedes**	**vosotros, vosotras**

In the classroom, students in Spanish-speaking countries normally use **usted** to address their professor and **tú** when speaking to each other. The professor may use **usted** or **tú** in addressing individual students. In your own Spanish class, use **usted** to address your instructor, and **tú** to address another student.

Los verbos en español—terminología

The infinitive

Verbs are listed in the dictionary in the infinitive form: **hablar** *to speak*, **aprender** *to learn*, **vivir** *to live*. Infinitives always have a stem (**habl-**, **aprend-**, **viv-**) plus the ending **-ar**, **-er**, or **-ir**.

¡Vamos a comer! Los amigos comen paella en un restaurante español.

Classification of verbs

Verbs are classified according to the infinitive ending:

-ar verbs, first conjugation: **hablar**

-er verbs, second conjugation: **aprender**

-ir verbs, third conjugation: **vivir**

Conjugated forms

In addition to a single infinitive form, each verb has many conjugated (inflected) forms. This is because the verb changes its ending, and sometimes modifies its stem, to indicate the person and number of its subject (**yo**, **tú**, **ella**, etc.), its tense (present, future, past), and its mood (indicative, subjunctive, imperative). In English, *am* and *were* are conjugated forms of the infinitive *to be*. In Spanish, **hablo** *I speak* is a conjugated form of **hablar** *to speak*.[1]

---

[1]Specifically, **hablo** is the first-person singular, present tense, indicative mood form of the first-conjugation verb **hablar**.

Regular versus irregular verbs

Each of the three classes of verbs has a standard pattern of endings for all the tenses (present, future, etc.). A regular verb has all the standard endings of its conjugation and no modifications of its stem. An irregular verb has one or more forms that do not follow the pattern for its class.

Comunicando en el tiempo presente

El tiempo presente de verbos regulares

To form the present tense of regular verbs, drop the infinitive ending and add the present-tense endings to the stem.

hablar		aprender		vivir	
hablo	hablamos	aprendo	aprendemos	vivo	vivimos
hablas	habláis	aprendes	aprendéis	vives	vivís
habla	hablan	aprende	aprenden	vive	viven

Spanish present-tense forms have several different equivalents in English.

hablo	*I speak, I do speak, I am speaking*
aprendo	*I learn, I do learn, I am learning*
vivo	*I live, I do live, I am living*

¿**Habla** usted español?	*Do you speak Spanish?*
Mi compañera de cuarto no **habla** español.	*My roommate doesn't speak Spanish.*

Conteste.

1 ¿Habla Tony español?
2 ¿Con quién habla español?
3 Las chicas hablan español también, ¿verdad?
4 ¿Hablas español también?
5 ¿Hablan ustedes español con el profesor?

Tony habla español con las chicas.

Verbos en ·ar

hablar *to speak, to talk* (tiempo presente)	
hablo	hablamos
hablas	habláis
habla	hablan

Repita y sustituya (substitute).

(Nosotros) **Hablamos** español en clase.

El profesor, Ustedes, Tú, Ellos, Vosotros,
Los estudiantes

Interacción en parejas

Conteste estas preguntas de su compañero/a y luego cambien de papel (then change roles).

¿Qué idioma hablan estas personas?

Modelo: Jack—inglés.
¿Qué idioma habla Jack?
Habla inglés.

1 Mónica—francés y español.
2 Maricarmen y Daniel—español.
3 Hans—alemán.
4 Nosotros—inglés.

5 René (el papá de Mónica)—francés.
6 Yo—inglés y español (más o menos).
7 Vosotros—español.
8 Los norteamericanos—inglés.

Other regular **-ar** verbs conjugated like **hablar**:

bailar	*to dance*	**estudiar**	*to study*
cantar	*to sing*	**necesitar**	*to need*
comprar	*to buy*	**tomar**	*to take; to drink*
descansar	*to rest*	**trabajar**	*to work*
escuchar	*to listen*		

¿Dónde **trabaja** usted?   *Where do you work?*
¿Cantas y **bailas** en la clase?   *Do you sing and dance in class?*
¿Necesitas estudiar más?   *Do you need to study more?*

Interacción en parejas

Conteste según el modelo.

¿Trabajas o bailas en las fiestas (*parties*)?
Bailo en las fiestas.

1 ¿Bailas en la discoteca o en casa?
2 ¿Cantamos o hablamos en la clase?
3 ¿Canta Julio Iglesias en la radio o en la televisión?
4 ¿Estudias materias difíciles o fáciles (*easy*)?
5 ¿Necesitas más amigos o menos amigos?

6 ¿Hablan francés o español los chilenos?
7 ¿Toman cerveza o refrescos los chicos?
8 ¿Hablan ustedes español o inglés en casa?
9 ¿Trabajas por la mañana o por la tarde?
10 ¿Necesitas estudiar más o menos?

Tony **aprende** español en la clase.   *Tony is learning Spanish in class.*
¿Aprende usted español también?   *Are you learning Spanish also?*

Conteste.

1 ¿Aprende Tony español?
2 ¿Dónde aprende español?
3 ¿Dónde aprenden ustedes español?
4 ¿Aprendes francés también?

Tony aprende español en la clase.

Verbos en -er

aprender *to learn* (tiempo presente)	
aprendo	aprendemos
aprendes	aprendéis
aprende	aprenden

Repita y sustituya.

1 **Tony** aprende español en la clase.
   Ella, Ustedes, Nosotros, Tú, Ellos, Vosotros, Él

2 ¿Aprenden **los estudiantes** mucho?
   tú, el profesor, vosotras, usted, Mary y Luis, ustedes

Other regular **-er** verbs conjugated like **aprender**:

beber	*to drink*
comer	*to eat*
comprender	*to understand, comprehend*
creer	*to believe; to think*
leer	*to read*
prometer	*to promise*
responder	*to answer, respond*

Interacción en parejas

Conteste.

1 ¿Lees este texto o una novela?

2 ¿Comprendes español o francés?

3 ¿Aprenden ustedes mucho o poco?

4 ¿Bebes cervezas o refrescos?

5 ¿Comes en la clase o en un restaurante?

6 ¿Comen los alemanes Wienerschnitzel o enchiladas?

7 ¿Lees español o francés en la clase?

Verbos en -ir

Conteste.

¿Dónde viven estas personas?

1 Daniel y yo—Colombia.

2 Nancy—un apartmento.

3 Yo—una casa.

4 Marta y Luisa—México.

5 El profesor—¡en la sala de clase!

6 Rafael—Venezuela.

7 Mis amigos—Florida.

8 Mis compañeros de cuarto—los Estados Unidos.

Nancy vive en un apartamento.

vivir *to live* (tiempo presente)	
vivo	vivimos
vives	vivís
vive	viven

Other regular **-ir** verbs conjugated like **vivir**:

admitir	*to admit*	**insistir**	*to insist*
escribir	*to write*	**permitir**	*to permit*

Interacción en parejas

Conteste estas preguntas con su compañero/a de clase.

1 ¿Cómo estás?

2 ¿Qué idioma hablas?

3 ¿Dónde vives?

4 ¿Qué estudias en esta clase?

5 ¿Aprendes mucho?

6 ¿Por qué estudias español? ¿Te gusta?

7 ¿Comprendes ruso también?

8 ¿Qué libro lees en casa?

9 ¿Dónde trabajas?

10 ¿Qué necesitas?

11 ¿Dónde bailas?

12 ¿Cantas muy bien?

13 ¿Qué escribes en la clase de español?

14 ¿Cuándo estudias?

15 ¿Dónde estudias?

16 ¿Qué bebes en casa?

17 ¿Qué comes en casa?

El tiempo presente de estar *to be*, verbo irregular

Isabel está en el parque.

Dolores y Eric están en la playa.

Los estudiantes están en la clase.

Conteste.

1 ¿Está Isabel en el parque?

2 ¿Dónde están Dolores y Eric?

3 ¿Dónde están los estudiantes?

4 ¿Estás tú en la clase ahora?

	SINGULAR			PLURAL		
1ST PERSON	(**yo**)	**estoy**	*I am*	(**nosotros**)	**estamos**	*we are*
2ND PERSON	(**tú**)	**estás**	*you are*	(**vosotros**)	**estáis**	*you are*
3RD PERSON	(**él**) (**ella**) (**usted**) }	**está**	*he is* *she is* *you are*	(**ellos**) (**ellas**) (**ustedes**) }	**están**	*they* *they* } *are* *you*

Dolores no **está** aquí.　　*Dolores is not here.*

¿Cómo **está** Miguel?　　*How's Miguel?*

Está bien.　　*He's fine.*

A *Sustituya según el modelo.*

Dolores está en el parque.   (Yo)
Estoy en el parque.

Ella, Tú, El profesor, Nosotros, Elena y Marta,
Usted, Pepe y yo, Él

B *Responda según el modelo.*

Estoy muy bien, ¿y usted?
Estoy muy bien, gracias.

¿y él?, ¿y ustedes?, ¿y ellos?, ¿y tú?,
¿y ellas?, ¿y tú y Pepe?

C *Pregunte dónde están estas personas.*

   Modelo: Carlos
               ¿Dónde está Carlos?

1 la profesora   **4** Marta
2 Dolores y Eric   **5** Ustedes
3 Usted   **6** Los estudiantes

D *Conteste.*

1 ¿Cómo estás?
2 ¿Dónde está (*name of student in class*)?
3 ¿Está el profesor/la profesora en la clase?
4 ¿Dónde está Marta?
5 ¿Cómo están ustedes?
6 ¿Dónde estás tú ahora?

Están muy contentos estos jóvenes de la
Universidad de Alcalá de Henares, España.

El tiempo presente de **ser** *to be*, verbo irregular

El señor Martínez es profesor.

¿Es profesor el señor Martínez?
¿Es usted profesor o estudiante?
¿Son ustedes buenos estudiantes?
¿Quién es el profesor?

Carmen es de Venezuela.

¿Es americana Carmen?
¿De dónde es Carmen?
¿Es usted de los Estados Unidos?
¿Son ustedes españoles?

Ser, an **-er** verb, is very irregular in the present tense. (Compare with the verb endings for the regular **-er** verb **aprender**, above.) Its stem is drastically modified.

soy	somos
eres	sois
es	son

Soy de Chile.	*I'm from Chile.*
Dolores no **es** secretaria.	*Dolores isn't a secretary.*
Así **es** la vida.	*Such is life. (That's life.)*
¿**Son** americanas ellas?	*Are they Americans?*

Conteste.

1 ¿Eres de Venezuela?
2 ¿De dónde eres?
3 ¿Son americanos tus amigos?
4 ¿Somos amigos?

Cosas definidas

Usos del artículo definido

Unlike English, the definite article in Spanish is used

1) with the name of a language, except after **hablar**, **de**, and **en**.

> **El español** es fácil.   *Spanish is easy.*

BUT

> **Hablo español.**
> ¿Tienes un libro **de español**?
> Rafael escribe **en español**.

Many Spanish-speakers also omit the definite article with the name of a language immediately after the verbs **estudiar** and **aprender**.

> **Estudiamos español.**   *We are studying Spanish.*
> **Aprendo inglés.**   *I'm learning English.*

BUT

> No estudiamos **mucho el** español.

2) with titles such as **doctor** and **señor**, except when one is speaking directly to the person.

> **El doctor Gómez** es mexicano.   *Doctor Gómez is a Mexican.*
> (article + title + name)

BUT

> Buenos días, **Doctor Gómez**.   *Good morning, Doctor Gómez.*
> (title + name)

3) with nouns used in a general sense.

> **Los norteamericanos** hablan inglés.   *North Americans speak English.*
> **Los médicos** trabajan mucho.   *Doctors work a lot.*

A *Repita y sustituya.*

1 **El inglés** es interesante.
español, francés, portugués

2 ¿Habla **francés** el profesor?
ruso, inglés, alemán

3 Los estudiantes hablan bien **el español**.
portugués, francés, inglés

4 ¿Hablan español **los americanos**?
estudiantes, mexicanas, chicos

B *Haga oraciones completas* (Make complete sentences), *usando artículos definidos si son necesarios.*

Modelo: profesor Amato / habla / español
El profesor Amato habla español.

1 francés / es / difícil

2 mi amigo / no habla / alemán

3 ¿Cómo está / profesora / hoy?

4 Buenos días / profesora

5 ¿Es / fácil / español?

6 doctor Gómez / es / de / México

7 franceses / viven / en / Francia

8 hablan / español / también / chilenos

Cosas indefinidas

El artículo indefinido

The indefinite article has four forms in Spanish: **un**, **unos**, **una**, **unas**. The singular forms correspond to English *a* and *an*, the plural forms to English *some* or *a few*.

	SINGULAR	PLURAL
MASCULINE	un	unos
FEMININE	una	unas

Necesito **un** bolígrafo.   *I need a ballpoint pen.*
Necesito **unos** dólares.   *I need some (a few) dollars.*

Repita la frase, insertando el artículo definido apropiado.

La profesora necesita **un** bolígrafo.
libro, silla, calendario, lápices, peso, papeles, mesa, luz

Interacción en grupos de tres

In turn, each person in the group indicates what he or she needs. Each person should have at least five turns.

Unlike English, Spanish does not use an indefinite article before an unmodified predicate noun of nationality or profession.

Daniel **es norteamericano**.   *Daniel is a North American.*
Maricarmen **es secretaria**.   *Maricarmen is a secretary.*

If the predicate noun of nationality or profession is modified, however, an indefinite article is used.

Es **un** médico **inteligente**.   *He's an intelligent doctor.*
Es **un** secretario **bueno**.   *He's a good secretary.*
Es **una** profesora **simpática**.   *She's a likable professor.*

Diga (Say) *el equivalente en español.*

1 He's a North American.   3 My dad is a doctor.
2 She's a good teacher.   4 He's a likable professor.

Describiendo[1] cosas y personas

Los adjetivos

Adjectives are words that describe or denote a quality of a thing or person.

Él es un hombre **contento**.   *He's a **happy** man.*

Adjectives ending in **-o** have four forms.

alt**o**   alt**a**   alt**os**   alt**as**

Adjectives not ending in **-o** have two forms, a singular and a plural.

inteligent**e**   inteligent**es**

The plural of adjectives is formed in the same manner as the plural of nouns: Add **-s** to those ending in a vowel.

chilen**o**   chilen**os**

Add **-es** to those ending in a consonant.

joven   jóv**enes**   difícil   difícil**es**

La concordancia de los adjetivos *Agreement of adjectives*

When an adjective is used to modify a noun, it agrees in gender and number with that noun.

	SINGULAR	PLURAL
MASCULINE	el chic**o** simpátic**o**	los chic**os** simpátic**os**
FEMININE	la chic**a** simpátic**a**	las chic**as** simpátic**as**

---

[1]This is the present participle form of the verb **describir**. Its meaning corresponds to English *describing*.

La colocación de los adjetivos *Placement of adjectives*

Descriptive adjectives generally follow the noun in Spanish if they are used to distinguish a noun from another of the same group.

Es un joven **rico**.	Es una chica **alta**.
Son muchachos **simpáticos**.	Son estudiantes **inteligentes**.

Limiting adjectives expressing numerals, quantity, and amount are placed before the noun.

mucho gusto	**pocos** amigos
dos compañeros	**tres** señores

VOCABULARIO ÚTIL

Descripciones

alto/a	*tall*	**bajo/a**	*short*
simpático/a	*likable, friendly*	**antipático/a**	*unlikable, unfriendly*
contento/a	*happy, content*	**triste**	*sad*
guapo/a	*handsome, pretty*	**feo/a**	*ugly*
flaco/a	*thin, skinny*	**gordo/a**	*fat*
joven	*young*	**viejo/a**	*old*
listo/a	*smart*	**tonto/a**	*dumb*
rubio/a	*blond(e)*	**moreno/a**	*dark, brunette*
optimista	*optimistic*	**pesimista**	*pessimistic*
rico/a	*rich*	**pobre**	*poor*

Nacionalidades *Nationalities*

alemán/alemana	*German*	**inglés/inglesa**	*English*
español/española	*Spanish*	**italiano/italiana**	*Italian*
francés/francesa	*French*	**portugués/portuguesa**	*Portuguese*

Conteste.

1 El profesor es alto, ¿y la profesora?
2 (*female student's name*) es rubia, ¿y (*male student*)?
3 Ese chico es guapo, ¿y esa chica?
4 El presidente de la universidad es viejo, ¿y los estudiantes?
5 Soy pobre, ¿y tú?
6 La profesora es española, ¿y el profesor?

Interacción en parejas

A *Contesten según los dibujos* (drawings) *con una descripción completa.*

1 ¿Cómo es Juan?
2 ¿Cómo es María?
3 ¿Cómo es Arturo?
4 ¿Cómo es Ana?

B *Conteste.*

1 Juan es bajo. ¿Y María?
2 María es guapa. ¿Y Juan?
3 Ana es pobre. ¿Y Arturo?
4 Arturo es alto. ¿Y Ana?
5 María es joven. ¿Y Arturo?
6 Ana es morena. ¿Y Arturo?
7 Arturo es tonto. ¿Y Ana?
8 Juan es listo. ¿Y María?

Juan

Arturo

C *Conteste según el modelo.*

¿Es gordo Juan?
No, Juan es flaco.

1 ¿Es joven Ana?
2 ¿Es alta María?
3 ¿Es feo Juan?
4 ¿Es lista Ana?
5 ¿Es rubio Arturo?
6 ¿Es joven Arturo?
7 ¿Es guapo Arturo?
8 ¿Es pobre María?
9 ¿Es rica Ana?
10 ¿Es alto Juan?

María

D *Conteste en el negativo según el modelo.*

¿Eres bajo/a?
No, soy alto/a.

1 ¿Eres pesimista?
2 ¿Eres viejo/a?
3 ¿Eres una persona triste?
4 ¿Eres una persona lista?
5 ¿Eres antipático/a?

Ana

Usos de **ser** y **estar**

The English verb *to be* (*I am*, *you are*, etc.) has two equivalents in Spanish, either **ser** or **estar**, depending on the specific meaning intended.

Ser

Ser is used to tell who the subject is.

Dolores **es** estudiante.   *Dolores is a student.*

The use of **ser** with a noun or an adjective to indicate nationality, occupation, or profession is typical of this category.

Daniel **es** norteamericano.   *Daniel is a North American.*
Maricarmen **es** secretaria.   *Maricarmen is a secretary.*

Ser is used with an adjective to indicate characteristics that are viewed as normative.

Rafael **es guapo**.	*Rafael is handsome.*
Maricarmen **es simpática**.	*Maricarmen is friendly.*

Ser is used to indicate origin. **Ser** plus the preposition **de** and the name of a country or place is used to tell where someone or something is from.

Rafael **es de Venezuela**.	*Rafael is from Venezuela.*
Soy de California.	*I'm from California.*

Ser is also used to tell time. (This use is presented in Lesson 3.)

Estar

Estar is used to tell where the subject is. It indicates location, whether temporary or permanent.

Carlos **está** en la clase.	*Carlos is in class.*
El profesor **está** aquí.	*The professor is here.*

Estar is used to indicate the condition of persons or things. The condition may be temporary, variable, or the result of change.

Estoy muy bien, gracias.	*I'm very well, thanks.*
Rafael **está** cansado.	*Rafael is tired.*
Carlos **está** enfermo.	*Carlos is sick.*

A *Escoja* (Choose) *entre* **ser** *y* **estar**.

1 _____ unas señoras inteligentes.
2 Daniel no _____ chileno.
3 El español _____ interesante.
4 Nosotros _____ aquí.
5 ¿Dónde _____ Carlos?
6 Así _____ la vida.
7 ¿De dónde _____ Dolores?
8 Yo _____ muy bien, ¿y usted?
9 Tú _____ muy amable.
10 Yo _____ profesora, ¿y usted?

B *Repita y sustituya con* **ser** *o* **estar**.
Maricarmen **es** española.

en los Estados Unidos, de España, morena, en la clase,
secretaria, enferma, cansada, una chica

Interacción en parejas

Take turns introducing and describing yourselves. Tell what you are like, how you are, who you are, where you are from, and all other personal data possible.

A   Rafael

B   Joaquín

C   Hans

D   Daniel

E   Dolores

F   Isabel y Pierre

A ¿Qué estudia Rafael? ¿Dónde estudia? ¿Habla bien?

B ¿De dónde es Joaquín? ¿Cómo es? ¿Qué estudia?

C ¿Qué idioma habla Hans? ¿Lee mucho Hans? ¿De dónde es?

D ¿Cómo es Daniel? ¿Vive en California? ¿Qué dice?

E ¿De dónde es Dolores? ¿Qué aprende? ¿Es médica?

F ¿Cómo se llama el papá de Isabel? ¿Habla francés Isabel? ¿De dónde es Pierre?

LECTURA

DOS HISPANOS[1]

¿Quién es la chica?   *Who is the girl?*

¿De dónde es?   *Where is she from?*

Soy Maricarmen Castellón.

Soy de España.

---

[1]*Two Spanish-speakers*

No soy de México.   Soy de España.
No soy norteamericana.   Soy española.
No soy secretaria.   Soy estudiante.
No soy rubia.   Soy morena.
No soy fea.   Soy guapa.
No soy gorda.   Soy flaca.
No soy alta.   Soy baja.
No soy tonta.   Soy inteligente.
No soy antipática.   Soy simpática.

¡Viva la fiesta! Vamos a celebrar con ellos La Feria de Semana Santa en Sevilla, España.

A *Conteste.*

1 ¿Quién es la chica?
2 ¿Es norteamericana?
3 ¿De dónde es?
4 ¿Es estudiante o secretaria?
5 ¿Es fea?

6 Es morena, ¿no?
7 ¿Es baja?
8 ¿No es flaca?
9 ¿Es simpática?
10 ¿Es inteligente?

¿Cómo es el joven?   *What is the young man like?*
¿Es simpático?   *Is he friendly?*

Soy Rafael Castillo.
Soy de Venezuela.

No soy de los Estados Unidos.   Soy de Venezuela.
No soy norteamericano.   Soy venezolano.
No soy profesor.   Soy estudiante.
No soy pobre.   Soy rico.
No soy feo.   Soy guapo.
No soy antipático.   Soy simpático.
No soy tonto.   Soy inteligente.
No soy bajo.   Soy alto.
No soy gordo.   Soy flaco.
No soy rubio.   Soy moreno.

B *Conteste.*

1 ¿Quién es el joven?
2 ¿De dónde es Rafael?
3 ¿Qué es Rafael, norteamericano o venezolano?
4 ¿Cómo es Rafael, antipático o simpático?
5 ¿Es flaco o gordo?

6 ¿Es feo?
7 ¿Es alto?
8 ¿Es rubio o moreno?
9 No es tonto, ¿verdad?
10 ¿Es rico o pobre?

C *Responda de acuerdo con la información.*

1 Maricarmen, ¿es flaca o gorda? ¿Y Rafael?
2 Rafael, ¿es rico o pobre? ¿Y tú?
3 Maricarmen, ¿es española o venezolana? ¿Y Rafael?
4 Rafael, ¿es estudiante o profesor? ¿Y tú?
5 Maricarmen, ¿es baja o alta? ¿Y Rafael?
6 Rafael, ¿es guapo o feo? ¿Y Maricarmen?
7 Maricarmen, ¿es rubia o morena? ¿Y tú?
8 Rafael, ¿es inteligente o tonto? ¿Y Maricarmen?
9 Maricarmen, ¿es norteamericana o española? ¿Y tú?
10 Rafael, ¿es de los Estados Unidos o de Venezuela? ¿Y tú?

Interacción en grupos de cuatro

A *Assume it is Monday morning and that you have not seen each other for a few days. Exchange all appropriate greetings and ask how everybody is (the members of the group, parents, family, the professor, the students in the class).*

B *Each group member interviews another student in the group and finds out all appropriate personal information. Then each takes turns reporting the findings to the other members of the group.*

C *Using five or six adjectives, give a description of yourself to the group.*

D *Give as complete a description as you can of your best friend.*

EN POCAS PALABRAS

Breves conversaciones

Pregúntele a _____
    de dónde es.
    si es norteamericano/a.
    dónde vive ahora.
    si es rico o pobre.
    si es estudiante o profesor/a.
    si habla español.
    qué idioma hablamos en clase.
    qué idioma habla en casa.
    si comprende la lección.
    si baila en la clase.
    si los muchachos de la clase son simpáticos.
    si las muchachas de la clase son simpáticas.

    si es rubia o morena.
    si es inteligente o tonto.
    si es bajo/a o alto/a.
    si es flaco/a o gordo/a.
    si trabaja mucho o poco.

Preguntas personales

1 Buenos días. ¿Cómo estás?
2 ¿Cómo te llamas?
3 ¿Eres de California?
4 ¿De dónde eres?
5 ¿Eres alto/a?
6 ¿Cómo eres, rubio/a o moreno/a?
7 ¿Eres inteligente?
8 ¿Eres un estudiante bueno/una estudiante buena?
9 ¿Dónde vives ahora?
10 ¿Qué estudias?
11 ¿Hablan ustedes español en la clase?
12 ¿Aprendes mucho en la clase?
13 ¿Es interesante el español?
14 ¿Escriben ustedes notas en español?
15 ¿Leen ustedes mucho en la clase?
16 ¿Son españoles los estudiantes de la clase?
17 ¿Comprendes francés?
18 ¿Comes en casa o en la cafetería?
19 ¿Trabajas en la universidad?
20 ¿Necesitas más dinero?

PRONUNCIACIÓN

Spanish d

Note the variations in the pronunciation of the consonant **d** according to its position.

INITIAL	AFTER l	AFTER n	INTERVOCALIC	FINAL
¿Dónde?	caldo	comprendo	medicina	verdad
después	Donaldo	¿Dónde?	estudias	facultad
distante	píldora	¿Cuándo?	soy de Chile	usted

Spanish h and ch

The **h** is silent, and the **ch** is similar to the English **ch**.

hola   hablar   hasta   Chile   chilena   Chiapas

Spanish e

Make the **e** tense and short. Avoid the glide typical of English.

vive   de   inglés   chilena   francés   está   ¿Dónde?
luego   café

Spanish i

Avoid the glide **ee** and the **ih**-sound typical of English.

i STRESSED	sí	aquí	Chile	maní
i UNSTRESSED	idioma	igualmente	chilena	interesante

VOCABULARIO

¡ah!	*ah!*	inteligente	*intelligent*
el **alemán**	*German language;*	intercambio	*exchange*
	German male	interesante	*interesting*
alemana	*German female*	el **italiano**	*Italian language;*
alto	*tall; high*		*Italian male*
amable	*friendly; kind*	**italiana**	*Italian female*
americano	*American*	**listo**	*smart, bright, ready*
antipático	*unlikable, unfriendly*	**materia**	*material; subject*
aquí	*here*		*matter*
bajo	*short*	**medicina**	*medicine*
bueno	*well*	**mexicano**	*Mexican*
cierto	*certain, sure*	**muchacho/a**	*boy/girl*
la **colocación**	*placement, location*	la **nacionalidad**	*nationality*
Colombia	*Colombia*	**nosotros, nosotras**	*we; us (obj. of prep.)*
como	*like, as*	**optimista**	*optimist; optimistic*
concordancia	*agreement*	el **parque**	*park*
contento	*happy, content*	**pero**	*but*
cuarto	*room*	**pesimista**	*pessimist; pessimistic*
compañero/a de	*roommate*	**playa**	*beach*
cuarto		**pobre**	*poor*
Chile (*m.*)	*Chile*	el **portugués**	*Portuguese language;*
chileno/a	*Chilean*		*Portuguese male*
de	*from; about*	**portuguesa**	*Portuguese female*
la **descripción**	*description*	**presente**	*present (adj.)*
difícil	*difficult*	el **pronombre**	*pronoun*
el **dólar**	*dollar*	**rico**	*rich*
dormitorio	*bedroom*	**romántico**	*romantic*
¿eh?	*eh?*	**según**	*according to*
enfermo	*sick, ill*	**simpático**	*friendly, likable*
entonces	*then; and so*	**sujeto**	*subject*
estado	*state*	**ti**	*to you; yourself*
los **Estados Unidos**	*the United States*		*(fam.)*
fácil	*easy*	**tiempo**	*tense (verb)*
feo	*ugly*	**típico**	*typical*
flaco	*thin, skinny*	**tonto**	*dumb, foolish, stupid*
gordo	*fat*	**triste**	*sad*
guapo	*handsome; pretty;*	**tus**	*your (pl. adj.)*
	good-looking	**uso**	*use*
el **hombre**	*man*	**Venezuela**	*Venezuela*
el **idioma**	*language*	**vida**	*life*
igualmente	*equally; the same to you*	**viejo**	*old; ancient*
indefinido	*indefinite*	**vosotros, vosotras**	*you (fam. pl.)*

Verbos

admitir	to admit		**insistir**	to insist
aprender	to learn		**leer**	to read
bailar	to dance		**llamarse**	to be called
beber	to drink		**necesitar**	to need
cantar	to sing		**permitir**	to permit
comer	to eat		**prometer**	to promise
comprar	to buy		**responder**	to respond, answer
comprender	to comprehend, understand		**ser** (*irreg.*)	to be
creer	to believe; to think		**tomar**	to drink; to take
descansar	to rest		**trabajar**	to work
escribir	to write		**vivir**	to live
escuchar	to listen to			
estar	to be			
estudiar	to study			
hablar	to speak, talk			

Refrán

Los libros y los amigos—pocos y buenos.
Books and friends—few and good.

Lección tres

La familia

No es casa la casa donde
no hay mujer.

PERSPECTIVA

Functional conversational goals You should be able to
1 talk about your family, friends, and relatives.
2 identify things you want to do, prefer to do, intend to do, have to do, or feel obliged to do.
3 explain where you are going and when you intend to come back.
4 talk about your activities on certain days.

Language You will study and practice using
1 the present tense of the irregular verb **ir**.
2 **ir a** + infinitive.
3 the days of the week.
4 the verbs **venir** and **tener**.
5 **tener que** + infinitive.

6 the contractions **al** and **del**.
7 possessive adjectives.
8 vocabulary identifying family members, articles of clothing.
9 stem-changing verbs **e → ie**.
10 expressions for telling time.
11 the personal **a**.

Culture You will learn about
1 the role of the mother and father in a Hispanic family.
2 the importance of the extended family in Hispanic society.
3 the use of two surnames as part of the legal name of Hispanic persons.

CONVERSACIONES

HOY VAMOS A VISITAR A LOS ABUELOS.

LA SEÑORA MARTÍNEZ Rápido, hija. Ya es tarde. Tenemos que salir pronto.
LUISA Momentito, mamá. ¿Qué hora es?
LA SEÑORA MARTÍNEZ Ya son las nueve.
LUISA ¿Adónde[1] vamos?

---

[1]**¿Adónde?**, not **¿Dónde?**, is used with the verb **ir**. Its meaning is equivalent to *To where?* in English.

¡Qué lindo es pasar el domingo en casa de los abuelos con toda la familia extendida!
(Bogotá, Colombia)

LA SEÑORA MARTÍNEZ	Tu papá quiere visitar a los abuelos. Hoy es domingo.
LUISA	Bueno. Ya entiendo. ¿A qué hora vamos a regresar?
LA SEÑORA MARTÍNEZ	Tarde. Quizás como a las siete. ¿Por qué?
LUISA	Porque esta noche viene Carlos.
LA SEÑORA MARTÍNEZ	No hay cuidado. Va a haber tiempo para tu novio.

¿CUÁNTOS HERMANOS TIENES?

José María y Ricardo están en el centro. Ven un letrero que dice:

> El Domingo 17—Día de la Madre.
> *No es casa la casa donde no hay mujer.*

RICARDO	¡Ea, José! Mañana es el Día de la Madre.
JOSÉ MARÍA	¿Es posible? Voy a buscar un regalo para mi mamá.
RICARDO	Pienso comprar un regalo, también. Mi mamá trabaja día y noche.
JOSÉ MARÍA	Hay muchas personas en tu familia, ¿no? ¿Cuántos hermanos tienes?
RICARDO	Tengo un hermano y tres hermanas. Además están en casa mi abuela, mi tía y mis primos.
JOSÉ MARÍA	Es una familia grande.
RICARDO	Hombre, ¡ya lo creo! Pero quiero mucho a mi familia.

EL CUMPLEAÑOS DE MI ABUELA

TRINIDAD	Hola, Susana. ¿Adónde vas este domingo?
SUSANA	Voy a la casa de mis abuelos y después al parque.
TRINIDAD	Entonces, ¿no vas a la plaza con nosotros? Vamos a los bares a comer tapas.
SUSANA	No, es el cumpleaños de mi abuela y voy con todos mis tíos y primos.

TRINIDAD Van a hacer una gran fiesta y comer mucho, ¿verdad?

SUSANA Creo que sí. Siempre las fiestas en casa de mis abuelos son fabulosas.

Preguntas

1 ¿Qué hora es en casa de los Martínez?

2 ¿Qué día es?

3 ¿Adónde van los Martínez?

4 ¿Cuándo van a salir?

5 ¿A qué hora van a regresar?

6 ¿Quiere ir Luisa? ¿Por qué?

7 ¿Quién es Carlos?

8 ¿Va a venir Carlos a visitar a Luisa?

---

9 ¿Cuándo es el Día de la Madre?

10 ¿Qué va a comprar José María?

11 ¿Trabaja mucho la mamá de Ricardo?

12 ¿Hay muchas personas en la familia de Ricardo?

13 ¿Cuántos hermanos y hermanas tiene?

---

14 ¿Adónde va Susana el domingo?

15 Después de ir (*After going*) a la casa de sus abuelos, ¿adónde va?

16 ¿Adónde van sus amigos?

17 ¿Quiénes van a visitar a los abuelos con Susana?

18 ¿Qué van a hacer?

19 ¿A Susana le gusta visitar a sus abuelos?

NOTAS CULTURALES

EL PAPEL¹ DE LA MADRE

role

En los países hispanos el papel de la madre es muy importante. Como dice el refrán¹, «No es casa la casa donde no hay mujer».

As the adage says

    El padre usualmente trabaja muchas horas y no está en casa durante el día. Si hay muchas personas en la familia, la madre tiene que trabajar¹ día y noche. Ella cuida¹ a los hijos y maneja¹ la administración de la casa. El Día de la Madre entre los hispanos es un día muy especial—un día de intensa emoción, celebración y amor.

tiene que . . . has to work
cares / handles

EL PAPEL DEL PADRE

Tradicionalmente, el hombre en la cultura hispánica es tratado¹ con mucho respeto y, en algunas familias, como un rey. Hay un antiguo refrán que dice: «En la casa, el hombre reina¹ y la mujer gobierna¹». Cuando el padre no está en casa la madre tiene que organizar todo.

treated

reigns / governs

    Hay otro refrán que dice: «El padre, para castigar¹ y la madre, para tapar¹». ¿La madre para tapar? ¿Por qué tapar? Porque la madre tiene que proteger¹ a los hijos contra la disciplina estricta del padre. Ahora las costumbres cambian y hay mucho más igualdad entre el padre y la madre de una familia.

para . . . to punish
to cover up
has to protect

¡Otra gran familia unida! Es una tradición hispánica. (Bogotá, Colombia)

LA FAMILIA HISPANA

En España y en Hispanoamérica la familia es la base de la vida social. Hay reuniones informales y fiestas también para toda la familia. Casi todos los domingos los hijos casados van a visitar, y muchas veces, a comer, en casa de los padres. Generalmente, los hijos muestran mucho respeto a sus padres y a sus abuelos. Cuando hablan con ellos usan la forma **usted** que es más formal que **tú**.

meetings / Almost
married / many times
show

UN NIETO —Buenos días, abuela. ¿Cómo está **usted**?
LA ABUELA —Muy bien, gracias, ¿y **tú**?

grandson

Los padres usan **tú** con los hijos. Los hijos usan **tú** con ellos en algunas familias modernas.

MAMÁ —¿**Tú** quieres ir, Luis?
LUIS —Sí, ¿adónde **vas**?

LOS APELLIDOS

surnames

Esta señorita se llama Luisa. Su nombre completo y legal es Luisa Martínez Sarmiento. Martínez es el apellido de su papá y Sarmiento es el apellido de su mamá. Tiene dos apellidos.

La familia almuerza con papá en el comedor. (Buenos Aires, Argentina)

Preguntas

1 ¿Es muy importante el papel de la madre en los países hispanos?

2 ¿Cómo es el Día de la Madre entre los hispanos?

3 ¿Cuál es el papel del hombre en la cultura hispánica?

4 ¿Quién gobierna en la casa hispánica?

5 ¿Quíen castiga?

6 ¿Quién protege a los hijos?

7 ¿Adónde van los hijos los domingos?

8 ¿Usan los hijos la forma **usted** con la abuela?

9 ¿Qué forma usan los padres con los hijos?

10 ¿Cuántos apellidos usan los hispanos?

11 ¿Cómo te llamas en el sistema de los hispanos?

INTERACCIÓN Y COMUNICACIÓN

¿Adónde vas?

Susana y su familia van a la casa de sus abuelos.

voy	vamos
vas	vais
va	van

Conteste.

1 ¿Adónde van Susana y su familia?

2 ¿Cuándo van a la casa de sus abuelos?

3 ¿Vas también a la casa de tus abuelos?

4 ¿Van los amigos también?

El verbo irregular **ir** *to go* (tiempo presente)

¿Adónde **vas** mañana?	*Where are you going tomorrow?*
Voy a la casa de mi abuela.	*I'm going to my grandmother's (house).*

A *Repita y sustituya.*

Susana va a la fiesta.

Él, Nosotros, Ellas, Yo, Dolores, Tú, Usted, Ustedes, Vosotros

B *Conteste.*

1 ¿Adónde vas el domingo?

2 ¿Adónde vas mañana?

3 ¿Vamos a la clase el sábado?

4 ¿Van ustedes a la universidad el lunes?

5 ¿Cuándo vas a una fiesta?

Ir a + infinitivo

A present-tense form of **ir** *to go* is followed by the preposition **a** before an infinitive. This construction can be used as a substitute for the future tense[1].

> **Voy a estudiar** esta noche.   *I'm going to study tonight.*

Conteste según el modelo.

¿Vas a estudiar esta noche?
Sí, voy a estudiar esta noche.

1 ¿Vas a tomar un refresco?   3 ¿Vas a trabajar ahora?
2 ¿Vas a bailar con tu novio/a?   4 ¿Vas a estar en la clase mañana?

¿Qué día es hoy?

—¿Qué día es hoy?
—Hoy es sábado.
—¿Qué vamos a hacer?

Los días de la semana

el lunes	el martes	el miércoles	el jueves	el viernes	el sábado	el domingo
	1	2	3	4	5	6
7	8	9	10	11	12	13
14	15	16	17	18	19	20
21	22	23	24	25	26	27
28	29	30	31			

---

[1]In addition to this usage, note that the preposition **a** also follows verbs of motion, learning, and beginning before an infinitive.

Viene **a** trabajar.	*She is coming to work.*
Aprendo **a** leer.	*I'm learning to read.*
Comienzo **a** hablar español.	*I'm beginning to speak Spanish.*

el **lunes**	Monday	el **viernes**	Friday
el **martes**	Tuesday	el **sábado**	Saturday
el **miércoles**	Wednesday	el **domingo**	Sunday
el **jueves**	Thursday		

Note that the days of the week in Spanish are not capitalized as they are in English and that they all use the masculine definite article, **el**. The first day of the week on the Spanish calendar is Monday, not Sunday.

The plural form of the definite article (**los**) used with a day of the week is the equivalent of *every*, *each*, or *on*.

No hay clases **los** sábados.   *There aren't any classes **on** Saturdays.*

The singular form of the definite article used with a day of the week is the equivalent of *on*, *this*, or *next*.

Vamos a la plaza **el** domingo.   *We are going to the plaza **on** Sunday (**this** Sunday).*

Conteste según los modelos.
Hoy es lunes, ¿verdad?
Sí, hoy es lunes.
(No, hoy no es lunes. Es _____.)
martes   viernes   miércoles   sábado   jueves   domingo

Interacción en parejas

Conteste según los modelos.

1 ¿Vas a lavar el coche (*wash the car*) el sábado?
   Sí, voy a lavar el coche el sábado.
   No, no voy a lavar el coche el sábado.
. . . preparar la comida (*prepare the meal*) el domingo?
. . . barrer el piso (*sweep the floor*) el lunes?
. . . pasar la aspiradora (*use the vacuum cleaner*) el martes?
. . . cambiar las sábanas (*change the sheets*) el viernes?

2 ¿Vas a la plaza todos los sábados?
   Sí, voy a la plaza todos los sábados.
   No, no voy a la plaza todos los sábados.
. . . a la iglesia (*church*) todos los domingos?
. . . a visitar (*to visit*) a los abuelos los domingos?
. . . a ir de compras (*to go shopping*) todos los días?

3 ¿Vas a la universidad los sábados?
   No, no voy a la universidad los sábados.
. . . al centro los lunes?   . . . a la iglesia los jueves?
. . . a la universidad los martes?   . . . a casa los viernes?
. . . a la clase los miércoles?   . . . al cine los sábados?

¿Vienes a la clase mañana?

¿Vienes a la clase mañana?

No, no vengo. Mañana es sábado.

Susana

Susana no viene a la clase mañana.

Conteste.

1 ¿Viene Susana a la clase mañana?

2 ¿Por qué no viene?

3 ¿No hay clase el sábado?

El verbo **venir** (**ie**[1]) *to come* (tiempo presente)

vengo	venimos
vienes	venís
viene	vienen

Repita y sustituya.

Susana viene mañana.

Yo, Él, Tú, Ustedes, Ella, Nosotros, Ellos, Vosotros

Interacción en parejas

Conteste en el afirmativo o el negativo según el caso.

Modelo: ¿Vienes a la universidad esta noche?
 No, no vengo.
 ¿Vienen a la clase el lunes?
 Sí, venimos.

1 ¿Vienes a la clase cuando estás enfermo/a?

2 ¿Vienen ustedes a la universidad los domingos?

3 ¿Vienen los profesores a la oficina todos los días?

4 ¿Viene tu papá a la clase?

5 ¿Vienen tus amigos a la clase?

---

[1]The **yo**-form of **venir** is irregular (**vengo**). The five other forms follow the pattern of all regular **e** → **ie** stem-changing verbs (explained on p. 62): the **tú**-, **usted**-, and **ustedes**-forms change **e** to **ie**, while the **nosotros**- and **vosotros**-forms do not change.

¿No **viene** Susana los sábados?	*Doesn't Susana come on Saturdays?*
No, no **viene** porque no hay clase.	*No, she doesn't come because there isn't any class.*

¿Tienes una familia grande?

Tengo una familia grande.   *I have a large family.*
Luisa **tiene** muchos parientes.   *Luisa has a lot of relatives.*

El verbo **tener** *to have* (tiempo presente)

tengo	tenemos
tienes	tenéis
tiene	tienen

¿Qué tienen estas personas? (A escoger (Choose) de la lista a la derecha.)
  Modelo: Luisa
           ¿Qué tiene Luisa?
           Luisa tiene muchos parientes.
1 Los Rockefeller   mucho talento
2 El papá de Luisa   muchos problemas
3 Los drogadictos   muchos pesos
4 Nosotros   muchos deseos de aprender
                         muchos amigos
                         muchos parientes

Tener que + infinitivo   *to have to (do something)*

Tener que is always followed by the infinitive form of the verb. It indicates strong obligation.

Tenemos que salir pronto.   *We have to leave right away.*
Tengo que comprar un regalo.   *I have to buy a gift.*

A *Repita y sustituya.*
  (**Yo**) Tengo que estudiar mucho.
  Él, Ellos, Vosotros, Usted, Yo, Tú, Ustedes, Ella

B *Conteste.*

1 ¿Tienes que trabajar?
2 Ustedes tienen que aprender mucho, ¿verdad?
3 ¿Tenemos que hablar español en la clase?
4 ¿Tienen que estudiar mucho los estudiantes?
5 ¿Tienes que comprar un regalo para tu mamá?

Toda la familia quiere
a la abuela y al bebé.
(Sevilla, España)

Contracciones

Contracción de a + el → al

When **a** and **el** occur together they contract to **al**.

Luisa y su familia van **al** parque.	*Luisa and her family are going to the park.*
¿Cuándo vamos **al** cine?	*When are we going to the movie?*

The other combinations of **a** + the definite article (**a la**, **a los**, **a las**) do not contract.

Voy **a la** universidad.	*I'm going to the university.*
Siempre voy **a los** conciertos.	*I always go to the concerts.*
Siempre voy **a las** fiestas.	*I always go to the parties.*

Contracción de de + el → del

When **de** and **el** occur together they contract to **del**.

El médico viene **del** hospital.	*The doctor is coming from the hospital.*

Other combinations of **de** + the definite article do not contract.

El profesor viene **de la** universidad.
Es el profesor **de los** estudiantes de español.
Es el profesor favorito **de las** chicas.

Responda según los modelos.

Ricardo—el centro
¿Adónde va Ricardo?
Va al centro.

1 el médico—el hospital
2 Carlos—la biblioteca
3 el profesor—la cafetería
4 Pedro—el teatro

5 José María—la universidad
6 Luisa—el cine
7 Hortensia—las clases

¿De dónde viene Ricardo?
Viene del centro.

¿ADÓNDE VAN?

La señora López

1

el **teatro**

El doctor García

2

el **hospital**

Juan

3

el **bar**   la **taberna**

¿DE DÓNDE VIENEN?

Ricardo

4

la **cafetería**

Anita

5

la **biblioteca**

Manolo y José

6

el **cine**

Conteste.

1 ¿Adónde va la señora López?
2 ¿Adónde va el doctor García?
3 ¿Va a la biblioteca Juan?

4 ¿De dónde viene Ricardo?
5 ¿De dónde viene Anita?
6 ¿Vienen de la biblioteca Manolo y José?

¿De qué color son tus zapatos?

Los adjetivos posesivos

POSSESSOR	SINGULAR	PLURAL	ENGLISH EQUIVALENT
yo	**mi**	**mis**	*my*
tú	**tu**	**tus**	*your* (familiar)
él, ella, Ud.	**su**	**sus**	*his, her, its, your (formal)*
nosotros	**nuestro/a**	**nuestros/as**	*our*
vosotros	**vuestro/a**	**vuestros/as**	*your* (familiar)
ellos, ellas, Uds.	**su**	**sus**	*their, your* (formal)

Possessive adjectives, like other adjectives, agree in number (singluar or plural) with the noun they modify (that is, the item possessed). **Nuestro/a** and **vuestro/a** also agree in gender (masculine or feminine).

Mi ropa no es nueva.	*My clothes are not new.*
Su camisa es roja y **sus** pantalones son azules.	*His shirt is red and his trousers are blue.*
¿De qué color es **tu** blusa?	*What color is your blouse?*
Vuestros zapatos son negros.	*Your shoes are black.*
Su ropa es neuva.	*Their clothes are new.*

A *Complete las frases con la forma apropiada.*

¿Dónde está **tu** camisa?

1 ¿Dónde están _____ pantalones?

2 ¿Dónde está _____ blusa?

3 ¿Dónde están _____ zapatos?

Mi camisa es blanca.

4 _____ pantalones son azules.

5 _____ zapatos son negros.

6 _____ falda es azul.

Nuestros pantalones son nuevos.

7 _____ ropa es vieja.

8 _____ faldas son rojas.

9 _____ zapatos son grandes.

B *Complete la frase con el adjetivo posesivo apropiado.*

Tengo un hermano. Es **mi** hermano.

1 Ellos tienen una hermana. Es _____ hermana.

2 Tenemos una tía. Es _____ tía.

3 Tienes tres hermanos. Son _____ hermanos.

4 Tenemos cuatro primos. Son _____ primos.

5 Tengo tres bolígrafos. Son _____ bolígrafos.

6 Ustedes tienen una casa. Es _____ casa.

7 Él tiene tres hermanos. Son _____ hermanos.

To indicate possession, Spanish does not use an apostrophe + *s* (*'s*) as English does. Spanish speakers use **de** + the name of the possessor.

> la blusa **de Luisa**   *Luisa's blouse*

A personal pronoun may be substituted for the person's name.[1]

> la blusa **de ella**   *her blouse*

The possessive adjectives **su** and **sus** do not clearly indicate who the possessor is (*her, his, their, its, your*); therefore, the **de** construction is often substituted to clarify.

> **su** blusa   **la** blusa **de ella**   *her blouse*
> **su** casa   **la** casa **de ellos**   *their house*

C *Conteste.*

1 ¿Está tu hermano en casa?

2 ¿Cómo se llama tu amigo/a?

3 ¿Hablan español tus amigos?

4 ¿Tienen ustedes sus libros?

5 ¿Tienes mi libro?

LOTES LOTES LOTES
UNICA OPORTUNIDAD

Villas de Santiago

Villas de Santiago

Ofrece Lotes con Agua, Luz, Drenajes y Calles Balastradas.

- **PRECIOS SIN COMPETENCIA** -

Información y Ventas: Km. 51 Carretera a Ciudad Vieja, Antigua Guatemala.
En la ciudad Capital 4a. Avenida 8-72 zona 1, 3er. Nivel, Edif. Horizontal
Tels.: 21349 y 26959.

Al presentar este volante, se le hará un descuento especial.

---

[1]The personal pronouns **yo** and **tú** are not used in the **de** construction.

VOCABULARIO ÚTIL

La familia de Luisa

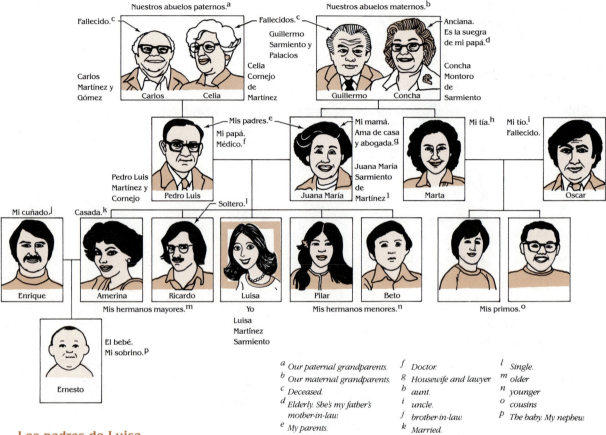

Nuestros abuelos paternos.[a]

Nuestros abuelos maternos.[b]

Fallecido.[c]

Fallecidos.[c]

Guillermo Sarmiento y Palacios

Anciana. Es la suegra de mi papá.[d]

Carlos Martínez y Gómez

Celia Cornejo de Martínez

Concha Montoro de Sarmiento

Carlos

Celia

Guillermo

Concha

Mis padres.[e]

Mi mamá. Ama de casa y abogada.[g]

Mi tía.[h]

Mi tío.[i] Fallecido.

Mi papá. Médico.[f]

Pedro Luis Martínez y Cornejo

Juana María Sarmiento de Martínez[1]

Pedro Luis

Juana María

Marta

Oscar

Mi cuñado.[j]

Casada.[k]

Soltero.[l]

Enrique

Amerina

Ricardo

Luisa

Pilar

Beto

Mis hermanos mayores.[m]

Yo Luisa Martínez Sarmiento

Mis hermanos menores.[n]

Mis primos.[o]

El bebé. Mi sobrino.[p]

Ernesto

[a] Our paternal grandparents.
[b] Our maternal grandparents.
[c] Deceased.
[d] Elderly. She's my father's mother-in-law.
[e] My parents.
[f] Doctor.
[g] Housewife and lawyer.
[h] aunt.
[i] uncle.
[j] brother-in-law.
[k] Married.
[l] Single.
[m] older
[n] younger
[o] cousins
[p] The baby. My nephew.

Los padres de Luisa

Conteste.

1 ¿Son profesionales los padres de Luisa?
2 ¿Qué profesión tiene su papá?
3 ¿Tiene profesión su mamá? ¿Qué es?
4 ¿Cuántos apellidos usa su mamá?
5 ¿Cómo se llama el esposo de doña Juana?
6 ¿Cómo se llama la esposa del doctor Martínez?
7 ¿Quién es la suegra del doctor Martínez?

---

[1]Señora Martínez uses two family names—hers and her husband's. Sarmiento is the maiden name and Martínez is the name of her husband. **De** indicates that she is the wife of señor Martínez. He uses two names too: Pedro Luis Martínez y Cornejo. Martínez is his father's name, and Cornejo is his mother's maiden name. **Y** meaning *and* ties the two names together.

Los abuelos de Luisa

Conteste.

1 ¿Quiénes son los Martínez?
2 ¿Quiénes son los Sarmiento?
3 ¿Qué es un abuelo?
4 ¿Cómo se llama el abuelo materno de Luisa?

5 ¿Qué es una abuela materna?
6 ¿Quiénes son los abuelos maternos de Luisa?
7 ¿Qué es una suegra?

Los hermanos y primos de Luisa

Conteste.

1 ¿Cuántos hermanos menores tiene Luisa?
2 ¿Cuántos hermanos mayores tiene ella?
3 ¿Qué es un sobrino?
4 ¿Quiénes son los primos de Luisa?

5 ¿Qué es un primo?
6 ¿Qué es un cuñado?
7 ¿Tienes tú un cuñado? ¿Cómo se llama él?

Preferencias, intenciones, opiniones, deseos y obligaciones

¿Qué prefiere Marta?

Prefiero estudiar en casa.

¿En qué piensa Elena?

Pienso en Pedro.

¿Quién entiende las preguntas?

Yo entiendo las preguntas.

¿Qué quieren hacer Jaime y Carmen?

Queremos bailar.

Conteste.

1 ¿Prefieres tú estudiar en casa?
2 ¿En qué piensas?
3 ¿Entiendes las preguntas del profesor?

4 ¿Quieren ustedes bailar?
5 ¿Prefieres estudiar o bailar?

Verbos que cambian la raíz (e → ie)

Certain verbs change a stem vowel **e** to **ie** in the present tense when the stress falls on its syllable, that is, in all persons except the **nosotros**- and **vosotros**-forms. The endings are regular. Verbs with a stem change of this kind will be listed in the vocabulary with the signal (**ie**) after the infinitive: **pensar** (**ie**). Some common verbs of this type are **pensar** *to think, to plan, to intend* (*to do something*); **querer** *to wish, to want, to love*; **comenzar** *to start*; **entender** *to understand*; and **preferir** *to prefer*.

querer (ie) *to want*		preferir (ie) *to prefer*		pensar (ie) *to think; to intend*		entender (ie) *to understand*	
quiero	queremos	prefiero	preferimos	pienso	pensamos	entiendo	entendemos
quieres	queréis	prefieres	preferís	piensas	pensáis	entiendes	entendéis
quiere	quieren	prefiere	prefieren	piensa	piensan	entiende	entienden

Conteste.

1 ¿Quieres mirar (*watch*) la tele o leer una novela?

2 ¿Quieres tener muchos hijos o pocos hijos?

3 ¿Piensas visitar México o Sudamérica?

4 ¿Prefieres tomar cervezas o refrescos?

5 ¿Prefieres bailar o trabajar?

6 ¿Piensas comprar ropa nueva o un coche?

7 ¿Quieres hacer ejercicios (*exercises*) o escuchar la radio?

8 ¿Qué prefieren ustedes hacer los sábados?

9 ¿Qué quieren ustedes hacer los domingos?

10 ¿Qué piensan ustedes hacer después de la clase?

Interacción en parejas

A *Escoja* (Choose) *una contestación de la lista a la derecha y responda con una frase completa.*

¿Qué quieres hacer . . .

1 en clase?	comer
2 por la noche?	mirar la tele
3 antes de venir a la clase (*before coming to class*)?	estudiar
	trabajar
4 los domingos?	bailar
5 los sábados?	cantar
6 todos los días?	visitar a los abuelos
7 en la biblioteca?	beber
8 en casa?	ir a la iglesia
9 en las fiestas?	aprender español
10 en la casa de tus amigos?	

Están celebrando el cumpleaños de su gran amigo. (México, D.F.)

B *Conteste según el modelo.*

¿Vas a preparar la comida esta noche?
Sí, voy a preparar la comida esta noche.

1 ¿Vas a visitar a los abuelos este domingo?

2 ¿Van ustedes a bailar en una fiesta esta noche?

3 ¿Va a estudiar tu compañero/a de cuarto en la biblioteca esta tarde?

4 ¿Vas a estar en clase mañana?

5 ¿Vas a comprar ropa mañana?

C *Escoja una contestación apropiada de la lista y responda con una frase completa.*

1 ¿Qué tienes que hacer hoy?

2 ¿Qué piensas hacer el domingo?

3 ¿Qué quieres hacer mañana?

4 ¿Qué vas a hacer el sábado?

5 ¿Qué prefieres hacer los domingos?

6 ¿Qué tienes que hacer los sábados?

7 ¿Qué tienes que hacer en casa?

8 ¿Qué debes (*must*) hacer esta semana?

lavar el coche

mirar la tele

lavar la ropa

pasar la aspiradora

ir al cine

visitar con la familia

trabajar en el centro

estudiar español

¿Qué hora es?

El reloj y la hora

1
1:00
Es la una.

2
3:00
Son las tres.

3
10:00
Son las diez.

4
3:20
Son las tres y veinte.

5
5:35
Son las seis menos[1] veinticinco.

6
6:45
Son las siete menos cuarto[2].

7
11:00
Son las once en punto[3].

8
1:15
Es la una y cuarto[4].

9
2:00
Son las dos.

10
4:00
Son las cuatro.

11
6:00
Son las seis.

12
3:05
Son las tres y cinco.

13
8:55
Son las nueve menos cinco.

14
4:30
Son las cuatro y media[5].

15
5:25
Son las cinco y veinticinco.

16
12:00
Son las doce.
Es (el) mediodía[6].
Es (la) medianoche[7].

---

[1]*minus* [2]*quarter (quarter to the hour)* [3]*sharp, exactly* [4]*quarter (quarter past the hour)*
[5]*half (half past the hour)* [6]*noon* [7]*midnight*

Note that when expressing the time of day, the verb **ser** is plural, except when followed by **la una**, **medianoche**, or **mediodía**. Minutes are added to the hour until half past the hour, after which they are subtracted from the next hour.

Cambie según la hora.

  Es la una y cinco.   (cinco y diez)
  Son las cinco y diez.

1 tres y media	4 tres y veinticinco	7 ocho menos cuarto
2 medianoche	5 seis y diez	8 una menos diez
3 dos y cuarto	6 nueve y cinco	

Expresiones de la hora

Either **por** or **en** may be used to express *in* (meaning *during*).

Por la mañana.	**En** la mañana.	*In the morning.*
Por la tarde.	**En** la tarde.	*In the afternoon.*
Por la noche.	**En** la noche.	*In the evening.*

When a specific hour or time is mentioned, **de** rather than **por** or **en** is used.

Voy a las seis **de** la mañana.	*I'm going at six o'clock in the morning.*
Ellos vienen a las cuatro **de** la tarde.	*They're coming at four o'clock in the afternoon.*
La clase comienza a las seis **de** la noche y termina a las siete.	*Class starts at six o'clock in the evening and ends at seven.*

A *Conteste según el modelo.*

  ¿Qué hora es?   (5:45 P.M.)
  Son las seis menos cuarto de la tarde.

1 8:34 A.M.	4 3:05 P.M.	7 11:18 A.M.
2 1:10 P.M.	5 10:40 P.M.	8 2:28 P.M.
3 6:20 A.M.	6 6:15 P.M.	9 10:10 A.M.

B *Conteste según el modelo.*

  ¿A qué hora vas a casa?   (10:00 P.M.)
  Voy a casa a las diez de la noche.

1 ¿A qué hora vas a la plaza?   (8:00 P.M.)
2 ¿A qué hora vienes del parque?   (4:20 P.M.)
3 ¿A qué hora termina la clase?   (9:30 P.M.)
4 ¿A qué hora comienzan tus compañeros/as a estudiar? (12:00 noon)
5 ¿A qué hora vienes del cine?   (1:25 A.M.)
6 ¿A qué hora trabajas esta tarde?   (3:15 P.M.)
7 ¿A qué hora piensan ustedes estudiar?   (10:00 P.M.)

¿Qué hora es? Un reloj muy elegante en la fachada de la iglesia. (Guanajuato, México)

La **a** de persona

The personal **a** is used before a noun which is a direct object of the verb and which refers to a specific person. To apply this rule, you must be able to identify direct objects.

1 Verbs may have, besides a subject, an object.

SUBJECT	VERB	OBJECT
Joe	buys	a gift.

In this sentence, the subject, Joe, *does* the action; the object, a gift, is what the action is done to.

2 The direct object of a verb is sometimes a person, sometimes a thing. An extra word, personal **a**, must be used before a noun which (1) is the direct object of the verb, and (2) refers to a specific person. Remember, *verb + **a** + direct-object person*.

Luisa ve **a** su abuela los domingos.   *Luisa sees her grandmother every Sunday.*

NOTE: If the personal **a** is required and it comes right before the definite article **el**, the **a** and the **el** combine and become **al**[1].

¿Van ustedes mucho a ver **al** médico?   *Do you go to see the doctor often?*

3 But when the direct object is not a specific person, no personal **a** is used.

Luisa ve un letrero en la tienda.   *Luisa sees a sign in the store.*
Luisa prefiere una profesora mexicana.   *Luisa prefers a Mexican professor.*

NOTE: When the direct object of the verb **querer** is a *person*, the meaning of **querer** is the equivalent of *to love* or *to like* and requires use of the personal **a**.

Luisa quiere **a** su hermano.   *Luisa **loves** her brother.*
BUT
Ricardo quiere trabajar.   *Ricardo **wants** to work.*

A *Sustituya, usando la **a** cuando es necesaria.*
Veo a mi abuela.   (la casa de mis abuelos)
Veo la casa de mis abuelos.

el libro, Ricardo, ustedes, el regalo, la profesora, Elena

B *Conteste en el afirmativo.*

1 ¿Quieres mucho a tus abuelos?
2 ¿Tienes muchos zapatos?
3 ¿Ven ustedes a la profesora/al profesor todos los días?
4 ¿Compras regalos en la tienda?
5 ¿Comprenden ustedes a la profesora/al profesor?
6 ¿Ves mi libro?
7 ¿Vas a ver a tu novio/a esta noche?

---

[1]Refer to the earlier section in this lesson on contractions for further explanation and practice.

La familia está de paseo en el Parque
del Retiro. (Madrid, España)

Interacción en grupos pequeños

A *Explíqueles a los compañeros* (Explain to your classmates) *lo que quiere hacer, piensa hacer, o debe hacer el Día de la Madre.*

B *Dígale al grupo lo que* (Tell the group what) *usted va hacer este sábado y domingo.*

LECTURA

LA FAMILIA DE LUISA

Yo soy Luisa. Mi nombre completo es Lusa Martínez Sarmiento.[1] Soy española. Tengo una familia bastante grande[|]. Hay cinco hijos—dos muchachos y tres muchachas—y mis padres. Mi papá es médico y mi mamá es abogada. Los dos están muy ocupados pero quieren pasar todo el tiempo posible en casa con la familia.

     Amerina, mi hermana mayor, tiene 20 años[|] y ya está casada. Vive en un apartamento con su esposo, Enrique, y su hijo Ernesto.

     Mi hermano Ricardo ya tiene novia y piensa casarse[|] después de terminar sus estudios y conseguir trabajo. Por el momento no trabaja porque mi papá paga su matrícula[|] en la universidad y en casa tiene la cama y la comida gratis. Mis hermanos menores, Pilar y Beto, van al colegio y ayudan con los quehaceres[|] de la casa. Siempre traen a sus amigos a la casa para mirar la tele o tomar un refresco.

quite large

is 20 years old

piensa . . . *intends to marry*

registration

chores

---

[1]Uso dos apellidos—Martínez, que es el apellido de mi padre, y Sarmiento, que es el apellido de mi mamá.

La novia de Ricardo es una norteamericana muy interesante que se llama Heather. Tiene un trabajo muy secreto en la embajada[^1]. Ella cree que es normal estar lejos[^1] de los padres y vivir una vida independiente y privada. Yo prefiero vivir en casa porque aprecio más la seguridad y el cariño que ofrece mi familia.

embassy
far away

Quiero mucho a mi familia. Somos muy unidos y cariñosos. Siempre hay una reunión de familia o una fiesta de cumpleaños los fines de semana. También vienen de visita los tíos y primos y abuelos. Amerina y Enrique tienen la costumbre de venir a comer con nosotros casi todos los domingos, y ahora Heather también. Lo pasamos muy bien[^1] todos juntos con mis padres.

We have a great time

Preguntas

1 ¿Cuál es el nombre completo de Luisa?
2 ¿Cuántos apellidos usa ella?
3 ¿Cómo se llama el padre de Luisa? ¿Es abogado él?
4 Y su mamá, ¿cómo se llama? ¿Es abogada ella?
5 ¿Cuántos muchachos y muchachas hay en la familia Martínez?
6 ¿Cuántos años tiene Amerina?
7 ¿Quién está casada?
8 ¿Cómo se llama el hijo de Amerina?
9 ¿Por qué no trabaja ahora Ricardo?
10 ¿Quién es Heather?
11 ¿De dónde es ella?
12 ¿Cómo es el trabajo de ella?
13 ¿Qué considera normal Heather?
14 ¿Por qué prefiere Luisa vivir con la familia?
15 ¿Por qué quiere a su familia?
16 ¿Qué pasa en casa de los Martínez los fines de semana?
17 ¿Quiénes vienen a comer casi todos los domingos?

EN POCAS PALABRAS

Forme frases completas

1 Mi familia _____ .
2 Vamos a _____ .
3 Yo quiero _____ .
4 ¿Cuándo _____ ?
5 ¿Dónde están _____ ?

Forme preguntas

Mi abuelo está en casa.
¿Dónde está tu abuelo?

1 Roberto tiene muchos amigos.
2 Mi hermano está bien.
3 Voy al centro.
4 Quiero una camisa nueva.

Breves conversaciones

Pregúntele a _____

    dónde viven sus abuelos.

    cómo está su hermano/a.

    dónde trabaja su papá.

    cuántos zapatos tiene en casa.

    dónde viven sus hermanos.

    cómo están sus compañeros/as de cuarto.

    qué va a hacer esta noche.

    si piensa estudiar con su novio/a esta noche.

    qué prefiere estudiar en la universidad.

    si debe (*must*) estudiar para el examen.

    adónde va después de la clase.

Papá, mamá y los dos hijos de una familia pequeña. (Madrid, España)

Preguntas personales

1 ¿Quieres mucho a tu familia?

2 ¿Tienes una familia grande?

3 ¿Cuántas personas hay en tu familia?

4 ¿Visitan ustedes a sus abuelos los domingos?

5 ¿Qué prefieres hacer los sábados?

6 ¿Tienes clases los sábados?

7 ¿Piensas venir a la universidad el año que viene?

8 ¿Qué quieres comprar?

9 ¿Tienes mucha ropa?

10 ¿Dónde trabajas?

11 ¿Qué vas a hacer hoy después de la clase?

12 ¿A qué hora termina la clase?

13 ¿Prefieres estudiar en casa o en la biblioteca?

14 ¿Estudias los domingos?

15 ¿Vienes a clase mañana?

16 ¿Viene también el profesor/la profesora?

17 ¿Siempre viene temprano (*early*) él/ella?

18 ¿A qué hora van tus compañeros/as a sus clases?

19 ¿Deben ellos/ellas estudiar más?

20 ¿Adónde vas mañana?

21 Y, ¿qué vas a hacer?

PRONUNCIACIÓN

Spanish b, v

Be careful to pronounce **b** and **v** exactly alike. When **b** or **v** is initial in a breath group or follows **m** or **n**, it is a voiced stop. It is a fricative continuant when it falls between two vowels and in all other positions.

VOICED-STOP **b**	FRICATIVE **b**
Vamos.	Trabajo mucho.
Bueno.	¿Quieres venir?
Buenas tardes.	Navajo
¿Verdad?	Córdoba
Venezuela	ómnibus

Spanish o

Avoid the English glide and do not prolong the vowel sound in the unstressed position.

cinco   comprar   centro   tomar   como   ¿Cómo estás?

Vamos a tomar el ómnibus.

Spanish u

Pay particular attention to the **u** in the initial position. Keep the sound pure.

Cuba   una   muchacho   ¿Cómo está usted?   ¿Es usted estudiante?

VOCABULARIO

abuelo/a	grandfather/ grandmother	**donde**	where
los **abuelos**	grandparents	**doña**	Mrs., Miss (title of respect)
además	besides, in addition	**drogadicto/a**	drug addict
¿adónde?	where? (to where?)	**ejercicio**	exercise
apellido	surname	**fabuloso**	fabulous
azul	blue	**falda**	skirt
el **bar**	bar	**fallecido**	deceased
blanco	white	**favorito**	favorite
blusa	blouse	**fiesta**	party
cafetería	cafeteria	**gran**	large, great (before noun)
camisa	shirt	**grande**	big, large, great
centro	center; downtown	**hermano/a**	brother/sister
cerveza	beer	**hora**	hour; time
el **cine**	movie, movies	el **hospital**	hospital
el **coche**	car	**hoy**	today
el **color**	color	**infinitivo**	infinitive
como	around	la **intención**	intention
concierto	concert	**irregular**	irregular
la **contracción**	contraction	**letrero**	sign; poster
Creo que sí.	I think so.	**lo**	it, him, you
cuarto	quarter (time)	la **madre**	mother
cuidado	care, worry	el **Día de la Madre**	Mother's Day
No hay cuidado.	No problem.	**materno**	maternal
el **cumpleaños**	birthday	la **medianoche**	midnight
cuñado	brother-in-law	**medio**	half
del	of the; from the (contraction of **de** + **el**)	el **mediodía**	noon, midday
		menor	younger; smaller; lesser
deseo	desire, wish	**menos**	minus
después	after; afterwards	**momentito**	a short time, moment (diminutive of **momento**)
después de ir	after going		
después de + *noun*	after + noun	la **mujer**	woman
día y noche	all the time	**negro**	black
dice	says (from verb **decir**)	la **noche**	night, evening

novela	novel
novio	boyfriend; fiancé
novia	girlfriend; fiancée
nuevo	new
la obligación	obligation
la opinión	opinion
los pantalones	pants, trousers
el/la pariente	relative, family member
paterno	paternal
peso	peso (unit of currency)
plaza	square, plaza
porque	because
posesivo	possessive
posible	possible
preferencia	preference
primo/a	cousin
pronto	soon
punto: en punto	sharp, exactly (time)
que	that, which
quizás	perhaps, maybe
la radio	radio
la raíz	root; stem
rápido	rapid; fast
refresco	soft drink; refreshment
regalo	gift
rojo	red
ropa	clothing, clothes
semana	week
sobrino/a	nephew/niece
Sudamérica	South America
suegra	mother-in-law
taberna	tavern
talento	talent
tapas	hors d'oeuvres
tarde	late
teatro	theater
la tele	television, TV
tiempo	time
tienda	shop, store
tío	uncle
todo	all, everything
ya	already; now; right away
¡Ya lo creo!	I believe it!, I should say so!
zapato	shoe

Possessive adjectives are given on p. 58.

Días de la semana

el **lunes**	Monday
el **martes**	Tuesday
el **miércoles**	Wednesday
el **jueves**	Thursday
el **viernes**	Friday
el **sábado**	Saturday
el **domingo**	Sunday

Verbos

buscar	to look for, search for
cambiar	to change
comenzar (ie)	to start, begin
entender (ie)	to understand
haber (he, ha)	to have (auxiliary verb)
hacer (hago)	to do; to make
ir (irreg.)	to go
mirar	to watch, look at
pensar (ie)	to think; to intend
pensar en	to think about
preferir (ie, i[1])	to prefer
querer (ie)	to want, wish; to love
regresar	to return
salir (salgo)	to leave
tener (ie) (tengo)	to have
tener que	to have to
terminar	to end; to finish; to terminate
usar	to use
venir (ie) (vengo)	to come
ver	to see
visitar	to visit

Refrán

No es casa la casa donde no hay mujer.

A home without a woman is not a home.

---

[1]This verb not only changes **e** to **ie** in the present tense, but also changes stem vowel **e** to **i** in the third-persons singular and plural of the preterit tense. See Appendix, Class III Stem-changing Verbs for other changes.

¿Qué carrera sigues?

Cada loco con su tema.

Functional conversational goals   You should be able to
1 discuss careers, courses you are taking, your major, daily class schedule.
2 describe the educational system in the Hispanic world.
3 respond to questions in a job interview.
4 count items and give telephone numbers.

Language   You will study and practice using

1 stem-changing verbs (**e → i**).
2 the verbs **conocer** and **saber**.
3 direct-object pronouns.
4 cardinal numbers 50–1,000,000.
5 vocabulary related to occupations and careers.

Culture   You will learn about
1 the education system in the Hispanic world.
2 popular career goals of university students in Latin America.

CONVERSACIONES

¿QUÉ CARRERA SIGUES?

Fred es de los Estados Unidos. Él conversa ahora con María José, una señorita de Bilbao, sobre carreras, materias y estudios.

FRED	¿Y tú, María José? ¿Qué carrera sigues?
MARÍA JOSÉ	Quiero ser ingeniera aeronáutica. ¿Y tú?
FRED	No tengo planes definitivos. Primero voy a sacar el bachillerato.
MARÍA JOSÉ	¿Ya no quieres ser médico cirujano?
FRED	Quizás. Eso de la implantación de corazones artificiales es algo fantástico, ¿no?
MARÍA JOSÉ	No. No estoy de acuerdo. Implantar un corazón artificial es una operación horrible, y muy peligrosa.

El espacioso patio de la Universidad de Barcelona. (Barcelona, España)

FRED	No, señorita. Ya pueden hacerlo muy bien y yo quiero aprenderlo.
MARÍA JOSÉ	Pues, yo prefiero hacer un viaje a la luna.
FRED	¿Tú quieres ser astronauta? ¡Qué locura!
MARÍA JOSÉ	Quiero conocer todos los planetas. Y pienso ganar mucho dinero.
FRED	Bueno, cada loco con su tema.

Preguntas

1 ¿De dónde es Fred?

2 ¿Con quién conversa Fred?

3 ¿De dónde es María José?

4 ¿De qué conversan los amigos?

5 ¿Qué carrera sigue María José? ¿Y Fred?

6 ¿Qué va a hacer Fred primero?

7 Según Fred, ¿qué es algo fantástico?

8 ¿Está de acuerdo María José?

9 ¿Qué piensa María José de la implantación de corazones?

10 ¿Qué prefiere hacer María José?

11 ¿Qué planetas quiere conocer María José?

12 ¿Qué significa «cada loco con su tema»?

13 ¿Quién quiere ganar mucho dinero?

14 ¿Y tú? ¿Quieres ganar mucho dinero?

NOTAS CULTURALES

EL SISTEMA EDUCATIVO

La educación pública es gratis en muchos de los países latinoamericanos y en España. Por medio de¹ este sistema educativo la gente puede mejorar¹ su nivel de vida¹ y seguir mejores carreras técnicas y profesionales. Las instituciones educativas del mundo hispánico por lo general incluyen las siguientes:

By means of

puede . . . *can improve / standard of living*

Estos niños de la escuela primaria hacen ejercicio. (Asunción, Paraguay)

Escuela primaria—consta de[|] los grados uno a seis (de 5 o 6 a 11 o 12 años de edad). *consists of*

Escuela secundaria—se compara con[|] los grados siete y ocho más[|] los cuatro años de *high school*. (Abarca[|] los años de 12 a 18 de edad.) *se . . . is comparable to / plus / It includes*

Colegio—por lo general se refiere a una escuela particular[|], primaria o secundaria, patrocinada por[|] la Iglesia Católica u¹ otra institución particular. A veces[|] incluye los grados uno a doce. Algunos de los colegios ofrecen estudios en otro idioma (por ejemplo, «colegio francés»). Algunos también proveen alojamiento[|] a los alumnos. *private / sponsored by / At times / proveen . . . provide lodging*

Liceo—generalmente es una escuela secundaria del gobierno para los estudiantes de 12 a 18 años de edad.

Escuela preparatoria (la preparatoria)—es una escuela que prepara a los alumnos para estudios especializados como la medicina o las bellas artes[|]. *fine arts*

Escuela normal—se especializa en la preparación de maestros. Esta preparación es de dos años.

LA CIUDAD UNIVERSITARIA[|]
university campus

La vida social de las universidades en España y Latinoamérica es muy distinta a la de[|] los Estados Unidos. Las facultades[|] están muy separadas. Los estudiantes de las diferentes facultades no tienen muchas actividades en común. *different from that of / colleges, schools*

La Universidad de Buenos Aires, por ejemplo, tiene más de 180.000 estudiantes. La Facultad de Ingeniería está a más de un kilómetro de² la Facultad de Filosofía y Letras, cuatro kilómetros de la Facultad de Medicina, cuatro kilómetros en otra dirección de la Facultad de Derecho[|] y Ciencias Sociales. Esta separación no permite el tipo de intregrada vida social que tenemos en la mayoría de las universidades de Norteamérica. *Law*

---

¹**o**, meaning *or*, becomes **u** before a word beginning with an **o**-sound: **siete *u* ocho**, **Luisa *u* Hortensia**.

²**más de . . .** *more than one kilometer from*. One **kilómetro** = one thousand **metros** (*meters*). Metric measurements of length are used in all Hispanic countries. Equivalents:

    1 **kilómetro** = .622 mile (**milla**), i.e., about ⅔ of a mile.

    1 **metro** = 3 feet (**pies**), 3.4 inches (**pulgadas**). The 100-meter dash is about ten percent longer than the 100-yard dash.

Preguntas

1 ¿Es gratis la educación pública en los países hispanos?
2 ¿Qué institución educativa es el equivalente de la primaria en los Estados Unidos?
3 ¿Y el equivalente de nuestro *high school*?
4 ¿Qué es un colegio? ¿Qué es una universidad?
5 ¿Qué otra escuela secundaria hay?
6 ¿En qué se especializa la escuela normal?

———

7 ¿Cómo dicen *campus* en español?
8 ¿Por qué no está integrada la vida social de las facultades en las universidades de Hispanoamérica?
9 ¿Cuántos estudiantes hay en la Universidad de Buenos Aires?
10 ¿Cuántos estudiantes hay en la universidad donde tú tienes clases?
11 Un kilómetro, ¿es más o menos que una milla?
12 ¿Quieres estudiar en la Universidad de Buenos Aires?

Licenciatura en la Universidad de Bilbao

Guillermo, un estudiante universitario

PLANES PARA EL FUTURO

Ya tengo el diploma de la escuela primaria y el bachillerato del colegio aprobado|. Ahora soy estudiante de la Universidad de Bilbao. Pienso seguir una carrera en la Facultad de Filosofía y Letras. Primero tengo que terminar la licenciatura|. Voy a continuar mis estudios aquí y recibir el título de maestría| pero prefiero sacar| el doctorado de una universidad más importante. Por eso quiero seguir mis estudios en la Universidad de Madrid. Dicen que ahí tienen los mejores profesores y programas de instrucción.

approved, passed

Bachelor's degree
Master's degree / take, get

Preguntas

1 ¿Qué diplomas tiene Guillermo?
2 ¿Está Guillermo en la escuela secundaria ahora?
3 ¿Dónde estudia ahora Guillermo?
4 ¿Qué carrera piensa seguir?
5 ¿Va a continuar sus estudios en Bilbao?
6 ¿Qué tiene que sacar primero?

7 ¿Qué título piensa recibir después de la licenciatura?
8 ¿Dónde prefiere sacar el doctorado?
9 ¿Cómo son los profesores de la Universidad de Madrid?
10 ¿Qué tal los programas de instrucción?

Interacción en parejas

Indíquele a un compañero o a una compañera sus preferencias. Tomen turno.

1 ¿Prefieres estudiar o dormir?
2 ¿Quieres trabajar o jugar?
3 ¿Piensas sacar el doctorado o la maestría?
4 ¿Tienes que comer o estudiar?
5 ¿Vas a hacer estudios graduados o comenzar a trabajar ahora?
6 ¿Prefieres hablar inglés o español?
7 ¿Quieres programar la computadora o resolver problemas de matemáticas?

INTERACCIÓN Y COMUNICACIÓN

Títulos y facultades

TÍTULOS ACADÉMICOS	*ACADEMIC DEGREES*
El bachillerato	*High-school diploma*
La licenciatura	*Bachelor's degree*
La maestría	*Master's degree*
El doctorado	*Doctoral degree*

LAS FACULTADES[1] DE LA UNIVERSIDAD	*COLLEGES OF THE UNIVERSITY*
La Facultad de Filosofía y Letras	*College of Humanities*
La Facultad de Bellas Artes	*College of Fine Arts*
La Facultad de Ciencias	*College of Science*
La Facultad de Medicina	*College (School) of Medicine*
La Facultad de Derecho	*College of Law*

¿Por qué está tan contenta esta joven? Porque ya termina los estudios del bachillerato.

Conteste.

1 ¿En qué facultad estudias?
2 ¿Qué diploma tienes?
3 ¿Piensas sacar el doctorado?
4 ¿Dónde quieres estudiar?
5 ¿En qué facultad estudian los médicos?
6 ¿En qué facultad estudian los abogados (*lawyers*)?
7 ¿En qué facultad estudian los profesores de literatura?
8 ¿Qué planes tienes para el futuro?

---

[1]The Spanish equivalent of English *faculty*, meaning the professors, is **el profesorado**.

VOCABULARIO ÚTIL

Asignaturas, ocupaciones y lugares de trabajo

The following names of academic subjects, occupations, and places of work are mostly *cognates*; that is, they have the same derivation as their English counterparts.

ASIGNATURAS

alta tecnología	francés	matemáticas
botánica	geografía	música
derecho *law*	idiomas extranjeros	química
filosofía	ingeniería	sociología
física	literatura	zoología

—¿Usted quiere trabajar de día o de noche? Una entrevista en la oficina de empleos. (Santiago, Chile)

OFICIOS O PROFESIONES

abogado/a *lawyer*	**mecánico**
el/la **agente de viajes** *travel agent*	**médico/a** *doctor*
autor/a	el/la **modista** *dressmaker*
el/la **dentista**	el/la **oculista**
embajador/a	**piloto**
farmacéutico/a *pharmacist*	el/la **policía**
hombre/mujer de negocios	**profesor/a**
businessman/businesswoman	**programador/a de computadoras**
ingeniero/a	**trabajador/a** *worker*
maestro/a *teacher*	**veterinario/a**

LUGARES DE TRABAJO

el **aeropuerto**	el **despacho** *office*	la **tienda** *shop, store*
el **centro** *downtown*	el **hospital**	la **universidad**
la **clínica**	la **oficina**	
la **clínica veterinaria**	el **taller mecánico** *garage*	

Conteste según los modelos.

¿Dónde trabaja el abogado?
El abogado trabaja en su despacho.

1 . . . la profesora?
2 . . . la modista?
3 . . . el dentista?
4 . . . los programadores?
5 . . . el mecánico?

6 . . . el piloto?
7 . . . el médico?
8 . . . el policía?
9 . . . el veterinario?

Juana—español; embajadora.
¿Qué estudia Juana?
Juana estudia español. Quiere ser embajadora.

1 Ana María—química; dentista.
2 Alberto—sociología; trabajador social.
3 Ernesto—electrónica; investigador científico.
4 Anita—ruso; agente del FBI.
5 Margarita—idiomas extranjeros; agente de viajes.
6 Alicia—derecho; abogada.
7 Alejandro—matemáticas; ingeniero.
8 Josefina—física; profesora.

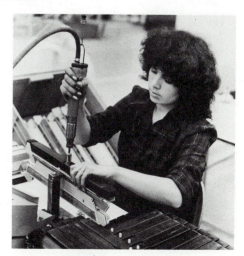

Esta señorita trabaja en una fábrica de Guadalajara, México.

Cursos y carreras

Alberto

Quiero ser profesor de historia.

Ana y Luisa

Somos programadoras. Seguimos una carrera en computación.

Bárbara

Soy locutora de televisión. Es un oficio interesante.

Jorge

Siempre digo la verdad, papá.

Carlos

Yo no pido asignaturas difíciles. ¿Quién las necesita? Soy perezoso[1].

Conteste.

1 ¿Qué carrera sigue Alberto?

2 ¿Siguen Ana y Luisa una carrera en medicina?

3 ¿Qué oficio tiene Bárbara?

4 ¿Siempre dice la verdad Jorge?

5 ¿Pide materias difíciles Carlos?

6 ¿Quiénes son programadoras?

7 ¿Quieres ser locutor/a de televisión?

8 ¿Eres ambicioso/a o perezoso/a?

Verbos que cambian la raíz (e → i)

seguir		pedir		decir	
to follow, pursue		*to ask for*		*to say, tell*	
sigo	seguimos	pido	pedimos	digo[3]	decimos
sigues[2]	seguís	pides	pedís	dices	decís
sigue	siguen	pide	piden	dice	dicen

[1]*lazy*

[2]The **u** is not pronounced. It is written before **e** or **i** in order to show that the **g**-sound (as in the English word *go*) is maintained.

[3]Note the **g** in the **yo**-form.

This group of verbs changes the stem vowel **e** to **i** in all present-tense forms except **nosotros** and **vosotros**. The endings are regular. These verbs will be listed in the vocabulary with the signal (**i**) after the infinitive: **seguir** (**i**). Some other common verbs in this group are **vestir** *to dress*, **medir** *to measure*, **servir** *to serve*, and **repetir** *to repeat*.

Conteste según los modelos.

Alberto—interesante.
¿Qué tipo de carrera sigue Alberto?
Alberto sigue una carrera interesante.

1 Ana y Luisa—fantástica.
2 Bárbara—difícil.
3 Nosotros—fácil.

4 Tú—moderna.
5 Ellos—de alta tecnología.

Alberto—historia.
¿Qué clases pide Alberto?
Alberto pide clases de historia.

1 Felipe—alta tecnología.
2 Juan y Luis—inglés.
3 Ana y Luisa—computación.

4 Barbara—comunicaciones.
5 Ustedes—español.
6 Carlos—clases fáciles.

Carlos—es perezoso.
¿Qué dice Carlos?
Carlos dice que es perezoso.

1 Alberto—quiere ser profesor.
2 Bárbara—tiene un oficio interesante.
3 Tomás—siempre pide clases difíciles.
4 Ana y Luisa—son programadoras.
5 Los profesores—los estudiantes tienen que estudiar.
6 Ustedes—comprenden la lección.

Interacción en parejas

Siga el modelo y escoja uno de los estudios de la lista a la derecha.

Si quiero ser _ingeniero_, ¿qué tengo que estudiar?
Tienes que estudiar _matemáticas_.

PROFESIÓN	ESTUDIOS
1 banquero/a	literatura
2 hombre/mujer de negocios	idiomas extranjeros
3 agente del FBI	finanzas
4 diplomático/a	clases de conducir *driving classes*
5 pintor/a	relaciones internacionales
6 novelista	arte
7 redactor/a *editor*	inglés y composición
8 taxista	administración comerical
	contabilidad *accounting*

¿Qué carrera siguen?

Raúl es artista gráfico.

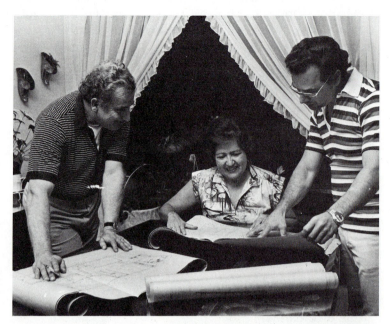

Manolo y Esteban son arquitectos.

El señor Márquez es hombre de negocios.

Elisa es programadora.

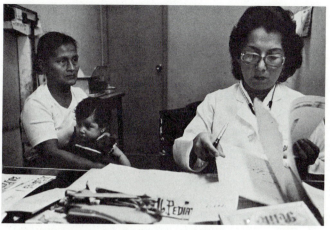

La doctora Rojas es médica.

Estela es técnica de laboratorio químico.

Juan Antonio es locutor de televisión.

Manuela, Inés y Adela son agentes de policía.

Interacción en parejas

A *Conteste.*

1 ¿Qué estudia Raúl para ser artista gráfico?
2 ¿Ganan mucho dinero los artistas?
3 ¿Cuántos teléfonos tiene el señor Márquez en su despacho?
4 ¿Qué otras cosas ves en la oficina del señor Márquez?
5 ¿Hay mucho trabajo para los arquitectos ahora?
6 ¿Es popular la carrera de programador?
7 ¿Qué estudios tienen que hacer los médicos?
8 ¿Qué tipo de personalidad tienen que tener los médicos?
9 ¿Prefieres ser técnico/a o profesor/a de química?
10 ¿Te gusta la química?
11 ¿Qué hacen los locutores de televisión?
12 ¿Qué profesión tienen Manuela, Inés y Adela?
13 ¿Es fácil o difícil el trabajo del policía?
14 ¿Qué hacen las agentes de policía?
15 ¿Quieres ser agente de policía?

B *¿Qué profesión tienen estas personas?*

1 Alfredo Ojeda enseña clases de español en una escuela secundaria. Es
_____ .

2 León Castillo cura (*cures*) enfermedades de los perros, gatos y otros
animales. Es _____ .

3 Felipe Gonzaga ayuda a los médicos en el hospital y tiene un uniforme
blanco. Es _____ .

4 Ana y Luisa organizan clases para el uso de la computadora en una
oficina. Son _____ .

5 Angela Gálvez escribe novelas románticas. Es _____ .

6 Ernesto Landa hace diseños (*makes designs*) y planes para la construcción de casas y edificios. Es _____ .

7 Mariana López ayuda a las personas que tienen problemas legales. Es _____ .

8 La señora Montejo hace operaciones cirúgicas (*surgical*) en los ojos de
sus pacientes para mejorar su vista (*improve their sight*). Es _____ .

9 El señor Antibes prepara y vende medicamentos y remedios a los enfermos que vienen con una receta (*prescription*) del médico. Es _____ .

10 Elvira hace investigaciones y operaciones secretas en otros países para
proteger la seguridad (*safety*) de los Estados Unidos. Es _____ .

11 Jorge Escobar conduce aviones en los vuelos (*flights*) de larga distancia
como por ejemplo de Los Ángeles a Nueva York. Es _____ .

¿Conoces al presidente y sabes dónde vive?

Alberto   Carlos   El presidente

ALBERTO ¿Tú conoces al presidente de
la universidad?
CARLOS No, no conozco al presidente.

ALBERTO ¿Sabes la dirección?
CARLOS No, no sé la dirección.

ALEJANDRO ¿Conocen ustedes
Nueva York?
BÁRBARA Y MANUEL Sí, conocemos
Nueva York.

CARLOS ¿Saben ustedes
programar en la
computadora?
ANA Y LUISA Sí, sabemos.

Conocer y saber

conocer *to be acquainted with, to know* (a person or place)		**saber** *to know* (a fact), *to have information about, to know how to*	
conozco	conocemos	sé	sabemos
conoces	conocéis	sabes	sabéis
conoce	conocen	sabe	saben

Conteste.

1 ¿Conocen Bárbara y Manuel Nueva York?
2 ¿Conoces tú Nueva York?
3 ¿Conocen ustedes Latinoamérica?
4 ¿Saben Ana y Luisa programar?
5 ¿Sabes programar?
6 ¿Sabes la hora?

—Pero yo te quiero mucho. ¿Sabes? Una conversación
íntima entre estudiantes de la Universidad de Salamanca.
(Salamanca, España)

Conocer is a regular **-er** verb in the present tense except for the first-person singular: **conozco**. Other verbs which also change **c** to **zc** before **o** in the **yo**-form of the present tense are **ofrecer** *to offer*, **deducir** *to deduce*, and **conducir** *to drive*.

Notice that **saber**, too, is regular in the present tense except for the first-person singular: **sé**.

Both **conocer** and **saber** mean *to know*. **Conocer** means *to be acquainted with* (a person, place, or thing). Remember that a personal **a** is used before a direct object that is a definite person.

Conozco a María.	*I know María.*
No **conozco** Nueva York.	*I'm not acquainted with New York.*

Saber means *to have information about* (something), *to know* (a fact or a subject), or *to know how to do* (something).

Él no **sabe** a qué hora comienzan las clases.	*He doesn't know what time classes start.*
Yo no **sé** la lección.	*I don't know the lesson.*
Ellas **saben** hablar francés.	*They know how to speak French.*

A *Sustituya según el modelo.*

¿Quién conoce al esposo de la profesora?
Nosotros
Nosotros conocemos al esposo de la profesora.

1 Todas las señoritas	**4** Su hermano
2 Yo	**3** Tú y yo
3 Los estudiantes	**6** Ustedes

B *Conteste.*

1 ¿Conoces al Presidente de los Estados Unidos?
2 ¿Conocen ustedes al esposo de la profesora (a la esposa del profesor)?
3 ¿Conoces San Diego?
4 ¿Conoce bien el profesor/la profesora a los estudiantes?
5 ¿Conoces España?

C *¿Qué saben estas personas?*

Ana y Luisa—computación.
Ana y Luisa saben computación.

1 Bárbara—comunicaciones.	**4** Todos los estudiantes—la lección hoy.
2 Nosotros—que el español es fácil.	**5** Yo—que el profesor es muy inteligente.
3 Elena—hablar alemán.	**6** Alberto y Miguel—matemáticas.

D *Conteste.*

1 Ustedes saben alemán, ¿verdad?	**4** ¿Saben ustedes a qué hora comienza la clase?
2 ¿Sabes la lección?	**5** Tus padres no saben hablar español, ¿verdad?
3 ¿Saben ustedes mucho de España?	

E *Complete las frases con la forma correcta de* **conocer** *o* **saber**.

1 Ricardo no _____ a María.

2 Olivia _____ que es difícil.

3 Alberto no _____ España.

4 El profesor _____ hablar español.

5 Nosotros _____ que la profesora de español es muy lista.

6 Yo no _____ el nombre del profesor de química.

7 Ricardo no _____ el nombre del profesor.

8 Él no _____ que María habla francés.

9 Juan _____ la Argentina.

10 Yo _____ al presidente de la universidad.

11 María _____ a mis amigos.

12 El profesor _____ que yo soy norteamericano.

13 Nosotros _____ a qué hora comienzan las clases.

14 Yo _____ que ellos son inteligentes.

Interacción en parejas

A *Entrevista con el jefe de la compañía. Tomar turno en el papel del jefe.*

1 Buenas tardes. ¿Cómo está usted? Me llamo _____ . Soy el jefe.

2 ¿Busca usted un empleo de horario completo (*full-time employment*) o parcial?

3 ¿Piensa usted trabajar con nosotros por mucho tiempo?

4 ¿Va usted a comprar casa aquí?

5 ¿Puede usted trabajar los domingos?

6 ¿Prefiere usted trabajar de noche o de día?

7 ¿Quiere usted trabajar seis o siete días por semana?

8 ¿Tiene usted una licencia de conducir coche?

9 ¿Tiene usted su propio (*your own*) coche?

10 ¿Cuántos dólares mínimos por mes tiene usted que ganar?

11 Muchas gracias. No nos llame. (*Don't call us.*) Ya lo (la) vamos a llamar a usted.

B *¿Qué deberes* (duties) *tienen estas personas? Conteste según el modelo.*

¿Qué tiene que hacer el **chófer de Greyhound**?
Tiene que conducir el autobús.

1 . . . cocinero?   cuidar (*take care of*) los animales

2 . . . mecánico?   servir de guardia para la seguridad de una comunidad

3 . . . mesero?   contestar el teléfono

4 . . . recepcionista?   reparar automóviles

5 . . . secretario?   preparar la comida

6 . . . consejero?   servir la comida

7 . . . veterinario?   hablar y escuchar a las personas con problemas personales

8 . . . policía?   escribir a máquina (*to typewrite*)

9 . . . chófer?   conducir el autobús

¿Lo necesitas?

—¿Necesitas **el trabajo**?   *Do you need the work?*

—¡Claro que **lo** necesito!   *Of course I need it!*

Los complementos directos

Lesson 3 explained that the *direct object* in a sentence is the person or thing that the action expressed by the verb is *done to*. Thus in the sentence "He studies the lesson," the act expressed is *studies*, and the thing that receives the act of studying is the *lesson*, which is the *direct object*.

A simple way to find the direct object is to look for the word that answers the questions *what?* or *whom?* about the verb.

*I need the **work**.*   (I need *what?* The work.)

*He loves his **grandmother**.*   (He loves *whom?* His grandmother.)

In the two sentences above, the direct objects are nouns. Often nouns are replaced by pronouns to avoid repetition.

Lo necesito.   *I need **it**.*

Él **la** quiere mucho.   *He loves **her** very much.*

Los pronombres usados como complementos directos

The Spanish direct-object pronouns are as follows:

SINGULAR

me	Ellos **me** conocen bien.	*They know **me** well.*
te	**Te** quiero mucho.	*I love **you** a lot.* (familiar)
lo	**Lo** necesito.	*I need **it/him/you**.* (formal)
la	**La** busco ahora.	*I'm looking for **it/her/you** now.* (formal)

PLURAL

nos	Ella **nos** conoce.	*She knows **us**.*
os	**Os** vemos los domingos.	*We see **you** on Sundays.* (familiar, Spain)
los	No **los** conozco.	*I don't know **them/you**.* (masculine)
las	**Las** vemos mucho.	*We see **them/you** often.* (feminine)

Direct-object pronouns in Spanish have the same function and meaning as their English counterparts, but their placement in the order of the sentence may be different.

a) A direct-object pronoun precedes a conjugated verb.

Lo necesito.   *I need it.*

Te quiero.   *I love you.*

María **la** tiene.   *María has it.*

A *Indique el pronombre que corresponde y repita la frase.*

Buscamos <u>el libro</u>.   (lo)
Lo buscamos.
Compramos <u>la computadora</u>.   (la)
La compramos.

1 Estudiamos <u>las lecciones</u>.

2 Ellos escuchan al <u>profesor</u>.

3 Luisa ve <u>los letreros</u>.

4 Quiero mucho a <u>mi mamá</u>.

5 No conozco a <u>esas señoritas</u>.

6 Tú sabes <u>mi número</u> de teléfono.

B *Sustituya un pronombre.*

María estudia español.
María lo estudia.

1 Ricardo pide materias difíciles.

2 Miguel no conoce a María.

3 Alberto no estudia la lección.

4 Ellos conocen a nosotros.

5 No veo a Carlos.

C *Conteste con un pronombre según los modelos.*

¿Estudias español?
Sí, lo estudio.

1 ¿Estudias la lección?

2 ¿Estudias libros de gramática?

3 ¿Estudias materias difíciles?

4 ¿Estudias francés?

¿Quieren ellos este libro?
Sí, lo quieren.

1 ¿Quieren ellos estos libros?

2 ¿Quieren ellos estas fotos?

3 ¿Quieren ellos a sus padres?

4 ¿Quieren ellos ese lápiz?

¿Conoces a María?
No, no la conozco.

1 ¿Conoces a mis primos?

2 ¿Conoces a mi hermano?

3 ¿Conoces a mi abuela?

4 ¿Conoces a nosotros?

b) A direct-object pronoun is placed after an infinitive and is attached to it.

Es imposible hacer**lo**.   *It's impossible to do it.*
Es importante estudiar**las**.   *It's important to study them.*

However, if the infinitive is used in combination with a conjugated verb, the direct-object pronoun may either follow (and be attached to) the infinitive or precede the entire verb construction.

Quiero aprender**lo**. }
Lo quiero aprender. }   *I want to learn it.*

Tengo que estudiar**la**. }
La tengo que estudiar. }   *I have to study it.*

Son estudiantes muy aplicadas, ¿no? Están en la biblioteca de la Universidad de México.

D *Conteste según el modelo.*

¿Quieres estudiar francés?
Sí, quiero estudiarlo.
Sí, lo quiero estudiar.

1 ¿Quieres estudiar la lección?   **3** ¿Vas a pedir materias difíciles?
2 ¿Piensas leer mi libro?

E *Conteste con un pronombre.*

1 ¿Conoce tu hermano al profesor de español?   **4** ¿Vas a leer el libro de español esta noche?
2 ¿Puedes estudiar la lección mañana?   **5** ¿Quieres mucho a tus padres?
3 ¿Quieres aprender alemán?

¿Cuántos estudiantes hay?

Los números cardinales de 50 (cincuenta) a 1.000.000 (un millón)

50	**cincuenta**	100	**ciento/cien**[1]
51	**cincuenta y uno**	101	**ciento uno (un, una)**
52	**cincuenta y dos**	150	**ciento cincuenta**
53	**cincuenta y tres**	200	**doscientos(as)**
54	**cincuenta y cuatro**	300	**trescientos(as)**
55	**cincuenta y cinco**	400	**cuatrocientos(as)**
56	**cincuenta y seis**	500	**quinientos(as)**
57	**cincuenta y siete**	600	**seiscientos(as)**
58	**cincuenta y ocho**	700	**setecientos(as)**
59	**cincuenta y nueve**	800	**ochocientos(as)**
60	**sesenta**	900	**novecientos(as)**
70	**setenta**	1.000	**mil**[2]
80	**ochenta**	1.500	**mil quinientos(as)**
90	**noventa**	1.000.000	**un millón (de)**

---

[1]**Ciento** is shortened to **cien** before a noun and when it stands alone: **cien estudiantes**, **cien casas**.

[2]In writing numbers from one thousand upward, many Spanish-speaking countries print a period (.) where English-speaking countries use a comma (,): **1.000.000**.

The numbers 200–900 agree in gender with the noun that follows.

novecientas treinta y una personas	*931 persons*
setecientas diez chicas	*710 young women*
doscientos veintiún[1] jóvenes	*221 young men*

Uno in combination with **ciento, doscientos**, etc., becomes **un** before a masculine noun—singular or plural—and **una** before a feminine noun: **cuatrocientos un estudiantes, doscientas una personas**.

Spanish numbers from one thousand upward are not given in hundreds as is commonly done in English. For example, **1.500** would not be said "fifteen hundred," but rather "one thousand five hundred": **mil quinientos**.

Un millón is followed by **de** before the noun. The plural is **millones**.

Creo que hay un millón **de** personas aquí.	*I think there are a million people here.*
Mi tío tiene cuatro millones **de** dólares.	*My uncle has four million dollars.*
Dicen que 4.500 (cuatro mil quinientos) estudiantes asisten ahora a esta universidad.	*They say that four thousand five hundred students now attend this university.*

A *Diga en español, por favor.*

63 chairs	2,421 persons
201 computers	500 cars
1,800 men	1,000,000 questions
151 books	600 students

B *Conteste según el modelo.*

¿Cuántos libros hay? (213)
Hay 213 libros.

1 ¿Cuántas personas hay? (2.401)
2 ¿Cuántos lápices hay? (355)
3 ¿Cuántas casas hay? (500)
4 ¿Cuántas muchachas hay? (1.110)
5 ¿Cuántos chicos hay? (985)
6 ¿Cuántas clases hay? (75)

Spanish speakers usually give telephone numbers in multiples of ten rather than hundreds or thousands.

El número de teléfono es:	*The telephone number is:*
24 19 50[2]	veinticuatro, diecinueve, cincuenta
85 20 77	ochenta y cinco, veinte, setenta y siete
54 23 36	cincuenta y cuatro, veintitrés, treinta y seis

---

[1]**Veintiuno** is shortened to **veintiún** before a masculine singular noun. Notice that the accent mark keeps the stress on the same syllable as before the change. These combinations have two possible forms—**viente y uno**, in which the two words are joined together with **y** meaning *and*; the other form combines the two words with **i**, which has the same sound as **y**: **veintiuno**.

[2]In many Spanish-speaking countries telephone numbers have six digits rather than seven as in the United States.

C *Conteste según el modelo.*

¿Qué número de teléfono tienes?
Es el 54 23 36.

37 73 89	85 07 42
20 42 16	24 15 43

Interacción en parejas

Student 1 rapidly reads aloud the names of the numbers in List I as student 2 writes down the digits. Student 2 then reads back in Spanish the digits he or she has written down. Reverse roles for List II.

I		II	
cuarenta y uno	ochenta	cincuenta y dos	noventa y cuatro
cinco	cincuenta y siete	veintiuno	setenta y nueve
catorce	veinticuatro	trece	once
treinta y seis	doscientos cuarenta y cinco	sesenta y ocho	un millón ochocientos
setenta y tres	mil seiscientos catorce	seis	quinientos setenta y tres
quince	cinco mil trescientos veintiuno	diecinueve	cuatrocientos noventa y nueve
setenta y uno		cuarenta y tres	

LECTURA

RICARDO QUIERE SER INGENIERO.

Me llamo Ricardo. Soy estudiante en la Universidad Nacional Autónoma de México (UNAM). Soy de Guadalajara. Ahora vivo en la capital. Mi dirección es calle Morelos 328 (tres veintiocho). Mi teléfono es 54 23 36 (cincuenta y cuatro, veintitrés, treinta y seis). Hablo español, italiano, y un poco de inglés. Peso[1] setenta y cinco kilos y mido[2] un metro setenta y dos centímetros[3]. Tengo pocos amigos pero son muy buenos. También tengo una familia muy grande. Todos los domingos comemos en casa. Escuchamos la radio y vemos un programa de televisión, pero la conversación con la familia es más importante. Sigo la carrera de ingeniero. Por eso tengo que estudiar materias muy difíciles. Tengo un tío que es ingeniero. Es un hombre muy interesante y simpático. Habla mucho de la satisfacción que tiene en su trabajo. Yo también quiero ser ingeniero.

few

---

[1]*I weigh*; from **pesar** *to weigh*, conjugated like **hablar**.

[2]*I measure*; from **medir** (**i**) *to measure*, conjugated like **pedir**.

[3]*1 meter and 72 centimeters*, equivalent to 5 feet 8 inches.

Preguntas

1 ¿Quién es el joven?
2 ¿Cómo se llama?
3 ¿Dónde vive?
4 ¿Cuál es su dirección?
5 ¿Qué idiomas habla?
6 ¿Cuánto mide?
7 ¿Y cuánto pesa?
8 ¿Qué carrera estudia?
9 ¿Y cuántos amigos tiene?
10 ¿Dónde come los domingos?

Interacción en parejas

Pregúntele a su compañero/a sobre estas cosas, tomando turno (taking turns).

1 nombre, apellidos, ¿de dónde?, idiomas, número de teléfono, dirección, universidad, trabajo, ¿cuántos años?, asignaturas, química, francés, matemáticas
2 familia, hermanos, hermanas, padres, oficios, profesiones, casado/a, soltero/a, tíos, amigos, abuelos, primos
3 planes para el futuro, bachillerato, licenciatura, maestría, doctorado, estudios graduados, universidades, carreras, especialidad

EN POCAS PALABRAS

Forme frases completas

1 Mis clases _____.
2 El sábado _____.
3 Quiero _____.
4 Los domingos _____.
5 Pido _____.

Forme preguntas

1 Sí, los estudios son muy difíciles.
2 Estudio hasta las nueve los domingos.
3 No, no las quiero conocer.
4 Escucho la radio todas las noches.
5 La señora Sánchez es profesora de historia.

Breves conversaciones

Pregúntele a _____
    si está triste hoy.
    a qué hora comienza la clase de español.
    si sigue la carrera de ingeniero.
    cuántas clases tiene.
    si come a las doce.
    cuánto mide.
    a qué hora va a llegar a casa esta tarde.
    si conoce bien a la profesora/al profesor.

Preguntas personales

1 ¿Qué asignaturas estudias este semestre?
2 ¿Son fáciles o difíciles?
3 ¿Las necesitas para tu carrera?
4 ¿Qué carrera sigues?
5 ¿Son interesantes tus clases?
6 ¿Qué materias vas a pedir el semestre que viene?
7 ¿Cuándo piensas terminar la licenciatura?
8 ¿Qué planes tienes para el futuro?
9 ¿Piensas sacar la maestría y el doctorado también?
10 ¿Quieres trabajar en la computación?
11 ¿Son interesantes las computadoras?
12 ¿Las comprendes?
13 ¿Quieres ser programador/a?
14 ¿Quieres ganar mucho dinero?
15 ¿Cómo piensas hacerlo? Tienes que trabajar día y noche, ¿no?
16 Tienes muchos libros, ¿verdad? ¿Los lees en casa o en la biblioteca?
17 ¿Cuándo estudias en la biblioteca?
18 ¿Eres perezozo/a o ambicioso/a?
19 ¿Cuánto dinero quieres ganar?
20 ¿Cuándo vas a terminar los estudios de la universidad?

PRONUNCIACIÓN

Spanish c

Before the vowels **a**, **o**, and **u** or before a consonant, Spanish **c** is pronounced like a *k*.

con   conozco   clases   creo   poco   buscar   música

Before the vowels **e** or **i**, Spanish **c** is pronounced like an *s*. The following examples occur in this lesson.

conocer   dicen   ciencia   negocio   oficina   policía

Spanish rr

Spanish **rr** is always trilled.

carrera   ferrocarril   guitarra   barril

Spanish r

At the beginning of a word or after the consonants **n**, **s**, or **l**, Spanish **r** is trilled.

regalo   Ricardo   Enrique   enredo   los regalos   Israel
alrededor   remedio

Elsewhere **r** is pronounced with a single tap of the tongue against the gum ridge behind the upper teeth.

tarde   dormir   grupos   cursos   quiero   hora
programa

VOCABULARIO

académico	academic
acuerdo	agreement
estar de acuerdo	to agree, be in agreement
aeronáutico	aeronautic(al)
aeropuerto	airport
el/la **agente**	agent
agente de viajes	travel agent
algo	something, anything
ambicioso	ambitious
Argentina	Argentina
el **arte** (*f.*)	art
(las) **bellas artes**	fine arts
artificial	artificial
el/la **artista**	artist
asignatura	course, subject
el/la **astronauta**	astronaut
el/la **autor/a**	author
bachillerato	high-school diploma
bello	beautiful; fair
botánica	botany
cada	each, every
carrera	career
ciencia	science
científico	scientific
cirujano	surgeon; surgical
claro	of course
clínica	clinic
complemento	complement
complemento directo	direct object
la **computación**	computing
computadora	computer
el **corazón**	heart
curso	course
definitivo	definitive
derecho	law
despacho	office
dinero	money
el **diploma**	diploma
la **dirección**	address; direction

directo	direct
doctorado	doctorate
electrónica	electronics
el/la **embajador/a**	ambassador
eso	that (pron.)
eso de . . .	this business of (colloquial)
estudio	study (room); (pl.) studies
extranjero	foreign
la **facultad**	school, college
farmacéutico/a	pharmacist
filosofía	philosophy
física	physics
la **foto**	photo
futuro	future
geografía	geography
gráfico	graphic
gramática	grammar
historia	history
horrible	horrible
la **implantación**	implantation
imposible	impossible
ingeniería	engineering
el/la **investigador/a**	investigator
laboratorio	laboratory
Latinoamérica	Latin America
la **lección**	lesson
letra	letter (of alphabet)
Facultad de Filosofía y Letras	College of Humanities
licenciatura	Bachelor's degree
literatura	literature
loco	crazy person; crazy, mad
locura	insanity, madness
el/la **locutor/a**	announcer, commentator
el **lugar**	place
luna	moon
maestría	Master's degree
maestro/a	teacher, instructor
mecánico	mechanic
moderno	modern

el/la **modista**	dressmaker
negocio	business deal; transaction; business
hombre de negocios	businessman
mujer de negocios	businesswoman
nos	us; to us
Nueva York	New York
el/la **oculista**	oculist
la **ocupación**	occupation, profession
oficina	office
la **operación**	operation
os	you; to you (fam. pl.)
peligroso	dangerous
perezoso	lazy, slow
piloto	pilot
el **plan**	plan
el **planeta**	planet
el/la **policía**	policeman (policewoman)
la **policía**	police
el **presidente**	president
primero (primer)	first
pues	well, then, anyhow
química	chemistry
químico	chemical
sobre	upon, over, on, about
sociología	sociology
el **taller mecánico**	garage
técnico/a	technician
tecnología	technology
teléfono	telephone
el **tema**	theme, topic
tipo	type, kind
título	title; degree
el/la **trabajador/a**	worker
usado	used

veterinario/a	veterinarian
el **viaje**	trip
zoología	zoology

> The cardinal numbers from 50–1,000,000 are given on p. 88.

Verbos

asistir a	to attend
conducir (conduzco)	to conduct, lead; to drive
conocer (conozco)	to know; to be acquainted with
conversar	to converse
decir (**i**) (digo)	to say, tell
deducir (deduzco)	to deduce; to deduct
ganar	to earn
implantar	to implant
medir (**i**)	to measure
ofrecer (ofrezco)	to offer
pedir (**i**)	to ask for; to request
poder (**ue**)	to be able
programar	to program
repetir (**i**)	to repeat
saber (sé)	to know; to know how to
sacar	to get; to take; to take out
seguir (**i**) (sigo)	to follow, pursue; to continue
servir (**i**)	to serve
vestir (**i**)	to dress

Refrán

Cada loco con su tema.

To each his own. (Everyone has his own way of doing things.)

¿Qué tiempo hace?

Al mal tiempo buena cara.

PERSPECTIVA

Functional conversational goals You should be able to
1 summarize weather conditions, temperature, and climate.
2 compare local climate and weather with that of South America.
3 state your likes and dislikes.
4 express your feelings of hunger, thirst, fear.

Language You will study and practice using
1 weather expressions with **hacer** and **estar**.
2 stem-changing verbs **o → ue**.
3 the months and seasons of the year.

4 the terms for referring to the date.
5 indirect-object pronouns.
6 prepositional object pronouns.
7 indirect- and direct-object pronouns in sequence.
8 the verb **dar**.
9 the verbs **gustar**, **parecer**, and **faltar**.
10 expressions with **tener**.
11 vocabulary and structures to talk about the weather and temperature.

Culture You will learn about
1 climates and seasons in Latin America.
2 temperature equivalents in Celsius and Fahrenheit.

CONVERSACIONES

¿TE GUSTA LA NIEVE?

FRANK ¡Hola, Pamela! ¿Dónde vas a pasar las vacaciones este verano?
PAMELA Voy a volver a Chile para visitar a mis padres.
FRANK ¡Ay! El viaje a Chile cuesta mucho, ¿no?
PAMELA Sí, pero tengo un trabajo muy interesante ahí.
FRANK Ah, ¿sí? ¿Qué vas a hacer?
PAMELA Voy a dar clases de esquí en Portillo.
FRANK ¿Clases de esquí en el verano?
PAMELA Sí, en Chile el invierno comienza en junio.

¡Qué día bonito! Hay nieve en las montañas y sol en la playa. (Macuto, Venezuela)

FRANK   Sí, ¿pero hay nieve en Santiago?
PAMELA No, la cancha de esquiar está en Portillo, en los Andes.
FRANK   ¿Te gusta la nieve, Pamela?
PAMELA Sí, me gusta mucho, ¡Es una maravilla!
FRANK   ¿Vas a mandarnos una postal?
PAMELA Sí, y tú me escribes una carta también, ¿no?
FRANK   Claro que sí. Bueno, ¡que pases lindas vacaciones!
PAMELA Gracias. Y tú también. Nos vemos a la vuelta.

Preguntas

1 ¿Dónde va a pasar las vacaciones Pamela?
2 ¿A quiénes va a visitar en Chile?
3 ¿Cuesta mucho el viaje a Chile?
4 ¿Cómo piensa Pamela pagarlo?
5 ¿Cuándo comienza el invierno en Chile?

6 ¿Hay mucha nieve en Santiago?
7 ¿Dónde está Portillo?
8 A Pamela le gusta la nieve, ¿verdad?
9 ¿Sabes esquiar?
10 ¿Adónde vas a esquiar?

NOTAS CULTURALES

LOS CONTRASTES DEL CLIMA

En Norteamérica

En Norteamérica el invierno comienza en el mes de diciembre. Hace mucho frío¹ en los meses de diciembre, enero y febrero. La primavera comienza en marzo. Hay lluvia y viento durante los meses de marzo, abril y mayo. Hace calor¹ en Norteamérica en el verano. El otoño es la estación de las cosechas. Hace fresco¹. Las hojas se caen¹ de los árboles y las clases de la universidad comienzan.

It is very cold

It is hot

It is cool / The leaves fall

En Latinoamérica

Cuando hay nieve y hielo en el Parque Central de Nueva York, hay flores y mariposas en la Plaza de Mayo en Buenos Aires. Las estaciones del año al otro lado del ecuador son opuestas a[l] las estaciones de Norteamérica.

the opposite of

En Chile, en la Argentina, y en otros países de Sudamérica hace calor en diciembre. No hay nieve ni San Nicolás tampoco[l].

ni . . . *nor Santa Claus either*

Las clases de las escuelas públicas comienzan en marzo y siguen hasta el 21 de diciembre.

La gente de Río de Janeiro, Buenos Aires, Santiago, Lima, Bogotá, México y muchas otras ciudades latinoamericanas nunca tienen que palear la nieve ni conducir sus carros sobre calles cubiertas[l] de hielo.

covered

Hay que tener[l] mucha paciencia con el tiempo. Cuando hace mal tiempo es imposible cambiarlo. Como dicen en España, «Al mal tiempo buena cara».

One must have

Preguntas

1 En Norteamérica, ¿cuándo comienza el invierno?
2 ¿En qué meses hace mucho frío?
3 ¿Cuáles son los meses de la primavera?
4 ¿En qué mes comienza el verano?
5 ¿Cuándo hace calor en los Estados Unidos?
6 ¿Cuándo se caen las hojas de los árboles?
7 ¿Cuál es la estación de las cosechas?
8 ¿Cuándo comienzan las clases de la universidad?

---

9 En Latinoamérica, ¿son diferentes las estaciones del año?
10 ¿Cómo son en comparación?
11 ¿Hay nieve en diciembre en la Argentina?
12 ¿Cuándo hay flores y mariposas en Buenos Aires?
13 ¿Cuándo comienzan las clases de las escuelas en Buenos Aires?
14 ¿Por qué no tienen que palear la nieve en México?
15 ¿Es posible cambiar el tiempo?
16 Cuando hace mal tiempo, ¿qué dicen en España?

INTERACCIÓN Y COMUNICACIÓN

¿Qué tiempo hace?[1]

Los termómetros

FAHRENHEIT   CELSIUS/CENTÍGRADO

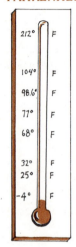

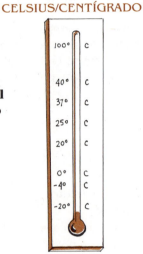

El agua hierve

Temperatura del cuerpo humano

El agua se congela

25°C

En la playa

25°F

En las montañas[2]

Conteste.

1 Cuando hay 25 grados en el termómetro Celsius, ¿cuántos grados Fahrenheit hay?

2 Si hay 20 grados centígrados, ¿hace mucho calor?

3 Cuando hay 40 grados centígrados, ¿qué quieres hacer?

4 ¿Qué haces cuando hay 25 grados Fahrenheit?

5 Si el termómetro Celsius está a 20 grados, ¿qué podemos hacer?

6 ¿Cuál es la temperatura ideal para ti?

---

[1]*What's the weather like?*

[2]*the mountains*

VOCABULARIO ÚTIL

Expresiones del tiempo con hacer *to do, to make*

¿Qué tiempo hace? El gran barómetro en la Plaza Mayor. (Madrid, España)

¿Qué tiempo hace hoy?	*What's the weather like today?*
Hace mal tiempo.	*It's bad weather.*
Hace buen tiempo.	*It's good weather.*
Hace calor.	*It's hot.*
Hace frío.	*It's cold.*
Hace sol.	*It's sunny.*
Hace viento.	*It's windy.*

EL TIEMPO: en todo el país

Datos del Servicio Meteorológico Nacional

Expresiones del tiempo con estar

¿Cómo está el día?	*What's the day like?*
¿Cómo está el tiempo?	*What's the weather like?*
Está bonito.	*It's beautiful.*
Está nublado.	*It's cloudy.*
Está feo.	*It's ugly (miserable weather).*
Está fresco.	*It's cool.*
Está lluvioso.	*It's rainy.*
Está húmedo.	*It's humid.*
Está árido.	*It's dry.*

En la playa

37°C   98°F

En Florida

¿Qué temperatura hay en la Florida?
¿Hace frío en la playa?
¿Hay nieve?
¿Qué tiempo hace en la Florida?

En la cancha de esquiar

0°C   32°F

En Utah

¿Hace calor hoy en Utah?
¿Hay lluvia?
¿Hay nieve?
¿Cómo está el día?

En la plaza

25°C

Lima

¿Hace sol en Lima hoy?
¿Está nublado el día?
¿Hace mucho frío cuando la temperatura
está a 25 grados centígrados?

¿Llueve mucho en Chile?

En la calle

20°C   68°F

Seattle

¿Como está el día en Seattle?
¿Llueve[1] mucho en Seattle?
Hace fresco, ¿no?

Frank y Pamela

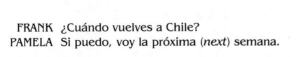

FRANK   ¿Cuándo vuelves a Chile?
PAMELA   Si puedo, voy la próxima (*next*) semana.

---

[1]from the verb **llover** (**ue**) *to rain*

Verbos que cambian la raíz (o → ue)

Volver *to return* and **poder** *to be able* belong to a group of verbs that change their stem vowel **o** to **ue** in all present-tense forms except **nosotros** and **vosotros**. Other **o → ue** verbs in this lesson include **dormir**, **costar**, and **llover**. Additional verbs of this type are presented in Lesson 6.

—¿Cuánto cuestan las rosas? Los jóvenes hablan con el dueño de una florería. (Barcelona, España)

volver *to return*	
vuelvo	volvemos
vuelves	volvéis
vuelve	vuelven

poder *to be able*	
puedo	podemos
puedes	podéis
puede	pueden

dormir *to sleep*	
duermo	dormimos
duermes	dormís
duerme	duermen

Pueden esquiar en el invierno.	*They are able to (can) ski in the winter.*
No **duermo** mucho en estos días.	*I don't sleep much these days.*
El viaje a Chile **cuesta** mucho.	*The trip to Chile costs a lot.*
Llueve mucho en Seattle.	*It rains a lot in Seattle.*

Conteste.

1 ¿Puedes ir a Sudamérica este verano?
2 ¿Vuelves a casa después de esta clase?
3 ¿Duermen mucho tus compañeros/as de cuarto?
4 ¿Dónde llueve mucho?
5 ¿Cuánto cuesta un par de zapatos (*pair of shoes*)?

VOCABULARIO ÚTIL

Las estaciones del año   *The seasons of the year*

la **primavera**   *spring*

el **verano**   *summer*

el **otoño**   *autumn, fall*

el **invierno**   *winter*

La fecha   *The date*

¿Cuál es la fecha de su cumpleaños?   *What is the date you were born?*

¿Qué día es hoy?   *What day is it today?*

¿A cuántos estamos?   *What day of the month is it?*

Estamos al quince.   *It's the fifteenth.*

Los meses del año   *The months of the year*

enero *January*	**mayo** *May*	**septiembre** *September*
febrero *February*	**junio** *June*	**octubre** *October*
marzo *March*	**julio** *July*	**noviembre** *November*
abril *April*	**agosto** *August*	**diciembre** *December*

A *Conteste* **sí** *o* **no**.

Está nublado el día, ¿no?
Sí, está nublado.
No, no está nublado.

1 Está lluvioso el día, ¿no?
2 Está bonito el día, ¿no?
3 Está feo el día, ¿no?
4 Está fresco el día, ¿no?

B *Conteste.*

1 ¿En qué estación hace mucho frío?
2 ¿En qué estación hace mucho calor?
3 ¿En qué estación llueve mucho?
4 ¿En qué estación hace mucho viento?

C *Conteste* **sí** *o* **no**.

¿Llueve mucho aquí?
No, no llueve mucho aquí.
Sí, llueve mucho aquí.

1 ¿Nieva[1] mucho aquí?
2 ¿Llueve mucho en Seattle?
3 ¿Nieva mucho en Los Ángeles?
4 ¿Dónde llueve mucho?
5 ¿Dónde nieva mucho?

D *Conteste según el modelo.*

¿En qué mes hace viento?
Hace mucho viento en marzo.

1 ¿En qué mes hace mucho frío?
2 ¿En qué mes hace mucho calor?
3 ¿En qué mes hace mucho sol?
4 ¿En qué estación hace buen tiempo?
5 ¿En qué estación hace mal tiempo?
6 ¿En qué estación hay mucha lluvia?
7 ¿En qué estación hay mucha nieve?
8 ¿En qué estación hay flores y mariposas?

E *Conteste* **sí** *o* **no**.

¿Hace buen tiempo hoy?
Sí, hace buen tiempo hoy.
No, no hace buen tiempo hoy.

1 ¿Hace mal tiempo hoy?
2 ¿Hace mucho sol hoy?
3 ¿Hace viento hoy?
4 ¿Hace calor hoy?

---

[1]from the verb **nevar** (**ie**) *to snow*

Interacción en parejas

A *Complete las frases.*

1 Hoy vamos a ir de picnic porque . . .
2 Estoy en casa hoy porque . . .
3 Tienes que llevar un impermeable (*wear a raincoat*) hoy porque . . .
4 Quiero ir a la playa hoy porque . . .
5 La calefacción (*central heating*) no funciona hoy. En mi cuarto . . .

B *Complete las frases con una palabra apropiada de la lista.*

hace   hay   está   es

1 ¿Qué temperatura _____ en la sala de clase hoy?
2 En la sala de clase la temperatura _____ a setenta grados Fahrenheit.
3 Hoy no _____ mucho viento.
4 _____ muy buen tiempo hoy.
5 No _____ frío hoy.
6 Hoy _____ nublado y _____ viento. No _____ sol. ¡_____ un día horrible!
7 _____ fresco hoy.

C *Con su compañero/a, complete las frases con una expresión apropiada.*

1 Me gusta el invierno porque en esa estación puedo . . .
2 Me gusta el verano porque en esa estación puedo . . .
3 Cuando hace mucho calor, me gusta . . .
4 Cuando hace frío, prefiero . . .
5 Me gusta el otoño porque . . .
6 Prefiero el verano porque en esa estación yo y mis padres . . .
7 Cuando hay 0 grados centígrados, es imposible . . .
8 La primavera es . . .
9 En el invierno hace mucho frío pero podemos . . .
10 En el mes de diciembre quiero . . .

ir a nadar
ir a esquiar
la temporada (*time, season*) de los novios
ir a un concierto de rock 'n' roll
estar en casa con la familia
jugar al béisbol
es la temporada del fútbol americano
vamos de vacaciones
dormir hasta las diez
ir a la playa

¿Me prestas un sobretodo?

En la calle

Gloria y Pamela

GLORIA Hace mucho frío esta noche. Necesitas un sobretodo.
PAMELA Sí, pero no tengo. ¿Puedes prestarme uno?
GLORIA Sí, con mucho gusto. Yo te presto uno.

Conteste.

1 ¿Quién le pide un sobretodo a Gloria?
2 ¿Quién le presta un sobretodo a Pamela?

Los pronombres usados como complementos indirectos

It is important to be able to distinguish between the direct object and the indirect object. To identify the direct object in the following sentence, one may ask *what* is done, or *what* is lent.

Gloria le presta un sobretodo a Pamela.   *Gloria lends Pamela an overcoat.*

What does Gloria lend? She lends the overcoat. Therefore, *overcoat* is the direct object. To find the indirect object, one may ask *to whom* or *for whom/what* the action is done. To whom is the overcoat lent? The overcoat is lent *to Pamela*. *Pamela* is the indirect object.

In the following sentences the direct objects are underlined and the indirect objects are set in boldface type.

Gloria lends **Pamela** an <u>overcoat</u>.
Pamela writes <u>letters</u> **to Frank**.

The indirect-object pronoun represents or takes the place of a noun.

Gloria **le** presta un sobretodo **a Pamela**.

In Spanish the indirect-object pronoun **me**, **te**, **le**, etc., is always used even though the noun it represents is expressed. In this sentence the use of **le**, the indirect-object pronoun meaning *to her*, may seem redundant. In Spanish it is always used, whether the noun it represents is expressed or not.

El sacerdote le ofrece la hostia a un parroquiano en la iglesia católica. (San Salvador, El Salvador, Centroamérica)

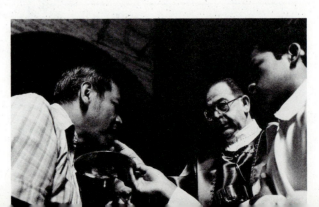

INDIRECT-OBJECT PRONOUNS

me	*to me, for me*	**nos**	*to us*
te	*to you, for you*	**os**	*to you*
le	*to him, her, you, it*	**les**	*to them, you* (plural)

DIRECT-OBJECT PRONOUNS

me	**nos**
te	**os**
lo, **la**	**los**, **las**

The indirect-object pronoun forms are the same as the direct-object pronouns, except in the third-person singular and plural.

DIRECT	**lo**, **la**, **los**, **las**
INDIRECT	**le**, **les**

Los pronombres usados como objetos de preposición

When using indirect-object pronouns, pronouns used as the objects of prepositions may be used for clarification or emphasis.

Yo **les** escribo una carta **a ellos**. (*clarification*)

Ellos **me** escriben una carta **a mí**. (*emphasis*)

OBJECTS OF PREPOSITIONS

(a) **mí**	*(to) me*
(a) **ti**	*(to) you*
(a) **él, ella, usted**	*(to) him, her, you*
(a) **nosotros**	*(to) us*
(a) **vosotros**	*(to) you*
(a) **ellos, ellas, ustedes**	*(to) them, you*

The pronouns used as objects of prepositions have the same form as the subject pronouns, except for the first- and second-persons singular, **mí** and **ti**. When used with the preposition **con**, **mí** and **ti** become **conmigo** and **contigo**, respectively. The other pronouns do not form combinations.

Él va **conmigo**.	*He is going with me.*
¿Va ella **contigo**?	*Is she going with you?*

A *Hace mucho frío en Portillo. Gloria le presta a estas personas un sobretodo. Responda.*

a Pamela
Gloria le presta un sobretodo a Pamela.
a mí
Gloria me presta un sobretodo a mí.

1 a nosotros	**5** a ti	**9** a vosotros
2 a ellos	**6** a mí	**10** a ella
3 a él	**7** a ustedes	
4 a usted	**8** a ellas	

B *Conteste.*

1 ¿Va tu novio/a contigo al cine (*movie*) esta noche?

2 ¿Quién viene a la clase conmigo mañana?

3 ¿Vienen tus amigos contigo a la clase mañana?

Indirect-object pronouns may either go before the conjugated form of the verb or follow the infinitive form directly (in which case the pronoun is attached to it).

Ella **me** escribe cartas cada semana.	*She writes me letters every week.*
¿Quieres dar**me** lecciones de esquí?	*Do you want to give me skiing lessons?*

A *Pregúntele a su compañero/a si va a escribirles una carta a estas personas.*

a nosotros

¿Vas a escribirnos una carta a nosotros?

1 al profesor   **5** a tu papá   **9** a mí

2 a tus amigos   **6** a María y a mí **10** a ellos

3 a tu novio/a   **7** a ellas

4 a los padres   **8** a nosotros

B *Pregúntele a su compañero/a a quién le va a hablar por teléfono.*

¿A tus padres?

Sí, les voy a hablar a mis padres.

1 ¿A tu amiga?   **5** ¿A mí?

2 ¿A nosotros?   **6** ¿A las chicas?

3 ¿A ellos?   **7** ¿A tu hermano?

4 ¿A María?   **8** ¿Al profesor?

Gloria y Pamela

Gloria le presta su sobretodo a Pamela.

Gloria **se lo** presta.

Los complementos indirectos y directos usados en secuencia

When both indirect- and direct-object pronouns occur together, the indirect precedes the direct.

Nos lo prestan.   *They lend it to us.*

INDIRECT-OBJECT PRONOUNS		DIRECT-OBJECT PRONOUNS
me		me
te		te
le → se	*before*	lo, la, los, las
nos		nos
os		os
les → se	*before*	lo, la, los, las

When **le** or **les** comes before **lo**, **la**, **los**, or **las**, **le** and **les** change to **se**.

| | se | | |
| Gloria | ~~le~~ lo presta. | *Gloria lends it to her.* |

| | se | | |
| Gloria | ~~les~~ lo presta. | *Gloria lends it to them.* |

Contrary to English usage, the object pronouns go before the conjugated verb in Spanish.

IN SPANISH	INDIRECT OBJECT	DIRECT OBJECT	VERB
	Nos	**lo**	**presta.**
IN ENGLISH	VERB	DIRECT OBJECT	INDIRECT OBJECT
	She lends	*it*	*to us.*

The object pronouns may also follow the infinitive and command forms (see Lesson 7) of the verb.

| Ella quiere **prestármelo**. | *She wants to lend it to me.* |
| **Préstemelo**, por favor. | *Please lend it to me.* |

Conteste con dos complementos en secuencia. Siga los modelos.

¿A quién le presta Gloria el sobretodo? ¿A Pamela?
Sí, se lo presta a Pamela.

1 ¿Te lo presta a ti?
2 ¿Se lo presta a su amigo?
3 ¿Nos lo presta a nosotros?
4 ¿Se lo presta a ustedes?
5 ¿Me lo presta a mí?
6 ¿Se lo presta a sus compañeras?

¿Tu padre te manda dinero a ti?
No, no me lo manda.

1 ¿Tu mamá te prepara el desayuno (*breakfast*)?
2 ¿El profesor/La profesora les explica la lección a ustedes?
3 ¿Tú le prestas el libro a tu amigo/a?
4 ¿Me prestas el coche?
5 ¿Les escribes cartas a tus amigos?
6 ¿Quieres prestarme tu sobretodo?

Pamela les da lecciones a los turistas.

En el lobby del hotel

Pamela y el señor Figuereido del Brasil

En el dormitorio

Pamela y Gloria

SR. FIGUEREIDO ¿Es usted que me da lecciones de esquí?

PAMELA Sí, señor, le doy las lecciones.

GLORIA ¿Qué vas a hacer esta noche?

PAMELA Tengo que escribirle una carta a Frank.

GLORIA ¿Le escribes muchas cartas?

PAMELA Sí, muchas.

Conteste.

1 ¿Pamela le da lecciones a los turistas?
2 ¿A quién le da Pamela lecciones de esquí?
3 ¿Pamela le escribe muchas cartas a Frank?
4 ¿Gloria tiene que escribirle cartas a Pamela?

El verbo **dar** *to give* (tiempo presente)

doy	damos
das	dais
da	dan

The conjugation of **dar** in the present tense is regular except in the **yo**-form.

Conteste según el modelo.

¿Quién da clases de esquí? (Pamela)
Pamela da clases de esquí.

Tú, Ellas, Yo, Ustedes, Nosotros, Él, Vosotros

Interacción en parejas

Responda con sus propias palabras o con una respuesta apropiada de la lista.

Modelo: ¿Qué le das a tu amigo/a favorito/a?
Le doy un abrazo.

1 ¿Qué le das a tu mamá?
2 ¿Qué le das a tu novio/a?
3 ¿Qué le das a tu papá?
4 ¿Qué les das a tus amigos?
5 ¿Qué le das al mal tiempo?

Modelo: ¿Qué te van a dar tus padres?
Me van a dar un auto nuevo.

1 ¿Qué te va a dar tu profesor/a?
2 ¿Qué te va a dar tu mamá?
3 ¿Qué te van a dar tus tíos?
4 ¿Qué te van a dar tus amigos?
5 ¿Qué te va a dar tu compañero/a de cuarto?

Modelo: ¿Qué quieres darle al profesor?
Quiero darle las gracias.

1 ¿Qué quieres darles a las chicas/los chicos?
2 ¿Qué quieres darle a tu tío favorito?
3 ¿Qué quieres darle a tu mamá?
4 ¿Qué quieres darle a tu novio/a?
5 ¿Qué quieres darles a los amigos?

un auto nuevo
un beso
un anillo
las gracias
un auto nuevo
un televisor
un dolor de cabeza
lecciones de español
mucho dinero
mucho cariño
un abrazo
un bolígrafo
unas flores
perfume
una camisa
una buena nota
buena cara
un libro

¿Te gusta el clima de aquí?

Construcciones de complementos indirectos con gustar, parecer y faltar

PAMELA   ¿Te gusta el clima de Portillo?
GABRIEL Me parece un poco frío pero sí me gusta.
PAMELA   ¿No esquían en México?
GABRIEL No , no es posible. Nos falta nieve.

Pamela y Gabriel

Conteste.

1 ¿A Gabriel le gusta el clima de Portillo?
2 ¿Esquía Gabriel en México?
3 ¿Por qué no esquían en México?
4 ¿A ti te gusta esquiar?
5 ¿Te gusta el frío o el calor?

¿Te gusta la lluvia? Esto no disminuye el entusiasmo de una demostración estudiantil. (Las Ramblas, Barcelona, España)

Three verbs commonly used in special indirect-object constructions are **gustar** *to be pleasing*, **parecer** *to appear, to seem*, and **faltar** *to be missing, to be lacking*.

>   Me gusta el clima.   *I like the climate. (The climate is pleasing to me.)*

Literally, this means *The climate is pleasing to me*, or as we say in English, *I like the climate*. Note that the subject in English is *I*, whereas the subject in Spanish is *climate*. The verb **gustar** must agree in number with its subject. Therefore, if the Spanish subject is plural, the verb is plural.

>   SINGULAR   Me **gusta** el **frío**.
>   PLURAL   Me **gustan** el **frío y** la **nieve**.

When saying "I like *it* or *them*" in Spanish, the subject is not mentioned.

>   Me gusta.   *I like it. (It is pleasing to me.)*
>   Me gustan.   *I like them. (They are pleasing to me.)*

To review:

>   ¿Te **gusta** este **suéter**?   *Do you like this sweater?*
>   Sí, me **gusta**.   *Yes, I like it.*
>   ¿Te **gustan** estos **guantes**?   *Do you like these gloves?*
>   Sí, me **gustan**.   *Yes, I like them.*

Notice in the examples below that the change of subject in English (*I*, *you*, *he*, etc.) is indicated in Spanish by the change of the indirect-object pronoun (**me**, **te**, **le**, etc.).

>   **Me** gusta la nieve.   *I like snow.*
>   **Te** gusta la nieve.   *You like snow.*
>   **Le** gusta la nieve.   *You/He/She likes snow.*
>   **Nos** gusta la nieve.   *We like snow.*
>   **Les** gusta la nieve.   *They/You* (plural) *like snow.*

Parecer and **faltar** combine with the indirect-object pronouns in a similar way.

>   ¿Qué **le** parece el invierno?   *How do you like winter? (Literally, What does winter seem to you?)*
>   ¿**Le** parece que va a llover?   *Does it seem to you that it is going to rain?*
>   A mí **me** falta dinero para esquiar.   *I need money to ski. (Literally, Money to ski is lacking to me.)*
>   A nosotros **nos** falta tiempo.   *We need time. (Literally, Time is lacking to us.)*

110

A *Cambie según el modelo.*

Me gusta el frío.   (los guantes)
Me gustan los guantes.

1 el calor   **3** estudiar español   **5** los profesores

2 las flores   **4** estos regalos   **6** ser estudiante

B *Repita y sustituya.*

A mí me gustan esos sobretodos.

A ella, A nosotros, A ellos, A usted, A ti, A ustedes

C *Conteste en el afirmativo y luego en el negativo.*

1 ¿A ti te gustan las lecciones de español?
Sí, a mí me gustan las lecciones de español.
No, a mí no me gustan las lecciones de español.

a él—el calor

a ustedes—la nieve

a usted—el frío

a nosotros—las clases de español

a ellas—los chicos simpáticos

3 ¿A usted le gusta la nieve?
Sí, me gusta.
No, no me gusta.

¿. . . el calor?   ¿. . . el viento?

¿. . . el frío?   ¿. . . la nieve?

¿. . . el sol?   ¿. . . el invierno?

2 ¿A ti te gusta esquiar?
Sí, a mí me gusta esquiar.
No, a mí no me gusta esquiar.

a él—trabajar en el invierno

a usted—leer libros sobre el esquí (*about skiing*)

a ellos—ir a la playa

a ustedes—estudiar en la biblioteca

a nosotros—aprender a esquiar

D *Conteste* **sí** *o* **no** *según su gusto personal.*[1]

1 ¿A ti te falta dinero?
Sí, me falta dinero.
No, no me falta dinero.

¿A ti te falta tiempo?   ¿A ti te faltan amigos?

¿A ti te falta un sobretodo?   ¿A ti te falta una amiga?

2 ¿Te parece que el español es fácil?
Sí, me parece que es fácil.
No, me parece que no es fácil.

¿Te parece que va a llover?

¿Te parece que el español es interesante?

¿Te parece que es necesario estudiar?

—¿Qué te parece? ¿Vamos al cine? Hablan por teléfono al aire libre en el parque. (Guadalajara, México)

[1]**su gusto personal**   *your personal taste*

Interacción en parejas

A *Hágale a un compañero o a una compañera de clase estas preguntas. Su compañero/a responde* **sí** *o* **no** *según su gusto personal.*

1 ¿Te gusta la playa?
Sí, me gusta.
No, no me gusta.

¿Te gusta el frío?	¿Te gusta el clima húmedo?
¿Te gusta el verano?	¿Te gusta el invierno?
¿Te gusta la nieve?	¿Te gusta el clima árido?
¿Te gusta la primavera?	¿Te gusta el otoño?
¿Te gusta la lluvia?	¿Te gusta el clima tropical?

2 ¿Te gustan los climas tropicales?
Sí, me gustan.
No, no me gustan.

¿Te gustan las playas blancas?
¿Te gustan las clases de esquí?
¿Te gustan las vacaciones?

3 ¿Te gusta estudiar?
Sí, me gusta estudiar.
No, no me gusta estudiar.

¿Te gusta mirar la televisión?	¿Te gusta bailar?
¿Te gusta ir a la playa?	¿Te gusta trabajar?
¿Te gusta escuchar la radio?	¿Te gusta dormir?

B *Pregúntele a un compañero o a una compañera de clase . . .*

1 . . . qué tiempo hace hoy.
2 . . . cómo está el tiempo en Portillo, Chile, hoy.
3 . . . cuál es su estación favorita.
4 . . . por qué le gusta o no le gusta el mes de diciembre, julio, enero, etc.
(Pueden usar palabras como temperatura, frío, calor, fresco, húmedo, nieve, hielo, lluvia, viento, nublado, sol, etc.)

¿Tienes frío?

Expresiones con tener

Tengo calor.	*I'm warm.*	**Tengo celos.**	*I'm jealous.*
Tengo sed.	*I'm thirsty.*	**Tengo sueño.**	*I'm sleepy.*
Tengo hambre.	*I'm hungry.*	**Tengo prisa.**	*I'm in a hurry.*
Tengo razón.	*I'm right.*	**Tengo miedo.**	*I'm afraid.*
Tengo frío.	*I'm cold.*	**Tengo diecinueve años.**	*I'm nineteen years old.*

These idioms consist of a form of **tener** plus a noun. To modify them, an adjective like **mucho** is used. (Never use the adverb **muy**.)

Tengo **mucho** frío.	*I'm very cold.*
Tengo **mucha** prisa.	*I'm in a big hurry.*
Tengo **muchos** celos.	*I'm very jealous.*

To use these idioms with a modifier, you must know the gender of the nouns.

el calor	el hambre f^1	el frío	el sueño	el miedo
la sed	la razón	los celos	la prisa	el año

Conteste según los modelos.

Tengo mucha hambre. ¿Y usted?
Yo tengo mucha hambre también.

¿Y ustedes? ¿Y el profesor?

¿Y ellos? ¿Y él?

¿Cuántos años tiene el profesor? (29)
El profesor tiene veintinueve años.

Rodolfo—26	su padre—43
su tío—44	su hermano—6
Pamela—19	usted—?

¿Tienes frío ahora?
Sí, tengo mucho frío ahora.
No, no tengo mucho frío ahora.

sed sueño calor hambre
razón prisa miedo

Interacción en parejas

A *Pregúntele a un compañero o a una compañera de clase . . .*

1 . . . cuántos años tiene.
2 . . . si tiene hambre.
3 . . . si tiene sueño.
4 . . . si tiene mucha sed.

5 . . . si el profesor/la profesora siempre tiene razón.
6 . . . si los estudiantes tiene miendo del profesor/de la profesora.
7 . . . si tiene frío.

(Cambien de papel.)

B *Pregúntele a un compañero o a una compañera de clase . . .*

1 . . . qué tiempo hace hoy.
2 . . . si llueve mucho aquí.
3 . . . si está nublado hoy.
4 . . . si va a nevar hoy.

5 . . . si hace mucho sol hoy.
6 . . . si hace mucho viento.
7 . . . si hace mucho calor hoy.

(Cambien de papel.)

C *Pregúntele a un compañero o a una compañera de clase . . .*

1 . . . si hoy es el diez del mes.
2 . . . la fecha de hoy.

3 . . . si hoy es martes.
4 . . . si hoy es un día especial.

(Cambien de papel.)

---

[1]**Hambre** is feminine but it uses the masculine singular article **el**. **El** is used before all feminine nouns beginning with stressed **a** or **ha**. (Modifying adjectives, nevertheless, end in **-a**: ¡**Tengo un hambre tremenda!** *I'm very hungry!*. **Las** is used in the plural.)

LECTURA

UN PILOTO PERUANO

Soy Rodolfo Casós, piloto de Aeroperú. Hablo español y aprendo inglés porque es el idioma universal de los pilotos. Soy de Lima, capital del Perú, y me gusta el clima de ahí porque no hay nieve y la temperatura normal es de 20 grados centígrados. En Cuzco, que tiene una altura de 3.400 metros, no hay mucha nieve y el clima no es tan severo porque está cerca del ecuador.

Como piloto hago viajes¹ a Cuzco y también a Tingo María en la zona tropical. En Tingo María no hace mucho calor y es una región dinámica porque tiene depósitos de petróleo¹. El tren tarda muchos días en llegar¹ de Lima. En avión hago el viaje en dos horas.

Me gusta mi profesión porque puedo hacer muchos viajes y conocer muchos países de Sudamérica y del mundo entero. Prefiero los climas tropicales donde hace calor y no hay nieve.

hago . . . *I make trips*

oil fields

tarda . . . *takes many days*

Preguntas

1 ¿De dónde es Rodolfo?
2 ¿Qué profesión tiene?
3 ¿Cuál es la temperatura normal de Lima?
4 ¿Hay mucha nieve en Lima?
5 ¿A cuántos metros de altura está Cuzco?
6 ¿Cuántos pies son más o menos?
7 ¿Dónde está Tingo María?
8 ¿Cuánto tarda el avión en llegar ahí de Lima?
9 ¿Por qué le gusta su profesión a Rodolfo?
10 ¿Qué clima prefiere Rodolfo? ¿Por qué?

Buen viaje, señor piloto. ¿Adónde vas? Un piloto de Mexicana de Aviación. (México, D.F.)

EN POCAS PALABRAS

Forme frases completas

1 ¿Cuántos _____ ?
2 Hace frío _____ .
3 A mí _____ .
4 Tengo _____ .
5 Me _____ .

Forme preguntas

1 Sí, me gustan las vacaciones.
2 Hay nieve en el invierno.
3 Tengo diecinueve años.

4 Mi cumpleaños es en el mes de mayo.
5 No, no me gusta cuando hace calor.

Breves conversaciones

Pregúntele . . .

a una señorita si le gusta la primavera.
a un muchacho si hace calor ahora.
a una joven si hace buen tiempo ahora.
a un estudiante si tiene sueño.
a un chico cuántos años tiene.

a una chica si tiene hambre.
a un joven si el día está bonito.
a un chico si está cansado.
a una amiga si le gustan los muchachos simpáticos.

Preguntas personales

1 ¿Qué te parece a ti la clase de español?
2 ¿Tienes miedo en la clase?
3 ¿Siempre tiene razón el profesor/la profesora?
4 ¿Te gusta estudiar?
5 ¿Qué te parecen los meses del invierno?
6 ¿Te gusta la nieve?
7 ¿En qué mes vas a esquiar?
8 ¿A ti te gusta esquiar?
9 ¿Qué te falta a ti?
10 ¿En qué estación estás más contento/a?

11 ¿Te gusta el otoño?
12 ¿Qué puedes hacer en el invierno?
13 ¿Cuesta mucho esquiar?
14 ¿Cuándo es tu cumpleaños?
15 ¿A cuántos estamos hoy?
16 ¿En qué mes es el cumpleaños de tu novio/a?
17 Cuando hace buen tiempo, ¿adónde vas?
18 ¿Le escribes muchas cartas a tu novio/a?
19 Voy al centro. ¿Quieres ir conmigo?
20 ¿Quieres prestarme un sobretodo?

PRONUNCIACIÓN

Spanish g, j, x

Spanish **g** before **e** and **i** and Spanish **j** are pronounced like an English aspirated *h*. Spanish **x** also has this aspirated sound between two vowels in some words.

Julia   Gilberto   México   agente   pasajeros   viaje
Jesusita   generoso

Before the vowels **a**, **o**, and **u**, Spanish **g** has two pronunications. At the beginning of an utterance, or after a nasal, it is essentially identical to the English sound *g* in *gum* or *angle*.

gato   tengo   guerra   Guatemala   lengua   ganga

In all other positions, Spanish **g** is pronounced like a relaxed version of English *g* in *sugar* or *beggar*.

hago   San Diego   Hugo   agua   mucho gusto   agosto

Spanish ll, y

In most parts of Latin America, Spanish **ll** is pronounced like the *y* in English *yes*. Spanish **y** between vowels has approximately the same sound.

maravillosa   Nueva York   Se llama Anabel.   Ya estoy.
Yo no estudio.   ¿Cómo se llama usted?

When **y** appears alone, it is pronounced like the Spanish **i**.

Pamela y Gloria   flores y mariposas

Review of Spanish b, v

The letters **b** and **v** are pronounced alike. Each has two pronunications, depending on its position: (1) as an explosive or voiced stop when initial in a word breath-group, or following **m** or **n** (**vamos**, **conversar**, **hombres**), and (2) as a fricative continuant in all other positions (**maravillosa**, **la nieve**, **ahí viene**).

bárbaro	maravillosa	ahí viene	mi autobús	se van a resfriar
conversar	la nieve	un feliz viaje	vienes a ver	
vamos	hombres	está bien	¿de veras?	

VOCABULARIO

el **agua** (*f.*)	water	la **flor**	flower
ahí	there	**fresco**	fresh, cool
los **Andes**	the Andes	**frío**	cold
año	year	**grado**	degree (temperature)
árido	dry, arid	el **guante**	glove
¡ay!	oh!, alas!	el **hambre** (*f.*)	hunger
bonito	pretty, beautiful	**humano**	human
el **Brasil**	Brazil	**húmedo**	humid
el **calor**	heat, warmth	**ideal**	ideal
la **calle**	street	**indirecto**	indirect
cancha	court, field, ground (athletics)	**les**	to them, you (pl.)
cara	face	**lindo**	wonderful; pretty; fine
carta	letter	el **lobby**	lobby
los **celos**	jealousy	**lluvia**	rain
centígrado	centigrade	**lluvioso**	rainy
el **clima**	climate	**maravilla**	marvel, wonder
conmigo	with me	**mariposa**	butterfly
la **construcción**	construction	el **mes**	month
contigo	with you (fam.)	**mí**	to me; myself
cuando	when	**miedo**	fear
cuerpo	body	**montaña**	mountain
desayuno	breakfast	**necesario**	necessary
el **esquí**	ski; skiing	la **nieve**	snow
la **estación**	season	**nublado**	cloudy, overcast
fecha	date (calendar)	**objeto**	object

el **par**	pair
para	to, in order to
la **postal**	postcard
la **preposición**	preposition
prisa	haste, hurry
de prisa	hurriedly
próximo	next
la **razón**	reason
secuencia	sequence
la **sed**	thirst
sobretodo	overcoat
el **sol**	sun
Sr.	abbreviation for **señor**
sueño	sleep; sleepiness
el **suéter**	sweater
temperatura	temperature
termómetro	thermometer
ti	to you; yourself (fam.)
tiempo	weather
el/la **turista**	tourist
viento	wind
vuelta	return

The months and seasons of the year are given on p. 102.

Verbos

congelar	to freeze
costar (**ue**)	to cost
dar (doy)	to give
dormir (**ue**)	to sleep
esquiar	to ski
explicar	to explain
faltar	to be lacking
gustar	to be pleasing (to like)
hervir (**ie**)	to boil

llover (**ue**)	to rain
mandar	to send
nevar (**ie**)	to snow
pagar	to pay (for)
parecer (parezco)	to look like, seem, appear
pasar	to pass; to happen; to spend (time)
preparar	to prepare
prestar	to lend
volver (**ue**)	to return

Otras expresiones

Claro que sí.	Of course.
Hace buen/mal tiempo.	It's good/bad weather.
Hace calor.	It's hot.
Hace frío.	It's cold.
Hace sol.	It's sunny.
Hace viento.	It's windy.
Hay lluvia.	It's rainy.
¿Qué le (te) parece?	What do you think . . .?, How do you like . . .?
¿Qué tiempo hace?	What's the weather like?
Tengo calor.	I'm warm.
Tengo celos.	I'm jealous.
Tengo frío.	I'm cold.
Tengo hambre.	I'm hungry.
Tengo miedo.	I'm afraid.
Tengo prisa.	I'm in a hurry.
Tengo razón.	I'm right.
Tengo sed.	I'm thirsty.
Tengo sueño.	I'm sleepy.
Tengo _____ años.	I'm _____ years old.

Refrán

Al mal tiempo buena cara.
Face bad weather with a smile.

Lección seis

La vida moderna

¡Qué bonito es no hacer
nada y, después de no hacer
nada, descansar!

PERSPECTIVA

Functional conversational goals You should be able to
1 discuss your daily activities, including your meal and work schedules.
2 express your attitudes toward work and leisure time and corresponding activities.
3 debate the advantages and disadvantages of television.
4 talk about the effects of stress.

Language You will study and practice using
1 the reflexive constructions and reflexive pronouns.
2 vocabulary associated with leisure time activities and holidays.

3 the present-progressive construction.
4 the placement of reflexive and object pronouns with the present participle.
5 stem-changing verbs (**o → ue**) (review).

Culture You will learn about
1 eating customs of people in the Hispanic world.
2 the daily schedule of Hispanic people.
3 important holidays in Hispanic communities.
4 the Hispanic view of time.
5 the nature of stress.

CONVERSACIONES

¡QUÉ BONITO ES DESCANSAR!

JORGE Alfredo, ¿estás listo? ¡Ya es hora de salir para la boda!

ALFREDO Ya salgo. Me levanto en seguida.

JORGE ¿Estás descansando? ¿No te das cuenta de que te casas en dos horas?

ALFREDO Precisamente por eso necesito una buena siesta. ¿No te gusta descansar?

JORGE Tienes que vestirte y lustrarte los zapatos.

ALFREDO Yo me visto y hago todo eso muy rápido. Primero voy a bañarme y luego me pongo ese traje elegante.

JORGE Y después de vestirte, vas a leer el periódico, ¿no?

ALFREDO ¡Tranquilo! ¡Tranquilo! Hay tiempo para todo.

¿Quieres ir de compras? Estamos en la famosa Calle Florida de Buenos Aires, Argentina.

JORGE	A propósito. Aquí traigo el anillo para tu novia. ¿Lo quieres ahora?
ALFREDO	No, después, en la iglesia. No quiero perderlo.
JORGE	Tienes razón. Tú te olvidas de todo. Pobre Julia. No sabe que su futuro esposo es perezoso y olvidadizo también.
ALFREDO	Te vas a morir joven, Jorge. No tienes que preocuparte tanto.
JORGE	Lo siento mucho. Después de casarte vas a cantar otro canto.
ALFREDO	No, hombre, Julia y yo estamos de acuerdo. Hay que disfrutar de la vida. ¡Qué bonito es descansar!
JORGE	Bueno, vamos, joven. Si no te apuras, no vas a disfrutar de la vida ni de la boda tampoco.

Preguntas

1 ¿Adónde van Jorge y Alfredo?

2 ¿Quién se casa?

3 ¿Cuándo se casa?

4 ¿Por qué necesita Alfredo una siesta?

5 ¿Qué tiene que hacer Alfredo?

6 ¿Qué va a hacer primero?

7 ¿Quién cree que hay tiempo para todo?

8 ¿Qué le trae Jorge a Alfredo?

9 ¿Dónde va a darle el anillo?

10 Julia no sabe una cosa. ¿Qué es?

11 ¿Quién va a cantar otro canto?

12 ¿En qué están de acuerdo Julia y Alfredo?

NOTAS CULTURALES

AL MEDIODÍA

En las grandes ciudades como México, Madrid y Buenos Aires, los autobuses, metros y taxis rebosan de¹ gente desde las siete hasta las ocho de la mañana, y desde las cinco hasta las siete de la tarde. Tradicionalmente, a los españoles les gusta volver a su casa al mediodía para comer y descansar. Y algunas personas, especialmente en el sur de España donde hace tanto calor¹, acostumbran dormir la siesta después de la comida. Luego, según la tradición española, vuelven al trabajo a eso

overflow with

donde . . . *where it is so hot*

de¹ las tres o tres y media y trabajan hasta las siete y media u¹ ocho de la noche. Pero ahora en estos días modernos es difícil comer y descansar en casa al mediodía. ¡Qué lástima¹ perder una costumbre tan bonita a la modernización! ¿No es cierto?

a eso de *at about / or*

What a shame

Por la tarde, desde las cuatro hasta las ocho, las grandes calles están llenas de gente. Muchos van al centro para hacer compras¹, tomar un café o un refresco, o simplemente para pasear¹ por las calles. A estas horas, por ejemplo, la avenida Juárez de México, la calle Florida de Buenos Aires y la Gran Vía de Madrid están muy congestionadas.

to go shopping
to go for a walk

Preguntas

1 ¿Por qué van a casa al mediodía los latinos?
2 ¿Tienes tiempo de ir a casa al mediodía?
3 ¿A qué hora vuelven los latinos al trabajo?
4 ¿Hasta qué hora trabajan?
5 ¿Adónde van muchos latinos a las cuatro de la tarde?

Las señoritas cenan en la cafetería de la universidad. (Madrid, España)

EN LA NOCHE

En los Estados Unidos muchos quieren llegar a casa para cenar a las seis o a las seis y media. En los países hispanos muchos no salen del trabajo hasta las siete u ocho. No tienen prisa para llegar a casa porque en muchos países hispanos no cenan hasta las nueve de la noche (en España hasta las once a veces¹). Tradicionalmente todos los miembros de la familia se reunen¹ para cenar juntos. En todo esto¹ hay un contraste muy evidente con nuestro sistema de comer poco y muy de prisa¹ al mediodía y cenar mucho más temprano¹ por la noche o a la hora que cada uno llega¹ a casa. Es por eso¹ que muchos latinos tienen la impresión que vivimos una vida muy agitada y que no tomamos el tiempo de disfrutar de la vida y pasar tiempo con la familia.

at times
assemble / In all of this
muy . . . *very hurriedly*
much earlier / **cada . . .**
  each arrives
That's why

Preguntas

1 ¿A qué hora llegas a casa para cenar?

2 ¿A qué hora sales del trabajo?

3 ¿A qué hora cenan en tu casa?

4 ¿Están todos los miembros presentes a la hora de la cena?

5 ¿Qué contraste hay entre las costumbres de nosotros y las de los latinos?

6 ¿Qué impresión tienen algunos latinos de nuestra vida?

LAS COMIDAS

El desayuno. El desayuno típico en los países hispanos consiste sólo en café con leche y un panecillo. No es un desayuno grande como muchos acostumbran tomar en los Estados Unidos.

    La comida. Al mediodía toman la comida que suele ser[1] la más fuerte del día.   suele . . . *is often*

    La cena. La tercera comida, que hacen de noche, se llama la cena.

    El horario. Hay una gran diferencia entre las costumbres del mundo hispánico y las de nosotros, especialmente con respecto al horario. Los hispanos, por regla general, toman más tiempo para comer al mediodía y cenan mucho más tarde que nosotros. Aun en estos tiempos modernos, los hispanos comen con más calma y pasan más tiempo con la familia.

Preguntas

1 ¿Tomas un desayuno grande?

2 ¿Te gusta el café con leche?

3 ¿Cuándo comen la comida más fuerte en Latinoamérica?

4 ¿Cómo se llama la tercera comida del día?

5 ¿Cenan más tarde que nosotros los latinoamericanos?

INTERACCIÓN Y COMUNICACIÓN

¿A qué hora te levantas?

LA RUTINA DIARIA

Jorge
Yo me despierto temprano.

el ambicioso

Conteste.

1 ¿Se despierta Jorge tarde o temprano?

2 ¿A qué hora se despierta Jorge?

3 ¿Cómo es Jorge, ambicioso o perezoso?

4 Y tú, ¿a qué hora te despiertas?

5 ¿Eres tú ambicioso/a o perezoso/a?

despertarse (ie) *to wake up*		**levantarse** *to get up*	
me despierto	nos despertamos	me levanto	nos levantamos
te despiertas	os despertáis	te levantas	os levantáis
se despierta	se despiertan	se levanta	se levantan

Alfredo
Yo me levanto tarde.

el perezoso

Conteste.

1 ¿A qué hora se levanta Alfredo?
2 ¿Por qué se levanta tarde Alfredo?
3 ¿A qué hora te levantas tú?

Both **despertarse (ie)** *to wake up* and **levantarse** *to get up* are regular verbs. **Despertarse** changes **e** to **ie** in all except the **nosotros**- and **vosotros**-forms.

Elena
Yo me baño en la tina.

Me gusta bañarme en la tina.

Margarita
Yo me ducho en la ducha.

Me gusta más la ducha.

Conteste.

1 ¿Se baña Elena en la ducha o en la tina?
2 ¿Qué le gusta a Elena?
3 ¿Qué prefiere Margarita?
4 Y tú, ¿prefieres bañarte o ducharte?

La construcción reflexiva

In a reflexive verb construction, the action of the verb is directed back upon the verb's subject.

Me baño.   *I bathe (myself).*
Me levanto.   *I get (myself) up.*

The English reflexives are the *-self* words like *myself, themselves*. In Spanish the reflexive action is indicated by using the appropriate reflexive pronoun that corresponds to each different subject.

SUBJECT PRONOUN	REFLEXIVE PRONOUN	VERB
Yo	**me**	baño.
Tú	**te**	bañas.
Él		
Ella	**se**	baña.
Usted		
Nosotros	**nos**	bañamos.
Vosotros	**os**	bañáis.
Ellos		
Ellas	**se**	bañan.
Ustedes		

Note that the reflexive pronouns **me**, **te**, **nos**, **os** have the same form as the direct- and indirect-object pronouns. The third-person pronoun, **se**, is different. Reflexive pronouns, like other object pronouns, are placed before the conjugated verb form.

Me levanto.	*I get up.*
Nos bañamos.	*We bathe.*
Se despiertan.	*They wake up.*

They may also be attached to the end of the infinitive.

Me gusta **bañarme** en la tina.	*I like to bathe in the tub.*
No quiero **levantarme**.	*I don't want to get up.*

The following verbs must always be used in the reflexive in order to have the meaning indicated. Note that the English equivalent is not a reflexive construction.

acostarse[1] (**ue**)	**Se acuesta** muy tarde.	*She goes to bed very late.*
afeitarse	Alfredo **se afeita** con una hoja.	*Alfred shaves with a razor blade.*
bañarse	**Me baño** en la tina.	*I bathe in the tub.*
despertarse (**ie**)	**Me despierto** a las seis.	*I wake up at six.*
divertirse (**ie**)	Yo **me divierto** los sábados.	*I have a good time on Saturdays.*
ducharse	¿**Te duchas** en la mañana?	*Do you shower in the morning?*
lavarse	**Nos lavamos** las manos.	*We wash our hands.*
levantarse	**Me levanto** a las seis y media.	*I get up at six-thirty.*
sentarse (**ie**)	**Nos sentamos** para desayunar.	*We sit down to have breakfast.*
vestirse (**i**)	Ella **se viste** rápido.	*She dresses quickly.*

---

[1]In vocabulary lists, the reflexive pronoun **se** attached to an infinitive form indicates that the verb is to be used with the appropriate reflexive pronoun.

CONTINÚA LA RUTINA DIARIA

Jorge
Yo me afeito[1] con una máquina eléctrica.

Es más rápido.

Alfredo
Yo prefiero afeitarme con una hoja.

Me parece mejor.

Conteste.

1 ¿Con qué se afeita Jorge? ¿Por qué?
2 ¿Con qué se afeita Alfredo? ¿Por qué?
3 Y tú, ¿te afeitas? ¿Con qué te afeitas?

4 ¿Se afeita Fidel Castro?
5 ¿Se afeita tu profesor?

Jorge
¡Yo me visto rápido!

Tengo mucha prisa.

Alfredo
Yo me visto despacio.

Hay tiempo para todo.

Conteste.

1 ¿Quién se viste más rápido, Jorge o Alfredo?
2 ¿Por qué se viste despacio Alfredo?

3 ¿Se visten bien los estudiantes?
4 ¿Te vistes rápido?

vestirse (i) *to dress, get dressed*		**sentarse (ie)** *to sit down*	
me visto	nos vestimos	me siento	nos sentamos
te vistes	os vestís	te sientas	os sentáis
se viste	se visten	se sienta	se sientan

---

[1]**Afeitarse** *to shave* is a regular verb.

Elena

Me lavo los dientes[1] antes de desayunar.

Margarita

Prefiero lavarme los dientes después de desayunar.

Jorge

Yo no me siento para desayunar. No hay mucho tiempo.

Alfredo y Julia
Yo tomo el desayuno tranquilo con Julia.

No queremos morir de la tensión nerviosa.

Conteste.

1 ¿Cuándo se lava los dientes Elena?
2 ¿Cuándo se lava los dientes Margarita?
3 Y tú, ¿te lavas los dientes antes y después de comer?
4 Mis hermanitos no quieren lavarse los dientes, ¿y tus hermanos?
5 ¿Por qué no se sienta Jorge para desayunar?
6 ¿Se sientan Alfredo y Julia? ¿Por qué?
7 ¿Tiene miedo Jorge de la tensión nerviosa?
8 ¿Te sientas para comer?
9 ¿No tienes miedo de la tensión nerviosa?
10 ¿Cómo te diviertes?

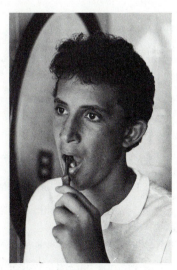

—Yo me cepillo los dientes dos veces al día. ¿Y tú?

---

[1]**Lavarse** *to wash oneself* is a regular verb. In the sentence **Me lavo los dientes**, Spanish uses the definite article **los** where English uses the possessive *my*. In Spanish the definite article is used to refer to parts of one's own body. **Me lavo las manos**, equivalent to English *I wash my hands*, literally means *I wash myself the hands*.

Elena
Yo me acuesto a las diez.

Margarita
Yo me acuesto muy tarde.

Tengo que levantarme a las cinco.

No tengo que levantarme temprano.

acostarse (ue)
to go to bed, lie down

me acuesto	nos acostamos
te acuestas	os acostáis
se acuesta	se acuestan

Conteste.

1 ¿A qué hora se acuesta Elena? ¿Por qué?

2 ¿Cuándo se acuesta Margarita? ¿Por qué?

3 ¿Tienes que levantarte temprano?

4 ¿A qué hora te acuestas?

5 ¿A qué hora te levantas?

6 ¿A qué hora se acuestan tus compañeros/as de cuarto?

7 ¿A qué hora se acuestan ustedes los sábados?

8 ¿Te levantas temprano los domingos por la mañana?

Sustituya según los modelos.

Jorge se despierta temprano.   (Julia)
Julia se despierta temprano.

Ellos, Mis amigos, La profesora, Mi compañero/a

Alfredo se levanta a las diez.   (Yo)
Yo me levanto a las diez.

Julia, Usted, Ellos, Ella, Mi compañero/a, Nosotros

Elena se baña en la tina.   (Nosotros)
Nos bañamos en la tina.

Él, Yo, Ellas, Vosotros, Jorge, Ella, Ustedes

¿Se visten ustedes rápido?   (Él)
¿Se viste él rápido?

Usted, Ella, Nosotros, Ellos, Su compañero/a, Tú

Nos sentamos para desayunar.   (Ella)
Ella se sienta para desayunar.

Yo, Vosotros, Él, Ellas, El profesor, Ustedes

Interacción en parejas

A *Pregúntele a un compañero o a una compañera de clase estas preguntas y luego cambien de papel y repitan.*

1 ¿A qué hora te despiertas?

2 ¿A qué hora te levantas?

3 ¿Te gusta despertarte temprano?

4 ¿Eres ambicioso/a?

5 ¿Quién se levanta más temprano, tú o tu compañero/a de cuarto?

6 ¿Prefieres bañarte en la ducha o en la tina?

7 ¿Qué prefiere tu compañero/a?

8 ¿Con qué te afeitas?

9 ¿Te vistes rápido cuando tienes clases temprano?

10 ¿Te levantas rápido o despacio por la mañana?

11 ¿Prefieres lavarte los dientes antes o después del desayuno?

12 ¿Cuándo se lavan los dientes tus compañeros/as?

13 ¿Te sientas para desayunar?

14 ¿A qué hora te acuestas?

15 ¿Los sábados también?

—¿Me lo limpia en seco, por favor?
—Sí, ¿cómo no, señorita? Es un suéter muy fino.

B *Estudiante número uno forma la pregunta y estudiante número dos la contesta según su propia situación.*

vestirse
¿Te vistes rápido?
No, no me visto rápido.

1 lavarse   3 acostarse   5 sentarse

2 levantarse   4 despertarse   6 ducharse

C *Pregúntele a un compañero o a una compañera de la clase de su rutina diaria. Su compañero/a responde según el modelo. Cambien de papel y repitan.*

¿Qué haces después de despertarte?   (levantarse)
Después de despertarme, me levanto.

1 ¿. . . después de levantarte?   (bañarse)

2 ¿. . . después de bañarte?   (vestirse)

3 ¿. . . después de vestirte?   (desayunar)

4 ¿. . . después de desayunar?   (lavarse los dientes)

5 ¿. . . después de lavarte los dientes? (salir de casa)

6 ¿. . . después de salir de casa? (llegar a la universidad)

7 ¿. . . después de llegar a la universidad? (ir a las clases)

8 ¿. . . después de ir a las clases? (comer)

9 ¿. . . después de comer? (ir al trabajo)

10 ¿. . . después de trabajar? (regresar a casa)

11 ¿. . . después de regresar a casa? (cenar con los compañeros/las compañeras)

12 ¿. . . después de cenar? (estudiar)

13 ¿. . . después de estudiar? (acostarse)

14 ¿. . . después de acostarte? (dormirse)

VOCABULARIO ÚTIL

Días festivos importantes[1]

el **Año Nuevo**

la **Navidad**

el **Día de la Raza**[2]

el **Día de la Madre**

el **Día de los Novios**

el **Día del Trabajo**

Mi cumpleaños

el **Día de la Independencia**

el **Día de los reyes**

[1]*Important holidays*

[2]Columbus' discovery of America, which led to a notable expansion of the Hispanic race or people, is celebrated throughout the Hispanic world as the Day of the Race. For Hispanics, race is a matter of language and customs, not simply genetic factors.

Conteste.

1 ¿Cómo celebras el Año Nuevo?

2 ¿Qué haces el primero de enero?

3 ¿En qué día y en qué mes es la Navidad?

4 ¿Cuándo viene San Nicolás?

5 ¿Qué hace San Nicolás en la Navidad?

6 ¿Cuándo traen los regalos los tres reyes magos en Latinoamérica y en España?

7 ¿Qué haces el Día de la Madre?

8 ¿Cuándo es el Día de los Novios?

9 ¿Qué haces para tu novio/a ese día?

10 ¿Cuándo celebramos el Día del Trabajo?

11 ¿Qué quieren hacer ese día las personas que trabajan?

12 ¿Cuándo es el Día de la Independencia de los Estados Unidos?

13 ¿Qué te gusta hacer ese día?

14 ¿Cuándo es tu cumpleaños?

15 ¿Qué prefieres hacer el día de tu cumpleaños?

16 ¿Cuál es tu día favorito de todo el año?

17 ¿Qué te gusta hacer ese día?

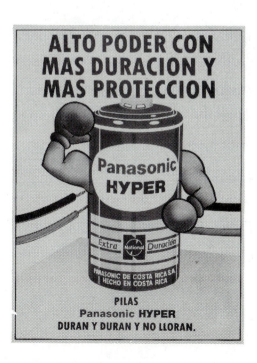

La señorita va a sacar dinero del banco con su tarjeta de identidad.
(Salamanca, España)

Panorama de pasatiempos y hobbies

Mirar (Ver) la tele

Julia

Jugar al ajedrez

Jorge y Alfredo

Escuchar música

Carlos

Pasear en el parque

Susana y Bill

Ir a la pesca

Elvia y su papá

Hacer footing (correr)

Luis y Ernesto

Conversar por telefono

Judy y Armando

Hablar español en la cafetería

Luisa y amigas

Tocar la guitarra

Manuel

Ir de compras

Las mujeres

Leer una novela

Elena

Tomar un refresco

Alicia

Echar una siesta

Alfredo

Sacar fotos

Enrique

Pintar cuadros

Alexis

Hacer filatelia/ coleccionar sellos

Nancy

Interacción en parejas

A *Contéstele estas preguntas a su compañero/a de clase.*

1 A Julia, ¿qué le gusta hacer?
2 ¿Cuál es el pasatiempo favorito de Luisa?
3 ¿Cuál es tu pasatiempo favorito?
4 ¿Qué prefiere hacer Manuel?
5 ¿Qué va a hacer este fin de semana Alexis?
6 ¿Cuál es el hobby de Nancy?
7 ¿Qué hobbies tienes tú?

8 A Luis, ¿qué le gusta hacer?
9 ¿Qué prefiere hacer Alicia?
10 A Alfredo, ¿qué le interesa más?
11 ¿Por qué es tan lista Susana?
12 ¿Qué prefieres hacer los fines de semana?
13 ¿Qué vas a hacer este fin de semana?
14 ¿Adónde van tus amigos?

B *Conteste estas preguntas. Dígale a su compañero/a lo que usted prefiere y por qué.*

1 ¿Qué prefieres, jugar al golf o al tenis?
2 ¿. . . ir de compras o ir a la pesca?
3 ¿. . . leer novelas o mirar telenovelas?
4 ¿. . . montar a caballo o pasear en bicicleta?

5 ¿. . . estudiar español o echar una siesta?
6 ¿. . . cenar en casa o en un restaurante?
7 ¿. . . esquiar en la nieve o en el agua?
8 ¿. . . pasear en el parque o ir al cine?

C *Dígale a su compañero/a con quién(es) le gusta hacer las siguientes cosas y por qué.*

1 ¿Con quién (quiénes) te gusta mirar la tele?
2 ¿. . . ir de vacaciones?
3 ¿. . . hacer fiestas?
4 ¿. . . esuchar música?
5 ¿. . . viajar?
6 ¿. . . ir de compras?

7 ¿. . . ir de picnic?
8 ¿. . . ir a un partido de fútbol?
9 ¿. . . ir a un concierto?
10 ¿. . . pasear en el parque?
11 ¿. . . bailar en la discoteca?

D *Dígale a su compañero/a lo que hace en las diferentes estaciones del año.*

1 ¿Cuáles son tus pasatiempos favoritos en la primavera?
2 ¿. . . en el verano?
3 ¿. . . en el otoño?
4 ¿. . . en el invierno?

E *Ahora, conteste estas preguntas de su compañero/a de acuerdo con su propia situación. Cambien de papel.*

1 ¿Qué te gusta hacer los sábados?
2 ¿Qué vas a hacer este fin de semana?
3 ¿Qué haces después de las clases?
4 ¿Cuál es tu pasatiempo favorito de noche?
5 ¿Qué te gusta hacer con tus amigos?
6 ¿Qué prefieres hacer por la tarde los domingos?
7 ¿Cuál es tu hobby favorito?
8 ¿Qué telenovela te gusta?
9 ¿Sabes jugar al ajedrez?
10 ¿Con quiénes juegas?

F *Explíquele a su compañero/a cuáles de estos hobbies le gustan y por qué.*

1 Coleccionar muebles antiguos o autos viejos
2 Restaurar casas o autos viejos
3 Coleccionar fotos o sacar fotos
4 Pintar o dibujar
5 Hacer genealogía o filatelia
6 Levantar pesas o jugar al ráquetbol
7 Estudiar historia o astrología

La televisión: ¿una influencia buena o mala?

UN DEBATE

BENEFICIAL

(El lado afirmativo—ventajas)
1 Excelente medio de instrucción y diversión
2 Cursos académicos
3 Noticias gráficas
4 Pasatiempo agradable
5 Bellas artes y cultura
6 Deportes mundiales

PERJUDICIAL

(El lado negativo—desventajas)
1 Influencia perniciosa a la violencia y al crimen
2 Robos, asesinatos, atracos
3 Malas costumbres
4 Malos ejemplos para los chicos
5 Vocabulario indecente
6 Pérdida de tiempo

Interacción en grupos de cuatro

Discutan los puntos de vista (points of view) *de la influencia de la televisión. Pueden usar las ventajas y desventajas mencionadas u otras.*

¿Estás descansando?

JORGE ¿Estás decansando ahora?
       ¡Ya te casas en dos horas!
ALFREDO Por eso necesito una buena
       siesta.

Jorge y Alfredo

El presente con el gerundio

The present-progressive construction places emphasis on the fact that the action indicated is in progress at the present time. This construction consists of a present-tense form, usually of **estar**, plus the present participle (**gerundio**).

A present participle is a form of the verb. In English it ends in -*ing*; in Spanish it ends **-ndo**.

¿**Estás descansando** ahora?	*Are you resting now?*
Tu **estás aprendiendo** español.	*You are learning Spanish.*
No **estamos escribiendo** ahora.	*We are not writing now.*

La formación del gerundio

To form the present participle of regular verbs, **-ando** is added to the stem of **-ar** verbs, and **-iendo** is added to the stem of **-er** and **-ir** verbs.

descans-ar	**descansando**
aprend-er	**aprendiendo**
escrib-ir	**escribiendo**

Conteste según su propia situación.

1 ¿Estás escuchando al profesor/a la profesora?
2 ¿Estás aprendiendo español?
3 ¿Estás escribiendo ahora?
4 ¿Estás hablando español ahora?

5 ¿Estás descansando ahora?
6 ¿Estás comiendo ahora?
7 ¿Estás viviendo en Tejas ahora?

Gerundios irregulares

When the stem of an **-er** or **-ir** verb ends in a vowel, the present participle ending becomes **-yendo**.

leer—**leyendo**	
traer—**trayendo**	*bringing*
caer—**cayendo**	*falling*
oír—**oyendo**	*hearing*

Estoy leyendo la lección.   *I'm reading the lesson.*

The commonly used verbs below change their stem vowel from **e** to **i** and **o** to **u** and have the following **-ndo** forms.

e → i	**o → u**
decir—**diciendo**	dormir—**durmiendo**
vestir—**vistiendo**	morir—**muriendo**

Estoy diciendo la verdad.   *I'm telling the truth.*
Estoy muriendo de hambre.   *I'm dying of hunger.*

A *Conteste según su propia situación.*

1 ¿Están ustedes durmiendo ahora?
2 ¿Están ustedes diciendo la verdad?
3 ¿Están ustedes muriendo de hambre ahora?
4 ¿Están ustedes leyendo algo ahora?

5 ¿Están ustedes oyendo música en la clase ahora?
6 ¿Están ustedes trayendo dinero al profesor/ a la profesora ahora?

B *Cambie el presente al progresivo.*
Juana habla francés.
Está hablando francés ahora.

1 Papá lee el periódico.
2 José come tacos.
3 Nosotros aprendemos mucho.

4 Alfredo duerme la siesta.
5 Mi mamá toca el piano.
6 Ellos viven en México.

7 Yo digo la verdad.
8 Jorge oye la radio.

Interacción en parejas

Estudiante número uno forma la pregunta y estudiante número dos contesta según su propia situación.

estudiar
¿Estás estudiando ahora?
Sí, estoy estudiando. No, no estoy estudiando.

1 dormir
2 cantar
3 trabajar

4 comer
5 leer
6 hablar alemán

7 mirar la televisión
8 aprender mucho
9 tomar el desayuno

10 dormir la siesta

Posición de pronombres reflexivos y complementos con el gerundio

Reflexive and object pronouns may either be attached to the end of the present participle or be placed before the conjugated form of **estar**.

Estoy lavándo**me**.	**Me** estoy lavando.
Estamos aprendiéndo**lo**.	**Lo** estamos aprendiendo.
Está lavándo**se**.	**Se** está lavando.

When a pronoun is attached to the participle, an accent must be written on the stressed vowel of the participle to show that its pronunciation does not change.

For example, the participle **lavando** is stressed on the next to the last syllable. When a pronoun is added, an accent must be placed on that syllable (**laván-dome**), since the stressed syllable is no longer next to last.

A *Conteste en el afirmativo usando el complemento directo antes del verbo y luego después del verbo.*

¿Estás aprendiendo la lección?
Sí, la estoy aprendiendo.
Sí, estoy aprendiéndola.

1 ¿Estás hablando español?　　　3 ¿Estás haciendo el trabajo?

2 ¿Estás escuchando la pregunta?

B *Conteste en el negativo usando el pronombre reflexivo antes del verbo y luego después del verbo.*

¿Estás levantándote ahora?
No, no me estoy levantando ahora.
No, no estoy levantándome ahora.

1 ¿Estás vistiéndote ahora?　　4 ¿Estás sentándote ahora?　　5 ¿Estás afeitándote ahora?

2 ¿Estás lavándote ahora?　　3 ¿Estás acostándote ahora?　　6 ¿Estás durmiéndote ahora?

¡Pobre de Dolores! Otra víctima del *stress*.

El stress es una enfermedad moderna. Es muy común.

DOLORES　¡Ay de mí, no puedo aguantar¹ este stress! Voy a buscar otro trabajo. No puedo continuar así. Estoy en la oficina ocho o diez horas todos los días. Cuento¹ los minutos continuamente y duran¹ una eternidad.
　　　　　Cuando regreso a casa ya son las ocho o nueve de la noche. En la carretera me vuelvo loca¹ con la congestión del tráfico. Me acuesto temprano pero no puedo dormirme¹. Luego me levanto, tomo una pastilla y vuelvo a acostarme. Pero me despierto cansada y frenética. Al fin duermo sólo tres o cuatro horas y ¡zas!, todo comienza de nuevo.

I can't stand, tolerate

I count / they last

On the road I go mad
I can't go to sleep

Conteste.

1 ¿De qué enfermedad es víctima Dolores?

2 ¿Qué piensa hacer ella?

3 ¿Por qué?

4 ¿Pasan muy rápido los minutos?

5 ¿A qué hora vuelve a casa de noche Dolores?

6 ¿Duerme muchas horas ella?

7 Y tú, ¿cuántas horas duermes?

8 ¿A qué hora vuelves a casa?

9 ¿Tienes síntomas del stress también?

10 ¿Por qué no puedes dormir diez horas, si quieres?

¿Por qué estás levantando pesas? ¡Ya tienes unos músculos fantásticos! (Macuto, Venezuela)

¿Hasta qué hora duerme Dolores?

¿Tú puedes comprender al jefe? Yo no.

Dolores vuelve a casa a las ocho.

Dolores

Dolores y sus compañeros de trabajo

Dolores

Conteste.

1 ¿Hasta qué hora duerme Dolores?

3 ¿A qué hora vuelve a casa Dolores?

2 ¿Pueden sus compañeros comprender al jefe?

Verbos que cambian la raíz (o → ue) (repaso)

This group of verbs changes the stem vowel **o** to **ue** in all present-tense forms except **nosotros** and **vosotros**. The endings are regular. These verbs appear in the vocabulary with the signal (**ue**): **dormir** (**ue**). Included in this group are **dormir** *to sleep*, **morir** *to die*, **poder** *to be able*, **volver** *to return*, **encontrar** *to find*, **mostrar** *to show*, **costar** *to cost*, **contar** *to count*, and **almorzar** *to have lunch*.

Yo **cuento** el dinero.	*I count the money.*
¿Tú **vuelves** mañana?	*Are you returning tomorrow?*
Él **encuentra** la oficina.	*He finds the office.*
Nosotros **almorzamos** tarde.	*We have lunch late.*
Vosotros **dormís** muy poco.	*You sleep very little.*
Muchos **mueren** en África.	*Many die (are dying) in Africa.*

El señor firma su cheque en una tienda de ropa. (Guadalajara, México)

A *Repita y sustituya según los modelos.*

Mi compañero/a de cuarto duerme ocho horas.   (El profesor)
El profesor duerme ocho horas.

Yo, Mis amigos, La profesora, Los niños, Vosotros, Nosotros

Nosotros no podemos descansar ahora.   (Yo)
No puedo descansar ahora.

Mi amiga, Vosotros, Los estudiantes, Tú, Nosotros, Ustedes, Mis padres

¿Cuándo vuelven ustedes a casa?   (tu novio)
¿Cuándo vuelve tu novio a casa?

sus compañeros, el profesor, usted, los estudiantes, tú, vosotros

B *Conteste.*

1 ¿Cuántas horas duermes?
2 ¿A qué hora vuelves a casa?
3 ¿Puedes estudiar en casa?
4 ¿Dónde almuerzan ustedes?
5 ¿Cuánto cuestan zapatos buenos?
6 ¿Mueren más personas en accidentes o en guerras (*wars*)?

LECTURA

EL TIEMPO NO ES ORO.

TOMÁS Yo soy latinoamericano cien por ciento[|]. ¡Yo sé gozar de la vida![|] Me gusta disfrutar de cada momento. ¿Qué es el futuro? El futuro no es real, porque no existe todavía.

100 percent / I know how to enjoy life!

MARK ¡Vamos, amigo![|] Ustedes en la tierra del mañana están soñando[|]. Si quieres tener seguridad económica tienes que llegar al trabajo a la hora[|] y tienes que trabajar duro ocho horas al día. ¿No sabes que el tiempo es oro?

Come on, friend! / You are dreaming of the land of tomorrow. on time

TOMÁS Te equivocas[|], mi amigo. Latinoamérica no es la tierra del mañana. Nosotros tenemos una psicología de hoy. No ponemos tanto énfasis en las cosas materiales. El tiempo también es para usarlo con los buenos amigos, con la familia y en cosas intelectuales.

You are wrong

MARK   Creo que el hombre sólo puede tener éxito en esta vida si sabe trabajar y   **puede . . .** *can succeed*
producir algo. Si un hombre no produce nada, ¿para qué sirve?   *what's he worth?*

TOMÁS   Nosotros tenemos un dicho: «El norteamericano tiene, el latinoamericano
es». A mí me gusta trabajar también, pero soy un ser humano. Para   *human being*
nosotros, por ejemplo, la conversación tiene que acompañar los contratos
y el trabajo, y si no, el hombre es como una máquina.

MARK   A mí también me gusta la conversación pero no llego tarde a los
compromisos.

TOMÁS   Nunca voy a ser esclavo del reloj como tú. La buena amistad vale mucho   *is worth*
más que el oro.

Preguntas

1 ¿Eres norteamericano/a cien por ciento?

2 ¿Sabes gozar de la vida?

3 ¿Tienes que trabajar para el futuro o para el presente?

4 ¿Cómo puede el hombre tener éxito en la vida?

5 ¿Llegas tarde a los compromisos?

6 ¿Eres esclavo/a del reloj?

7 ¿Es cierto que el tiempo es oro?

EN POCAS PALABRAS

Complete las frases

1 Me lavo _____.

2 ¿Tiene usted que _____?

3 ¿Qué haces _____?

4 Mi compañero se acuesta _____.

5 ¿A qué hora _____?

Forme preguntas

1 Me levanto a las seis.

2 Sí, mis compañeras se levantan tarde.

3 No, no te presto mi sobretodo.

4 Después de levantarme me baño.

5 Me acuesto a las once y media.

Breves conversaciones

Pregúntele a _____

     a qué hora se despierta.

     a qué hora tiene que levantarse.

     a qué hora se viste.

     si se lava la cara después del desayuno.

     si sale de casa después de cenar.

     si tiene que llegar temprano a la universidad.

     si siempre cena en un restaurante.

     a qué hora vuelve a casa por la noche.

     a qué hora se acuesta.

Preguntas personales

1 ¿A qué hora te levantas?
2 ¿Tienes que despertarte temprano?
3 ¿Lees un rato (*a little while*) antes de levantarte?
4 ¿Te vistes rápido?
5 ¿Te lavas los dientes antes o después del desayuno?
6 ¿A qué hora tienes que estar en la clase?
7 ¿Siempre llegas temprano a la universidad?
8 ¿Qué haces después de las clases?
9 ¿Tienes que trabajar por la tarde?
10 ¿A qué hora vuelves a casa?
11 ¿A ti te gusta la siesta?
12 ¿Comes siempre en un restaurante por la noche?
13 ¿Qué haces después de cenar?
14 ¿Te acuestas temprano los sábados por la noche?
15 ¿Te acuestas muy tarde los días de la semana?
16 ¿Cuántas horas duermes por lo general (*generally*)?
17 ¿Prefieres estudiar o descansar?
18 ¿Estás descansando ahora?
19 ¿Qué estás haciendo?
20 ¿Puedes explicarle la lección a tu compañero/a de clase?
21 ¿Crees que Latinoamérica es la tierra del mañana?
22 ¿Eres tú un/a norteamericano/a típico/a?

PRONUNCIACIÓN

Spanish ñ

This sound is similar to English *ni* in *onion*. However, the middle of the tongue, not the tip, makes contact with the roof of the mouth.

me baño   señor   mañana   español   diecinueve años   España

VOCABULARIO

el **accidente**	*accident*		**atraco**	*holdup*
África	*Africa*		**beneficial**	*beneficial*
agradable	*pleasant*		**boda**	*wedding*
el **ajedrez**	*chess*		**canto**	*song*
anillo	*ring*		**carretera**	*road*
antes (de)	*before*		**compra**	*purchase*
el **Año Nuevo**	*New Year's Day*		**común**	*common*
asesinato	*assassination*	la	**congestión**	*congestion*

continuamente	continuously, continually
el **crimen**	crime
cuadro	picture, painting
el **debate**	debate; discussion
el **deporte**	sport; sports
despacio	slow; slowly
desventaja	disadvantage
el **Día de la Independencia**	Independence Day
el **Día de los Novios**	Valentine's Day
el **Día de la Raza**	Columbus Day
el **Día de los reyes**	Epiphany
el **Día del Trabajo**	Labor Day
diario	daily; daily newspaper; diary
el **diente**	tooth
la **diversión**	diversion; amusement, fun
ducha	shower
ejemplo	example
eléctrico	electric
elegante	elegant
la **enfermedad**	illness
la **eternidad**	eternity
excelente	excellent
festivo	festive; festival
día festivo	holiday
filatelia	stamp collecting, philately
el **fin**	end
al fin	at last, finally
el **footing**	jogging
frenético	frantic, frenzied, frenetic
gerundio	gerund; present participle
guerra	war
guitarra	guitar
hermanito	little brother
hoja	leaf; razor blade
iglesia	church
indecente	indecent
independencia	independence
influencia	influence
el **jefe**, la **jefa**	chief; boss
lado	side
malo	bad
máquina	machine
medio	medium
mejor	better
minuto	minute
mundial	world (adj.)
nada	nothing
la **Navidad**	Christmas
nervioso	nervous

ni	nor
noticia	news; notice
olvidadizo	forgetful
el **panorama**	panorama
pasatiempo	pastime
pastilla	pill
pérdida	loss; waste
periódico	periodical; newspaper
perjudicial	harmful
pernicioso	pernicious
pesca	fishing (sport)
piano	piano
por	by
la **posición**	position
precisamente	precisely
raza	race (ethnic)
reflexivo	reflexive
los **reyes magos**	the Three Kings, Magi
robo	robbery
rutina	routine
san	saint
San Nicolás	Saint Nicholas (Santa Claus)
santo/a	saint
sello	stamp; seal
si	if
siesta	nap, rest
el **síntoma**	symptom
sólo	only; solely
taco	taco
tampoco	neither, not either
tanto	as (so) much
temprano	early
la **tensión**	tension, stress
tina	bathtub
tráfico	traffic
el **traje**	suit
tranquilo	tranquil, calm; calmly
¡Tranquilo!	Take it easy!
ventaja	advantage
víctima	victim
violencia	violence
¡zas!	bang!, boom!

Verbos

acostar (**ue**)	to lay (something) down
acostarse	to lie down; to go to bed
afeitar	to shave
afeitarse	to shave oneself
aguantar	to put up with, bear, stand
almorzar (**ue**)	to eat lunch
apurarse	to be in a hurry

bañar	*to bathe* (something)
bañarse	*to bathe oneself*
caer (caigo)	*to fall*
casar	*to marry*
casarse (**con**)	*to get married* (to)
celebrar	*to celebrate*
coleccionar	*to collect*
contar (**ue**)	*to count*
continuar (continúo)	*to continue*
correr	*to run; to jog*
desayunar	*to eat breakfast*
despertar (**ie**)	*to awaken* (someone)
despertarse	*to wake up*
disfrutar	*to enjoy*
divertir (**ie**)	*to amuse*
divertirse	*to have a good time*
dormirse	*to fall asleep*
ducharse	*to take a shower*
durar	*to last; to continue*
echar	*to throw* (out); *to throw away*
encontrar (**ue**)	*to find, encounter*
jugar (**ue**)	*to play*
lavar	*to wash*
lavarse	*to wash oneself*
levantar	*to raise, lift* (someone, something)
levantarse	*to get up*
lustrar	*to shine, to polish*
morir (**ue**)	*to die*
mostrar (**ue**)	*to show*
oír (**y**) (oigo)	*to hear*
olvidar	*to forget*
perder (**ie**)	*to lose; to waste*
pintar	*to paint*

poner (pongo)	*to put; to place*
ponerse	*to put* (something) *on*
preocuparse	*to worry*
sentar (**ie**)	*to seat*
sentarse	*to sit down*
sentir (**ie**)	*to feel; to regret*
sentirse	*to feel*
tocar	*to play* (an instrument); *to touch*
traer (traigo)	*to bring*
vestir (**i**)	*to dress*
vestirse	*to get dressed, dress oneself*

Otras expresiones

a propósito	*by the way*
¡Ay de mí!	*Oh me!*
darse cuenta	*to realize, become aware of*
de noche	*at night*
de nuevo	*again*
echar una siesta	*to take a nap*
en seguida	*at once, immediately*
hacer footing	*to jog; to go jogging*
ir a la pesca	*to go fishing*
ir de compras	*to go shopping*
lavarse los dientes	*to brush one's teeth*
Lo siento.	*I'm sorry.*
Me vuelvo loco.	*I go mad.*
por eso	*that's why; therefore*

Refrán

¡Qué bonito es no hacer nada y, después de no hacer nada, descansar!

How beautiful it is to do nothing and, after doing nothing, to rest!

Lección siete

Los modos de vestir

Aunque la mona se vista de seda, mona se queda.

PERSPECTIVA

Functional conversational goals   You should be able to
1 discuss different styles of dress in Hispanic society.
2 communicate to others what you want them to do or not to do.
3 ask and give permission, state commands and make requests of others.
4 describe common articles of clothing and their color.

Language   You will study and practice
1 an introduction to the subjunctive mood.
2 the formation of the present subjunctive of regular verbs.

3 the subjunctive in noun clauses.
4 the present subjunctive of some irregular verbs.
5 **pedir**, **preguntar**, and **hacer preguntas**.
6 command forms for **usted** and **ustedes**.
7 the placement of object pronouns with commands.

Culture   You will learn about
1 tailors and seamstresses in Spanish America.
2 the use of uniforms in public schools.
3 the style of dress for participants in sporting events.

CONVERSACIONES

VAMOS AL BAILE DE AÑO NUEVO.

Los jóvenes se preparan para ir al gran baile de gala en el Club Embajador en Montevideo. Isabel va a la casa de la modista para recoger un vestido nuevo hecho a la medida.

ISABEL   ¿Se puede?
TERESA   ¡Cómo no! Está en su casa.
ISABEL   ¡Buen provecho! ¿Me perdona usted por llegar a la hora de comer?
TERESA   No hay inconveniente. Ya le traigo el vestido.

142

Celebración patriótica de Año Nuevo. (Ciudad Bolívar, Colombia)

ISABEL Quiero probármelo. ¿Está bien?
TERESA Sí, ¡cómo no! Póngaselo. Espero que le guste.
ISABEL ¡Qué bonito! ¡Y de la última moda! Lo voy a llevar al baile esta noche.
TERESA Con ese vestido va a causar sensación. Le queda muy bien.
ISABEL También es para el día de mi santo. Mamá insiste en que yo no lleve jeans
        y sandalias ese día.

*Juan y Sam están en la casa de Juan vistiéndose para ir al baile. Sam es de Los
Ángeles. Está de visita en Montevideo con su amigo Juan.*

JUAN Con ese traje estás muy elegante, Sam.
 SAM Sí, pero tú sabes lo que dicen de la mona vestida de seda . . .
JUAN No, de veras, te queda muy bien.
 SAM Quizás, pero dudo que me permitan entrar así sin zapatos.
JUAN No hay problema. Yo te presto un par de zapatos.
 SAM A propósito. Espero que Isabel esté en el baile.
JUAN Estoy seguro que va a estar ahí. Me alegro que tú puedas ir conmigo al Club
      Embajador. Te va gustar.
 SAM Siento no saber bailar muy bien la salsa y la cumbia de los latinos.
JUAN Te comprendo. Pero no quiero que te quedes en casa la noche de Año
      Nuevo.

Preguntas

1 ¿A qué baile van los jóvenes?
2 ¿Quién hace los vestidos hechos a la medida?
3 ¿Cuándo llega Isabel a la casa de la modista?
4 ¿Cómo es el nuevo vestido de Isabel?
5 ¿Cuándo piensa Isabel llevar el vestido?
6 ¿Cómo va a causar sensación Isabel?
7 ¿Cómo le queda el vestido?
8 ¿En qué insiste la mamá de Isabel?

9 ¿Qué lleva Sam?
10 ¿Cómo le queda?
11 ¿Qué duda Sam?
12 ¿Qué le presta Juan?
13 ¿Se alegra Juan que Sam pueda ir?

14 ¿Qué le va a gustar a Sam?
15 ¿Qué siente Sam?
16 ¿Quiere Juan que Sam se quede en casa?
17 ¿Adónde van los jóvenes?

NOTAS CULTURALES

EL SASTRE Y LA MODISTA[1]

En Hispanoamérica y en España hay excelentes sastres y modistas. Con gran habilidad le pueden confeccionar a uno un vestido que es de la *make* última moda y de un diseño perfectamente adaptado a las medidas del cliente individual. Pocas veces usan patrones comprados porque de *patterns* costumbre son importados y cuestan mucho. El cliente puede llevarle a la modista una foto del estilo que desea. De costumbre el cliente compra la tela y se la lleva a la modista. *cloth*

Uno no tiene que ser millonario para pedir un vestido hecho a la medida por una modista o un sastre. A veces le sale más barato que *At times* comprar un vestido ya hecho en una tienda.

Los latinos saben también que la ropa no es tan importante como *tan ... como as ... as* la integridad de la persona. Creen que aunque la mona se vista de seda, mona se queda. Las latinas, sobre todo, tienen fama de vestirse muy *tienen ... are famous for dressing* bien y de arreglarse el cabello y el vestido muy elegantemente con muy pocos gastos.

Preguntas

1 ¿Qué es un sastre?
2 ¿Cómo trabajan algunas modistas en Latinoamérica?
3 ¿Por qué no usan patrones?
4 ¿Quiénes llevan vestidos hechos a la medida en los Estados Unidos?
5 ¿Por qué son más baratos en los Estados Unidos los vestidos ya hechos?
6 ¿De qué tienen fama las latinas?

EL MODO DE VESTIR DE LOS ESTUDIANTES HISPÁNICOS

Los jóvenes latinoamericanos de la edad de ir a la escuela primaria, por lo general, se visten en uniformes para asistir a clases. Esto es así para evitar distinciones de posición social en las escuelas públicas. Los jóvenes en la edad del bachillerato se visten más casual y no usan uniformes; su *high school* ropa puede estar más a la moda corriente. Algunas escuelas de bachillerato exigen el uso del uniforme, pero cada vez son menos. El uniforme *cada ... there are fewer and fewer* varía en color y calidad según la escuela o institución.

[1]*The tailor and the dressmaker*

Los jóvenes que asisten a las universidades son los que tratan de *try to* vestirse más a la moda y, por lo tanto, tienen constantes transforma- *therefore* ciones en su modo de vestir.

Algo muy notable hoy día es que muchos de los jóvenes universita- **hoy día** *these days* rios de Latinoamérica y Europa se visten exactamente como los de Norteamérica. Debido a la distribución mundial de los vestidos de la *Due to* última moda hay poca diferencia entre la manera de vestirse en los países hispanos y en el resto del mundo occidental.

Preguntas

1 ¿Por qué usan uniformes?

2 ¿Cómo se visten los jóvenes en el bachillerato?

3 ¿Es común usar uniformes en las universidades?

4 ¿Se visten ustedes en uniformes ahora?

5 ¿Por qué hay poca diferencia entre la manera de vestirse en los países hispanos y en el resto del mundo occidental?

LA FORMA DE VESTIR DE LOS DEPORTISTAS

La gente en los países de habla hispana disfruta mucho de los deportes, *very much enjoy* especialmente del fútbol. El color de la ropa de estos deportistas depende del equipo que representan. Su ropa consiste en playera o camiseta, pantaloncillo corto, medias a la rodilla y zapatos de tenis. También usan algunas prendas de vestir para protegerse como rodilleras y bandas *articles of clothing /* elásticas en las muñecas. Otros deportistas se visten de acuerdo con la *kneepads* categoría del deporte que practican. A los niños y a los jóvenes les gusta llevar la playera o camiseta de su equipo favorito para jugar o para asistir a algunas actividades sociales.

Preguntas

1 ¿Qué indican los diferentes colores de la ropa?

2 ¿En qué consiste la ropa de los futbolistas?

3 ¿Se visten igual todos los deportistas?

4 ¿Qué usan los niños y jóvenes para representar a su equipo favorito?

—Quiero que me reserven una habitación en el hotel más elegante de la ciudad. (Una agencia de viajes de Guadalajara, México)

INTERACCIÓN Y COMUNICACIÓN

Sam espera que Isabel esté en el baile.

En casa

Isabel   Sam

Isabel está en casa.
Sam espera que Isabel esté en el baile.

Conteste.

1 ¿Dónde está Isabel?
2 ¿Qué espera Sam?

En el baile

Sam y Juan

Sam aprende a bailar la salsa.
Juan quiere que Sam aprenda a bailar bien.

Conteste.

1 ¿Qué aprende Sam?
2 ¿Qué quiere Juan?

Después del baile

Sam

Sam vuelve a su casa en los Estados Unidos.
Sam duda que Isabel le escriba una carta.

Conteste.

1 ¿Adónde vuelve Sam?
2 ¿Qué duda Sam?

En el día de su santo

Isabel   Su mamá

Isabel no lleva jeans.
Su mamá insiste en que no lleve jeans.

Conteste.

1 ¿Qué lleva Isabel? ¿Por qué?
2 ¿Qué celebra Isabel?

El modo subjuntivo

So far, the verb forms you have studied have been in the indicative mood, meaning that the verbs have been used to report things as facts or to ask questions about facts. Spanish has another set of forms, subjunctive forms, used for several purposes, among them to express what the speaker hopes, desires, fears, permits, or requests to happen, or says he doubts may happen. Compare the following:

Isabel **está** en casa.

Isabel is at home.
Indicative mood form **está** used to
  indicate what is really happening.

Sam espera que Isabel **esté** en el baile.

*Sam hopes that Isabel will be at the
  dance.*
Subjunctive mood form **esté** used to
  express what Sam hopes will happen.

Juan quiere que Sam **aprenda** a bailar la salsa.

*Juan wants Sam to learn how to dance
  the salsa.*
Subjunctive mood form **aprenda** used
  to express what Juan wants.

Notice in the example above that (1) the subjunctive is used in a dependent clause beginning with **que**, and that (2) the subject of the main clause (**Juan quiere**) is different from the subject of the dependent clause (**que Sam aprenda . . .**). (Clauses will be discussed more fully on p. 149.)

Generally, when there is only one subject in the sentence there is only one clause and no subjunctive.

Siento no **bailar** bien la salsa.   *I'm sorry (that) I don't dance the salsa
                                             well.*

However, when all three of the following conditions exist, the subjunctive must be used:

1 Main clause with a verb expressing emotion or desire, and other verbs expressing feelings
2 Dependent clause beginning with **que**
3 Different subjects in the two clauses (Juan and Sam)

Sam quiere que Juan le **preste** un par de zapatos.

*Sam wants Juan to lend him a pair of
  shoes.*

Juan siente que Sam no **baile** bien la salsa.

*Juan is sorry that Sam does not
  dance the salsa well.*

Formación del presente de subjuntivo—verbos regulares

The stem of the present subjunctive is the same as the stem of the **yo**-form present indicative for nearly all verbs (**hablo**, **comprendo**, **escribo**). To this subjunctive stem, regular **-ar** verbs add endings in **-e**, and regular **-er** and **-ir** verbs add endings in **-a**.

hablar		comprender		escribir		estar	
hable	hablemos	comprenda	comprendamos	escriba	escribamos	esté[1]	estemos
hables	habléis	comprendas	comprendáis	escribas	escribáis	estés	estéis
hable	hablen	comprenda	comprendan	escriba	escriban	esté	estén

Sustituya los sujetos en la cláusula subordinada. Siga los modelos.

¿Qué prefiere la profesora? (que los estudiantes)
La profesora prefiere que los estudiantes hablen español.
que yo, que usted, que nosotros, que él, que los americanos, que tú

¿Qué espera Sam? (que los amigos)
Sam espera que los amigos lo comprendan.
que las chicas, que los jóvenes, que nosotros, que Juan, que tú

¿Qué quiere Isabel? (que Sam)
Isabel quiere que Sam le escriba una carta.
que nosotros, que ellos, que sus amigos, que usted, que tú, que su novio

¿Qué espera Sam? (que Isabel)
Sam espera que Isabel esté en el baile.
que ellos, que yo, que nosotros, que tú, que las chicas, que su novia

Mi mamá no me **escribe** muchas cartas.
Indicative

Quiero que mi mamá me **escriba**.
Subjunctive

---

[1]The present-subjunctive endings of **estar** are the same as for regular **-ar** verbs. Note, however, that in this case the stress falls on the ending rather than on the stem: (est**é**).

El subjuntivo en cláusulas sustantivas

A clause is a group of words that includes a subject and a verb (**yo quiero**). A noun clause is a clause that could be replaced in the sentence by a noun. The noun clause is usually introduced by **que** (**. . . que Sam me escriba**).

MAIN CLAUSE	DEPENDENT NOUN CLAUSE	
Quiero	**que Sam me escriba.**	*I want Sam to write to me.*
	(This clause could be replaced by a noun.)	
Quiero	**un vestido nuevo.**	*I want a new dress.*

The first sentence has two clauses, each with a subject and a verb. The dependent, or subordinate, clause cannot stand alone: It "depends" on or is subordinate to the main clause. (The only type of dependent clause dealt with in this lesson is the noun clause.) The verb in a dependent noun clause must be in the subjunctive if

1 its subject is different from the subject of the main clause, *and*
2 the main verb expresses hope, desire, doubt, emotional feelings, or requests.

Quiero que tú me **escribas.**	*I want you to write to me.* (desire)
Siento que no **hables** español.	*I'm sorry you don't speak Spanish.* (emotional feeling)
Sam **duda** que Isabel **hable** inglés.	*Sam doubts that Isabel speaks English.* (doubt)
Mi papá **pide** que nos **levantemos** temprano.	*My dad asks us to get up early.* (request)
Mi mamá **insiste** en que yo no **lleve** jeans.	*My mom insists that I not wear jeans.* (request)

A *Conteste con a o b.*

¿Qué te pide tu papá?
a) que no compres un coche?
b) que compres un coche?
Mi papá me pide que no compre un coche.

1 ¿Qué quiere tu mamá?
a) que le escribas muchas cartas?
b) que no le escribas?

2 ¿Qué espera tu profesor/a?
a) que hables español en la clase?
b) que estudies dos horas en casa?

3 ¿Qué dudas?
a) que tu novio/a baile el tango?
b) que tu mamá te compre un vestido/traje?

4 ¿Qué le pides a tu novio/a?
a) que no le escriba a otra/o muchacha/o?
b) que le escriba a otra/o muchacha/o?

5 ¿Qué quieres?
a) que tu mamá lleve jeans?
b) que tus padres te visiten este fin de semana?

B *Conteste según los modelos.*

¿Baila bien Sam?

No sé. Espero que baile bien.

1 ¿Aprende Sam a bailar la salsa?

2 ¿Habla español Sam?

3 ¿Le escribe Isabel a Sam?

4 ¿Comprende español Sam?

5 ¿Están en el baile las amigas de Isabel?

6 ¿Qué esperas tú?

¿Habla ruso el profesor?

No sé. Dudo que hable ruso.

1 ¿Lleva jeans tu abuela?

2 ¿Se levanta temprano tu compañero/a de cuarto?

3 ¿Bailan la salsa los norteamericanos?

4 ¿Escribe libros el profesor?

5 ¿Qué dudas tú?

¿Qué piden las madres? (que los chicos—lavarse los dientes)

Piden que los chicos se laven los dientes.

1 ¿Qué piden los padres? (que los chicos—no gastar (*spend*) mucho dinero)

2 ¿Qué pide la profesora? (que los estudiantes—hablar español en clase)

3 ¿Qué pide Sam? (que Juan—prestarle unos zapatos)

4 ¿Qué pide Juan? (que Sam—aprender a bailar)

5 ¿Qué pide tu mamá? (que yo—escribirle con frecuencia)

6 ¿Qué pide tu compañero/a?

7 ¿Qué pides tú?

C *Es difícil vivir en un apartmento porque otras personas tienen costumbres des-agradables. Responda según el modelo.*

mis compañeros/as—escuchar la radio toda la noche

Siento que mis compañeros/as escuchen la radio toda la noche.

1 mi compañero/a—estudiar siempre

2 mis amigos—no hablar español conmigo

3 mi compañero/a—no limpiar el cuarto

4 los chicos—comer todo

5 mis compañeros/as—no comprenderme

6 mi novio/a—no escribirme

D *Complete las siguentes frases.*

Mis padres quieren que . . .

Mis padres quieren que los visite durante las vacaciones.

1 Los profesores quieren que . . .

2 Mi papá espera que . . .

3 Quiero que . . .

4 Mi novio/a pide que . . .

5 Mi compañero/a siente que . . .

¡Qué estudiosas estas chicas! ¿No? Sí, quieren sacar buenas notas. (Madrid, España)

Interacción en parejas

Hágale las siguientes preguntas a su compañero/a.

1 ¿Quieres que tu compañero/a de cuarto estudie contigo?
2 ¿Le pides a tu compañero/a de cuarto que no se levante temprano?
3 ¿Quieres que cantemos más en la clase?
4 ¿Sientes que no bailemos en la clase?
5 ¿Sientes que tus padres no te escriban cada semana?
6 ¿Les pides a tus padres que te manden dinero?
7 ¿Quieres que alguien te compre ropa nueva?
8 ¿Dudas que tu novio/a te visite esta noche?
9 ¿Prefieres que la clase termine temprano hoy?
10 ¿Dudas que los estudiantes hablen español en casa?

María quiere comprar ropa.

MAMÁ   Insisto en que no lleves jeans, Isabel.
PAPÁ   Y yo no quiero que gastes tanto dinero en ropa, mi hija.
ISABEL Pues bien, papá. Entonces te pido, por favor, que me compres tú ese vestido rojo.
PAPÁ   ¿Cómo? ¡Ya tienes un vestido casi igual!
ISABEL Pero no es rojo, papá. Es azul.

VOCABULARIO ÚTIL

La ropa y los colores

Prendas de vestir

1 la **corbata**	6 los **calcetines**	11 la **falda**	16 la **camiseta**
2 el **traje**	7 los **zapatos**	12 las **medias**	17 el **suéter**
3 la **camisa**	8 el **sombrero**	13 las **botas**	18 la **chaqueta**
4 el **cinturón**	9 los **aretes**	14 el **vestido**	
5 los **pantalones**	10 la **blusa**	15 el **sobretodo**	

La madre con su hijo a espaldas en el sarape tradicional de México. (San Juan de Texhuacán, México)

Los colores básicos

amarillo	*yellow*	**blanco**	*white*	**rojo**	*red*
anaranjado	*orange*	**café (marrón)**	*brown*	**rosado**	*pink*
azul	*blue*	**gris**	*gray*	**verde**	*green*
azul claro	*light blue*	**morado**	*purple*		
azul oscuro	*dark blue*	**negro**	*black*		

—¿**De qué color es tu camisa?**   *What color is your shirt?*

—**Es blanca.**[1]   *It's white.*

Conteste.

1 ¿De qué color es tu cinturón?

2 ¿De qué colores es tu vestido?

3 ¿De qué color son tus pantalones?

4 ¿De qué colores es tu sobretodo?

5 ¿De qué color es tu blusa?

6 ¿De qué color son tus zapatos?

7 ¿De qué color es mi blusa/camisa?

8 ¿De qué color es la falda de _____ ?

9 ¿De qué color son los calcetines de _____ ?

10 ¿De qué color son los aretes de _____ ?

---

[1]Note that when colors are used as adjectives they agree in number and gender with the noun they describe.

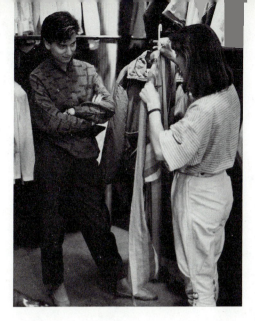

—¡Me gusta mucho pero los precios de esta tienda son astronómicos! —Es de calidad superior, señorita.

El presente de subjuntivo de algunos verbos irregulares

Most verbs that have an irregular stem in the **yo**-form of the present-indicative tense have the same irregular stem in the present subjunctive. The endings are regular: **-ar** verbs add **-e**, and **-er** and **-ir** verbs add **-a**.

hacer (yo hago)		**decir** (yo digo)		**salir** (yo salgo)	
haga	hagamos	diga	digamos	salga	salgamos
hagas	hagáis	digas	digáis	salgas	salgáis
haga	hagan	diga	digan	salga	salgan

The following verbs also derive their stem from the **yo**-form of the present indicative.

INFINITIVE	**yo**-form, PRESENT INDICATIVE	**yo**-form, PRESENT SUBJUNCTIVE
leer	**leo**	**lea**
pedir	**pido**	**pida**
poner	**pongo**	**ponga**
tener	**tengo**	**tenga**
traer	**traigo**	**traiga**
venir	**vengo**	**venga**
ver	**veo**	**vea**

A *Conteste con* **sí** *o* **no** *según su propia situación. Siga el modelo.*

¿Insisten tus amigos en que tú digas la verdad?

No, no insisten en que yo diga la verdad.

Sí, insisten en que yo diga la verdad.

1 ¿Quieres que tu novio/a salga con otra persona?

2 ¿Permiten los profesores que vengan tarde a la clase los estudiantes?

3 ¿Espera la profesora que hagas la tarea (*homework*)?

4 ¿Insiste tu mamá en que te pongas un sobretodo?

5 ¿Sientes que tus compañeros/as pidan dinero?

B *Diga que usted quiere que otras personas hagan estas cosas.*

¿Quieres salir? (que ellos)

No, quiero que ellos salgan.

1 ¿Quieres hablar ahora? (que Miguel)

2 ¿Esperas estudiar esta noche? (que los otros estudiantes)

3 ¿Quieres decirme el secreto? (que mamá)

4 ¿Esperas recibir una carta hoy? (que mi compañero)

5 ¿Quieres poner los libros ahí? (que la profesora)

Interacción en parejas

Pregúntele a su compañero/a lo que él/ella recomienda (recommends) *a las siguientes personas.*

Modelo: a una persona que habla mucho en clase

Recomiendo que hable menos en clase. o

Recomiendo que no hable tanto en clase.

1 a un estudiante que no estudia mucho

2 a una persona que fuma mucho

3 a un compañero que no asiste a sus clases

4 a unas personas que beben demasiado

5 a una amiga que come mucho

6 a una persona que trabaja demasiado

7 a un compañero de clase que lee las lecciones

8 a una estudiante que no hace sus estudios cada día

9 a unos compañeros de clase que no responden a las preguntas del profesor/de la profesora

10 a un estudiante que no sabe el vocabulario de la lección

¡Qué tren más bonito! ¿Dónde está toda
la gente? (Caracas, Venezuela)

Voy a preguntarle algo.

(Asking for information)

Preguntar

Voy a preguntarle si tiene otros zapatos.

El señor está comprando dólares en una casa de cambio. (Buenos Aires, Argentina)

Voy a pedirle cinco dólares.

(Asking someone to do something)

Pedir

Voy a pedirle que me compre ese vestido.

Pedir, preguntar y hacer preguntas

Pedir is used to request that someone do something or give something.

Yo te **pido** que me prestes una corbata.	*I'm asking you to lend me a tie.*
Le **pido** a usted un poco de paciencia.	*I'm asking you for a little patience.*

Note that **pedir** includes the idea of asking *for* something and does not require the use of an additional word like **por**.

Le **pido** el coche.   *I **ask** him **for** the car.*

Preguntar means *to ask* in the sense of soliciting information.

Me **pregunta** a qué hora vengo.	*He asks me what time I am coming.*
Le voy a **preguntar** si tiene un vestido rojo.	*I'm going to ask her if she has a red dress.*

Hacer una pregunta means *to ask a question*.

Este profesor nos **hace** muchas **preguntas**.   *This professor asks us a lot of questions.*

A *Complete las frases empleando* **pedir**, **preguntar** o **hacer preguntas**.

1 *I ask him for a pencil.*
Le _____ un lápiz.

2 *I want to ask her for a favor.*
Quiero _____ un favor.

3 *I request that they speak Spanish.*
_____ que hablen español.

4 *They ask me how I feel.*
Me _____ cómo me siento.

5 *We ask him if he wants to go.*
_____ si quiere ir.

6 *He always asks me very difficult questions.*
Siempre me _____ muy difíciles.

7 *Does he ask you for money?*
¿Le _____ dinero?

8 *He doesn't ask me for anything.*
No me _____ nada.

9 *I want to ask a question.*
Quiero _____.

10 *He asks her if she wants some dessert.*
_____ si quiere postre.

B *Traduzca.* (Translate.)

1 Are you going to ask for two soft drinks?
2 I'm going to ask my roommate if he has a tie.
3 Who is asking that question?

El último grito[1]

En la tienda de ropa

TAMAÑOS

grande   medio   pequeño

DEPENDIENTE   Buenas tardes, joven. ¿En qué le
podemos servir? Dígame.
SAM   Muéstreme un pullover como ese
del escaparate.
DEPENDIENTE   Ah sí. Es el último grito.

DEPENDIENTE   Perdone usted. ¿Qué tamaño lleva?
SAM   Deme el tamaño medio.
DEPENDIENTE   ¿Y de qué color?
SAM   Déjeme ver uno azul.

Conteste.

1 ¿Dónde está Sam?
2 ¿Qué busca Sam?
3 ¿Le interesa el pullover?
4 ¿Qué tamaño lleva Sam?

5 ¿Qué color prefiere?
6 ¿Te gusta a ti llevar un pullover?
7 ¿Qué tamaño llevas tú?
8 ¿Cuál es tu color favorito?

---

[1]*The latest thing*

Mandatos

Commands are used when telling someone to do something or not to do something. For example, telling someone *Speak* or *Don't speak* is a command and requires a command, or imperative, form of the verb.

Spanish has formal command forms for use with persons you address as **usted** or **ustedes**, and familiar forms for persons you address as **tú** (see Lesson 9).

Formas imperativas de usted y ustedes

The formal command forms are the same as the present subjunctive forms for **usted** and **ustedes**.

INFINITIVE	PRESENT SUBJUNCTIVE IN A NOUN CLAUSE	PRESENT SUBJUNCTIVE FORM USED AS COMMAND
hablar	Quiero que usted **hable**.	**Hable** usted, por favor.
to speak	*I want you to speak.*	*Please speak.*
comer	Quiero que usted **coma** ahora.	**Coma** usted ahora, por favor.
to eat	*I want you to eat now.*	*Please eat now.*
salir	Quiero que usted **salga** del cuarto.	**Salga** del cuarto.
to leave	*I want you to leave the room.*	*Leave the room.*

The **usted**-, **ustedes**-commands are used in both the affirmative and the negative: **hable**, **no hable**. Ordinarily the subject pronouns are omitted, but a command can be made more polite by using **usted** or **ustedes** after it: **Hable usted. No hablen ustedes.**

A *Responda con un mandato afirmativo.*

Quiero hablar.	*I want to speak.*
Pues, hable usted.	*Well, speak then.*

1 Quiero estudiar. 4 Quiero escribir.
2 Quiero comer. 5 Quiero venir.
3 Quiero leer. 6 Quiero salir.

B *Responda con un mandato negativo.*

¿Puedo escribir?	*May I write?*
No, no escriba usted.	*No, don't write.*

1 ¿Puedo leer? 4 ¿Puedo comer?
2 ¿Puedo hablar? 5 ¿Puedo salir?
3 ¿Puedo estudiar?

Stem-changing verbs also form thier commands from the **yo**-form of the present indicative.

INFINITIVE	PRESENT INDICATIVE yo-*form*	PRESENT SUBJUNCTIVE usted-*command*	ustedes-*command*
dormir	**duermo**	**duerma**	**duerman**
pensar	**pienso**	**piense**	**piensen**
mostrar	**muestro**	**muestre**	**muestren**

Responda con un mandato.

pensar en eso
Piense usted en eso.

1 volver mañana 4 mostrar el pullover
2 no dormir tanto en la clase 5 volver temprano del baile
3 no pensar así

Three commonly used verbs, **ser** *to be*, **dar** *to give*, and **ir** *to go*, do not derive their subjunctive, and thus their command forms, from the **yo**-form of the present indicative. They must be learned separately.

INFINITIVE	PRESENT SUBJUNCTIVE	
	usted-*command*	**ustedes**-*command*
ser	**sea**	**sean**
dar	**dé**	**den**
ir	**vaya**	**vayan**

A *Responda con un mandato formal plural.*

ir al club
Vayan al club.

1 dar el modelo
2 ir al baile con Juan
3 ser feliz (*happy*)
4 no dar permiso (*permission*)
5 no ser antipático(a)s

B *Responda según los modelos.*

¿Digo la verdad?   *Shall I tell the truth?*
Sí, diga usted la verdad.   *Yes, tell the truth.*

1 ¿Traigo el dinero?
2 ¿Vengo esta noche?
3 ¿Pongo la mesa?[1]
4 ¿Hago la tarea?
5 ¿Pido los libros?
6 ¿Vuelvo mañana?
7 ¿Voy al mercado (*market*)?

No voy al baile.   *I'm not going to the dance.*
Sí, vaya usted al baile.   *Yes, go to the dance.*

1 No salgo esta noche.
2 No pienso más en eso.
3 No hago el trabajo.
4 No digo más.
5 No vengo en seguida.
6 No traigo el libro.

LA MODA SIGUE DE MODA

Ven a **L.A.Cougar**

Camina con el tiempo.

Colocación de complementos con mandatos

Direct- and indirect-object pronouns and reflexive pronouns follow and are attached to the affirmative command forms. Notice that when a pronoun is attached, an accent mark often must be written on the stressed vowel to show that pronunciation has not changed.

In negative commands, object pronouns precede the command forms.

Muéstre**me** el rojo.   *Show me the red one.*
Lláme**los** usted.   *Call them.*
Siénte**se**.   *Sit down.*

No **me** muestre el rojo.   *Don't show me the red one.*
No **los** llame usted.   *Don't call them.*
No **se** siente.   *Don't sit down.*

---

[1]*Shall I set the table?*

A *Responda según los modelos.*

¿Puedo comprarlo?
Sí, cómprelo.

1 ¿Puedo tomarlos?
2 ¿Puedo comerlas?
3 ¿Puedo aprenderlo?
4 ¿Puedo estudiarla?

¿Puedo escribirlo?
No, no lo escriba.

1 ¿Puedo leerlo?
2 ¿Puedo escucharlo?
3 ¿Puedo estudiarlo?
4 ¿Puedo llamarlos?

B *Diga en español, por favor.*

1 Please study now.
2 Don't read it (*the letter*) now.
3 Sit down, please.

4 Please write me.
5 Listen to it (*the concert*) with me.

Interacción en parejas

Siguiendo los modelos, pídale a su pareja (partner) *que haga o que no haga las siguientes actividades.*

estudiar el vocabulario de esta lección
Estudie el vocabulario de esta lección.
fumar en el cuarto
No fume en el cuarto.

1 pedirles dinero a sus amigos
2 trabajar demasiado
3 responder a las preguntas del profesor/ de la profesora
4 asistir a todas sus clases
5 leer la lección

6 llamar a su novio/a esta noche
7 hablar español con el profesor/la profesora
8 comprarle un suéter a su novio/a
9 venir tarde a la clase
10 mostrarle sus zapatos

LECTURA

LA SOLTERA[1]

Soy Olivia Espener. Tengo 25 años y vivo en un departamento en la Avenida Rivadavia en Buenos Aires.

Me siento muy feliz. Tengo un trabajo interesante y muchos amigos y amigas. Soy estilista en ropa de mujer y mi especialidad es la ropa de cuero.

[1] *The single girl*

En el trabajo estoy a gusto porque los otros empleados están animados.[1] Sólo hay una señora que está siempre deprimida. Nosotros le hablamos y pronto se siente mejor. No queremos que nadie esté triste. Cuando me siento sola, llamo a mi amiga Berta y le pido que me acompañe al cine o al teatro. Berta es una persona alegre y cuando estoy con ella nunca estoy aburrida.

También tenemos un grupo de amigos y amigas que es nuestra «barra querida[|]». Nos juntamos[|] todos los días festivos y en muchas otras ocasiones. Pienso casarme algún día[|] pero por el momento estoy contenta.

"gang," beloved group / We get together I intend to marry some day

Preguntas

1 ¿Cuántos años tiene Olivia?

2 ¿Dónde vive?

3 ¿Qué trabajo tiene?

4 ¿Quieren los empleados que alguien esté triste?

5 ¿A quién llama Olivia cuando se siente sola?

6 ¿Qué le pide a Berta?

7 ¿Cuándo se juntan los amigos?

8 ¿Cuándo piensa casarse Olivia?

EN POCAS PALABRAS

Forme frases completas

1 Dudo que _____.

2 Mi compañero/a espera que _____.

3 Juan me pide que _____.

4 Quiero que mis padres _____.

5 Me gusta que _____.

Forme preguntas

1 Sí, quiero que me prestes una corbata.

2 ¡Cómo no! Le doy el dinero.

3 Sí, dudo que ellos vengan mañana.

4 No, no es mi color favorito.

Breves conversaciones

Pregúntele a _____

si quiere prestarte una chaqueta.

si quiere que tú le des cinco dólares.

si le gusta llevar jeans y camiseta.

qué ropa lleva para ir al baile.

si su papá le compra la ropa.

cuál es su color favorito.

cuántos pares de zapatos tiene.

por qué no lleva una corbata a la clase.

---

[1]*I enjoy being at work because the other employees are lots of fun (high-spirited).*

Preguntas personales

1 ¿Compras ropa hecha a medida?
2 ¿Cuánto cuesta un vestido hecho a medida?
3 ¿Me prestas una camisa?
4 ¿Quieres que te preste diez dólares?
5 ¿Insisten tus padres en que no lleves jeans?
6 ¿Quieres ir a un baile de Año Nuevo?
7 ¿Quieres que _____ te enseñe a bailar la salsa?
8 ¿Qué idioma prefiere el profesor/la profesora que hablemos en clase?
9 ¿Qué quieres tú que hagamos en clase?
10 ¿Esperas que tu papá te compre un vestido/traje nuevo?
11 ¿Qué pide tu papá?
12 ¿Qué quiere tu mamá?
13 ¿Qué ropa llevas hoy?
14 ¿De qué color es la ropa?
15 ¿Cuál es tu color favorito?
16 ¿Permite el profesor/la profesora que los estudiantes hablen inglés en clase?
17 ¿Te hace preguntas muy difíciles el profesor/la profesora?
18 ¿Les pides dinero a tus amigos? ¿Por qué?
19 ¿Qué dicen de la mona vestida de seda?
20 ¿Es importante vestirse bien? ¿Por qué?

PRONUNCIACIÓN

Voiced and voiceless consonants

Consonants may be voiced or voiceless. The *s* in English *silly* or *since* is voiceless. However, the *s* in English *residence* or *rose* is voiced, or buzzed.

Spanish s and z

The letters **s** and **z** are pronounced the same in Hispanic America. The sound of **s** or **z** is voiceless, like the *s* in English *since*, when it occurs between vowels, in initial position, or in final position, as in these examples:

residencia	Rosa	zapatos
presidente	Luisa	Cortés
Isabel	azul	

Before voiced consonants **d**, **m**, **n**, **b**, or **g**, the sound of the **s** is slightly voiced. Avoid the hissing *s* as in English *since* in the following examples:

buenos días	es nuevo	es mi amigo	mismo

Spanish c before e or i

Remember that in Spanish America, **c** before **e** or **i** is pronounced like English *s*. Avoid the *sh*-sound of *c* in the English word *official*.

gracias   precioso   nación   condición   estación
pronunciación

Spanish t

The **t** in Spanish is pronounced by placing the tip of the tongue against the upper teeth. It is not accompanied by a puff of air as in English.

te gusta a ti   portugués
Portugal   natural
cultura   Yo no, ¿y tú?

VOCABULARIO

alguno (algún)	some, any	**imperativo**	imperative
el **arete**	earring	el **inconveniente**	difficulty, obstacle; (adj.) inconvenient
aunque	although, though		
el **baile**	dance	los **jeans**	jeans
básico	basic	**mandato**	command; mandate
bota	boot	**media**	stocking
el **calcetín**	sock	**medida**	measure; measurement
camiseta	T-shirt		
casi	almost	**hecho a la medida**	custom-made
el **cinturón**	belt, sash	**mercado**	market
claro	clear; light (color)	**moda**	fashion; style
cláusula	sentence, clause	**de moda**	fashionable; fashionably
el **club**	club		
corbata	necktie	**de la última moda**	the latest fashion
cumbia	a Latin American dance	**modo**	mode, manner; way; mood (grammar)
chaqueta	jacket		
el/la **dependiente/a**	clerk; salesperson	**mono/a**	monkey
durante	during	**oscuro**	dark (color)
el **escaparate**	display window; cabinet	**paciencia**	patience
feliz	happy, lucky	**pequeño**	little, small; young
el **fin de semana**	weekend	**permiso**	permission
forma	form, shape; manner, way	**por**	for
		el **postre**	dessert
frecuencia	frequency	**prenda**	article of clothing
con frecuencia	frequently	el **problema**	problem
gala: de gala	formal, formal-dress	**provecho**	advantage; benefit; profit
grito	scream, shout		
igual	identical, the same; equal	**¡Buen provecho!**	Good appetite!
		el **pullover**	pullover
hecho	done, made (past part. of **hacer**)	**ruso**	Russian
		salsa	salsa (dance)

sandalia	*sandal*
secreto	*secret*
seda	*silk*
seguro	*sure, certain; certainly*
la **sensación**	*sensation*
sin	*without*
sombrero	*hat*
subjuntivo	*subjunctive*
sustantivo	*noun*
tamaño	*size*
tango	*tango*
tarea	*task, job; homework*
último	*last; latest*
unos, unas	*some*
vestido	*dress*
visita	*visit*

llevar	*to carry; to wear*
perdonar	*to pardon; to excuse; to forgive*
preguntar	*to ask*
preparar	*to prepare*
prepararse	*to prepare, get oneself ready*
probar (**ue**)	*to test; to try out, try on*
quedar	*to remain, stay; to be left; to fit*
quedarse	*to remain, stay*
recoger (recojo)	*to pick up; to collect*

Adjectives of color are listed on p. 152.

Verbos

alegrarse	*to be glad*
causar	*to cause*
dejar	*to let, permit; to leave, abandon*
dudar	*to doubt*
entrar	*to enter*
esperar	*to hope (for); to wait; to expect*
gastar	*to spend* (money); *to waste*
interesar	*to interest*
limpiar	*to clean*
llegar	*to arrive*

Otras expresiones

¡Cómo no!	*Of course!*
¿De qué color es . . .?	*What color is . . .?*
de veras	*really, truly*
el último grito	*the latest thing*
Está bien.	*It's okay., All right.*
hacer una pregunta	*to ask a question*
la hora de comer	*mealtime*
Le queda muy bien.	*It fits you very well.*
No hay inconveniente.	*It's no problem.*
poner la mesa	*to set the table*
¿Se puede?	*May I?*

Refrán

Aunque la mona se vista de seda, mona se queda.

A monkey, although dressed in silk, is still a monkey.

Lección ocho

¡Vivan los novios!

Llorar poco y buscar otra.

PERSPECTIVA

Functional conversational goals   You should be able to
1 discuss with others dating, engagement, and marriage customs.
2 compliment your associates in various ways.
3 express what happened in the past: where you went, whom you met, what you did yesterday or last night, last week, last year.

Language   You will study and practice
1 the use of the preterit tense.

2 some verbs regular in the preterit.
3 some verbs irregular in the preterit.
4 the preterit of **ir** and **ser**.
5 the negatives **tampoco**, **nunca**, **nada**, **nadie**, **ninguno**, **ni . . . ni**.

Culture   You will learn about
1 the custom of **los piropos**.
2 courtship in Hispanic countries.
3 traditional and contemporary customs associated with marriage.

CONVERSACIONES

¡ZAS, ME DIO CALABAZAS!

Eduardo y Luis son estudiantes del Instituto Politécnico en Monterrey, México.

EDUARDO ¡Ay! ¡Qué sueño tengo!

LUIS ¿Qué pasó anoche? ¿Estuviste de fiesta?

EDUARDO No. Anoche fue un desastre y hoy tuve que levantarme a las cinco.

LUIS Hablé con Pablo y supe que al fin terminaste el artículo para la revista estudiantil.

EDUARDO Sí, al fin lo pude terminar pero no estudié nada.

LUIS Yo no estudié tampoco. A propósito, anoche no te vimos en la reunión del Congreso Estudiantil. ¿Qué hiciste?

Parece que a ella le gustaron los chistes de su amigo. (Plaza de la Liberación, Guadalajara, México)

EDUARDO   Estuve con Elena. Primero fuimos al cine y vimos una película excelente. Luego la llevé de paseo al parque.

LUIS   ¡Qué interesante!

EDUARDO   Al principio sí, después comenzó a hablar de mis otras amigas.

LUIS   ¿Qué le respondiste?

EDUARDO   Que me gustan todas las chicas . . . rubias . . . morenas . . . pero que ella es la única.

LUIS   Y ella, ¿qué te contestó?

EDUARDO   ¡Zas, me dio calabazas! Ya no quiere verme otra vez.

LUIS   ¡Vaya, qué celosa! ¿Y por eso te pusiste de mal humor?

EDUARDO   No fue la tragedia más grande del mundo. Como dice el refrán: Llorar poco y buscar otra.

Preguntas

1   ¿Dónde estudian Eduardo y Luis?

2   ¿A qué hora tuvo que levantarse?

3   ¿Pudo terminar el artículo?

4   ¿Fue Eduardo a la reunión?

5   ¿Con quién estuvo Eduardo?

6   ¿Adónde fueron?

7   ¿De qué le habló Elena a Eduardo?

8   ¿Le gustan las rubias o las morenas a Eduardo?

9   ¿Es celosa Elena?

10   ¿Qué le dio a Eduardo?

11   ¿Tiene muchas novias Eduardo?

12   ¿Va a llorar mucho o poco Eduardo?

NOTAS CULTURALES

LOS PIROPOS

Un piropo es una palabra o frase de adulación que el hombre le dice a una mujer desconocida| en el parque o en cualquier lugar público|. Los hombres del mundo hispánico lo consideran una habilidad artística poder inventar inmediatamente un piropo apropiado para una ocasión específica.

Esa costumbre que tienen los hombres de decirle piropos a una mujer que pasa no se considera| ofensiva en los países de habla española. Muchos hombres quieren «echar una flor|» a una mujer bonita cuando la ven pasar.

Algunos piropos son muy ingeniosos: ¡Quién fuera estrella para vivir en el cielo de sus ojos!¹ Pueden también ser bastante| prosaicos: ¡Qué lindo budín para la Navidad!² Otros piropos típicos son: ¡Una muñeca que camina!³ ¡Qué monumento!⁴

unknown / **cualquier . . .** *any public place*

is not considered

toss a flower

fairly

Preguntas

1 ¿A quiénes les dicen piropos, a los hombres o a las mujeres?

2 ¿Qué es un piropo?

3 ¿Son ilegales los piropos en el mundo hispánico?

4 ¿Por qué dicen piropos los hombres?

5 ¿Cómo son los piropos de los norteamericanos?

6 ¿Por qué no echan piropos en los Estados Unidos?

7 ¿Quieres (señorita) que le digan piropos?

—¡Benditos los ojos que te ven! El piropo del joven expresa su aprecio por la belleza y la elegancia de la joven. (Madrid, España)

¹*I wish I were a star so I could live in the heaven of your eyes!*

²*What a beautiful pudding for Christmas!*

³*A walking doll!*

⁴*What a monument!*

EL CORTEJO Y EL COMPROMISO[1]

En estos tiempos modernos de los 90 la sociedad hispánica pone mucho
menos restricciones que antes en las relaciones entre las chicas y los
jóvenes. Hoy día| en una cita los jóvenes no necesitan ser acompañados
por una dueña|, una chaperona u otras personas mayores. Con la excep-
ción de ciertas familias tradicionales, como, por ejemplo, en regiones
remotas o ciudades pequeñas, las relaciones entre los jóvenes hispanos
son muy similares a las de| los jóvenes en los Estados Unidos. El compro-
miso entre los jóvenes dura|, a veces|, varios años mientras el joven busca
la seguridad financiera y económica. Los jóvenes, una vez comprome-
tidos|, son «novios» oficialmente. Juntos compran los muebles para su
apartmento o su casa y se preparan para la boda.

Today

governess

to those of

lasts / at times

once engaged

Preguntas

1 En los años 90, ¿ponen más o menos restricciones que antes en las relaciones
entre las chicas y los jóvenes?

2 En una cita, ¿dónde necesitan los jóvenes una dueña en estos días modernos?

3 ¿Qué diferencias hay entre el compromiso de los hispanos y el de los
norteamericanos?

4 ¿Qué preparaciones tienen que hacer los novios para la boda?

EL MATRIMONIO

Hay muchos jóvenes hispanos que no se casan hasta los 26 o los 27 años
o hasta estar bien establecidos en su empleo| o su profesión.

Las amigas de la novia acostumbran darle una despedida de soltera|
y los amigos del novio le dan una despedida de soltero. La despedida es

employment

farewell-to-single-life party

Los novios se casan
en la Catedral de la
Iglesia Católica.
(Buenos Aires,
Argentina)

---

[1]*Dating* (or *courting*) *and engagement*

tradicionalmente una cena en un restaurante elegante. No hay «recepción» al estilo norteamericano, pero hay la costumbre de hacer una fiesta grande con banquete y baile el día de la boda.

Preguntas

1 ¿Por qué esperan algunos jóvenes hasta los 26 o 27 años para casarse?
2 ¿A quién le dan una despedida de soltera? ¿Y de soltero?
3 ¿Cómo son esas despedidas?
4 ¿Qué hacen para celebrar una boda aquí?
5 Para celebrar tu boda, ¿quieres una despedida o una recepción?

INTERACCIÓN Y COMUNICACIÓN

¿Qué pasó?

Eduardo habló con Pablo.

LUIS ¿Estudiaste mucho anoche, Eduardo?
EDUARDO No. Hablé con Pablo pero no estudié nada.

¡Le dio calabazas!

Eduardo   Elena

LUIS ¿Qué pasó anoche con Elena?
EDUARDO Salí con ella al cine pero después hablamos de mis amigas, y ¡zas, me dio calabazas!

Verbos regulares en el pretérito

In the preterit tense regular **-ar** verbs have one set of endings, and regular **-er** and **-ir** verbs have another.

hablar		aprender		vivir	
hablé	hablamos	aprendí	aprendimos	viví	vivimos
hablaste	hablasteis	aprendiste	aprendisteis	viviste	vivisteis
habló	hablaron	aprendió	aprendieron	vivió	vivieron

No las comprendo.

LUIS Eduardo, ¿qué aprendiste anoche?
EDUARDO Aprendí que es imposible comprender a las chicas.

Conteste.

1 ¿Estudió mucho Eduardo anoche?
2 ¿Con quién habló?
3 ¿Con quién salió Eduardo?
4 ¿De qué hablaron Eduardo y Elena?
5 ¿Qué aprendió Eduardo anoche?

6 ¿Hablaste con tu novio/a anoche?
7 ¿Y no estudiaste?
8 ¿Saliste anoche?
9 ¿Con quién saliste el sábado pasado?
10 ¿Aprendiste algo interesante?

Uso del pretérito

The Spanish preterit tense has more than one equivalent in English.

hablé	*I spoke, I did speak*
aprendí	*I learned, I did learn*
salí	*I went out, I did go out*

The preterit is used to report what happened in the past. Its focus is on the *completion* of actions or states of being or conditions in the past.

Comenzó a hablar de mis otras amigas.	*She started talking about my other girlfriends.*
No te **vimos**.	*We didn't see you.*
La **llevé** al cine.	*I took her to the movies.*
Hablé con Pablo.	*I talked with Paul.*
Se **quedó** sin novia.	*He was left without a girlfriend.*

Spanish uses the preterit tense to describe what happened (*I spoke*) and another tense, the imperfect (discussed in Lesson 10), to describe what was happening or what used to happen (*I was speaking*). Only the preterit tense is dealt with in this lesson.

Otros verbos que son regulares en el pretérito

The stem-changing verbs such as **sentarse** (**ie**), **pensar** (**ie**), **volver** (**ue**), **acostarse** (**ue**), and **mostrar** (**ue**) do not change their stem in the preterit tense. They have regular stems in the preterit and use the same set of stem endings as the regular verbs.

pensar (ie)		volver (ue)		acostarse (ue)	
pensé	pensamos	volví	volvimos	me acosté	nos acostamos
pensaste	pensasteis	volviste	volvisteis	te acostaste	os acostasteis
pensó	pensaron	volvió	volvieron	se acostó	se acostaron

NOTE: In the preterit of regular verbs the stress falls on the endings, rather than on the stem as it does in the present tense.

    Yo **hablo**   (regular verb, present tense—stress on the *stem*)

    Yo **hablé**   (regular verb, preterit tense—stress on the *ending*)

All of the **-ar**, **-er**, and **-ir** verbs used in the exercises below are regular in the preterit tense.

Cambie del presente al pretérito.

1 Yo estudio mucho.
2 Tú compras una revista.
3 Eduardo lleva a su novia de paseo.
4 Elena y yo miramos la televisión.
5 Ellos trabajan aquí.
6 Ustedes no lloran mucho.
7 Vosotros comenzáis hoy.
8 Yo vuelvo a las ocho.
9 Pensamos ir.
10 Mis compañeros se acuestan a las doce.

Los mexicanos están muy orgullosos de este Monumento a la Independencia («El Ángel») en el Paseo de la Reforma. (México, D.F.)

VOCABULARIO ÚTIL

Referencias al pasado

anoche	last night	el **año pasado**	last year
ayer	yesterday	el **mes pasado**	last month
anteayer	the day before yesterday	la **semana pasada**	last week
		el **invierno pasado**	last winter

A Luis está buscando a Eduardo. No sabe dónde está. Quiere saber quiénes hablaron con él anoche.

¿El profesor? (sí)
Sí, el profesor le habló anoche.

1 ¿El doctor? (no)   5 ¿La policía? (no)
2 ¿Las chicas? (sí)   6 ¿Sus amigos? (sí)
3 ¿Tú? (no)   7 ¿Vosotros? (no)
4 ¿Ustedes? (sí)   8 ¿Ellas? (sí)

B Conteste en el pretérito.

¿Tenemos que trabajar hoy?
No, ya trabajamos ayer.

1 ¿Tus compañeros tienen que estudiar hoy?
2 ¿Tenéis que contar vuestro dinero hoy?
3 ¿Los estudiantes tienen que aprender el diálogo hoy?

C ¿Quiénes aprendieron a esquiar el invierno pasado?

¿Tú?
¿Aprendiste a esquiar?

1 ¿Tú y tu hermana?   6 ¿Yo?
2 ¿Tus amigos?   7 ¿La profesora?
3 ¿Vosotras?   8 ¿Las chicas?
4 ¿Ese joven?   9 ¿Tú y yo?
5 ¿Usted y Felipe?

D *Conteste con una frase completa usando el pretérito.*

1 ¿Aprendiste mucho ayer?

2 ¿Respondieron bien los estudiantes?

3 ¿Dónde viviste el año pasado?

4 ¿Volviste a casa temprano anteayer?

5 ¿Te acostaste temprano anoche?

E *¿Cuántos años vivieron estas personas en otros países? Conteste según la indicación.*

El dentista—México, dos años.
El dentista vivió en México dos años.

1 Lucy y Jane—el Perú, tres años.

2 Nosotros—Panamá, un año.

3 Tú—España, dos años.

4 Ellos—Chile, un año.

5 El mecánico—Ecuador, dos años.

6 Ustedes—Nicaragua, un año.

Interacción en parejas

A *Responda usando el pretérito. Siga los modelos.*

Tienes que estudiar la lección.
Ya la estudié.

Ellos deben[1] estudiar la lección.
Dicen que ya la estudiaron.

1 Tienes que hablarle al presidente.

2 Tienes que pensarlo bien.

3 Tienes que cantar la canción.

4 Tienes que llevarla al cine.

5 Tienes que mostrarle el suéter.

6 Tienes que acostarte temprano.

1 Deben hablarle al presidente.

2 Deben pensarlo bien.

3 Deben cantar la canción.

4 Deben llevarla al cine.

5 Deben mostrarle el suéter.

6 Deben acostarse temprano.

B *Cambie del presente al pretérito.*

Hablo con la profesora.
Hablé con la profesora.

1 Aprendo la lección.

2 Vivo en Los Ángeles.

3 Aprendemos español.

4 Elena habla rápido.

5 Eduardo aprende inglés.

6 Eduardo vive en México.

7 Ellos me hablan.

8 Ellas aprenden español.

9 Ellos viven en España.

10 Escribimos una carta.

11 Me levanto temprano.

12 Termino el artículo.

13 Usted estudia mucho.

14 Ellos cantan bien.

15 Ella sale de la casa.

16 Ustedes comen mucho.

17 Luis lleva a Carmen al cine.

18 Vosotros no respondéis mucho.

---

[1]from **deber** *to have to, must*

C *Conteste con frases completas.*

1 ¿A qué hora desayunaste esta mañana?

2 ¿Qué tomaste para el desayuno?

3 ¿Escuchaste las noticias (*news*) hoy?

4 ¿Alguien te prestó dinero ayer?

5 ¿Trabajaste ayer?

6 ¿En qué mes comenzaste esta clase?

7 ¿Terminaste las tareas ayer?

8 ¿Viviste en México el año pasado?

9 ¿Dónde vivió tú hermano?

10 ¿Vivieron tú y tu familia en España el año pasado?

11 ¿Vivió el profesor/la profesora en México el año pasado?

12 ¿Quién vivió en Latinoamérica el año pasado?

¿Qué hiciste anoche?

El Congreso Estudiantil

EDUARDO ¿Qué hiciste anoche, Luis?

LUIS Primero fui al Congreso Estudiantil. Después, me puse triste pensando en los estudios.

EDUARDO Viniste muy tarde. ¿Qué pasó?

LUIS Estuvimos de fiesta en la Taberna del León celebrando el cumpleaños de Pepe.

EDUARDO Y tomaste mucha cerveza, ¿eh?

LUIS Sí, bebí demasiado.

Conteste.

1 ¿Qué hizo Luis anoche?

2 ¿Cómo se puso él después del congreso?

3 ¿A qué hora vino a casa?

4 ¿Por qué vino tarde a casa?

5 ¿En qué taberna estuvo?

6 ¿Qué celebraron los estudiantes?

7 ¿Qué tomó Luis?

8 ¿Bebió mucho Luis?

ir *to go*		**venir** *to come*		**estar** *to be*	
fui	fuimos	vine	vinimos	estuve	estuvimos
fuiste	fuisteis	viniste	vinisteis	estuviste	estuvisteis
fue	fueron	vino	vinieron	estuvo	estuvieron

hacer *to do, make*		**ponerse** *to put on, to become* (sad, happy, etc.)	
hice	hicimos	me puse	nos pusimos
hiciste	hicisteis	te pusiste	os pusisteis
hizo	hicieron	se puso	se pusieron

Algunos verbos irregulares en el pretérito

The following verbs have irregular stems to which their preterit endings are attached. The endings listed below are added to each of these irregular stems.

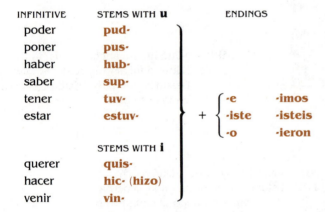

INFINITIVE	STEMS WITH **u**		ENDINGS
poder	**pud-**		
poner	**pus-**		
haber	**hub-**		
saber	**sup-**		
tener	**tuv-**		**-e** **-imos**
estar	**estuv-**	+	**-iste** **-isteis**
			-o **-ieron**
	STEMS WITH **i**		
querer	**quis-**		
hacer	**hic-** (**hizo**)		
venir	**vin-**		

NOTE: Only one of the verbs above has a spelling change: in the verb **hacer**, **c** becomes **z** before **o**.

A *Las siguientes personas pusieron sus libros en diferentes lugares. Siga el modelo.*

Elena—en el carro.
Elena los puso en el carro.

1 Nosotros—en el dormitorio.   4 Usted—en la mesa.
2 Juan y Lisa—en la cafetería.   5 Yo—en la biblioteca.
3 Tú—en la casa.

B *¿Cómo se pusieron estas personas? Siga el modelo.*

Eduardo—de mal humor.
Eduardo se puso de mal humor.

1 Elena—alegre.   4 Yo—de buen humor.   7 Ustedes—tristes.
2 Juan y yo—enfermos.   5 Luisa—roja.
3 Luis—gordo.   6 Ricardo y Samuel—contentos.

C *¿A qué hora vinieron estas personas al trabajo?*

el profesor/la profesora

¿A qué hora vino el profesor/la profesora?

1 los estudiantes	4 Luis y Eduardo	7 yo
2 el piloto	5 tu compañero	8 tú
3 usted	6 la secretaria	

Interacción en parejas

A *Hágale las siguientes preguntas a un compañero o a una compañera.*

1 ¿Te pusiste de acuerdo con tu novio/a?

2 ¿Dónde estuviste anteayer?

3 ¿Estuviste enfermo/a anoche?

4 ¿Cuándo viniste a esta ciudad?

5 ¿Hubo muchas personas en la clase ayer?

B *Conteste según su propia situación.*

1 ¿Te pusiste triste ayer?

2 ¿Cuándo hicieron tú y tus compañeros/as sus estudios?

3 ¿Viniste temprano a la cafetería?

4 ¿A qué hora viniste a la clase hoy?

5 ¿Qué hiciste anoche?

6 ¿Dónde estuviste el año pasado?

7 ¿Cuántos vinieron a la clase hoy?

The verbs **ver** *to see* and **dar** *to give* follow a similar pattern in the preterit.

ver *to see* (pretérito)		**dar** *to give* (pretérito)	
vi[1]	vimos	di[1]	dimos
viste	visteis	diste	disteis
vio[1]	vieron	dio[1]	dieron

Note that the verb **dar** is irregular in the preterit. Although it ends in **-ar**, it takes the **-er**, **-ir** endings in the preterit.

A *¿Quiénes vieron la película del Cine Rex?*

Mario y Juan

Mario y Juan la vieron anoche.

1 Yo	3 Anita y yo	5 Tú
2 Muchas chicas	4 Eduardo y Elena	6 Ustedes

---

[1]Notice that **vi**, **vio**, and **di**, **dio** do not require a written accent.

B *Alguien le dio una manzana* (apple) *al profesor/a la profesora. Pregunte si estas personas lo hicieron.*

Francisco

¿Le dio Francisco una manzana al profesor/a la profesora?

1 Elena y Eduardo   **3** María   **5** tú
2 ustedes   **4** los estudiantes **6** él

C *Conteste con una frase completa.*

1 ¿Viste a tu hermano anoche?
2 ¿Le diste algo a tu compañero/a ayer?
3 ¿Le respondiste al profesor en español?
4 ¿Vieron ustedes al presidente de la universidad ayer?
5 ¿Qué te dieron tus padres antes de venir a la universidad?
6 ¿Te dieron consejos (*advice*) tus padres?
7 ¿Cuándo fuiste al cine la última vez?
8 ¿A quién viste en el cine?
9 ¿Vieron ustedes una película buena anoche?

¿Quiénes fueron esas personas?

Modelo

Benito Juárez

1

Manolo y Joaquín

2

Maritza

3

Bárbara y Julia

4

Miguel, Susana y Rafael

5

Los abuelos

Conteste quiénes fueron estas personas.

El señor Benito Juárez—presidente de México.

El señor Benito Juárez fue presidente de México.

1 Manolo y Joaquín—actores del teatro.
2 Maritza—una bailarina famosa.
3 Bárbara y Julia—estrellas del cine.
4 Miguel, Susana y Rafael—estudiantes.
5 Los abuelos—amigos del presidente.

El pretérito de ir y ser

The verbs **ir** and **ser** have the same preterit forms. The context makes clear which verb is meant.

ir *to go* (pretérito)		**ser** *to be* (pretérito)	
fui	fuimos	fui	fuimos
fuiste	fuisteis	fuiste	fuisteis
fue	fueron	fue	fueron

¿Adónde **fueron** ustedes anoche?	*Where did you go last night?*
Fuimos a la fiesta anoche.	*We went to the party last night.*
¿Quién **fue** el presidente el año pasado?	*Who was president last year?*
Fui estudiante en España en 1987.	*I was a student in Spain in 1987.*

A *¿Qué fueron estas personas? Dígale a su compañero/a.*

Mi abuelo—médico.
Mi abuelo fue médico.

1 Mis tíos—ingenieros.
2 Mi mamá—profesora.
3 Nosotros—estudiantes.

4 Mi abuela—modista.
5 Yo—mecánico.
6 Mi papá—programador.

B *Pregúntele a su compañero/a de clase adónde fueron estas personas.*

tu mamá y tu papá
¿Adónde fueron tu mamá y tu papá?

1 Elena
2 las chicas de la clase
3 vosotros

4 tú
5 ustedes
6 el profesor/la profesora

C *Dígale a su compañero/a a qué lugar fueron estas personas.*

Jorge—al supermercado.
Jorge fue al supermercado.

1 Mis hermanos—a la tienda.
2 Tu abuela—a la plaza.
3 Los muchachos de la clase—al teatro.

4 (*student in class*)—a casa.
5 (*students in class*)—al dormitorio.

D *Conteste con frases completas.*

1 ¿Quién fue el presidente el año pasado?
2 ¿Fuiste a la biblioteca ayer?
3 ¿Fueron ustedes estudiantes en México?
4 ¿Adónde fuiste anoche?
5 ¿Fue un gran hombre tu abuelo?
6 ¿Cuándo fuiste al mercado?

Yo no estudié tampoco.

Alicia y Maribel

ALICIA   Anoche salí con mi novio y no estudié nada.
MARIBEL   Yo no estudié tampoco y ahora tengo miedo de ir a la clase.

Conteste.

1 ¿Estudió Alicia anoche?

2 ¿Por qué no estudió nada?

3 Y Maribel, ¿estudió ella?

4 ¿Por qué tiene Maribel miedo de ir a la clase hoy?

Los negativos **tampoco, nunca, nada, nadie, ninguno, ni . . . ni**

The negatives **tampoco, nunca,** and **nada** may come before or after the verb. When they come afterward, **no** must be used before the verb.

No estudié **tampoco**.	*I didn't study either.*
Tampoco estudié.	*Neither did I study.*
No quiere verme **nunca**.	*She doesn't want to see me ever.*
Nunca quiere verme.	*She never wants to see me.*
No aprendí **nada**.	*I didn't learn anything.*
Nada aprendí.	*I didn't learn anything.*

Notice the double negative in the phrase **No estudié nada**. Literally, this would translate *I didn't study nothing*, but since double negatives are frowned upon in English, a better equivalent would be *I didn't study anything*. (Sometimes the best equivalent for **nada** is *at all*: **No estudié nada** *I didn't study at all*.) Double negatives with **no . . . nada, no . . . tampoco, no . . . nunca,** and other combinations are standard Spanish usage. **Yo tampoco** is the equivalent of *nor I either* or *me neither*. **Yo también** means *I too* or *me too*.

Compare the following negative and affirmative response patterns.

AFFIRMATIVE	NEGATIVE
¿Estudió usted **algo**? (*anything*)	No, no estudié **nada**. (*nothing*)
¿Llamó usted a **alguien**? (*anyone*)	No, no llamé a **nadie**. (*nobody*)
¿Va usted a hacer **algunos** viajes? (*some trips*)	No, no voy a hacer **ninguno**. (*none; in this context, a better equivalent is not . . . any*)
¿Toma usted té **o** café?	No tomo **ni** té **ni** café. (*neither . . . nor*)
Salen ellos. Yo salgo **también**. (*also*)	No salen ellos. Yo no salgo **tampoco**. (*neither; here, a better equivalent is not . . . either*)
Ellas **siempre** quieren verte, ¿verdad? (*always*)	No, no quieren verme **nunca**. (*never; here, a better equivalent is not . . . ever*)

A *Responda usando* **tampoco** *o* **también** *y la persona indicada.*

Elena no saludó al profesor.   (ellos)
Ellos no lo saludaron tampoco.
Elena saludó al profesor.   (ellos)
Ellos lo saludaron también.

1 Luis no salió bien en el examen.   (nosotros)

2 Nosostros no fuimos al Congreso Estudiantil.   (Eduardo)

3 Ellos estuvieron en el baile.   (yo)

4 Eduardo no estudió nada.   (los otros estudiantes)

B *Responda en el negativo o en el afirmativo según los modelos.*

¿Estudiaste algo anoche?
No, no estudié nada anoche.
Sí, estudié algo anoche.

1 ¿Hiciste algo anoche?

2 ¿Escribiste algo anoche?

3 ¿Te pusiste un suéter esta mañana?

4 ¿Viste una película anoche?

5 Yo no fui al cine. ¿Y tú?

6 Tus amigos no fueron al parque. ¿Y tú?

7 Yo fui a la fiesta. ¿Y ustedes?

8 ¿Fueron tus amigos a la clase ayer?

¿Llamaste a alguien anoche?
Sí, llamé a alguien anoche.
No, no llamé a nadie anoche.

1 ¿Estuviste con alguien la semana pasada?

2 ¿Conversaste con alguien anoche?

3 ¿Te pusiste de acuerdo con alguien ayer?

4 ¿Saliste con alguien anoche?

Interacción en parejas

A *Su compañero/a le dice lo que hizo* (what he/she did) *y usted le responde que usted y otros compañeros hicieron lo mismo* (the same thing) *también. Siga el modelo.*

COMPAÑERO/A   Estudié hasta las once.
USTED   **Nosotros estudiamos hasta las once también.**

1 Salí de la casa.

2 Fui a la universidad.

3 Tuve clases toda la mañana.

4 Comí a las doce.

5 Trabajé hasta las cinco.

6 Estuve en el parque.

7 Me levanté muy temprano.

8 Me bañé.

9 Estudié español.

10 Escribí las tareas.

B *Su compañero/a quiere saber lo que usted hizo ayer. Siga el modelo.*

COMPAÑERO/A   Hoy vas a la clase. ¿Qué hiciste ayer?
USTED   **Ayer fui a la clase también.**

1 Hoy trabajas mucho.

2 Hoy sales de la casa temprano.

3 Hoy escribes una carta.

4 Hoy compras un regalo.

5 Hoy estudias la lección.

6 Hoy ves el programa.

7 Hoy comes en la cafetería.

8 Hoy respondes bien a las preguntas.

9 Hoy te lavas las manos.

10 Hoy te levantas temprano.

11 Hoy te pones un sobretodo.

C *Conteste usando un complemento directo. Responda* **sí** *o* **no**.

¿Escribiste la carta?
Sí, la escribí.
No, no la escribí.

1 ¿Compraste los regalos?

2 ¿Estudiaste las lecciones?

3 ¿Viste el programa?

4 ¿Hiciste el trabajo?

5 ¿Escuchaste la radio?

D *Dígale a su compañero/a que ya hizo usted estas cosas.*

COMPAÑERO/A   Tienes que prestarle a Roberto el libro.
USTED   **Ya se lo presté.**

1 . . . escribirle la carta a tu amiga.

2 . . . prestarle el carro a tu hermano.

3 . . . lavarte los dientes.

4 . . . ponerte el pullover.

E *Conteste las preguntas de su compañero/a. Cambie de papel y siga la conversación.*

1 ¿Qué hiciste anoche?

2 ¿Con quiénes estuviste?

3 ¿Le diste dinero a tu compañero/a para comprar comida?

4 ¿Supiste algo interesante esta mañana?

5 ¿Pudiste terminar las tareas?

6 ¿Tuviste que escribir mucho?

7 ¿Trabajaste ayer?

8 ¿Cuándo fuiste al cine?

9 ¿Viste una película interesante?

10 ¿Dónde viviste el año pasado?

11 ¿Cuándo viniste aquí?

12 ¿Qué hiciste el verano pasado?

A   El Cine Norma

La familia García

B

María

C

La señora López y el piloto

D

Luis

E

Elena y Eduardo

F

El señor López

F *Dígale a su compañero/a de estudio lo que hicieron ayer estas personas.*

LECTURA

ADELITA TIENE UN PROBLEMA.

Soy Adelita López, de Monterrey. Tengo un problema muy grande. Hoy me pasó una cosa horrible[1] en el trabajo. Soy contadora en la Compañía Nacional de Acero y esta mañana vino a hablar conmigo el señor Rojas, que es el jefe de la sección de contabilidad[2]. Es soltero, joven, buen mozo[|], . . . y un verdadero tenorio[3]. Me habló como[|] una hora y me preguntó muchas cosas personales. Hizo vagas referencias a la necesidad de colaborar más con él y de conocernos mejor[4]. También me prometió[|] mucho progreso en el futuro. Yo tenía esperanzas de[|] un aumento de salario y mucho éxito en la oficina. Luego me invitó a cenar con él, pero cuando aprendió que tengo novio se enojó[|] y no quiso[|] creerlo ni aceptarlo. Me explicó[|] que si no salgo con él . . . adiós progreso y aumento de salario en esa oficina. ¡Qué falta[|] de respeto! ¿Verdad? Es un sinvergüenza[5].

good-looking / about

promised
I had hopes of

se . . . he got mad /
he refused
He explained to me
What lack . . .!

Preguntas

1 ¿Qué trabajo tiene Adelita?
2 ¿Quién vino a hablarle?
3 ¿Cómo es el señor?
4 ¿De qué le habló el jefe?

5 ¿Qué le prometió a Adelita?
6 ¿Qué aprendió luego el jefe?
7 ¿Qué tiene que hacer Adelita?
8 ¿Qué piensas del jefe de Adelita?

EN POCAS PALABRAS

Complete las frases

1 _____ sueño.
2 _____ a las siete.
3 _____ tampoco.

4 Fui _____.
5 Nada _____.

---

[1] *Something horrible happened to me today*

[2] *head of the accounting department*

[3] *a real don Juan* (don Juan Tenorio, great lover, from a play by Tirso de Molina)

[4] *get to know each other better*

[5] *scoundrel* (without shame) (**gu** before **e** or **i** is pronounced like English *g*, but **gü** before **e** or **i** is pronounced like English *gw*)

Forme preguntas

1 Fui al cine porque me gusta.
2 Sí, me gustó el baile.
3 Me acosté a la una.
4 Sí, escribí una.
5 Trabajé cinco horas anteayer.

Breves conversaciones

Pregúntele a _____

a qué hora se despertó esta mañana.
a qué hora se levantó esta mañana.
si se lavó la cara esta mañana.
si se puso un traje/vestido elegante anoche.
si le escribió una carta a su familia la semana pasada.
si estuvo en clase ayer.
si fue al cine el sábado pasado.
si fue de paseo al parque el domingo pasado.
si escribió un artículo ayer.
si estudió la lección de español anoche.
si le gustaron las noticias del día.
si pudo volver temprano a casa anoche.
si se acostó temprano.
si tuvo que estudiar anoche.

Preguntas personales

1 ¿Qué hiciste ayer por la tarde?
2 ¿Fuiste al cine?
3 ¿Dónde estuviste el sábado pasado por la noche?
4 ¿Tuviste que estudiar mucho anoche?
5 ¿Trabajaron tú y tus compañeros/as en casa el sábado pasado?
6 ¿Estuviste de fiesta el sábado?
7 ¿Fuiste al parque con tu novio/a?
8 ¿Qué hiciste el domingo pasado?
9 ¿Tuviste que escribir cartas anoche?
10 ¿Volviste a casa temprano?
11 ¿A qué hora te levantaste esta mañana?
12 ¿Te bañaste después de levantarte?
13 ¿Te lavaste la cara y las manos?
14 ¿Comiste algo esta mañana?
15 ¿Dónde viviste antes de venir a la universidad?
16 ¿Te gustó vivir allí?
17 ¿Vino tu novio/a a la universidad también?
18 ¿Aprendiste algo nuevo en clase esta mañana?
19 ¿Qué es lo que aprendiste, por ejemplo (*for example*)?
20 ¿Qué hiciste después de la clase?

Los turistas están contemplando las maravilla
la arquitectura de los mayas en Palenque, Mé

La operadora de la computadora recibe
instrucciones de su jefe en la oficina. (San Ju
Puerto Rico)

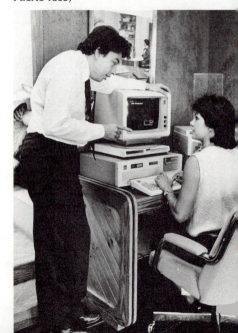

PRONUNCIACIÓN

Spanish p and the k-sound

The letter **p** and the **k**-sound in Spanish are not aspirated. Avoid the puff of air typical of English *p* and *k*.

> poco   a propósito   ¿por qué?   papá   no quiere
> soy el campeón   ¿qué pasó?

Spanish r (single-tap)

To produce this sound, the tongue taps the gum-ridge above the upper teeth, much as it does in producing *tt* in the English word *butter*. Except at the beginning of a word or after **n**, **s**, or **l**, the letter **r** receives this single-tap pronunciation.

> al principio   hablarme   fue un desastre   lo terminé   otras
> entre ellas

Pronounce **r** between two vowels with a single tap.

> para   pero   fuera   no quiere   los amores   espera
> cara   Laura   hablaron

VOCABULARIO

el/la **actor/a**	actor/actress	**instituto**	institute
alegre	happy, glad	el **león**	lion
alguien	someone, anyone	**manzana**	apple
anoche	last night	**mundo**	world
anteayer	the day before yesterday	**nadie**	no one, nobody
ayer	yesterday	**ni . . . ni . . .**	neither . . . nor . . .
bailarina	ballerina; dancer	**Nicaragua**	Nicaragua
el **café**	coffee	**ninguno (ningún)**	none
calabaza	pumpkin, squash	**nunca**	never; ever
dar calabazas	to jilt, give a cold shoulder	**Panamá** (m.)	Panama
carro	car, automobile	**pasado**	past, last (adj.); passed (past part.)
celoso	jealous; jealous person	el **pasado**	the past
congreso	congress	**paseo**	walk; trip
consejo	advice	**película**	film; movie; picture
el **desastre**	disaster	el **Perú**	Peru
diálogo	dialog	**politécnico**	polytechnic
el **Ecuador**	Ecuador	**pretérito**	preterit
estrella	star (film)	**principio**	start, beginning
estudiantil	student (adj.)	**referencia**	reference
el **examen**	test, examination	el **refrán**	saying; proverb
famoso	famous	**revista**	magazine
el **humor**	humor	**supermercado**	supermarket

el **té**	*tea*
tragedia	*tragedy*
único	*unique, sole, only*
la **vez**	*time, occasion*
otra vez	*again*

Verbos

contestar	*to answer*
llorar	*to cry*
saludar	*to greet*

Otras expresiones

llevar (a alguien) de paseo	*to take (someone) for a walk*
ponerse de acuerdo	*to come to an agreement*

ponerse de buen humor	*to get in a good mood*
ponerse de mal humor	*to get upset*
ponerse rojo/a	*to blush*
¡Qué interesante!	*How interesting!*
¿Qué pasó?	*What happened?*
¡Vaya!	*Go on!*
¡Viva(n) . . .!	*Long live . . .!*

Refrán

Llorar poco y buscar otra.
Cry just a little and look for another.

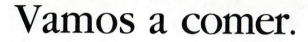

Lección nueve

Vamos a comer.

Beber y comer buen
pasatiempo es.

PERSPECTIVA

Functional conversational goals   You should be able to
1 compare some typical Hispanic foods and dishes with those of the area in which you live.
2 order meals and drinks at a restaurant.
3 discuss similarities and differences regarding table settings in formal restaurants in Hispanic countries and North America.
4 describe what happened yesterday, last night, last week, last summer, last year.

Language   You will study and practice
1 stem-changing verbs in the preterit.

2 the irregular preterit forms of **decir**, **traer**, **leer**, **oír**, and **construir**.
3 spelling changes in the preterit of verbs ending in **-car**, **-gar**, and **-zar**.
4 informal **tú**-commands.
5 formal commands—a review.
6 the present subjunctive in noun clauses—a review.
7 vocabulary related to meals and foods.

Culture   You will learn about
1 various popular foods in Spanish America.
2 menus and ordering meals in Latin American restaurants.

CONVERSACIONES

¡QUÉ SABROSOS ESTUVIERON LOS CHURRASCOS!

ANITA   ¡Hola, Carmen! ¿Qué hay de nuevo?
CARMEN   Nada de particular. ¿Te divertiste mucho anoche?
ANITA   ¡Chica, no te imaginas! Cenamos en el restaurante más famoso de Buenos Aires.
CARMEN   Saliste con Raúl otra vez, ¿no?
ANITA   Sí. Sus padres nos llevaron a cenar a La Cabaña.
CARMEN   Entonces, ¿no estuvieron solos?
ANITA   No, estuvimos por primera vez con sus padres. Me trataron como a una reina.

¡Qué alegría almorzar en un restaurante al aire libre! (Distrito Recoleta, Buenos Aires, Argentina)

CARMEN Supongo que comieron muy bien. ¿Qué pediste?

ANITA ¡Ay! ¡Qué sabrosos estuvieron los churrascos! ¿Fuiste alguna vez a La Cabaña?

CARMEN Sí, y me gustó mucho. Comí unos canelones que me encantaron.

ANITA Lo que nos gustó mucho también fueron los postres que sirvieron. Y ¡qué surtido de vinos! ¿Verdad?

CARMEN Sí, ¿los probaste?

ANITA Yo sí. El papá de Raúl bebió mucho y su esposa lo regañó. Pero él respondió como dice el refrán: Beber y comer buen pasatiempo es.

CARMEN ¿Así que volviste temprano a casa?

ANITA Sí, llegué antes de medianoche y me acosté en seguida. Y hoy me puse a dieta.

CARMEN ¡Tú! ¿A dieta? ¡Imposible!

Preguntas

1 ¿Qué hizo Anita anoche?

2 ¿Se divirtió mucho?

3 ¿Salió con Raúl otra vez?

4 ¿Quiénes los llevaron a cenar?

5 ¿Cómo la trataron a Anita?

6 ¿Qué pidió Anita?

7 ¿Fue Carmen alguna vez a La Cabaña?

8 ¿Le gustó? ¿Qué comió?

9 ¿Qué le gustó también a Anita?

10 ¿Probó los vinos Anita?

11 ¿Quién bebió mucho vino?

12 ¿Quién lo regañó?

13 ¿Qué respondió él?

14 ¿Cuándo llegó Anita a casa?

¡Hace calor! ¿Vamos a tomar un refresco en la Plaza Mayor? (Madrid, España)

NOTAS CULTURALES

LOS PLATOS TÍPICOS

Algunos norteamericanos creen que los tacos, los burritos y las enchiladas son los platos típicos de toda la América Latina y de España también. Aun en México hay muchos platos típicos que no son picantes y que no contienen chile.

Lo que sí es cierto es que las amas de casa[|] en todo el mundo hispano tienen algo en común—las famosas quejas del alto costo de la vida: ¡Cómo subió la carne! ¡Viste el precio del azúcar! ¡Qué barbaridad! *housewives*

Hay una gran variedad de platos riquísimos[|] y cada región tiene su especialidad. Claro, en estos días es posible encontrar restaurantes que acostumbran servirles a los norteamericanos su hamburguesa y su leche mateada[|]. Pero es una verdadera lástima[|] visitar España, por ejemplo, sin comer una paella a la valenciana, ese delicioso plato de arroz y mariscos que tiene su origen en Valencia. *very rich* *malt / es . . . it's really too bad*

Si va usted al norte de España, va a tener la oportunidad de comer merluza, uno de los numerosos platos excelentes de pescado que saben preparar los españoles de Santiago de Compostela y de las vascongadas[|]. *Basque provinces*

Y en Latinoamérica, ¿a quién se le ocurre visitar[|] Buenos Aires sin probar esos sabrosísimos[|] churrascos tan famosos? En los Estados Unidos sólo recibimos la carne argentina en latas[|]. Aquí no conocemos la carne fresca de la Argentina y del Uruguay, pero en Europa, especialmente en Inglaterra, la carne del Río de la Plata[1] se considera[|] la mejor carne del mundo. *who would think of visiting* *very delicious* *cans* *is considered*

Dos platos muy comunes en España y en Latinoamérica son el arroz con pollo y la tortilla a la española[2]. También son populares el asopao de Puerto Rico, el choclo de Chile, y los anticuchos del Perú.[3]

Preguntas

1 ¿A ti te gustan las enchiladas y los tacos?

2 ¿De dónde viene la costumbre de comer burritos?

3 ¿Qué tienen en común las amas de casa en el mundo hispano?

4 ¿Qué contiene la paella a la valenciana?

5 ¿Dónde puede uno comer merluza?

6 ¿Qué son churrascos?

7 ¿Probaste alguna vez uno de los platos típicos de Latinoamérica?

8 ¿Cuál es tu favorito?

---

[1]The mighty river, or estuary, between Argentina and Uruguay; also, name of the region including the rich agricultural lands of Argentina, Uruguay, and Brazil in the Plata basin.

[2]*rice with chicken and Spanish omelette* (made with diced potatoes)

[3]**asopao** = a hearty soup; **choclo** = a scalloped corn dish; **anticuchos** = pieces of barbecued meat on a stick.

Este señor está tomando un
sabroso mate en
Montevideo, Uruguay.

¡PSSSST! ¡MOZO!

Una de las costumbres típicas de los hispanos que nos parece rara a los
norteamericanos es la manera de llamar al mozo en el restaurante. Para
llamarlo le dicen «psssst». Esto nos parece descortés a los norteamericanos pero no lo es[^i] para los hispanos. Si usted no tiene confianza en el   *it isn't*
sistema hispano puede decirle «joven», o «señorita» si es una mujer. Si
está en México, dígale «mesero» o en España «camarero».

Posiblemente no le van a servir agua fría con hielo en la mesa. Los
latinoamericanos y los españoles no están acostumbrados a tomar agua
con la comida y a muchos no les gusta el hielo en los refrescos. Algunos
toman Coca-Cola sin enfriarla[^i]. La bebida que más se usa[^i] en la mesa de   *without chilling it / is*
los españoles es el vino.   *used*

Tampoco debe sorprenderse si no le sirven miel o conservas de
frutas con el plato fuerte.[1] No comen dulces de ninguna clase con la
carne. Tampoco es costumbre comer mantequilla con el pan.

Si usted está de vacaciones en Latinoamérica durante la Navidad, es
casi seguro que no va a comer pavo[2]. En muchas partes no se acostumbra
comer el pavo como plato y en Cuba, por ejemplo, el plato tradicional
para la Navidad es el lechón asado[^i].   *roast suckling pig*

Preguntas

1 ¿Qué dicen los hispanos para llamar al mozo?

2 ¿Te parece descortés llamarlo así?

3 ¿Qué nombre le dan al mozo en México?

4 ¿Están acostumbrados a tomar agua con la comida los latinoamericanos?

5 ¿Cómo comen el pan, con o sin mantequilla?

6 ¿Cuál es el plato típico para la Navidad en Cuba?

7 ¿Cuál es tu plato favorito para la Navidad?

---

[1]*Nor should you be surprised if they don't serve you honey or fruit preserves with the main course.*

[2]Because of the influence of Indian dialects on Spanish in Latin America, there are several equivalents
of the word for "turkey." Among these are **guajolote**, **coconó**, and **chompipe**.

¡A LA MESA, POR FAVOR!

Si una hispana o un hispano lo/la invita a comer en su casa con la familia, usted tiene mucha suerte. Hay personas que tienen amigos bastante[1] *fairly* íntimos con quienes se tutean[1] pero no los invitan a la casa a comer o cenar. Así que no se ofenda usted si no lo/la invitan a comer en casa porque, por lo general, sólo invitan a miembros de la familia o a amigos muy íntimos.

fairly
speak to each other using the **tú**-*form*

En los Estados Unidos cuando uno está a la mesa comiendo, es falta de etiqueta apoyar los dos brazos en la mesa. Entre los hispanos no es así. Al contrario, si uno pone una mano en el regazo, ellos lo consideran una acción descortés. Según ellos uno debe apoyar los dos brazos en la mesa, tocándola con las muñecas.

Preguntas

1 ¿Te tuteas con tus amigos?

2 ¿A quiénes invitan a comer en su casa los hispanos?

3 ¿Qué diferencia hay entre los latinos y nosotros en la etiqueta?

4 ¿Dónde apoyas los brazos cuando comes?

INTERACCIÓN Y COMUNICACIÓN

¿Te divertiste mucho anoche?

EN LA CABAÑA

¡Qué sabrosos los churrascos!

¡Olé, viva el buen vino!

CARMEN ¿Qué pidieron ustedes en la cena?
ANITA Pedimos churrascos y ensalada mixta.
CARMEN Y también el mozo te sirvió unos vinos excelentes, ¿verdad?
ANITA ¡Ya lo creo!

CARMEN Así que, ¿te divertiste mucho en La Cabaña?
ANITA Sí, me divertí mucho.
CARMEN Y el papá de Raúl, también se divirtió mucho, ¿verdad?
ANITA Sí, demasiado.

Conteste.

1 ¿Adónde fue Anita anoche?
2 ¿Qué pidió ella en la cena?
3 ¿Qué les sirvió el mozo en la cena?
4 Todo el mundo se divirtió, ¿no?
5 ¿Cómo se divirtió el papá de Raúl, comiendo o tomando?

6 ¿Fuiste alguna vez a un restaurante fino?
7 ¿Con quiénes fuiste al restaurante?
8 ¿Pidieron ustedes churrascos?
9 ¿Qué les sirvió el mozo?
10 ¿Qué les gustó más?
11 ¿Se divirtieron mucho?

El pretérito de los verbos que cambian su raíz (e → i)

pedir (e → i) to ask for		**divertirse (e → i)** to have a good time		**servir (e → i)** to serve	
pedí	pedimos	me divertí	nos divertimos	serví	servimos
pediste	pedisteis	te divertiste	os divertisteis	serviste	servisteis
pidió	pidieron	se divirtió	se divirtieron	sirvió	sirvieron

Note that all of these verbs change the stem of the third-person singular and plural in the preterit tense. **Preferir** is another verb of this type.

A *Repita y sustituya según los modelos.*

Ellos no me sirvieron churrascos.   (El mozo)
El mozo no me sirvió churrascos.

Mi mamá, Vosotros, Mis amigos, Mi novio/a, Tú, Nosotros

Nos divertimos mucho anoche.   (Él)
Se divirtió mucho anoche.

Mi compañero/a, Yo, Ustedes, Los estudiantes, La profesora

¿Qué pidieron ustedes?   (ella)
¿Qué pidió ella?

tus amigos, vosotros, él, tu novio, tú, tu hermano

B *Conteste.*

1 ¿Se divirtieron tú y tus amigos anoche?
2 ¿Dónde te divertiste el sábado pasado?
3 ¿Le pediste dinero a tu papá?
4 ¿Te pidió ayer un favor tu compañero/a?
5 ¿Qué te sirvieron para la cena anoche?
6 ¿Quién te sirvió el desayuno esta mañana?

La señora ama de casa está hilando—
fabricando hilo para tejer la ropa.

¿Dormiste bien anoche?

En la cama

Pepe

—Comí mal y me puse enfermo. Tomé
dos aspirinas, me acosté, y me dormí
en seguida.

Conteste.

1 ¿Por qué tomó Pepe dos aspirinas?
2 ¿Por qué estuvo enfermo?
3 ¿Qué hizo él después de tomar las aspirinas?
4 ¿Se durmió en seguida?

5 ¿Se murió él?
6 ¿Te dormiste en seguida anoche cuando te acostaste?
7 ¿Y dormiste bien toda la noche?

El pretérito de morirse y dormirse

morirse *to die unexpectedly*	
me morí	nos morimos
te moriste	os moristeis
se murió	se murieron

dormirse *to fall asleep*	
me dormí	nos dormimos
te dormiste	os dormisteis
se durmió	se durmieron

Note that these verbs change the stem of the third-person singular and plural in the preterit tense.

A *Todos parecen cansados y con sueño hoy. Pregunte si estas personas durmieron bien anoche.*

tú
¿Dormiste bien anoche?

1 ustedes
2 Juan
3 Alicia y Carmen
4 el profesor
5 Anita
6 ellas

B *Conteste.*

1 ¿Murieron muchas personas en Vietnam?
2 ¿Dónde se murió el Presidente Kennedy?
3 ¿Por cuántas horas dormiste anoche?
4 ¿Durmieron bien tus compañeros/as?
5 ¿Durmieron ustedes ocho horas anoche?

¿Dijiste la verdad?

En la comisaría de la Policía

EL POLICÍA ¿Me dijiste la verdad? ¡Es importante!

PEPE Sí, le dije la verdad.

EL POLICÍA Creo que me dijiste mentiras. Dame tu permiso de conducir.

PEPE ¡Ay, perdón! No lo traje.

EL POLICÍA ¿No lo trajiste? ¡Otra violación!

decir *to say, tell* (pretérito)		**traer** *to bring* (pretérito)	
dije	dijimos	traje	trajimos
dijiste	dijisteis	trajiste	trajisteis
dijo	dijeron	trajo	trajeron

Conteste.

1 ¿Dónde está Pepe?

2 ¿Qué quiere el policía?

3 ¿Dijo la verdad Pepe?

4 ¿Qué cree el policía?

5 ¿Por qué tiene otra multa (*fine*) Pepe?

6 Y tú, ¿trajiste el permiso de conducir hoy?

7 Pregúntele al profesor/a la profesora si trajo su permiso hoy.

Formas irregulares del pretérito de **decir** y **traer**

In addition to the irregular stem, these verbs have **-eron** rather than **-ieron** as the third-person plural ending in the preterit tense.

A *En una investigación que hizo la policía algunos trataron de defenderse* (tried to defend themselves). *Diga que estas personas no dijeron la verdad.*

Ese señor

Ese señor no dijo la verdad.

1 Su esposa   3 Nosotros   5 Yo

2 Sus amigos   4 Esas señoras   6 Ustedes

B *Diga que estas personas no trajeron el permiso hoy.*

Pepe

Pepe no trajo el permiso hoy.

1 Yo   3 Ellos   5 Ustedes

2 Suzie   4 Nosotros   6 Tú

Interacción en parejas

A *¿Qué hiciste ayer? Tomen turno preguntando y contestando.*

1 ¿Te levantaste temprano o tarde ayer?
2 ¿Tomaste un desayuno grande o pequeño?
3 ¿Viniste a la clase en autobús o en tu propio coche?
4 ¿Tuviste muchas clases o pocas ayer?
5 Después de las clases, ¿volviste a casa o fuiste a trabajar?
6 ¿A qué hora llegaste a casa?
7 ¿Cenaste en casa o saliste a cenar en un restaurante?
8 ¿Quíen preparó la cena en tu casa anoche?
9 ¿Estudiaste o fuiste al cine?
10 ¿Fuiste a la biblioteca o te quedaste en casa?
11 ¿Conversaste por teléfono anoche? ¿Con quién?
12 ¿Escuchaste música o miraste la tele?
13 ¿Estuviste de fiesta o leíste un libro?
14 ¿Te acostaste tarde o temprano?
15 ¿Dormiste muchas horas o pocas?
16 ¿A qué hora te levantaste esta mañana?

HOTEL GUADALUPE

ALHAMBRA - GRANADA
Teléfs. 22 34 23 - 22 34 24 -

CATEGORIA ✹ ✹ ✹

Habitación - Room - Chambre

N.º _____ Precio _____
Entrada _____ Salida _____

RESTAURANT
AIR CONDITIONED

1.er PISO — 1.er FLOOR — 1.er ÉTAGE

Almuerzo ... Cena
Dejeuner ... Diner
Lunch ... Dinner

PLATOS TIPICOS GRANADINOS
COCINA INTERNACIONAL

B *Conteste según los modelos.*

Yo duermo la siesta todos los días.
No es cierto. Ayer no dormiste la siesta.

1 Ella duerme la siesta todos los días.
2 Nosotros dormimos la siesta todos los días.

3 Ellos duermen la siesta todos los días.
4 Ustedes duermen la siesta todos los días.

No me divierto nunca.
No es cierto. Anoche usted se divirtió bastante.

1 Él no se divierte nunca.
2 Ellas no se divierten nunca.

3 Nosotros no nos divertimos nunca.
4 Usted no se divierte nunca.

C *Tomen turno haciéndole la entrevista a su compañero/a.*

1 ¿Dónde naciste[1]? (Yo nací en . . .)
2 ¿Por cuántos años estuviste ahí?
3 Y después, ¿adónde fuiste?
4 ¿Dónde asististe[2] a la escuela primaria?
5 ¿Te gustó la escuela primaria? ¿Por qué? (Me gustó porque . . . / No me gustó porque . . .)
6 ¿Dónde asististe a la escuela secundaria?
7 ¿Recuerdas quiénes fueron tus maestros favoritos? ¿Quiénes fueron?
8 ¿Qué materias estudiaste en la escuela secundaria?
9 ¿Te gustaron todas las clases?
10 ¿En qué año terminaste la escuela secundaria?

[1]**nacer** *to be born*
[2]**asistir** *to attend*

D *Haga una entrevista con su compañero/a, preguntándole de estos tópicos.*

1 Las vacaciones

¿Cuándo? ¿Cómo? ¿Dónde? ¿Familia? ¿Restaurantes? ¿Bailes? ¿Conciertos? ¿Nuevos/as amigos/as? ¿Novelas? ¿Dormir? ¿Descansar? ¿Deportes?

2 La última vez que me paró (*pulled me over or stopped me*) la policía

Velocidad máxima, un choque, permiso de conducir, placas (*license plates*), documentos de identidad, decir la verdad, mentiras, mordida (*bribe*), multa, en la cárcel (*jail*)

3 Tragedia o condición en la familia o entre los amigos, etc.

Accidentes, guerra, Vietnam, Guerra Mundial, Corea, enfermedad, muertos, vejez (*old age*)

Formas irregulares de algunos verbos en el pretérito

The preterit of the following verbs adds **-y** to the stem of the third-persons singular and plural. All other forms are regular in the preterit.

leer *to read*		**oír** *to hear*		**creer** *to believe*		**construir** *to construct*	
leí	leímos	oí	oímos	creí	creímos	construí	construimos
leíste	leísteis	oíste	oísteis	creíste	creísteis	construiste	construisteis
leyó	leyeron	oyó	oyeron	creyó	creyeron	construyó	construyeron

Conteste según la indicación.

1 ¿Quién leyó *Don Quijote*? (el profesor)

2 ¿Quién oyó la alarma? (los estudiantes)

3 ¿Quiénes creyeron la noticia? (nosotros)

4 ¿Quién construyó tu casa? (papá)

Cambios ortográficos en el pretérito de verbos en -car, -gar y -zar

In the **yo**-form of the preterit, the following changes in spelling are made so that the **-é** ending does not change the pronunciation of the stem.

INFINITIVE ENDING

-car	c changes to **qu**	bus**car** → bus**qué**
-gar	g changes to **gu**	ju**gar** → ju**gué**
-zar	z changes to **c**	comen**zar** → comen**cé**

A *Conteste con* **sí** *o* **no** *según el caso.*

¿Ya buscaste los libros?
Sí, ya los busqué.
No, no los busqué.

1 ¿Buscaste a tu amigo/a ayer?

2 ¿Llegaste temprano a la clase?

3 ¿Jugaste al tenis ayer?

4 ¿Ya comenzaste a hablar español?

Other verbs with these spelling changes are **tocar** *to touch, to play* (an instrument) (**toqué**), **entregar** *to hand over* (**entregué**), and **empezar** *to begin* (**empecé**). There are additional exercises on verbs with these spelling changes in the workbook.

B *Conteste.*

1 ¿Llegaste temprano a la clase hoy?
2 Y el profesor, ¿cuándo llegó?
3 ¿Cuándo comenzó la clase?
4 ¿Cuándo comenzaste los estudios de español?
5 ¿Buscaste algo esta mañana?
6 ¿Jugó bien tu equipo de básquetbol el año pasado?
7 ¿A qué hora empezaron ustedes la cena anoche?
8 ¿Le entregaste algo a tu compañero/a anoche?
9 ¿Tocaste el piano ayer?
10 ¿Cuándo fue la última vez que jugaste al tenis?
11 ¿Cuándo jugaste al golf la última vez?
12 ¿Oyeron ustedes las instrucciones del profesor/de la profesora?

Interacción en parejas

Con su compañero/a haga una entrevista (interview) *basada en las siguientes preguntas. Luego cambien de papel.*

¿Cómo pasaste el fin de semana?

1 ¿Qué hiciste el fin de semana pasado?
2 ¿Estuviste con un amigo, una amiga, o muchos amigos?
3 ¿Saliste solo/a o en grupo?
4 ¿Fueron a un partido de fútbol o básquetbol? Si no, ¿adónde fueron?
5 ¿Se divirtieron mucho?
6 ¿Bailaron en una discoteca también?
7 ¿No fueron al cine? ¿Por qué?
8 ¿Cenaron en un restaurante fino?
9 ¿Tuviste que descansar después de tantas actividades?
10 Pero lo pasaste muy bien el fin de semana, ¿verdad?

¿Adónde fuiste el verano pasado?

1 ¿Fuiste de vacaciones el verano pasado?
2 ¿Adónde fuiste?
3 ¿Fuiste en avión, coche, tren o barco (*boat*)?
4 ¿Qué hiciste ahí?
5 ¿Te pasó algo muy interesante? ¿Qué fue?
6 ¿Conociste a personas especiales?
7 ¿Te invitaron a volver?

8 ¿Viste alguna maravilla de la naturaleza (*natural wonder*)?

9 ¿Cuánto tiempo estuviste de viaje?

10 ¿Quiénes viajaron contigo? ¿No fuiste con la familia?

11 ¿Comiste algo muy exótico?

12 ¿Cenaste en algún restaurante elegante?

13 ¿Cuándo volviste de las vacaciones?

¿Adónde fuiste y qué hiciste en estas ocasiones y situaciones?

1 la semana pasada

2 el pasado fin de semana

3 el verano pasado

4 el invierno pasado

5 anoche

6 ayer

7 esta mañana

8 el 4 de julio pasado

9 la Navidad pasada

10 tu último cumpleaños

11 en la clase ayer

12 en una fiesta

13 en un baile

14 en un partido de fútbol del año pasado

VOCABULARIO ÚTIL

¡Vamos a comer![1]

Las comidas[2]

el **desayuno**	*breakfast*	**desayunar**	*to have breakfast*	las **bebidas**	*drinks*
el **almuerzo**	*lunch*	**almorzar** (**ue**)	*to have lunch*	el **postre**	*dessert*
la **cena**	*dinner*	**cenar**	*to have dinner*		

---

[1]*Let's eat!*

[2]*Meals*

Del menú

el **sandwich**		los **tacos**		el **tomate**	tomato
la **hamburguesa**		los **chorizos**	sausages	la **fruta**	
las **tortillas**		las **legumbres**	vegetables	la **manzana**	apple
las **enchiladas**		la **ensalada**	salad	la **fresa**	strawberry
el **huevo**		el **queso**	cheese	las **verduras**	green vegetables
el **pescado**	fish	la **carne**	meat	el **helado**	ice cream

¿Qué tomaste en el desayuno?

Para empezar

jugo	juice
de tomate	
de naranja	
de toronja	grapefruit
de uvas	grapes

Para beber

la **leche**	milk
el **café**	coffee
el **el café solo**	black coffee
el **café con leche**	
una **taza de chocolate**	a cup of chocolate

El plato fuerte

huevos	eggs
revueltos	scrambled
cocidos	boiled
cara al sol	sunny side up

huevos con . . .	
tocino	bacon
pan tostado	toast
bolillos	hard rolls (en México)
panqueques	pancakes

¿No tienes hambre? Aquí hay unos platos típicos de Madrid, España.

¿Qué comiste al mediodía?

un **sandwich**		una **pizza**	
de queso y jamón	*cheese and ham*	unas **papas fritas**	*french fries*
de tocino, lechuga,	*bacon, lettuce,*	unos **nachos**	
tomate	*tomato*	una **malteada**	*milk shake*
una **hamburguesa**		un **helado**	*ice cream*

Y en la cena, ¿qué tal?

Para empezar

un **coctel**
un **aperitivo**   *appetizer*
una **ensalada mixta**
   de tomates y lechuga
una **sopa**
   de verduras   *vegetables*
   de mariscos   *seafood*

El plato fuerte

un **bife**
un **churrasco**
pescado   *fish*
pollo   *chicken*
papas fritas
papas al horno   *baked*
espárrago   *asparagus*
judías verdes   *green beans*

Para beber

un **refresco**   *soft drink*
una **Coca-Cola**
un **Pepsi**
el **café**
el **vino**   *wine*
la **cerveza**   *beer*

En la mesa

el **cubierto**   *place setting*

1 la **servilleta**	6 el **tenedor**	11 el **cuchillo**
2 la **sal**	7 la **mantequilla**	12 la **cuchara**
3 la **pimienta**	8 el **pan**	13 el **mantel**
4 el **azúcar**	9 el **vaso**	14 la **copa**
5 el **platillo**	10 el **plato**	15 los **palillos**

A *¿Cuál de estos artículos usamos para . . .*

. . . limpiar la boca (*mouth*) y las manos cuando comemos?

. . . cortar (*to cut*) la carne y poner la mantequilla en el pan?

. . . llevar la comida del plato a la boca?

. . . llevar una selección de alimentos (*selection of foods*) para nuestro consumo (*consumption*)?

. . . poner en la carne para darle más sabor (*flavor*)?

. . . comer el postre o para mezclar (*mix*) el café y la leche?

B *Conteste según los modelos.*

¿Le traigo el cuchillo?
No, gracias. El otro mozo me lo trajo.

el tenedor	los vasos	las servilletas
la cuchara	el plato	los palillos

¿Pusiste el pan en la mesa?
Sí, ya lo puse en la mesa.
No, no lo puse en la mesa.

1 ¿Pusieron ustedes los tenedores en la mesa?

2 ¿Pusiste el cuchillo en el cajón (*drawer*)?

3 ¿Pusisteis la pimienta en el aparador (*cupboard*)?

4 ¿Pusieron ustedes las servilletas en el servilletero (*napkin holder*)?

5 ¿Pusiste el pan en la panera (*breadbasket*)?

¿Tomaste chocolate esta mañana?
Sí, lo tomé.
No, no lo tomé.

jugo de naranja	café con leche	cerveza
leche	jugo de toronja	agua

¿Comiste una ensalada ayer?
Sí, comí una ensalada.
No, no comí una ensalada.

un sandwich	un churrasco	unos tacos
una hamburgesa	unas enchiladas	un postre

LECTURA

EN EL RESTAURANTE

EL MAYORDOMO[1] ¿Tienen los señores[2] reservaciones?

SEÑOR TOBÍAS Sí, una mesa para dos a nombre de Tobías.

MAYORDOMO Por aquí[|], por favor.

MOZO[3] ¿Están los señores listos para pedir[|]?

SEÑORA TOBÍAS Sí. Favor de traerme[|] _____.

SEÑOR TOBÍAS ¿Me traes[|] un/a _____, por favor?

MOZO ¿Cómo quiere usted la carne?

SEÑOR TOBÍAS Bien asada.[|]
(Término medio.[|])
(Poco asada.[|])

This way
ready to order
Please bring me
Will you bring me

Well done.
Medium.
Rare.

---

[1]*maitre d', headwaiter* (**la mayordoma** *if a woman*)

[2]*the lady and gentleman* (*can also mean* gentlemen, ladies and gentlemen, *etc. Use* **señoras** *or* **señoritas** *if all persons addressed are women.*)

[3]*Waiter* (*Use* **Señorita** *if the waiter is a woman.*)

SEÑORA TOBÍAS	¿Cuánto tarda?ˡ	*How long will it take?*
MOZO	Tarda media hora.	
	(No tarda mucho.)	
	(Ya está preparada.)	
MOZO	¿Y para tomarˡ, señores?	*And to drink*
SEÑOR TOBÍAS	A mí me trae un vino blanco y a la señora una sangría[1].	

———————

SEÑOR TOBÍAS	¡Psssst! Mozo, ¿me trae la cuentaˡ, por favor?	*bill*
MOZO	Sí, ¡cómo no!	

———————

SEÑORA TOBÍAS	¿Le dejasteˡ una propina al mozo?	*Did you leave*
SEÑOR TOBÍAS	Sí, la dejé en la mesa.	

Preguntas

1 ¿Qué desayunaste esta mañana?

2 ¿Tomaste jugo de naranja?

3 ¿A qué hora almorzaron tú y tus compañeros/as?

4 ¿Qué comiste en el almuerzo?

5 ¿Prefieres hamburgesas o tacos?

6 ¿Te gustan las enchiladas?

7 ¿Cenaste bien anoche?

8 ¿Qué comiste en la cena?

9 ¿Te gustan los churrascos?

10 ¿Qué postre te sirvieron en la cena?

Interacción en parejas

A *Usando el vocabulario del menú de la Cabaña y las expresiones de la lectura* **En el restaurante**, *pidan una cena completa. Pueden alternar los papeles de mozo y cliente. Hagan referencia al* **Vocabulario útil** *para otras palabras.*

B *Hágale a su compañero/a una entrevista acerca de* (about) *estos tópicos.*

1 El mejor restaurante que conoce.

   ¿Dónde?   ¿Cómo?   ¿Cuándo?   ¿Con quiénes?   ¿Ocasión?   ¿Cuánto?
   ¿Tipo de comida?   ¿Bebidas?   ¿Postre?   ¿Sabroso?   ¿Propina?   ¿Engordar?
   ¿Ponerse a dieta?

2 El peor restaurante que conoce.

   ¿Comida?   ¿Servicio?   ¿Platos y cubiertos sucios?   ¿Precios astronómicos?
   ¿Enfermo?   ¿Medicina?

3 La mejor (o la peor) película que conoce.

   ¿Actores?   ¿Actrices?   ¿El tema?   ¿Pasión?   ¿Impresión fuerte?   ¿Violencia?
   ¿Sexo implícito?   ¿Obscenidades?   ¿Falta de trama?

C *Tomando turno, pregúntele a su compañero/a de clase cuáles son sus restaurantes, comidas y bebidas favoritos.*

———————

[1]A drink of red wine, brandy, soda, and fruit served over ice.

¡Qué lujo! Tiene que ser un restaurante muy fino . . . y costoso. ¿No?

La Cabaña

Entre Ríos 436
Buenos Aires

Menú

Fiambre surtido	Salpicón de ave	Jamón con melón

Sopa de verduras   Ensalada mixta   Ensalada rusa
Arroz con atún y mayonesa

Merluza al horno   Langosta   Langostino
Fiesta de mariscos   Trucha asada

Bife de lomo   Bife a caballo   Chorizos
Filet mignon   Chateaubriand   Chuletas de cordero
Churrascos   Lechón asado   Parrillada mixta   Pollo al horno
Chivito a la parrilla   Canelones   Lengua a la vinagreta

Puré de papas   Papas fritas   Papas rebozadas

Flan   Fruta de la estación   Queso surtido   Dulce de membrillo
Budín   Manzana asada   Dulce de batata   Dulce de leche

Café   Té

El imperativo afirmativo de tú—formas regulares

In addition to formal **usted**-commands for use with people you address as **usted** (pp. 157–158), Spanish has a set of familiar **tú**-commands for persons you address as **tú**. The **tú**-command is often referred to as the imperative.

The affirmative **tú**-command form for all regular and stem-changing verbs and many irregular verbs is the same as the third-person (**él**, **ella**) form of the present-indicative tense. The pronoun **tú** is not generally mentioned with the command.

THIRD PERSON PRESENT INDICATIVE	AFFIRMATIVE tú-COMMAND
Ella **habla** español.	**Habla** español.
She speaks Spanish.	*Speak Spanish.*
Ella **pide** vino.	**Pide** vino.
She asks for wine.	*Ask for wine.*
Él **trae** la comida.	**Trae** la comida.
He is bringing food.	*Bring the food.*

A *Su mejor amigo le pregunta si quiere que él haga ciertas cosas. Dígale que sí y pídale que lo haga. Siga el modelo.*

¿Quieres que yo hable más rápido?
Sí, habla más rápido.

1 ¿Quieres que yo estudie ahora?
2 ¿Quieres que yo escriba la carta?
3 ¿Quieres que yo coma aquí?
4 ¿Quieres que yo traiga la cuenta?
5 ¿Quieres que yo vuelva temprano?

B *Su hermana le pregunta cuándo tiene que hacer varias cosas. Dígale que las haga ahora. Siga el modelo.*

¿Cuándo sirvo el postre?
Sirve el postre ahora.

1 ¿Cuándo trabajo con ellos?
2 ¿Cuándo compro el regalo?
3 ¿Cuándo pido churrascos?
4 ¿Cuándo como la ensalada?
5 ¿Cuándo ceno yo?
6 ¿Cuándo contesto la pregunta?

El imperativo afirmativo de tú—formas irregulares

Only a few verbs have irregular forms in the affirmative **tú**-command. The following verbs are some of the most commonly used.

INFINITIVE	AFFIRMATIVE tú-COMMAND
decir	**di**
tener	**ten**
venir	**ven**
poner	**pon**
salir	**sal**
hacer	**haz**
ir	**ve**
ser	**sé**

Su nuevo empleado en el trabajo le pregunta si tiene que hacer ciertas cosas. Dígale que sí con un mandato.

¿Quiere usted que venga temprano?
Sí, ven temprano.

1 ¿. . . que haga la tarea ahora?
2 ¿. . . que diga la verdad?
3 ¿. . . que salga a la calle?
4 ¿. . . que tenga cuidado?

5 ¿. . . que ponga el dinero ahí?
6 ¿. . . que vaya mañana?
7 ¿. . . que sea simpático?
8 ¿. . . que venga más tarde?

El imperativo negativo de **tú**

The negative **tú**-command forms for all verbs are the same as the subjunctive forms.

No **hables** francés aquí.	*Don't speak French here.*
No **duermas** tanto.	*Don't sleep so much.*
No **vengas** tarde.	*Don't come late.*

A *Su asistente le dice que quiere hacer ciertas cosas. Dígale que no las haga.*

Quiero trabajar esta noche.
No, no trabajes esta noche.

1 Quiero comer ahora.
2 Quiero ir con ellas.
3 Quiero poner el plato allí.
4 Quiero traer el postre.
5 Quiero cenar allí.

6 Quiero venir tarde.
7 Quiero leer el menú.
8 Quiero comprar más.
9 Quiero volver mañana.
10 Quiero hablar inglés.

B *Conteste primero afirmativamente y luego negativamente según el modelo.*

¿Puedo comprar el libro?
Sí, compra el libro.
No, no compres el libro.

1 ¿Puedo comer la ensalada?
2 ¿Puedo ir con ustedes?
3 ¿Puedo hablar inglés en la clase?

4 ¿Puedo hacer la tarea ahora?
5 ¿Puedo poner el plato en la mesa?
6 ¿Puedo salir ahora?

Mandatos formales—repaso

Conteste primero con un mandato afirmativo y luego con un mandato negativo.

¿Quiere usted que yo pida más pan?
Sí, pida más, por favor.
No, no pida más.

1 ¿Quiere usted que yo venga a las siete?
2 ¿Quiere que yo le escriba una carta cada semana?
3 ¿Quiere que yo le traiga la cuenta a usted o a su papá?
4 ¿Quiere que yo siempre le diga la verdad?
5 ¿Quiere que nosotros limpiemos el apartamento?

El subjuntivo en cláusulas sustantivas—repaso

Combine en una forma creativa según el modelo.

novia / no querer / que yo / comer
Mi novia no quiere que yo coma tanto.

1 yo / esperar / que ustedes / llegar / temprano
2 Carmen / no querer / que su amiga / pedir
3 yo / querer / que mi papá / pagar
4 nosotros / dudar / que el postre / ser
5 yo / sentir / que a usted / no gustar

EN POCAS PALABRAS

Complete las frases

1 Te vi _____.
2 _____ que traiga _____.
3 _____ divierto _____.
4 Tomé _____.
5 _____ la sal _____.

¡Qué joven más guapo e interesante! Está en un café en Buenos Aires, Argentina.

Forme preguntas

1 No estuve porque fui al banco.
2 Me puse a dieta ayer.
3 Estuve en casa anoche.
4 Sí, necesito un cuchillo.
5 Yo les di el dinero ayer.

Breves conversaciones

Pregúntele . . .

a un amigo si tomó jugo de naranja en el desayuno.
a una señorita si comió tacos en el almuerzo ayer.
a un muchacho si tomó un vaso de leche en el comida ayer.
a una muchacha si comió enchiladas en la comida ayer.
a una joven si comió chorizos en la cena.
a un estudiante si comió mucho postre anoche.

Preguntas personales

1 ¿Te divirtiste mucho ayer?
2 ¿Dónde estuviste ayer por la mañana?
3 ¿Estuviste en casa anoche?
4 ¿Qué hizo tu compañero/a de cuarto anoche?
5 ¿Fueron ustedes al cine anoche? ¿Por qué o por qué no?
6 ¿Tu papá te dio dinero para ir al cine?
7 ¿Qué película viste la última vez que fuiste al cine?
8 ¿Qué comiste en la cena anoche?

9 ¿Te gustó la cena?

10 ¿Quién la preparó?

11 ¿A qué hora desayunaste esta mañana?

12 ¿Qué hiciste después de desayunar?

13 ¿Viniste temprano a la clase?

14 ¿Se durmió usted en la clase ayer?

15 ¿Qué hizo usted el domingo pasado?

16 ¿Viniste a la clase de español ese día?

17 ¿Por qué no?

18 ¿Saliste anoche con tus amigos?

19 ¿A qué hora regresaron a casa?

20 ¿Te acostaste en seguida?

PRONUNCIACIÓN

Spanish fricative d

In the following words, **d** is a fricative and is pronounced like English *th* in *they*. Place the tongue against the back of the upper front teeth.

¿Qué hay de nuevo?	¡Qué surtido!
No estudió nada, ¿verdad?	todo
sus padres	engordar
especialidad	tardes

Spanish stop d

When Spanish **d** occurs at the beginning of a breath group or after **l**, or after **n**, it is pronounced as a stop rather than a fricative. The tongue is placed against the back of the upper front teeth, not against the alveolar ridge as for English *d*.

¿Dónde están?	Doña Ana
¿Cuándo viene?	El don de gentes
Dame un caldo.	Sácame el diente.

VOCABULARIO

alarma	alarm	el	**cajón**	drawer
alimento	food; nourishment		**cama**	bed
almuerzo	lunch	los	**canelones**	cannelloni
allí	there	la	**carne**	meat
el **aparador**	cupboard		**cena**	dinner
aperitivo	appetizer	la	**Coca-Cola**	Coca-Cola
aspirina	aspirin		**cocido**	cooked; boiled
el **azúcar**	sugar	el	**coctel**	cocktail
el **básquetbol**	basketball		**comida**	meal; food
bebida	drink, beverage		**comisaría**	commissariat (police); commissary
el **bife**	beef, steak		**consumo**	consumption
boca	mouth		**copa**	cup, wine glass
bolillo	bread roll		**cubierto**	place setting; covered (adj.)
cabaña	cabin		**cuchara**	spoon
el **café solo**	black coffee		**cuchillo**	knife

cuenta	bill, check (restaurant)
el **chocolate**	chocolate
chorizo	smoked pork sausage
churrasco	barbecued steak
dieta	diet
enchilada	corn cake with tomato sauce and seasoned with chili
ensalada	salad
equipo	team, equipment
espárrago	asparagus
el **favor**	favor
fino	fine; excellent
fresa	strawberry
frito	fried
fruta	fruit
el **golf**	golf
hamburguesa	hamburger
helado	ice cream
horno	oven
huevo	egg
huevos cara al sol	eggs sunny side up
huevos cocidos	boiled eggs
huevos revueltos	scrambled eggs
el **jamón**	ham
judía	bean
jugo	juice
la **leche**	milk
lechuga	lettuce
la **legumbre**	vegetable
malteada	milk shake
el **mantel**	tablecloth
mantequilla	butter
marisco	shellfish; (pl.) seafood
mentira	lie
el **menú**	menu
mixto	mixed
multa	fine
los **nachos**	nachos
naranja	orange
¡Olé!	Bravo!
ortográfico	orthographic, pertaining to spelling (adj.)
palillo	toothpick
el **pan**	bread
pan tostado	toast
panera	breadbasket
el **panqueque**	pancake
papa	potato
papas al horno	baked potatoes
papas fritas	french fries

particular	particular, private
de particular	special
el **Pepsi**	Pepsi
permiso	permit
permiso de conducir	driver's license
pescado	fish
pimienta	pepper
pizza	pizza
platillo	small plate, saucer
plato	plate, dish
plato fuerte	main dish
pollo	chicken
queso	cheese
reina	queen
el **sabor**	flavor
sabroso	delicious, tasty
la **sal**	salt
el **sandwich**	sandwich
la **selección**	selection
servilleta	napkin
servilletero	napkin holder
el **sol**	sun
solo	alone
sopa	soup
sopa de verduras	vegetable soup
surtido	selection; supply; variety
taza	cup
el **tenedor**	fork
el **tenis**	tennis
tocino	bacon
el **tomate**	tomato
toronja	grapefruit
tortilla	tortilla
tostado	toasted
uva	grape
vaso	drinking glass; vase
las **verduras**	green vegetables
vino	wine
la **violación**	violation (of the law)

Verbos

cenar	to eat dinner
construir (construyo)	to construct; to build
cortar	to cut
empezar (ie)	to begin
encantar	to charm, delight
entregar	to deliver; to hand over
imaginarse	to imagine
mezclar	to mix

morirse (**ue**)	*to die unexpectedly*
regañar	*to scold*
suponer (supongo)	*to suppose; to assume*
tratar	*to treat; to discuss* (an issue)

Otras expresiones

así que	*so that; with the result that*
nada de particular	*nothing special; nothing in particular*

ponerse a dieta	*to go on a diet*
ponerse enfermo	*to get sick*
por primera vez	*for the first time*
¿Qué hay de nuevo?	*What's new?*
tener cuidado	*to be careful*

Refrán

Beber y comer buen pasatiempo es.
To eat and drink is a good pastime.

Lección diez

Los días de la juventud

A quien madruga,
Dios lo ayuda.

PERSPECTIVA

Functional conversational goals   You should be able to
1 relate what you used to do in the past, at school, and on vacation.
2 make comparisons of equality and inequality regarding amount and degree.
3 interview classmates about their past activities.

Language   You will study and practice
1 the imperfect tense.
2 the three irregular verbs in the imperfect: **ser**, **ir**, **ver**.

3 the formation of adverbs ending in **-mente**.
4 comparisons of equality and inequality.
5 comparisons of adjectives—irregular forms.

Culture   You will learn about
1 the Sandinistas in Nicaragua.
2 the dream of Simón Bolívar, Liberator of America.
3 King Juan Carlos' being awarded the Simón Bolívar Award.

CONVERSACIONES

EN ESOS DÍAS VIVÍAMOS MUY BIEN.

Juan Luis acaba de regresar de una visita a Nicaragua donde vivía de joven. Ahora vive en los Estados Unidos y trabaja en la Universidad de Tejas. Ahora está hablando con una colega y le está contando acerca de su vida en Nicaragua.

ESTER   Hola, Juan Luis. ¿Qué tal la visita a Nicaragua?

JUAN LUIS   Me gustó mucho. Todavía extraño mucho a mis amigos y mi tierra natal.

ESTER   ¿Estabas muy contento allá de joven?

JUAN LUIS   Mira, Ester. Yo viví en Managua 17 años. No quería dejar ni el colegio, ni a mis amigos, ni a mis parientes.

Estos niños reciben instrucciones de la Brigada Sandinista de Enseñanzas. (Nicaragua, Centroamérica)

ESTER   Tus padres tuvieron que emigrar, ¿no?

JUAN LUIS   Sí, para nosotros no había posibilidad de continuar allá.

ESTER   Me acuerdo que los sandinistas subieron al poder en el año 1979.

JUAN LUIS   Sí, yo estaba en un colegio de padres jesuitas en esos días y tenía mi futuro bien asegurado.

ESTER   ¿Antes tus padres estaban bien acomodados?

JUAN LUIS   Bastante bien, sí. Nuestra casa era muy hermosa y yo iba al colegio en taxi. ¿Sabes?

ESTER   ¿Y después?

JUAN LUIS   Mi papá tenía un cargo muy alto en el gobierno de Somoza. Los sandinistas confiscaron todo—la casa, los coches, las propiedades.

ESTER   Al menos pudieron salir vivos, ¿no?

JUAN LUIS   Sí, en Managua estaba todo muy caótico y peligroso.

ESTER   ¿Cómo salieron?

JUAN LUIS   En un avión privado con mis padres y mis dos hermanas, Silvia y Juana. Nunca voy a olvidarme. Eran las seis de la tarde y al día siguiente fueron a tomar preso a mi papá.

ESTER   Ahora estás muy acostumbrado a la vida en los Estados Unidos, ¿no?

JUAN LUIS   Claro. Ya hace once años que estoy aquí. Pero pienso volver cada cuanto para visitar a mis amigos y parientes allí.

Preguntas

1 ¿De dónde es Juan Luis?

2 ¿Cuándo llegó a los Estados Unidos?

3 ¿Le gustó la visita a Nicaragua?

4 ¿A quiénes extraña Juan Luis?

5 ¿Estaba muy contento en Nicaragua?

6 ¿Cuánto tiempo vivió en Managua?

7 ¿A quiénes no quería dejar?

8 ¿En qué colegio estaba en esos días?

9 ¿Cómo era la casa de Juan Luis?

10 ¿Cómo iba al colegio? ¿En bicicleta?

11 ¿Qué confiscaron los sandinistas?

12 ¿Cómo estaba Managua en esos días?

13 ¿Cómo salieron Juan Luis y su familia?

14 ¿Qué hora era cuando salieron?

15 ¿Qué vinieron a hacer los sandinistas al día siguiente?

16 ¿A quiénes extrañas? ¿A tus padres o a tus amigos del colegio?

NOTAS CULTURALES

SIMÓN BOLÍVAR Y EL SUEÑO DE UNA HISPANOAMÉRICA UNIDA

La rebelión de los colonistas contra España (1810–1821) al fin| resultó en   *finally*
la independencia de las colonias españolas de América. En esos días había
muchos líderes políticos y militares que luchaban| por la independencia   *were fighting, struggling*
en Hispanoamérica—el General San Martín en la Argentina, O'Higgins en
Chile, Artigas en Uruguay, y el padre Hildalgo en México. Simón Bolívar,
el libertador, era quizás el más idealista de todos. Con sus soldados ame-
ricanos trajo la libertad a una gran parte de Sudamérica. Además de eso| *Besides that*
ese quijote de América también soñó con| la unión política de toda la   *dreamed of*
América hispana.

En 1814, mientras estaba en plena batalla|, Bolívar anunció a los sol-   *battle*
dados del General Rafael Urdaneta su gran objetivo: «Para nosotros, la
Patria es América». Y en una carta de Jamaica, Bolívar insistió en que su
gran ideal era el de formar en el Nuevo Mundo una sola nación basada
en la unidad histórica, lingüística y espiritual|.   *ideological*

Bolívar reconocía la dificultad de unir a todos los diferentes pueblos
de América. Sin embargo| convocó la primera conferencia panamericana   *Nevertheless*
para seguir con su proyecto. La conferencia no tuvo éxito| pero el ideal de   *was not successful*
unir a los pueblos sigue hasta nuestros días con el Premio Bolívar.

Esta estatua ecuestre es de
Simón Bolívar, el Libertador de
las Américas. (Plaza Bolívar,
Caracas, Venezuela)

Preguntas

1 ¿Cuándo fue la rebelión de los colonistas contra España?

2 En esos años, ¿quiénes luchaban por la independencia?

3 ¿Por qué le llaman a Simón Bolívar el «quijote de América»?

4 ¿Qué sueño tuvo Bolívar?

5 ¿Cuál era su gran ideal?

EL REY DON JUAN CARLOS Y EL PREMIO BOLÍVAR

Hace unos años, el Rey de España, don Juan Carlos, y su esposa, doña Sofía, fueron invitados a Caracas, Venezuela, para la celebración del Bicentenario (1783–1983) de Simón Bolívar, gran compatriota venezolano, y el «Libertador de América». En un solemne acto internacional auspiciado por la UNESCO otorgaron al Rey el prestigioso Premio Bolívar.

    El Rey ganó ese premio por dos razones principales: 1) por la manera en que apoyaba la transformación de España de una dictadura a una democracia, y 2) por la política de igualdad y unión que el Rey practicaba con las naciones hispanoamericanas.

    La dictadura del General Francisco Franco en España duró desde el año 1939 al año 1975. Durante ese tiempo España no tuvo muy buenas relaciones con Latinoamérica. Después de la muerte de Franco en 1975, los españoles, con la colaboración del Rey, establecieron una democracia con senadores y diputados libremente elegidos que respetaban los derechos humanos. La familia real de España, don Juan Carlos, doña Sofía y los hijos, gozan de mucha popularidad no sólo en España sino también en todo el mundo hispánico. Por eso, el honor de recibir el Premio Bolívar era tan importante.

A few years ago

sponsored by / they presented reasons

was supporting

policy

was carrying on

lasted

freely elected

rights

Preguntas

1 ¿A qué país fueron invitados el Rey y su esposa?

2 ¿Qué celebración hicieron en Caracas?

3 ¿Quién fue Simón Bolívar?

4 ¿Qué le dieron al Rey?

5 ¿Qué transformación apoyaba el Rey?

6 ¿Qué política practicaba el Rey con las naciones de Hispanoamérica?

7 ¿Cuándo terminó la dictadura de Franco?

8 ¿Qué relaciones tenía Franco con Hispanoamérica?

9 ¿Qué tipo de gobierno tienen en España ahora?

10 ¿Qué reputación tiene la familia real de España en el mundo hispánico?

Aquí se encuentran el Rey de España, don Juan Carlos, y su esposa, la Reina Sofía, acompañados por los militares con sus medallas y uniformes tradicionales. (Madrid, España)

INTERACCIÓN Y COMUNICACIÓN

En esos días estábamos muy contentos.

En el colegio
1979

ESTER ¿Estaban ustedes muy contentos en esos días?

JUAN LUIS Sí, en esos días estábamos en el colegio de los jesuitas.

En el gobierno

El papá de Juan Luis trabajaba mucho.

En el colegio

Juan Luis estudiaba.

trabajar *to work*		**estudiar** *to study*	
trabajaba	trabajábamos	estudiaba	estudiábamos
trabajabas	trabajabais	estudiabas	estudiabais
trabajaba	trabajaban	estudiaba	estudiaban

Don Quijote el idealista y Sancho Panza el hombre práctico. (Estatua en la Plaza de España, Madrid)

Conteste.

1 ¿Dónde estaba Juan Luis en 1979?

2 ¿En qué colegio estaban Juan Luis y sus amigos?

3 ¿Dónde trabajaba el padre de Juan Luis?

4 ¿Trabajaban los dos, Juan Luis y su padre?

5 ¿Estaban ustedes en los Estados Unidos en 1979?

6 ¿Trabajaban o estudiaban ustedes?

7 ¿Estabas contento/a en los días pasados?

8 ¿En qué colegio estabas?

El imperfecto

The imperfect is used to express past actions or conditions that are viewed as *continuing* or *habitual*.

Yo **estudiaba** en un colegio de jesuitas.	*I used to study in a Jesuit high school.*
Aprendía mucho en esos días.	*I was learning a lot in those days.*
Vivíamos en Managua.	*We were living in Managua.*
Iba al colegio en taxi.	*I used to go to school (habitually) in a cab.*

These past actions or conditions are considered as *continuing*. It is important to distinguish continuing actions from those considered completed, which, as we have seen in previous lessons, require the preterit.

Estudié la lección anoche.	*I studied the lesson last night.*
Aprendí mucho.	*I learned a lot.*
Viví en Managua 17 años.	*I lived in Managua 17 years.*
Fui al colegio ayer.	*I went to school yesterday.*

These past actions or conditions are considered to be *completed*.

The imperfect tense is also used to describe a past condition, to describe the way something looked in the past, or to tell the time of day in the past.

Todo **estaba** caótico.	*Everything was chaotic.*
¡Nuestra casa **era** muy hermosa!	*Our house was very beautiful!*
Eran las seis de la tarde.	*It was six o'clock in the afternoon.*

En Managua

ESTER ¿Tenían ustedes muchos
tíos y primos ahí?
JUAN LUIS Sí, y no quería dejar ni a los
parientes, ni la casa tampoco.

Cuando subieron los sandinistas al
poder, nosotros vivíamos en Managua
en una gran casa.

Conteste.

1 ¿Qué tenían Juan Luis y sus padres en Nicaragua?
2 ¿Por qué no querían salir de Nicaragua?
3 ¿Dónde vivía Juan Luis cuando subieron los sandinistas al poder?

Verbos regulares en el imperfecto

The imperfect is the easiest of any tense to form: **-ar** verbs take a set of endings
beginning with **-aba**; **-er** and **-ir** verbs take another set beginning with **-ía**.

Notice that only the **nosotros**-form of the **-ar** verbs has a written accent on
the ending: **hablábamos**. All the endings of **-er** and **-ir** verbs carry a written accent.

All verbs are regular in the imperfect except **ser**, **ir**, and **ver** (see p. 217).

hablar		aprender		vivir	
habl**aba**	habl**ábamos**	aprend**ía**	aprend**íamos**	viv**ía**	viv**íamos**
habl**abas**	habl**abais**	aprend**ías**	aprend**íais**	viv**ías**	viv**íais**
habl**aba**	habl**aban**	aprend**ía**	aprend**ían**	viv**ía**	viv**ían**

Hay, meaning *there is* or *there are*, is the present-tense form of **haber**. In
the imperfect, **haber** is regular. **Había** means *there was* or *there were*.

No **había** posibilidad de continuar allá.   *There was no possibility of
continuing there.*

Tener *to have* is also regular in the imperfect.

Mi papá **tenía** un cargo muy alto.   *My dad had a very high post.*

A *¿Qué idioma hablaban estas personas? Pregunte.*

Juan
¿Qué idioma hablaba Juan?

1 tú

2 Luisa y Elena

3 ella

4 ustedes

5 el papá de Juan Luis

6 esos jóvenes

B *Diga que estas personas aprendían el idioma indicado.*

Pedro—portugués.
Pedro aprendía portugués.

1 René—francés.

2 Gloria y Marta—ruso.

3 Hans y Greta—español.

4 Nosotros—inglés.

5 Ana María—alemán.

6 Tú—inglés.

7 Ustedes—español.

8 El profesor—chino.

C *Diga que estas personas tenían lo indicado* (that which is indicated).

Juana—muchas hermanas.
Juana tenía muchas hermanas.

1 Yo—tres primos.

2 Alicia y María—muchos novios.

3 Nosotros—poco dinero.

4 Tú—muchos amigos.

5 Ustedes—una casa grande.

6 Ester—muchos hermanos.

D *Conteste.*

1 ¿Siempre hablaban ustedes inglés en casa?

2 ¿Qué idioma hablabas en la escuela?

3 ¿Aprendían ustedes español también?

4 ¿Hablabas mucho en la clase?

5 ¿Qué idioma hablaban tus abuelos en casa?

6 ¿Dónde vivías en 1980?

7 ¿Vivían tus abuelos contigo?

8 ¿Vivían ustedes muy bien?

9 ¿Tenían ustedes una gran casa en esos días?

10 ¿Tenías muchos amigos también?

11 ¿Asistías a la escuela los sábados?

12 ¿Cuántas personas había en tu familia?

Interacción en parejas

Cuéntele a su compañero/a de clase varias actividades que hacía cuando estaba en la escuela secundaria. Puede usar las siguientes palabras en su comentario.

jugar	escribir	gustar	leer	tocar
estudiar	aprender	divertirse	hacer	hablar

En esos días éramos muy pobres.

En esos días

Silvia

SILVIA Cuando yo era niña, éramos muy pobres. Yo iba a la escuela a pie.
JUANA ¿No somos pobres ahora?
SILVIA Sí, pero en esos días no había esperanza.

Ahora

Silvia

JUANA Mamá dice que ahora hay más escuelas y hospitales.

Con los sandinistas en la guerra

Ariel Oseguera

SILVIA Nuestro papá era comandante con los sandinistas cuando echaron al dictador Somoza.
JUANA En esos días no lo veíamos nunca porque estaba en la guerra.
SILVIA Ahora no lo vemos porque tiene un trabajo muy importante en el gobierno.

No lo veíamos muy a menudo.

Adiós, Papá.

Tiene un trabajo importante con el gobierno.

Ariel Oseguera

Conteste.

1 ¿Eran pobres las personas de la familia Oseguera?

2 ¿Cómo iba a la escuela Silvia?

3 ¿Había más escuelas antes?

4 ¿Qué era Ariel en la guerra contra Somoza?

5 ¿Por qué no veían a su papá las chicas?

6 ¿Cómo iba al colegio Juan Luis?

7 ¿Cómo ibas al colegio?

8 ¿Qué era tu papá antes?

9 ¿Veías a menudo a tu papá?

Los verbos irregulares en el imperfecto (ser, ir, ver)

Only three verbs are irregular in the imperfect tense.

ser *to be*		ir *to go*		ver *to see*	
era	éramos	iba	íbamos	veía	veíamos
eras	erais	ibas	ibais	veías	veíais
era	eran	iba	iban	veía	veían

A *Repita y sustituya.*

Carlos era pobre en esos días.

1 Yo

2 Ellos

3 Nosotros

4 Juana y Silvia

5 Tú

6 Vosotros

Yo iba al colegio en bicicleta.

1 Él

2 Ellos

3 Nosotros

4 Ariel

5 Los chicos

6 Tú

Yo no veía a mi papá todos los días.

1 Él

2 Juana y Silvia

3 Los niños

4 Mamá

5 Nosotros

6 Tú

B *¿Adónde iban estas personas? Conteste según la indicación.*

Ariel—a la guerra.

Ariel iba a la guerra.

1 Juana y Silvia—al teatro.

2 Nosotros—al cine.

3 Tú—a casa.

4 Ustedes—al banco.

5 Yo—al baile.

6 Los médicos—al hospital.

7 El piloto—al aeropuerto.

8 Mi familia—al parque.

C *Las cosas, con tiempo, cambian mucho. Diga cómo eran estas cosas antes. Exprese su sorpresa como en el modelo.*

No hay tiempo ahora.

¿Cómo? Antes había tiempo.

1 No hay dinero ahora.

2 Juan no habla español ahora.

3 Ramón no está aquí ahora.

4 Yo no vivo aquí ahora.

5 Alicia no trabaja ahora.

6 Ella no responde ahora.

D *Cambie según el modelo.*

Son las tres y media de la tarde.
Eran las tres y media de la tarde.

1 Son las dos y media de la tarde.
2 Son las diez de la noche.

3 Es la una y media de la tarde.
4 Son las doce de la noche.

5 Es la una de la tarde.
6 Son las seis de la mañana.

Interacción en parejas

A *Complete la oración con una frase apropiada de la lista.*

En esos días . . .

1 . . . jugábamos . . .	en la oficina
2 . . . trabajábamos . . .	en el baile
3 . . . nos divertíamos . . .	en el comedor
4 . . . nos bañábamos . . .	en la iglesia
5 . . . celebrábamos los cumpleaños . . .	en la cocina
6 . . . dormíamos la siesta . . .	en la alcoba
7 . . . preparábamos las comidas . . .	en el patio
8 . . . cantábamos himnos . . .	en una casa blanca
9 . . . comíamos . . .	en la ducha
10 . . . vivíamos . . .	en el parque

B *Complete la oración con una frase de su propia experiencia o imaginación.*

1 Cuando yo tenía 10 años, siempre . . .
2 En mi casa de vez en cuando (*once in a while*) . . .
3 En la escuela secundaria, a menudo . . .
4 De costumbre cuando yo llegaba a casa . . .
5 Antes de tener 16 años, yo nunca . . .
6 Cuando mi papá era niño, siempre . . .
7 De niño mi hermano/a . . .
8 En esos días nosotros . . .
9 Por lo general las chicas en mi escuela . . .
10 Cuando mi mamá era más joven . . .

Afortunadamente vivíamos muy bien.

La formación de adverbios en **-mente**

The suffix **-mente** is the equivalent of the *-ly* ending in English. This suffix is attached to the *feminine* form of adjectives with **-o/-a** endings. It is attached directly to the end of other adjectives.

afortunado	**afortunadamente**	*fortunately*
cariñoso	**cariñosamente**	*affectionately*
correcto	**correctamente**	*correctly*

desafortunado	**desafortunadamente**	*unfortunately*
franco	**francamente**	*frankly*
orgulloso	**orgullosamente**	*proudly*
feliz	**felizmente**	*happily*
frecuente	**frecuentemente**	*frequently*
habitual	**habitualmente**	*habitually*
usual	**usualmente**	*usually*

Some adverbs retain the stress of the adjective form and are also stressed on the first syllable of the suffix **-mente**.

ADJECTIVE	ADVERB
difícil	**difícilmente**
fácil	**fácilmente**

Cambie los adjetivos a adverbios según el modelo.

(fácil)   Mi hermana lo aprende _____ .
Mi hermana lo aprende fácilmente.

1 (frecuente) Mi tío viene _____ .

2 (usual) Hay alumnos que _____ llegan tarde.

3 (correcto) Contesté la última pregunta _____ .

4 (evidente) _____ no hay examen hoy.

5 (orgulloso) Silvia habla _____ de su familia.

VOCABULARIO ÚTIL

Expresiones adverbiales de tiempo

En esos días yo vivía en Tejas.

En esos días vivía en el campo.
A menudo montaba a caballo.
Por lo general me gustaba el campo.
De niño/a aprendía inglés.

In those days I lived in the country.
I *often* rode horses.
Generally (Usually) I liked the country.
As a child I learned English.

Cuando era niño/a hablaba inglés con mis amigos.	**When I was a child** I spoke English with my friends.
De vez en cuando hablaba español.	**Sometimes** (**Once in a while**) I spoke Spanish.
Siempre salía con los amigos.	I **always** went out with my friends.
De costumbre íbamos al cine.	**Usually** (**Customarily**) we would go to a movie.
Cuando era joven me gustaba leer.	**When I was a young man/woman** I liked to read.
Antes no leía mucho.	**Before** (**Formerly**) I didn't read very much.

Interacción en parejas

A *Usted está explicándole a su amigo/a lo que pasa ahora y en el pasado. Siga los modelos.*

USTED   Ahora vivo en California.   (dónde—en esos días)
SU AMIGO/A   **Y en esos días, ¿dónde vivías?**
USTED   **En esos días vivía en Tejas.**

1 Ahora hablo inglés.   (qué—de niño)
2 Ahora estudio por la noche.   (cuándo—por lo general)
3 Ahora juego al tenis.   (qué deporte—de costumbre)
4 Ahora duermo la siesta todos los días.   (cuándo—antes)
5 Ahora me divierto montando a caballo.   (cómo—de vez en cuando)

USTED   Ahora hablo español.   (antes)
SU AMIGO/A   **¿Y antes?**
USTED   **Antes no hablaba español.**

1 Ahora soy muy listo.   (en esos días)
2 Ahora trabajo mucho.   (de niño)
3 Ahora me gusta el golf.   (cuando era niño)
4 Ahora estudio mucho.   (la semana pasada)
5 Ahora me interesan los chicos/las chicas.   (por lo general)

B *Averigüe* (Find out) *lo que hacía de costumbre su compañero/a de clase en los siguientes lugares y años.*

en casa   con sus amigos
en la escuela   de niño/a
en el año 85   en los años 86 y 87

C *Averigüe adónde iban sus compañeros/as en estas ocasiones en el pasado.*

en el verano   para la Navidad
en el invierno   en las vacaciones
los domingos   después de las clases

D *Averigüe lo que hacía su compañero/a en la escuela secundaria, en particular dónde vivía, dónde asistía a la escuela, y las cosas que le gustaban o que no* *le gustaban en la escuela. También pregúntele sobre sus profesores favoritos y las clases, actividades, y amigos preferidos en esos días. Luego cambien de papel.*

E *Dígale a su compañero/a de clase diez actividades que usted hacía en el pasado antes de asistir a la universidad.*

Silvia tenía tantos pesos como Juana.

Silvia tenía 5 pesos.
Juana tenía 5 pesos también.
Silvia tenía tantos pesos como Juana.

Juana sabía bailar muy bien.
Sus amigas sabían bailar muy bien también.
Juana sabía bailar tan bien como sus amigas.

Silvia leía mucho.
Sus compañeras leían mucho también.
Silvia leía tanto como sus compañeras.

Conteste.

1 ¿Cuántos pesos tenía Silvia?
2 ¿Cuántos pesos tenía Juana?
3 ¿Tenía Silvia tantos pesos como Juana?
4 Juana sabía bailar muy bien. ¿Y sus amigas?
5 ¿Sabía Juana bailar tan bien como sus amigas?
6 ¿Leían las compañeras de Silvia tanto como ella?

Comparaciones de igualdad

To formulate a comparison of equality based on a noun, **tanto(-a, -os, -as)** is used before the noun and **como** is used after it. **Tanto** agrees in gender and number with the noun.

Silvia tenía **tanto** dinero **como** Juana.

Silvia had as much money as Juana.

Mi prima sabía **tantas** palabras en español **como** yo.

My cousin knew as many words in Spanish as I did.

A *Conteste* **sí** *o* **no** *según el modelo.*

¿Tenías tantos discos como tus amigos?
No, yo no tenía tantos discos como mis amigos.

1 zapatos   3 paciencia   5 casas
2 tiempo   4 ropa   6 libros

Comparisons of equality in terms of a verb are formed by using **tanto como** after the verb.

Silvia leía **tanto como** los otros.   *Silvia read as much as the others.*

B *Conteste* **sí** *o* **no** *según el modelo.*

¿Estudiaba usted tanto como su padre?
Sí, yo estudiaba tanto como mi padre.

1 trabajaba   3 leía   5 hablaba
2 regañaba   4 dormía   6 escribía

Comparisons of equality in terms of an adjective or an adverb are formed by using **tan** before the adjective or adverb and **como** after it.

Él es **tan** inteligente **como** ella.   *He is as intelligent as she is.*
Yo conozco a Juana **tan** bien **como** ellas.   *I know Juana as well as they do.*

C *Conteste* **sí** *o* **no** *según los modelos.*

¿Eras tan rico/a como tus compañeros/as?
No, yo no era tan rico/a como mis compañeros/as.

1 listo/a   3 bueno/a   5 alto/a
2 desafortunado/a   4 inteligente   6 rico/a

¿Sabía bailar su hermana tan bien como usted?
Sí, ella sabía bailar tan bien como yo.

1 ¿Habla usted español tan bien como sus compañeros/as de clase?
2 ¿Vienen los otros estudiantes a clase tan frecuentemente como usted?
3 ¿Aprenden ustedes el español tan fácilmente como el inglés?

Los modernos rascacielos de Bogotá
son mucho mas altos que los edificios
antiguos.

¡Qué contraste entre lo tradicional y lo moderno en la arquitectura de Lima, Perú!

Juana era más alta que Silvia.

Juan Luis tenía más dinero que Juana.
Juana tenía menos dinero que Juan Luis.

Juana era más alta que Silvia.
Silvia era menos alta que Juana.

Juan Luis   Juana

Juana   Silvia

Comparaciones de desigualdad

To form a comparison of inequality with a noun or a regular adjective or adverb, **más** or **menos** is placed before it, and **que** is placed after it.

Yo sabía **menos** inglés **que** Juan Luis.	*I knew less English than Juan Luis.*
Ariel es **más** pobre **que** yo.	*Ariel is poorer than I.*
El profesor habla **más** rápido **que** nosotros.	*The professor speaks faster than we do.*

Más que and **menos que** are not separated when used for comparisons of inequality with a verb.

Juan Luis iba a la escuela en taxi **más que** yo.	*Juan Luis went to school in a taxi more than I did.*
Mi amigo estudia **menos que** yo pero aprende más.	*My friend studies less than I but learns more.*

A *Responda según los modelos.*

Silvia era muy pobre.
Sí, era más pobre que Juan Luis.

1 lista
2 alta

3 inteligente
4 bonita

¿Jugaba usted mucho?
Sí, jugaba más que mis hermanos.

1 ¿Leía usted mucho?
2 ¿Trabajaba usted mucho?

3 ¿Iba usted al cine mucho?
4 ¿Practicaba usted el piano mucho?

Before numbers the Spanish equivalent of *than* is **de**, not **que**.

Tengo **más de** diez dólares.	*more than*
Ella tiene **menos de** diez dólares.	*less than*

B *Conteste* **sí** *o* **no** *según el modelo.*

¿Tiene usted más de diez dólares?
No, tengo menos de diez dólares.

1 ¿Tiene su hermano más de diecinueve años?
2 ¿Necesita usted más de cinco lápices?
3 ¿Su papá le dio a usted más de cien dólares?
4 ¿Tiene usted más de cuatro hermanos?

Esta clase es mejor que la clase de mis amigos.

Comparaciones de adjetivos—formas irregulares

The adjectives **bueno** and **malo** have irregular comparative forms.

ADJECTIVE		COMPARATIVE	
bueno/a, buenos/as	*good*	**mejor(es)**	*better*
malo/a, malos/as	*bad*	**peor(es)**	*worse*

Mejor and **peor** do not change their ending to show the gender of the noun they modify. In the plural, they add **-es** for both genders.

Esta clase es **mejor** que la otra.	*This class is better than the other one.*
Juan Luis sufría **peores** condiciones que nosotros.	*Juan Luis suffered worse conditions than we did.*

Complete las siguientes frases empleando la forma apropiada de los adjetivos.

1 (*better*) Estos pantalones son _____ que las camisas.
2 (*worse*) Ellos sufrían _____ condiciones que nosotros.
3 (*worse*) Antes Pedro era _____ estudiante que su hermano.
4 (*better*) Ellas eran _____ bailarinas que nosotros.
5 (*bad*) Juan no era un muchacho muy _____.
6 (*better*) La fiesta de Carlota era _____ que la fiesta de Luisa.

Interacción en parejas

A *Dígale a un compañero o a una compañera de clase que las cosas en la columna A son buenas pero que las cosas en la columna B son mejores. Luego diga que las cosas en A son malas pero que las cosas en B son peores.*

A	B
esta clase	las vacaciones

Esta clase es buena, pero las vacaciones son mejores.

el dinero	la salud
la esperanza	la oportunidad
los viernes	los sábados
mis zapatos	tus zapatos

B *Use una frase original expresando una comparación.*

1) *Comparación de desigualdad*

   Modelo: más . . . que

   Soy más bonita que la profesora.

1 más de	**5** peores que
2 peor . . . que	**6** menos que
3 mejores . . . que	**7** más pequeño que
4 más que	**8** más grande que

2) *Comparación de igualdad*

   Modelo: tanto como

   Yo gano tanto como ella.

1 tan bien como	**5** tan importante como
2 tan malo como	**6** tantos amigos como
3 tan bueno como	**7** tan ricos como
4 tanto como	

C *Tomando turno, explíquele a su compañero/a sus mejores y peores experiencias en la escuela primaria y secundaria.*

¿Te gustaría ser un soldado sandinista? (Managua, Nicaragua)

LECTURA

JUAN CARLOS RAMOS DE LA HABANA

Para nosotros, los latinos, es sumamente importante estar con la familia. Acabamos de celebrar[1] una reunión de toda la familia Ramos aquí en Miami. Estamos todos juntos[1] por primera vez desde 1961.

En el año 1959 Fidel Castro subió al poder y mis abuelos tuvieron que huir[1] de Cuba para salvarse la vida. Mi abuelo era dueño de una

We have just celebrated / together

flee

farmacia. Además era íntimo amigo del ex-presidente Batista. Como muchos otros conservadores de Cuba, se declaró en contra de Castro y sus revolucionarios.

No sé cómo pudo escaparse a México y luego pasar con su esposa a Miami donde mi tío Enrique ya vivía. Yo nací[1] en el año 1962 y mi hermanito, Pedro, nació en 1967. Me acuerdo que cuando éramos pequeños mis padres siempre hablaban en secreto de reunirse algún día con mis abuelos en Miami.

I was born

Mi papá tuvo mala suerte. No pudo obtener nunca un buen trabajo porque los comunistas sabían que era de la familia Ramos. Nos faltaban muchas cosas y siempre vivíamos con miedo de que nos llevaran presos y nos torturaran[1] en la cárcel. Durante muchos años mi papá buscó alguna manera de venir a los Estados Unidos con su familia. Le fue imposible.

de que . . . *that they would arrest us and torture us*

Después encontró trabajo como chófer de camiones, transportando caña de azúcar[1] del campo a los ingenios[1]. Siempre éramos muy pobres pero vivíamos relativamente mejor. Nos gustaba mucho el colegio porque teníamos buenos maestros y muchos amigos.

sugar cane / mills

Al fin, después de pasar un año en México con unos amigos de mi papá pude conseguir permiso para entrar en los Estados Unidos. ¡Qué alegría! Cuando llegamos a Miami, ahí estaban esperándonos mis abuelos, tíos y primos. Debía haber oído[1] los gritos que dieron en el aeropuerto. Y es imposible imaginarse la fiesta y la celebración que hicimos con mis padres, tíos y abuelos, y todos los primos e[1] hijos de la familia Ramos en casa de mi tío Enrique.

You should have heard

Preguntas

1 ¿Dónde celebraron la reunión de toda la familia Ramos?

2 ¿Cuándo subió al poder Castro?

3 ¿Qué era el abuelo?

4 ¿Adónde fue el abuelo cuando se escapó de Cuba?

5 ¿Dónde vivía el tío de Juan Carlos?

6 ¿Por qué no podía obtener buen trabajo su papá?

7 ¿Qué trabajo encontró al fin?

8 ¿Cuándo y por qué dieron gritos de alegría?

9 ¿Quiénes estuvieron en la fiesta?

EN POCAS PALABRAS

Complete las frases

1 Podía _____.

2 _____ me gustaba _____.

3 _____ cuando era más joven.

4 Yo estudiaba tanto _____.

5 ¿Por qué _____?

6 Tengo más de _____.

[1]Before an **i**-sound, **y**, meaning *and*, becomes **e**.

Forme preguntas

1 No, de costumbre no cantaba cuando era niño/a.
2 En mi casa hablaban inglés.
3 Me gusta el cine tanto como el teatro.
4 Sí, yo estaba contento/a cuando era niño/a.
5 No, no me gusta el alemán tanto como el español.

Breves conversaciones

Pregúntele a _____

si antes estudiaba mucho.
si siempre iba a clase.
si ayer quería ir al parque.
si siempre decía la verdad.
si antes vivía en California.
si de costumbre leía mucho.
si por lo general escribía cartas.
si antes hablaba francés.
si antes prefería el inglés.
si se acostaba temprano antes de venir a la universidad.
si iba a menudo a los bailes.

Preguntas personales

1 ¿Dónde vivías cuando eras más joven?
2 ¿Hablabas español en casa?
3 ¿Qué hacías los veranos?
4 De costumbre, ¿dónde jugaban tú y tus hermanos?
5 ¿Te gustaba esquiar?
6 ¿Siempre dormías la siesta?
7 ¿Estabas contento/a en casa?
8 ¿Qué hacías de costumbre los domingos?
9 ¿Adónde te gustaba ir?
10 ¿Por qué te gustaba o no te gustaba la escuela?
11 ¿Estudiabas más que tus hermanos?
12 ¿Eras muy listo/a de niño/a?
13 ¿Ahòra estudias tanto como tus amigos?

¿Quieres probar estas frambuesas? Son muy dulces y sabrosas! (Irvine, California)

14 ¿Vas a la biblioteca todos los días?

15 ¿Es mejor estudiar en la biblioteca o en casa? ¿Por qué?

16 ¿Hay más estudiantes en la biblioteca por la noche que por la tarde?

17 ¿Eres más inteligente que tu compañero/a de cuarto?

18 ¿Fueron tú y tus amigos al cine anoche?

19 ¿Había mucha gente en el cine?

20 ¿Son mejores las películas musicales que las de aventura (*those of adventure*)?

PRONUNCIACIÓN

Review of Spanish trilled r, written rr and r

Practice the trilled **rr**, which occurs between vowels.

los churrascos	las sierras	la guitarra	el desarrollo
en los barrios			

When a single letter **r** occurs at the beginning of a word or after **l** or **n**, it is trilled the same as **rr**. Practice the trilled **r** in the following examples. Work across the columns.

recreo	en el recreo
Rodolfo	¿Dónde está Rodolfo?
revolución	¡Viva la revolución!
repleto	un estómago repleto
Enrique	Enrique es mexicano.

VOCABULARIO

acomodado	well-to-do; convenient, suitable	**cariñosamente**	lovingly, affectionately
adiós	goodbye	**cariñoso**	loving, affectionate
adverbial	adverbial	el/la **colega**	colleague
adverbio	adverb	**colegio**	high school
afortunadamente	fortunately	el **comandante**	commander
afortunado	fortunate	la **comparación**	comparison
allá	there	la **condición**	condition
asegurado	secure	**contra**	against, facing
el **avión**	airplane	**correctamente**	correctly
banco	bank	**correcto**	correct
bicicleta	bicycle	**chino**	Chinese language; Chinese male
caballo	horse		
campo	countryside; field	**china**	Chinese female
caótico	chaotic	**desafortunadamente**	unfortunately
cargo	post, job; load, burden; responsibility	**desafortunado**	unfortunate
		la **desigualdad**	inequality

el/la **dictador/a**	dictator
difícilmente	with difficulty
el **dios**	god
Dios	God
disco	record
escuela	school
esperanza	hope
evidente	obvious, evident
evidentemente	obviously, evidently
fácilmente	easily
felizmente	happily, luckily
francamente	frankly
franco	frank, open, candid
frecuente	frequent
frecuentemente	frequently
el **fútbol**	soccer; football
gobierno	government
habitual	habitual
habitualmente	habitually
hermoso	beautiful
la **igualdad**	equality
imperfecto	imperfect
el **jesuita**	Jesuit
la **juventud**	youth
menudo: a menudo	often
natal	native (adj.)
orgullosamente	proudly
orgulloso	proud
peor	worse
el **pie**	foot
a pie	on foot
el **poder**	power
la **posibilidad**	possibility
preso	prisoner; imprisoned (adj.)
privado	private; deprived
la **propiedad**	property; ownership
la **revolución**	revolution
salvo	safe (adj.)
a salvo	safe, out of danger
el/la **sandinista**	Sandinista
siguiente	following
tan	so, as
el **taxi**	taxi
tierra	land; country; earth
todavía	still

usual	usual
usualmente	usually
vivo	alive

Verbos

acabar	to finish
acordarse (ue)	to remember
acostumbrar	to accustom
acostumbrarse	to become accustomed to; to get used to
asegurar	to assure; to secure; to guarantee
ayudar	to help
confiscar	to confiscate
contar (ue)	to tell
emigrar	to emigrate; to migrate
extrañar	to miss; to find strange
madrugar	to get up early
montar	to ride; to mount
practicar	to practice
subir	to climb; to rise; to raise
sufrir	to suffer

Otras expresiones

acabar de + *inf.*	to have just (done something)
acerca de	about
al menos	at least
cada cuanto	every once in a while
de costumbre	usually, customarily
de joven	as a young man/woman
de niño/a	as a child
de vez en cuando	once in a while
más que/de	more than
menos que/de	less than
montar a caballo	to ride a horse
por lo general	generally, usually
subir al poder	to come to power
tan . . . como	as . . . as
tanto como	as much as
tanto/s . . . como	as much/as many . . . as

Refrán

A quien madruga, Dios lo ayuda.

The early bird gets the worm. (God helps him who gets up early.)

Lección once

Los deportes y las diversiones

De tal palo, tal astilla.

PERSPECTIVA

Functional conversational goals You should be able to

1 converse with others about the popularity of various sports of Hispanic cultures, including the role of both spectators and participants.
2 state your preferences regarding leisure-time activities and amusements.
3 talk about the past, distinguishing between completed past actions and those of an ongoing nature.

Language You will study and practice
1 differences between the imperfect and preterit tenses.

2 the past progressive.
3 verbs with different meanings in the preterit and the imperfect.
4 the superlative of adjectives.
5 comparisons using **mejor** and **peor**.
6 the absolute superlative.
7 expressions of time with **hacer**.
8 vocabulary related to sports.

Culture You will learn about
1 the popularity of soccer (**fútbol**) in Latin America.
2 baseball and jai alai in the sports world of Spain and Latin America.

CONVERSACIONES

¡UNA INFRACCIÓN FLAGRANTE!

Federico es un deportista de Bogotá, Colombia. Está hablando con su tío Jaime del fútbol. Parece que Federico quiere ser profesional.

EL TÍO JAIME ¡Qué bien jugaste ayer, Federico! ¿Eres un fenómeno en la cancha!
FEDERICO Me gusta el equipo municipal pero yo siempre quería jugar por el Club Comercio como Papá.
EL TÍO JAIME ¡De tal palo, tal astilla! Tu papá era loco por el fútbol también.

El fútbol es el pasatiempo más favorito de los jóvenes. (Universidad de Madrid, España)

FEDERICO	¿Qué pasó? Ahora me dice que es mejor estudiar arquitectura. Yo quiero ser futbolista. ¿Por qué se opone tanto él?
EL TÍO JAIME	¿No sabes de ese incidente? ¡Qué extraño!
FEDERICO	No, no sé nada del incidente. ¿Quieres contarme?
EL TÍO JAIME	Bueno. Estaba jugando en el campeonato de Sudamérica contra Boca Juniors de la Argentina.
FEDERICO	Y el campeón de ese partido entraba a la competencia para la Copa Mundial en Europa, ¿no?
EL TÍO JAIME	Sí. La tragedia ocurrió a mediados del primer tiempo. Tu papá entraba furioso para marcar un gol cuando de repente Marañón, de Boca Juniors, le dio una patada por detrás que lo dejó tirado en el suelo con una pierna rota.
FEDERICO	Fue una infracción flagrante, ¿verdad?
EL TÍO JAIME	Sí. Todo el mundo lo sabía. Pero el Comercio perdió el partido dos a cero.
FEDERICO	Después Papá quedó muy amargado, ¿verdad?
EL TÍO JAIME	Sí, se sentía defraudado y juró no jugar más.
FEDERICO	. . . y no dejar jugar a su hijo tampoco.
EL TÍO JAIME	Parece que así es, ¿verdad?

Preguntas

1 ¿Qué carrera quería seguir Federico?
2 Según el tío Jaime, ¿cómo jugó Federico ayer?
3 ¿Cuál era siempre el deseo idealista de Federico?
4 ¿Qué deseos tenía el padre de Federico?
5 ¿Qué carrera le sugiere[1] a Federico?

---

[1]The stem vowel **e** in the verb **sugerir** (*to suggest*) changes to **ie** in the first-, second- and third-persons singular and the third-person plural in the present tense (**sugiero**, etc.) and changes to **i** in the third-person singular and plural in the preterit (**sugirió, sugirieron**).

6 ¿Quiere ser arquitecto Federico?

7 ¿En qué partido ocurrió el incidente tan importante?

8 ¿Por qué era tan importante ese partido?

9 ¿Cuándo ocurrió la tragedia?

10 ¿Cuál fue la infracción flagrante de Marañón?

11 ¿Ganó (*won*) o perdió el equipo del Club Comercio?

12 ¿Cómo se sentía el papá de Federico?

13 ¿Qué juró él?

14 ¿Qué otra decisión hizo en esa ocasión?

NOTAS CULTURALES

LOS DEPORTES Y LOS AFICIONADOS[1]

Las corridas de toros no son, como comúnmente se cree, ni el deporte nacional ni la diversión más popular de los espectadores de España. Las corridas ocupan el segundo lugar en España y son bastante populares en México y en el Perú también. El interés del público va en aumento| en deportes como las carreras de caballo|, el básquetbol, el béisbol, el atletismo| y el golf. Pero el fútbol es el rey de todos los deportes.

va . . . *is growing*
horse racing
track

EL FÚTBOL

El fútbol es el deporte número uno para los participantes y también para los espectadores en todo el mundo hispánico. El entusiasmo de los hinchas| por su equipo favorito a veces llega al fanatismo. Los chicos, jóvenes y algunas personas mayores se ven a cualquier hora| del día practicando el fútbol. Juegan en el parque, en la calle o en la escuela. Si no hay pelota, se inventa una de improviso con papel, cartón, trapos| o cualquier otra cosa disponible|.

fans
at any time

rags
available

    El fútbol como deporte para espectadores se juega generalmente los domingos por la tarde. Algunos equipos son patrocinados por| las univer-

sponsored by

Un animado partido de fútbol en Sevilla, España. Es el deporte más popular del país.

[1]*Sports and fans*

sidades y por las municipalidades. El mayor interés del público está concentrado en los equipos profesionales, que son auspiciados por los grandes clubes. *sponsored by*

En los partidos de fútbol, los aficionados, o los hinchas, como comúnmente se conocen, siempre dejan sentir su presencia. La animación, especialmente en los partidos internacionales, es tan intensa que el tumulto y el alboroto son muy comunes. En Norteamérica cuando los hinchas les chiflan a los jugadores, quiere decir que están aplaudiendo y que les gusta mucho lo que están viendo. Cuando chiflan los hinchas en el mundo hispánico, es una indicación de extrema disatisfacción, crítica y censura.

shouting, disorder
*whistle / **quiere . . . ** it means*

Preguntas

1 ¿Cuál es la diversión más popular de los espectadores en España?
2 ¿Cuál es el rey de los deportes?
3 ¿Qué hacen los hinchas?
4 ¿Cuándo se juegan los grandes partidos de fútbol?
5 ¿Qué significa cuando los aficionados hispanos chiflan?

EL BÉISBOL Y EL JAI ALAI

El béisbol se practica mucho en Cuba, Puerto Rico y Venezuela y todos los días hay más interés en México y Centroamérica. El béisbol no se juega tanto en los otros países de Latinoamérica ni en España. Muchos jugadores en las ligas mayores de los Estados Unidos son originalmente del Caribe y son de los mejores jugadores que hay.

El jai alai, o el frontón, se juega muchísimo en España, en Cuba y en México. Se juega también en algunos países de Hispanoamérica y en algunas partes de los Estados Unidos. Este juego tiene su origen entre los vascos del norte de España donde se llama «pelota vasca». Los jugadores juegan con una pelota que es un poco más pequeña que la del béisbol. La cancha tiene forma rectangular con paredes o frontones a lo largo de

¿Cuánto quieres apostar? Aquí vemos un partido de pelota vasca, comúnmente llamado jai alai. (Barcelona, España)

tres lados.[1] Tiran la pelota contra un frontón con una especie de canasta que se ata al brazo.[2] La velocidad que alcanza¹ la pelota es tan acelerada *reaches* que es difícil verla y el juego puede ser peligroso. Para la seguridad de los espectadores que se sientan de un lado, hay una red protectora que se extiende a todo lo largo de¹ la cancha. El juego atrae¹ a muchos espectadores que vienen a ver el partido y a apostar¹ para ver si ganan dinero.

a . . . the whole length of / attracts to bet

Preguntas

1 ¿Dónde se juega al béisbol en el mundo hispánico?
2 ¿Dónde tiene su origen el jai alai?
3 ¿Cómo se juega al frontón?
4 ¿Por qué es peligroso el frontón para los espectadores?

INTERACCIÓN Y COMUNICACIÓN

Antes mi papá jugaba mucho. Luego juró no jugar más.

En la cancha de fútbol

¡Es una infracción!

EL TÍO JAIME Tu papá entraba furioso y Marañón le dio una patada por detrás.

¡Se acabó! ¡No juego más!

FEDERICO Después, se sentía defraudado y juró no jugar más.

Conteste.

1 ¿Qué hacía el papá de Federico cuando Marañón le dio una patada?
2 ¿Cómo se sentía él después?
3 ¿Qué juró después?

---

[1]*The court has a rectangular shape with walls or **frontones** along three sides.*
[2]*They throw the ball against a wall with a kind of basket that is tied to the arm.*

Diferencias entre el pretérito y el imperfecto

The preterit is used to indicate an action that is viewed as completed and past.

La tragedia **ocurrió** en el primer tiempo.	*The tragedy occurred in the first period.*
El Comercio **perdió** el partido 2 a 0.	*El Comercio lost the game 2 to 0.*

The imperfect is used to indicate an action or condition that is viewed as *continuing* in the past. The imperfect is used to:

—express what used to happen customarily.

Yo **iba** a la escuela a pie.	*I used to walk (go on foot) to school.*

—indicate a condition existing in the past.

Éramos muy pobres en esos días.	*We were very poor in those days.*

The imperfect is also used to refer to mental attitudes, since they are considered as continuing.

Siempre **quería** jugar por el Club Comercio.	*I always wanted to play for Club Comercio.*

A *Conteste que ustedes hicieron estas cosas en las ocasiones indicadas.*

¿Van ustedes al cine esta noche?   (el sábado pasado)
No, ya fuimos el sábado pasado.

1 ¿Van ustedes a trabajar esta tarde?   (esta mañana)
2 ¿Vienen ustedes a la clase esta noche?   (esta tarde)
3 ¿Van a acostarse temprano?   (anoche)
4 ¿Van ustedes a jugar al fútbol esta noche?   (anoche)
5 ¿Van ustedes a llamar a sus amigos esta tarde?   (ayer)

B *Conteste según el modelo usando el imperfecto para decir lo que pasaba en el pasado.*

¿Estudia usted francés?   (antes)
No, pero antes estudiaba francés.

1 ¿Juegas al fútbol?   (en esos días)
2 ¿Vives con tus padres?   (cuando era más joven)
3 ¿Te gusta leer?   (cuando era niño/a)
4 ¿Vas al cine a pie?   (cuando era más joven)
5 ¿Te diviertes mucho?   (de vez en cuando)
6 ¿Sales frecuentemente?   (de costumbre)
7 ¿Son pobres ustedes?   (en esos días)
8 ¿Quieres jugar al tenis?   (cuando iba al colegio)
9 ¿Vuelves a casa temprano?   (cuando era más joven)
10 ¿Te sientes triste?   (frecuentemente)

When the two past tenses are used in the same sentence, the imperfect is used to tell what was going on when something else happened. The preterit indicates what happened and may be considered an interrupting action.

El papá de Federico **entraba** y Marañón le **dio** una patada.

Federico's father was entering and Marañón kicked him (gave him a kick).

¿Que **hacía** usted cuando **entró** el profesor?

What were you doing when the professor came in?

IMPERFECTO	PRETÉRITO
entraba	**dio**
hacía	**entró**
Continuing past action in progress	*Interrupting past completed action*

The imperfect sets the stage or describes the condition existing when something occurred.

Se **sentía** defraudado y **juró** no jugar más.

He was feeling disappointed and swore he wouldn't play again.

En Bogotá, todo **estaba** caótico cuando **ganaron** el campeonato.

In Bogotá, everything was chaotic when they won the championship.

A *Las acciones mencionadas en la columna A ocurrían cuando las acciones en la columna B ocurrieron. Combine cualquier acción en B con cualquier acción lógica en A.*

A	**B**
nosotros—hablar del partido	ellos—llegar

Hablábamos del partido cuando ellos llegaron.

él—dormir	el profesor—terminar la lección
Juan—levantarse	Elena—llamar
yo—acostarme	yo—salir de la clase
ellos—aprender la salsa	Alicia—venir
Federico—ir a casa	él—ver al tío Jaime

The imperfect is used to tell time in the past.

Eran las siete cuando ella llegó.   *It was seven o'clock when she arrived.*

B *Conteste las siguientes preguntas según el modelo.*

¿A qué hora te levantaste?   (las cinco)
Eran las cinco cuando me levanté.

1 ¿A qué hora se acostó Felicia?   (la una y media)
2 ¿A qué hora cenaron ustedes anoche?   (las nueve)
3 ¿A qué hora comenzó el programa?   (las ocho)
4 ¿A qué hora terminó la reunión?   (la una)

C *Usted ha notado* (have noticed) *algo contrario a lo que dice Eduardo. Responda a Eduardo según el modelo.*

EDUARDO Antes Alicia salía con Federico. (anoche)
Sí, pero anoche no salió con Federico.

1 Antes él bailaba. (ayer)
2 Siempre estudiábamos en la biblioteca. (esta mañana)
3 De costumbre ella leía mucho. (en esa ocasión)
4 Federico jugaba mucho en esos días. (ese día)
5 Todos los días bailábamos la salsa. (el sábado pasado)
6 Antes aprendíamos unos pasos estupendos. (anoche)

D *Empleando los siguientes verbos, diga lo que usted y sus amigos hicieron o no hicieron ayer.*

comer	comenzar	volver	entrar
venir	terminar	salir	estudiar

E *Conteste las siguientes preguntas.*

1 ¿Qué hacías cuando el profesor entró?
2 ¿Dijiste que ibas a estudiar este sábado?
3 Ayer en clase, ¿qué hacías mientras que (*while*) el profesor hablaba?
4 ¿Leías anoche cuando un amigo te llamó por teléfono?
5 ¿Cuántas veces les escribiste a tus padres la semana pasada?

Estábamos bailando cuando entró mi novia.

El pasado progresivo

IMPERFECT OF **estar**		PRESENT PARTICIPLE
Estábamos	+	**bailando.**

The past progressive construction is formed by combining the imperfect of **estar** with a present participle.

The difference between the simple imperfect (**bailábamos**) and the past progressive (**estábamos bailando**) is a matter of emphasis. The past progressive is used to go beyond the imperfect in emphasizing that something was in progress just at that moment.

Bailábamos.	*We were dancing.* (action continued over a period of time in the past)
Estábamos bailando.	*We were dancing.* (emphasis on action in progress at a given time)

Ser, **ir**, and **venir** are rarely used in the past progressive. The simple imperfect is used instead.

Carmela **era** muy lista.	*Carmela was very sharp.*
Yo **iba** al partido.	*I was going to the game.*
Él **venía** a casa.	*He was coming home.*

A *Cambie los verbos según el modelo si es apropiado.*

Bailaba con ella.
Estaba bailando con ella.
Iba al mercado.
Iba al mercado.[1]

1 Mis hermanos jugaban al fútbol.
2 Esquiaba con mis amigos.
3 Yo dormía la siesta.
4 Venía a clase muy tarde.

5 ¿Comías enchiladas?
6 Él me contaba la historia de su familia.
7 Ella era muy lista.

B *Conteste las preguntas según el modelo.*

¿Leyó ella la lección?
La estaba leyendo cuando él entró.

1 ¿Tomó él la medicina?
2 ¿Escucharon ustedes el programa?
3 ¿Escribiste la carta?

4 ¿Llamaste a tu novio/a?
5 ¿Comieron ustedes el postre?

VOCABULARIO ÚTIL

Los deportes y juegos

¿Jugabas al **fútbol**?	Sí, era mi deporte favorito.
básquetbol?	No, no me gustaba el fútbol.
golf?	
béisbol?	
tenis?	
ajedrez[2]?	Sí, era mi juego favorito.
	No, no me interesaba.

¿Le gustaba a usted **esquiar** en las montañas?
nadar[3] en la piscina?
hacer deporte[4] en el gimnasio?

---

[1]**Ir** does not use the past progressive construction.
[2]*chess*
[3]*to swim*
[4]*to practice sports*

BICICLETAS
Todas las marcas,
en modelos de paseo,
carreras, cross... **Descuento 10%**

¿No sabes esquiar? Tienes que aprender. ¡Es maravilloso! (La cancha de esquí, El Portillo, Chile)

Federico jugaba al fútbol. Era **futbolista**. Alicia era aficionada al fútbol. Federico era un gran **deportista**.

Nuestro equipo siempre **jugaba** los domingos.

                      ganaba

                      perdía[1]

Ganamos el **partido**.   *We won the game.*

Perdimos el **campeonato**.   *We lost the championship.*

Conteste.

1 ¿Te gustaba jugar al tenis?
2 ¿Participabas en campeonatos de ajedrez?
3 ¿Dónde esquiaban tú y tus amigos?
4 ¿Qué deporte te gustaba más?
5 ¿Eras un/a gran deportista?
6 ¿Tu equipo ganaba mucho?
7 Cuando tu equipo perdía, ¿te sentías muy deprimido/a (*depressed*)?

---

[1]from **perder** (**ie**) *to lose*

¿Cuándo conociste al profesor?

Verbos con significado distinto en el pretérito y el imperfecto

Certain verbs, especially ones which in the imperfect describe a mental state, have a distinctly different meaning when used in the preterit.

	IMPERFECT	PRETERIT
conocer	Lo **conocía**.	Lo **conocí**.
	I knew him.	*I met him.*
saber	Lo **sabía**.	Lo **supe**.
	I knew it.	*I found out about it.*
poder	Yo **podía** hacerlo.	Yo **pude** hacerlo.
	I was able to do it. (was capable . . .)	*I managed to do it.*
querer	No **quería** ir.	No **quise** ir.
	I didn't want to go.	*I refused to go.*
	Quería hacerlo.	**Quise** hacerlo.
	I wanted to do it.	*I tried to do it.*

Conteste.

1 ¿Cuándo conociste al profesor?
2 ¿Cuándo supiste del último examen?
3 ¿Pudieron estudiar anoche tú y tus compañeros/as?
4 ¿Quisieron estudiar?
5 ¿Pudiste terminar los estudios anoche?
6 ¿Dónde conociste a tu novio/a?
7 ¿Quisiste ir a un baile anoche?

Interacción en parejas

A *En una entrevista* (interview) *con tu compañero/a de clase, averigüe* (find out) *algunas cosas que él/ella hacía cuando era más joven.*

B *Ahora averigüe algunas cosas que él/ella hizo anoche.*

C *Hágale estas preguntas a tu compañero/a.*

1 El año pasado, ¿trabajabas o estudiabas?
2 Anoche, ¿qué hiciste?
3 Antes de venir aquí, ¿estudiabas o trabajabas?
4 De costumbre, ¿leías el periódico o escuchabas la radio?
5 ¿Dónde estudiaste anoche?
6 Mientras estabas en casa anoche, ¿te llamó alguien por teléfono?
7 Antes de venir aquí, ¿vivías solo/a o estabas con la familia?
8 Cuando eras niño/a, ¿vivías en el campo o en la ciudad?

INTERACCIÓN Y COMUNICACIÓN   ●   **241**

¡Yolanda es la más alta de todas!

Juana es **alta**. (*tall*)

Cecilia es **más alta** que Juana. (*taller*)

Yolanda es **la más alta** de[1] todas. (*tallest*)

José (30 años)

Armando (40 años)

Manuel (50 años)

José es **grande**. (*big/grown up*)

Armando es **más grande** que José. (*bigger/older*) (Armando es **mayor** que José.)

Manuel es **el más grande** de todos. (*biggest/oldest*) (Manuel es **el mayor** de todos.)

Conteste.

1 ¿Quién es más alta, Juana o Cecilia?
2 ¿Quién es la más alta de todas?
3 ¿Es alta Juana?
4 ¿Quién es más alta que Juana?
5 ¿Quién es más grande, Armando o José?
6 ¿Quién es el más grande de todos?
7 ¿Es grande José?
8 ¿Quién es más grande que José?
9 ¿Quién es el más joven?
10 ¿Quién es el más viejo?
11 ¿Quién es el mayor de todos?

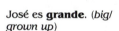

[1]Note that the point of comparison in the superlative construction is introduced with **de**.

El superlativo de adjetivos

To form the superlative of an adjective, a definite article (**el**, **la**, **los**, **las**) is used before the comparative form.

ADJECTIVE	COMPARATIVE	SUPERLATIVE
alto/a	más alto/a	**el más alto, la más alta**
listo/a	más listo/a	**el más listo, la más lista**
inteligente	menos inteligente	**el/la menos inteligente**
grande	más grande	**el/la más grande**
malo/a	peor	**el/la peor**
bueno/a	mejor	**el/la mejor**

Responda con la forma apropiada.

1 Luisa es amable.   *kind*
   Carmen es _____ Luisa.   *less kind than*
   Marta es _____ de todas.   *the least kind*
2 Pedro es inteligente.   *intelligent*
   Juan es _____ Pedro.   *more intelligent than*
   Roberto _____ de todos.   *the most intelligent*
3 Yo soy muy alto.   *tall*
   Usted es _____ que yo.   *taller*
   Él es _____ de todos.   *the tallest*

KARATE-DO
Curso especial de verano Mañana, tarde o noche. Damas, caballeros y niños. "ESCUELA BUDOKAN" Sensei Manolo Hurtado 2° Dan de Okinawa
Penthouse Hotel Rapa Nui
El Jardín 119 y 6 de Diciembre, Telf. 241-578 (frente Colegio Alemán).

Interacción en parejas

En español, dígale a un compañero o a una compañera de clase que . . .

1 . . . (*name of classmate*) is the tallest person in your class.
2 . . . the instructor is the oldest person in class.
3 . . . you are the most intelligent person in your family.
4 . . . this class is the easiest of all your classes.
5 . . . this is the best year of your life.

¿Quiénes juegan mejor?

Comparaciones empleando los adverbios mejor y peor

As adverbs, **mejor** and **peor** are used as the comparatives for **bien** and **mal**.

Anita canta **bien**.	*Anita sings well.*
Carmen canta **mejor**.	*Carmen sings better.*
Pedro juega **mal**.	*Pedro plays badly.*
Carlos juega **peor**.	*Carlos plays worse.*

A *Cambie según el modelo. A escoger entre **mejor** y **peor**.*

Anita canta bien.
Carmen canta mal.   (Anita . . .)
Anita canta mejor que Carmen.

1 Juan juega muy mal.
Federico juega muy bien.   (Juan . . .)

2 Yo escribo bien.
Tú escribes muy mal.   (Tú . . .)

3 Rodolfo baila muy bien.
Antonio baila muy mal.   (Rodolfo . . .)

4 Luisa habla mal.
María habla bien.   (María . . .)

B *Conteste según los modelos.*

¿Canta Ana muy bien?
Sí, canta mejor que yo.

1 ¿Juega Juan muy bien?
2 ¿Escribe Pedro muy bien?
3 ¿Habla Silvia muy bien?

Silvia canta mal, ¿no?
Sí, canta peor que yo.

1 juega   **3** escribe
2 habla   **4** ve

¡Este partido es importantísimo!

El superlativo absoluto

The absolute superlative of adjectives is formed by dropping the final vowel, if any, and adding **-ísimo**, **-ísima**, **ísimos**, or **-ísimas**.

Este partido es **importantísimo**.	*This game is most (very) important.*
Las clases de ese profesor son **interesantísimas**.	*That teacher's classes are very interesting.*
Ella es **simpatiquísima**[1].	*She is very friendly.*

Conteste según el modelo.

¿Es importante el inglés?
Sí, señor, es importantísimo.

1 ¿Es interesante la clase?
2 ¿Son simpáticas esas chicas?
3 ¿Es grande tu casa?
4 ¿Es fácil esta lección?
5 ¿Es difícil el español?

---

[1]Note the spelling change (**c** → **qu**) in order to maintain the /k/-sound.

Interacción en parejas

1
Ernesto   Jaime

2
Roberto   Félix

3
Ana   Juana

4
María   Ester

5
Felipe   Carlitos

6
Sr. López   Juan

Tomando turno, hagan dos comparaciones para cada cuadro.

1 Ernesto es . . .
  Jaime es . . .

2 Roberto es . . .
  Félix es . . .

3 Ana es . . .
  Juana es . . .

4 María juega al golf . . .
  Ester . . .

5 Felipe es . . .
  Carlitos . . .

6 El señor López es . . .
  Juan . . .

Hace dos meses que él juega con ese equipo.

Hacer con expresiones temporales

Hace dos meses **que** él **juega** con ese equipo.	*He has been playing with that team for two months.*
Hace tres horas **que estudio** esta tarde.	*I have been studying for three hours this afternoon.*

Note that Spanish uses a different verb tense to express this notion. Whereas English employs the present perfect (for example, *has/have been*) plus the gerund (*-ing* form of the verb), Spanish uses the present tense of the verb **hacer**.

> **hace** + (length of time) + **que** + verb in present tense

Hace is used with expressions of time plus the present tense of the verb to express actions that began in the past and are still going on at the present time. Note the following variations of the pattern:

¿**Hace cuánto tiempo que** ⎱
¿**Cuánto tiempo hace que** ⎰ **estás** aquí? *How long have you been here?*

Hace seis años que nos conocemos. *We have known each other for six years.*

Hace mucho que no voy al cine. *I haven't gone to the movies in a long time.*

A *Responda según el modelo.*

¿Hace cuánto tiempo que estás en la universidad? (dos meses)
Hace dos meses que estoy en la universidad.

1 ¿Hace cuánto tiempo que estudias español? (diez semanas)
2 ¿Hace cuánto tiempo que juegas con ese equipo? (un año)
3 ¿Hace cuánto tiempo que vives aquí? (tres años)
4 ¿Hace cuánto tiempo que no ves a tu familia? (dos semanas)
5 ¿Hace cuánto tiempo que se conocen ustedes? (cinco años)

B *Conteste las preguntas de acuerdo con su propia opinión.*

1 ¿Cuánto tiempo hace que hablas español?
2 ¿Hace mucho que no vas al cine?
3 ¿Hace cuántos años que estás en la universidad?
4 ¿Cuánto tiempo hace que no les escribes a tus padres?
5 ¿Cuántos minutos hace que estamos en esta clase hoy?

C *Dé el equivalente en español.*

1 How long have you been playing golf?
2 I haven't gone to my geography class for three days.
3 Raquel, your boyfriend has been waiting for you for thirty minutes.

Hace with a preterit expresses the time since something happened. Two word-order formulas are possible, both giving the same meaning.

1) preterit + **hace** + length of time

Lo **terminé hace veinticinco minutos**. *I finished it twenty-five minutes ago.*

2) **hace** + length of time + **que** + preterit

Hace veinticinco minutos que lo **terminé**. *I finished it twenty-five minutes ago.*

D *Responda a las preguntas siguiendo el modelo.*

¿Hace cuánto que viste a tus padres? (un año)
Los vi hace un año.

1 ¿Hace cuánto que comenzó la función (*performance*)? (un cuarto de hora)
2 ¿Hace cuánto que entraste en la sala de clase? (veinte minutos)

3 ¿Hace cuánto que llegó (*name of student*)?   (cinco minutos)

4 ¿Hace cuánto que te escribió tu mamá?   (una semana)

5 ¿Hace cuánto que vino ella a verte?   (dos meses)

6 ¿Hace cuánto que regresaste a casa?   (un año)

E *Conteste las siguientes preguntas.*

1 ¿Hace mucho que viniste a esta universidad?

2 ¿Cuántas horas hace que te levantaste?

3 ¿Hace mucho tiempo que empezaste los estudios?

4 ¿Cuánto tiempo hace que conociste a tu compañero/a de cuarto?

5 ¿Hace cuánto tiempo que saliste de la casa esta mañana?

LECTURA

MARIO Y SUS DIVERSIONES

Soy Mario Varela y vivo en Bogotá. En mi país el béisbol es bastante popular pero no hay nada como el fútbol en la opinión de nosotros. Todos los domingos hay partido y en diciembre cuando juegan el campeonato nacional muchas veces vamos al partido para ver jugar a los mejores equipos[1]. El gran partido final es casi siempre entre el Club Comercio y el Club Santa Fe[1]. Son los dos rivales tradicionales de Colombia. Hay otro campeonato que es internacional que se llama «la Copa Libertadores»[2] en que juegan equipos de la Argentina, el Perú, Venezuela y el Brasil. En esos partidos el entusiasmo es tremendo y a veces los aficionados llegan a las manos[1].

    Cuando era pequeño vivía en Oruro y mi diversión favorita era la pesca[1]. Iba casi todos los sábados al campo para pescar con mis amigos. En el colegio nuestro deporte favorito era el buceo[1]. Vivíamos un poco lejos del océano pero muchas veces íbamos en grupo a pasar el día jugando al vólibol en la playa y practicando el buceo. El vólibol todavía está muy de moda[1] en Colombia y yo juego mucho con mis compañeros de clase.

para . . . *to see the best teams play*

come to blows

fishing
diving

de . . . *fashionable*

Preguntas

1 En Colombia, ¿cuál es el rey de los deportes?

2 ¿Qué es «La Copa Libertadores»?

3 Cuando era pequeño, ¿adónde iba Mario los fines de semana?

4 ¿Dónde hacían el buceo?

5 ¿A qué otro deporte juega ahora Mario?

---

[1]The full historical name of Bogotá is Santa Fe de Bogotá.

[2]*The Liberators' Cup* (Simón Bolívar, 1783–1830, and José de San Martín, 1778–1850, are known as "the Liberators" for their role as the architects of the independence of Spanish South America.)

Todo el mundo corre en el maratón estos días. Estos corredores son de Bogotá, Colombia.

Interacción en grupos de tres

A *Dígales a sus compañeros del grupo lo más interesante de* (the most interesting thing about) *sus deportes y diversiones favoritos durante sus años en la escuela secundaria, luego conteste las preguntas de sus compañeros.*

B *Tomando turno, cuénteles a sus compañeros del grupo lo que acostumbraba hacer antes de venir a la universidad, empleando las siguientes expresiones.*

cuando era niño/a   de costumbre

antes   cuando era más joven

a menudo   en esos días

de vez en cuando   siempre

C *Tomando turno, dígales a sus compañeros de clase lo que hizo . . .*

el fin de semana pasado   anteayer

el año pasado   el mes pasado

anoche   ayer

la semana pasada   el domingo pasado

D *Dígales a los otros en el grupo cuánto tiempo hace que . . .*

1 . . . estudias en esta universidad.   5 . . . aprendes español.

2 . . . viniste a la clase.   6 . . . te levantaste.

3 . . . no vas al cine.   7 . . . saliste con tu novio/a.

4 . . . no le escribes a tu familia.   8 . . . te acostaste temprano.

E *Hágale estas preguntas a tu compañero/a.*

1 ¿Eres deportista?   6 ¿Cuál es tu equipo favorito?

2 Como participante, ¿cuál es tu deporte favorito?   7 ¿Y tu jugador favorito?

3 ¿Y como espectador?   8 ¿Te interesan los Juegos Olímpicos?

4 ¿Juegas al golf?   9 ¿No practicas ningún deporte?

5 ¿Te gusta ver partidos de fútbol americano en la televisión?   10 ¿Prefieres bailar?

EN POCAS PALABRAS

Complete las frases

1 Yo estudiaba _____.

2 Mis amigos tuvieron _____.

3 Supe _____.

4 Eran las seis _____.

5 ¿Qué deporte _____?

Forme preguntas

1 Sí, me divertía mucho en los deportes.

2 No, no sé jugar al tenis.

3 Sí, hace mucho tiempo que nos conocemos.

4 No, no quise ir a la clase.

5 Sí, cuando éramos jóvenes jugábamos mucho.

Breves conversaciones

Pregúntele a _____

    qué hora era cuando él/ella llegó a la clase.

    qué tiempo hacía cuando salió de su casa esta mañana.

    qué hacía cuando llegó el profesor.

    si estaba él/ella en casa cuando regresó su compañero/a anoche.

    si eran las siete cuando él/ella comió ayer.

    cuánto tiempo hace que no recibe una carta de sus amigos.

    cuánto tiempo hace que conoció a __?__.

    si pudo comer anoche.

    cuándo supo del próximo examen.

    cuánto tiempo hace que estudia español.

    cuánto tiempo hace que no va al cine.

Preguntas personales

1 ¿Qué hiciste anoche?

2 ¿Fuiste al cine?

3 ¿No quisiste estudiar?

4 ¿Qué hacía tu compañero/a de cuarto cuando tú volviste a casa anoche?

El pato es un juego tradicional de la pampa argentina. (Provincia de Buenos Aires, Argentina)

5 ¿Qué hora era cuando llegaste a casa?

6 ¿Tenías mucha hambre cuando te acostaste anoche?

7 ¿Dormías mientras tu compañero/a estudiaba?

8 ¿Pudiste dormir bien?

9 ¿No querías hacer la tarea anoche?

10 ¿Qué te gustaba hacer cuando eras más joven?

11 ¿Esquiabas mucho?

12 ¿Qué deportes preferías?

13 ¿Jugabas al fútbol o preferías otras diversiones?

14 ¿Tenías novio/a cuando eras más joven?

15 ¿Dónde lo/la conociste?

16 ¿Era guapo/a él/ella?

17 ¿Salían ustedes con frecuencia anteriormente?

18 ¿Hace mucho tiempo que vives aquí?

19 ¿Hace cuánto tiempo que empezaste los estudios en la universidad?

20 ¿Cuánto tiempo hace que conoces al profesor de español?

PRONUNCIACIÓN

Spanish diphthongs

The following words contain the diphthongs **ai**, **ia**, **ie**, **ei**, and **io**. A diphthong is usually a combination of a strong vowel (**a**, **e**, **o**) and a weak vowel (**u**, **i**).[1] The combination, with any accompanying consonants, is pronounced as one syllable.

ai	ia	ie	ei	io
bailan	Alicia	bien	béisbol	aficionados
traigo	farmacia	tiene	reina	lección

VOCABULARIO

absoluto	absolute	**competencia**	competition
aficionado/a	fan; amateur	la **decisión**	decision
amargado	embittered	**defraudado**	cheated, defrauded; disappointed
arquitectura	architecture		
astilla	chip, splinter	el/la **deportista**	athlete
el **béisbol**	baseball	**deprimido**	depressed
el **campeón**, la **campeona**	champion	**deseo**	desire, wish
campeonato	championship	**detrás de**	behind
comercio	commerce; business	por **detrás**	from behind
		diferencia	difference

[1]Two weak vowels can also combine to form a diphthong: **Luis**, **ciudad**.

distinto	distinct; different	**repente: de repente**	all of a sudden
estupendo	stupendous	**roto**	broken; torn
Europa	Europe	**significado**	meaning, significance
extraño	strange; foreign	**simpatiquísimo**	very friendly
fenómeno	phenomenon	**suelo**	ground; floor
flagrante	flagrant	**superlativo**	superlative
la **función**	performance; function	**tal**	such, such a
		temporal	time (adj.)
furioso	furious	**tiempo**	period (sports)
el/la **futbolista**	soccer player; football player	**tirado**	thrown down, laid out
gimnasio	gymnasium		
el **gol**	goal (soccer)		

Verbos

defraudar	to cheat; to defraud
emplear	to employ; to use
ganar	to win
jurar	to swear
marcar	to mark; to score (sports); to dial (telephone)
nadar	to swim
ocurrir	to occur
oponer (opongo)	to oppose
oponerse	to oppose, to be opposed
sugerir (ie, i)	to suggest
tirar	to throw, to throw out; to shoot

el/la **idealista**	idealist; idealistic (adj.)
importantísimo	very important
el **incidente**	incident
la **infracción**	infraction
interesantísimo	very interesting
juego	game; match
mayor: el/la mayor	the biggest/oldest
mediado	half; half over
a mediados de	about the middle of
mejor: el/la mejor	the best
mientras (que)	while, as long as
municipal	municipal
la **ocasión**	occasion
palo	stick
partido	game (sports); party (political)
paso	step
patada	kick
peor: el/la peor	the worst
pierna	leg
piscina	swimming pool
profesional	professional
el **programa**	program
progresivo	progressive

Otras expresiones

¿Hace cuánto tiempo que estás aquí?	How long have you been here?
hacer deporte	to practice sports
¡Se acabó!	That does it!, It's finished!
todo el mundo	everyone, everybody

Refrán

De tal palo, tal astilla.

Like father, like son. (A chip off the old block.)

Lección doce

Vamos de compras.

Más vale pájaro en mano
que ciento volando.

PERSPECTIVA

Functional conversational goals You should be able to
1 obtain personal services such as haircuts, hair styling, or dry cleaning in shops where Spanish is spoken.
2 explain to others what you are going to do tonight, tomorrow, next week, and on other future occasions.

Language You will study and practice
1 verbs regular and irregular in the future tense.
2 the future used to express probability.
3 the Spanish present for expressing English *shall* and *will*.

4 the demonstrative pronouns.
5 the reflexive as equivalent of the passive voice.
6 the present with future meaning.
7 vocabulary related to stores, shopping, and personal services.

Culture You will learn about
1 different kinds of specialized stores and shops found in Hispanic America.
2 various personal-service establishments.
3 the lottery in Spain and Latin America.

CONVERSACIONES

¿VAMOS DE COMPRAS?

Sherrie y Betty están estudiando español en la Universidad de Salamanca en España. Al salir de las clases Sherrie se encuentra con Lorenzo, un estudiante español que frecuenta el mismo comedor que ella.

LORENZO ¡Hola, chica! Buenas tardes. ¿Qué tal las clases?
  SHERRIE Un poco difíciles. Los profesores no hablan inglés y hay mucho que no comprendo. Yo creo que nunca hablaré bien el español.
LORENZO Ya lo aprenderás. ¿Qué piensas hacer este fin de semana?
  SHERRIE Betty y yo iremos de compras el sábado, ¿y tú?

—¿Qué desea usted, señora? Tenemos un magnífico surtido de fiambres y carnes. (Un supermercado de Cali, Colombia)

LORENZO   Voy a salir al campo con mis padres. Salamanca no es una ciudad grande pero encontrarás cosas muy interesantes en la Plaza Mayor. ¿Quieres que las acompañe el sábado?

SHERRIE   Gracias. No será necesario, Lorenzo . . . Betty comprará de todo. Ya la conozco. Yo trataré de comprar poco, sólo algo típico de España como unos discos de Julio Iglesias o algunos recuerdos de plata.

LORENZO   Perdona que te lo diga, Sherrie, pero hay algo mucho más típico aquí en Salamanca. Los ciegos lo venden en la Plaza Mayor.

SHERRIE   ¿Ah, sí? ¿Qué será?

LORENZO   Billetes de lotería. Los compras el sábado, el domingo ganas «el gordo» y serás millonaria.

SHERRIE   ¡Ay, qué fantasía, Lorenzo! Nunca tendré esa suerte. Más vale pájaro en mano que ciento volando. A propósito, ¿dónde se venden estampillas?

LORENZO   Estampillas para cartas, ¿no? En España ésas se llaman sellos y los compras en el estanco donde se venden tabaco y cerillas. Ahí viene Betty. Adiós, Sherrie. Nos veremos en el comedor.

SHERRIE   Adiós, Lorenzo, y muchas gracias.

Preguntas

1 ¿Dónde están estudiando Sherrie y Betty?

2 ¿Dónde conoció Sherrie a Lorenzo?

3 ¿Por qué hay mucho que no comprende Sherrie en las clases?

4 ¿Cree Sherrie que hablará bien?

5 ¿Dice Lorenzo que Sherrie aprenderá español?

6 ¿Adónde irán Sherrie y Betty el sábado?

7 ¿Piensan ir de compras este fin de semana?

8 ¿Cómo quiere Lorenzo ayudar a Sherrie?

9 ¿Qué tratará de comprar Sherrie?

10 ¿Qué le sugiere Lorenzo?

11 ¿Dónde se venden los billetes de lotería?

12 ¿Quiénes los venden?

13 ¿No quiere ser millonaria Sherrie?

14 ¿Qué significa «más vale pájaro en mano que ciento volando»?

15 ¿Comprará billetes de lotería Betty?

16 ¿Cómo se llaman las estampillas en España?

17 ¿Dónde se venden sellos, tabaco y cerillas?

NOTAS CULTURALES

LOS MERCADOS PÚBLICOS

Quizás los mercados más pintorescos e[1] interesantes en todo el mundo hispánico son los mercados públicos. Tradicionalmente en todas las ciudades y pueblos hay un mercado central que contiene varias pequeñas tiendas. En México, por ejemplo, se llaman «puestos». Cada uno de los puestos tiene su propio dueño o dueña[l]. En muchos casos los dueños fabrican, cultivan o crían[l] los productos que venden.

su . . . its own owner
raise

Muchos clientes prefieren comprar en los mercados públicos porque pueden conseguir[l] mejores gangas allí. Si los precios no están marcados todo el mundo sabe que es posible regatear para conseguir un precio más razonable. En estos mercados y en otras partes también, hay comercios pequeños que se especializan en la venta de un solo producto. Hay panaderías, donde se vende pan, carnicerías, donde se vende carne, y verdulerías, donde se venden verduras.

get, obtain

Las señoras están en el mercado de San Salvador, El Salvador, Centroamérica.

---

[1]**y** before a word beginning with **i** changes to **e** to avoid two identical sounds together.

La terminación **-ería** indica que es un lugar comercial donde se vende el producto mencionado. No es difícil adivinar lo que se vende en una frutería, una joyería o una perfumería. Y una peluquería con toda seguridad tiene que ser un negocio donde se le corta o se le arregla el pelo a uno.

La confitería. En Sudamérica, especialmente en la Argentina y en el Uruguay, la confitería es un lugar muy popular para los encuentros sociales. Personas se sientan para charlar con los amigos y comer algo ligero o tomar un refresco. En la confitería se venden pasteles y tartas elegantes, pequeños sandwiches, bombones y postres como también refrescos y helados[1]. En el verano las confiterías ponen mesas y sillas afuera en la acera y las reuniones entre amigos se hacen aún más placenteras.

chat
something light

sidewalk

Los almacenes y los supermercados. Las tiendas que venden comestibles tienen nombres diferentes. En la Argentina, por lo general, se llaman almacenes, mientras que en México se llaman tiendas de abarrotes. En España uno ve con frecuencia letreros que dicen «ultramarinos». Antes esta palabra se refería a los productos comestibles importados de otros países. Ahora es un término general para la tienda de comestibles. En todas partes hoy se ve otro letrero muy fácil de comprender. Es el del famoso «supermercado» que se extiende por todo el mundo.

overseas

Las grandes casas comerciales que venden muebles, ropa, máquinas eléctricas y de todo en diferentes departamentos, son menos comunes que en los Estados Unidos.

Preguntas

1 ¿Cuáles son los mercados más pintorescos del mundo hispánico?
2 ¿Qué son «puestos» en los mercados públicos de México?
3 ¿Qué costumbre tienen los dueños de los puestos?
4 ¿Por qué prefieren muchos clientes comprar en los mercados públicos?
5 ¿Qué significa «regatear»?
6 ¿Qué se vende en una panadería? ¿Y en una perfumería?
7 ¿Qué indica la terminación **-ería**?
8 ¿Qué es una confitería?
9 ¿Qué acostumbran hacer en las confiterías?
10 En la Argentina, ¿qué se vende en un almacén?
11 ¿Cómo se llaman las tiendas de comestibles en México?
12 ¿Qué se vende en España donde hay un letrero que dice «ultramarinos»?
13 ¿Qué se vende en un supermercado?

[1]**pasteles . . .** *pastries and elegant cakes and pies, small sandwiches, candies, and desserts, as well as soft drinks and ice cream.*

INTERACCIÓN Y COMUNICACIÓN

¿Qué piensas hacer este fin de semana?

LORENZO ¿Qué piensas hacer este fin de semana?

SHERRIE Betty y yo iremos de compras al centro. ¿Y tú?

LORENZO Yo iré al campo con mis padres.

Lorenzo al campo

SHERRIE Betty comprará de todo—joyas, ropa y un montón de recuerdos. Yo trataré de comprar algo auténtico de España.

Las chicas irán de compras.

Sherrie   Betty

¡El español es fácil!

Sherrie   Lorenzo

SHERRIE Yo nunca hablaré bien el español.

LORENZO Sí, el español es fácil. Ya lo aprenderás perfectamente.

Conteste.

1 ¿Adónde irán las chicas el sábado?
2 ¿Adónde irán Lorenzo y sus padres?
3 ¿Qué comprará Betty?
4 ¿Qué tratará de hacer Sherrie?
5 ¿Nunca hablará bien el español Sherrie?
6 ¿Qué piensa Lorenzo?
7 ¿Lo hablarás bien tú algún día?
8 ¿Nunca lo aprenderás perfectamente?

Verbos regulares en el tiempo futuro

Verbs regular in the future form the tense by adding a set of endings to the complete infinitive. These endings are the same for all three conjugations.

$$
\text{Infinitive} + \begin{cases} \text{-é} & \text{-emos} \\ \text{-ás} & \text{-éis} \\ \text{-á} & \text{-án} \end{cases}
$$

The future tense in Spanish is the equivalent of English *will* or *shall* plus the verb.

Hablaremos español.	*We'll speak Spanish.*
Pronto **veremos**.	*We shall soon see.*
Sherrie **irá** de compras.	*Sherrie will go shopping.*

The future may also be expressed in Spanish by using a form of **ir** + **a** + an infinitive.

Sherrie **va a estudiar** mañana.	*Sherrie is going to study tomorrow.*
Voy a cantar.	*I'm going to sing.*

comprar *to buy*		**aprender** *to learn*		**ir** *to go*	
compraré	compraremos	aprenderé	aprenderemos	iré	iremos
comprarás	compraréis	aprenderás	aprenderéis	irás	iréis
comprará	comprarán	aprenderá	aprenderán	irá	irán

A *¿Quiénes comprarán recuerdos? Estas personas, sí.*

nosotros
Compraremos recuerdos mañana.

él, ella, yo, ustedes, nosotras, ellos, tú, vosotros

B *¿Aprenderán español estas personas? Diga que* **sí.**

Betty y Sherrie
Betty y Sherrie aprenderán español.

Tú, Ellas, Yo, Ustedes, Él, Usted, Vosotras

C *Estas personas irán al centro el sábado.*

Ellos
Ellos irán al centro el sábado.

Ella, Tú, Ellas, Yo, Nosotros, Usted, Él, Ustedes

These model verbs are regular in the future tense. Most verbs are conjugated in the future tense in the same manner (for exceptions see p. 259).

MERCADERIA GENERAL

Muebles, efectos eléctricos, discos, efectos escolares, efectos de oficina, libros, ropa, calzado, ventas al por mayor y al detalle y miscelanea.

D *Conteste según los modelos.*

1 Yo no venderé mi coche. ¿Y tú?
   Sí, venderé mi coche.
   No, no venderé mi coche.

   ¿Y Sherrie?   ¿Y ellos?
   ¿Y la profesora?   ¿Y ustedes?

2 Les escribiré a mis padres el domingo. ¿Y ustedes?
   Sí, les escribiremos.
   No, no les escribiremos.

   ¿Y ella?   ¿Y ellos?
   ¿Y Mario?   ¿Y usted?

3 Me levantaré temprano el sábado. ¿Y usted?
   Sí, me levantaré temprano.
   No, no me levantaré temprano.

   ¿Y ellas?   ¿Y ustedes?
   ¿Y usted?   ¿Y él?

4 Algún día seré profesor/a, ¿y tú?
   Sí, algún día seré profesor/a.
   No, no seré profesor/a.

   ¿Y ella?   ¿Y yo?
   ¿Y ustedes?   ¿Y Betty?

E *Conteste.*

 1 ¿Qué comprarás en la joyería?
 2 ¿Qué me venderás?
 3 ¿A qué hora te levantarás mañana?
 4 ¿Insistirán ustedes en hablar inglés?
 5 ¿Le escribirás una carta a tu familia este domingo?
 6 ¿Serás estudiante el próximo año?
 7 ¿Cuándo estudiarán ustedes la lección?
 8 ¿Adónde irás esta noche?
 9 ¿Quién irá de compras?
10 ¿Por cuánto tiempo estudiarás este fin de semana?
11 Yo no venderé mis libros. ¿Y tú?
12 ¿Comprarás joyas muy finas?
13 ¿Te escribirán tus padres?
14 ¿Qué comprarás este fin de semana?

correos
1988
Cuba   50
LA CUBANA

Habana-Milano 1967

Vuelos Transatlánticos

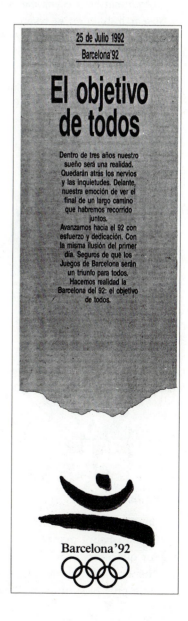

25 de Julio 1992
Barcelona'92

El objetivo de todos

Dentro de tres años nuestro
sueño será una realidad.
Quedarán atrás los nervios
y las inquietudes. Delante,
nuestra emoción de ver el
final de un largo camino
que habremos recorrido
juntos.
Avanzamos hacia el 92 con
esfuerzo y dedicación. Con
la misma ilusión del primer
día. Seguros de qué los
Juegos de Barcelona serán
un triunfo para todos.
Hacemos realidad la
Barcelona del 92: el objetivo
de todos.

Barcelona'92

Interacción en parejas

A *Todos quieren visitar otros países y hablar otros idiomas. Tomen turno y sigan el modelo.*

Yo—Montevideo
Yo visitaré Montevideo y hablaré español.

1 Tú—París
2 Nosotros—Salamanca
3 Lorenzo—Salt Lake City

4 Sherrie y Betty—Salzburgo
5 Vosotros—Moscú
6 Ustedes—Japón

B *Pregúntele a su compañero/a usando el futuro.*

buscar trabajo en el verano
¿Buscarás trabajo en el verano?

1 llegar a ser famoso/a algún día
2 dormir la siesta esta tarde
3 trabajar en Europa el año que viene
4 comprar un Porsche algún día

5 divertirte este fin de semana
6 vivir en Sudamérica con tu esposa/o
7 ir de compras en Madrid algún día

En el mercado central

El estanco está cerrado.

SHERRIE Perdón, señora. ¿No hay manzanas hoy?

SEÑORA No, señorita. No habrá hasta el martes.

BETTY ¿No puedo comprar sellos ahora?

UN SEÑOR No, está cerrado el estanco. Esta tarde podrá comprar sellos después de las cuatro.

En la tienda de porcelanas

VENDEDORA Tú sabes bastante bien el español, señorita.

SHERRIE Gracias, señora. Pero creo que nunca lo sabré muy bien.

VENDEDORA Sabrás bien pronto si sigues conversando.

Conteste.

1 ¿Hay manzanas en el mercado hoy?
2 ¿Cuándo habrá manzanas?
3 ¿Por qué no puede comprar sellos ahora Betty?
4 ¿Cuándo podrá comprarlos?
5 ¿Sabe muy bien el español Sherrie?

6 ¿Cuándo lo sabrá bien según la vendedora?
7 ¿Habrá manzanas en el supermercado?
8 ¿Podrás visitar España este verano?
9 ¿Cuándo sabrás tú perfectamente el español?

Verbos irregulares en el futuro

Most verbs use the infinitive as the future stem; however, the following verbs have irregular stems. The regular endings (discussed on p. 256) are attached to these stems.

INFINITIVE	FUTURE STEM	FUTURE TENSE (**yo**-*form*)
haber	**habr·**	**habré**
poder	**podr·**	**podré**
saber	**sabr·**	**sabré**
querer	**querr·**	**querré**

Habrá baile el sábado.	*There will be a dance Saturday.*
¿Podrás venir?	*Will you be able to come?*
Sabremos mañana.	*We will know tomorrow.*
Todos **querrán** ir.	*Everyone will want to go.*

The following verbs replace the **e** or **i** of the infinitive ending with **d**.

INFINITIVE	FUTURE STEM	FUTURE TENSE (**yo**-*form*)
tener	**tendr·**	**tendré**
venir	**vendr·**	**vendré**
poner	**pondr·**	**pondré**
valer	**valdr·**	**valdré**
salir	**saldr·**	**saldré**

Ella no **tendrá** ganas de ir.	*She won't feel like going (have a desire to go).*
¿Vendrán ellos en coche?	*Will they come by car?*
Me **pondré** el impermeable.	*I'll put on my raincoat.*
No **valdrá** la pena.	*It won't be worth the trouble.*
¿Cuándo **saldrán** ustedes?	*When will you leave?*

poder *to be able to*		**saber** *to know*	
podré	podremos	sabré	sabremos
podrás	podréis	sabrás	sabréis
podrá	podrán	sabrá	sabrán

Interacción en parejas

Vamos a hacer planes. Hágale las siguientes preguntas a su compañero/a.

1 ¿Tú sabes si habrá baile el sábado?
2 ¿Cuándo sabrás si va a haber baile?
3 Si hay baile, ¿querrás ir con tu novia/o?
4 ¿Valdrá la pena ir si no tienes cita (*date*)?
5 Si vas al baile, ¿podremos ir en tu coche?
6 ¿Cuándo será el campeonato de básquetbol?
7 ¿Valdrá la pena ver ese partido?
8 ¿Tendrás ganas de ir al partido con tu novio/a?
9 Si no vas con tu novio/a, ¿querrás ir conmigo?
10 ¿Vendrás a buscarme en tu coche?
11 ¿Qué te pondrás, un suéter o un impermeable?
12 Creo que el partido comienza a la una y media de la tarde. ¿A qué hora saldremos?
13 ¿Quién comprará los boletos, tú o yo?
14 ¿Adónde iremos después del partido?

In the following verbs the stem consonant **c** is replaced by **r**.

INFINITIVE	FUTURE STEM	FUTURE TENSE (**yo**-*form*)
hacer	**har-**	**haré**
decir	**dir-**[1]	**diré**

¿Cuándo lo **harás**?   *When will you do it?*
Le **diré** mañana.   *I will tell you tomorrow.*

A *Sustituya los nuevos sujetos en la frase y repítala.*

1 ¿Qué harás tú mañana?
ellos, usted, él, yo, ustedes, tú, Cecilia, vosotras
2 Te diré la verdad.
nosotros, ella, tú, ellas, usted, él, ustedes

B *Responda a las siguientes preguntas en el afirmativo según el modelo.*
¿Irán al mercado los estudiantes?
Sí, creo que irán al mercado.

1 ¿Dirá ella la verdad?
2 ¿Vendrán ellos temprano?
3 ¿Habrá clase mañana?
4 ¿Saldrán ellas en seguida?
5 ¿Hará buen tiempo mañana?
6 ¿Habrá partido de fútbol el sábado?
7 ¿Se pondrá ella ese vestido?

---

[1]Note that the **e** becomes **i** in the future stem of **decir**.

C *Responda que usted hará todas estas cosas más tarde.*

¿Quieres poner los sellos en la carta ahora?
No, los pondré más tarde.

1 ¿Quieres venir hoy?

2 ¿Quieres salir conmigo ahora?

3 ¿Quieres tener un novio/una novia ahora?

4 ¿Quieres hacer la tarea hoy?

5 ¿Quieres decir la verdad a tu novio/a?

6 ¿Quieres vender tu coche hoy?

7 ¿Quieres saber mi número de teléfono ahora?

Betty comprará de todo.

LORENZO Hay algo muy típico de
España en la Plaza Mayor.

SHERRIE Ah, ¿sí? ¿Qué será?

LORENZO Los famosos billetes de
lotería. A propósito, ¿dónde
está Betty?

SHERRIE No sé. Estará en alguna tienda.

Contestar usando el futuro de probabilidad.

1 ¿Dónde está Betty?

2 ¿Está en algún bar ella?

3 ¿Dónde están Lorenzo y Sherrie?

4 ¿Hay algo muy típico en la Plaza Mayor? ¿Qué será?

El futuro para expresar probabilidad

In Spanish, the future tense is sometimes used to express uncertainty or probability in the present.

Será como tú dices.	*It's probably like you say.*
¿**Será** cierto?	*Can it be true?*
¿**Vendrá** él hoy?	*I wonder if he is coming today.*
¿**Estará** en casa ella?	*Do you suppose she's home?*
¿**Tendrá** sueño el profesor?	*Can it be that the professor is sleepy?*
Sólo **estará** cansado.	*He's probably just tired.*
¿Ya **serán** las diez?	*Can it be ten o'clock already?*

A *Conteste las siguientes preguntas expresando probabilidad.*

1 ¿Quién tendrá que estudiar más, tú o
tu compañero/a de cuarto?

2 ¿Tendrá tu amiga dinero para comprar joyas?

3 ¿Tendrá sueño el profesor ahora?

4 ¿Vendrá tarde a la clase él?

5 ¿Irán al centro esta tarde tus amigos?

6 ¿Dónde estará tu compañero/a de cuarto ahora?

7 ¿Estarán en el laboratorio algunos estudiantes?

8 ¿Qué hora será?

9 ¿Estará en casa tu mamá?

10 ¿Habrá baile este fin de semana?

B *Dé el equivalente en español.*

1 Do you suppose he is in the market?
2 Can it be that she is sleepy?
3 The professor's probably sick.
4 Can it be that your boyfriend is buying you a ring?

C *Dé el equivalente en inglés.*

1 ¿Será que no vienen?
2 ¿Qué hora será?
3 ¿Costará mucho esa blusa?

4 ¿Dónde estará Lorenzo?
5 No sé dónde está. Estará en la joyería.

Interacción en parejas

Tomen turno respondiendo con el futuro de probabilidad.

> ¿Dónde está tu mamá hoy?
> **No sé. Estará de compras.**

1 ¿Cuánto cuesta un vestido nuevo?
2 ¿Cuántos años tiene tu abuelo?
3 ¿Qué hora es?

4 ¿Cuánto vale un Porsche?
5 ¿Tiene sueño hoy el profesor/la profesora?

¿Vamos de compras?

El presente en español con significado de *shall* o *will*

English *shall* and *will* often appear in questions about willingness. However, in this sense, they are not focusing on future time. Spanish uses present-tense verbs to formulate such questions.

Also, the verb **querer** is often used to express the notion of wishing or wanting. Note the following examples in which one person questions another regarding his or her willingness to do something. All these verbs are in the present tense.

¿**Entramos**?	*Shall we go in?*
¿**Vamos** de compras?	*Shall we go shopping?*
¿**Compro** estas joyas?	*Shall I buy these jewels?*
¿**Quieres** ir al centro?	*Will you (Do you want to) go downtown?*
¿**Quieres** venir conmigo?	*Will you (Do you want to) come with me?*

Interacción en parejas

A *Pregúntele a su compañero/a si usted debe hacer estas cosas. Siga el modelo.*

Responder ahora
¿Respondo ahora?

1 Vender el libro
2 Leventarme ahora

3 Salir de la clase
4 Comprar un par de zapatos

5 Tomar un refresco
6 Estudiar más

B *Conteste.*

1 ¿Compramos algo delicioso para comer esta noche?

2 ¿Estudiamos juntos?

3 ¿Cuándo estudiamos?

4 ¿Invitamos a los amigos también?

5 ¿Quieres llamarlos?

6 ¿Vamos ahora?

C *Dé el equivalente en español a su compañero/a y él/ella le contesta.*

1 Shall we leave?

2 Will you write to me often?

3 Shall I buy some shoes?

4 Will you help me with the lesson?

5 Shall I call the professor?

¿Te gustan éstos?

Los pronombres demostrativos

The forms of the demonstrative pronouns are the same as the forms of the demonstrative adjectives (see Lesson 1), except that the demonstrative pronouns have a written accent.

	SINGULAR		PLURAL	
	Masculine	*Feminine*	*Masculine*	*Feminine*
	éste	ésta	éstos	éstas
	ése	ésa	ésos	ésas
	aquél	aquélla	aquéllos	aquéllas

¿Zapatos? Me gustan **éstos**. — *Shoes? I like these.*
¿Cuánto valdrá **éste**? — *How much can this one be?*
¿Y **aquél**? — *And that one?*
Esta camisa es muy cara, **aquélla** no. — *This shirt is very expensive, that one isn't.*
De todos los autos, **éste** es el mejor. — *Of all the cars, this one is the best.*

Demonstrative pronouns agree in gender and number with the noun they replace. When a demonstrative stands for an idea, situation, or unspecified action, one of the following three neuter forms is used. (The neuter forms do not have a written accent.)

esto *this*
eso *that*
aquello *that*

Eso me parece barato. — *That seems cheap (inexpensive) to me.*
Eso no me gusta. — *I don't like that.*
Esto es ridículo. — *This is ridiculous.*
Aquello es absurdo. — *That's absurd.*

A *Conteste según los modelos.*

¿Te gusta este suéter?
No, prefiero ése.

1 estos pantalones
2 este sombrero
3 esta blusa

4 estas medias
5 este traje
6 este vestido

¿Qué te parece este traje?
Aquél me gusta más.

1 esta camisa
2 este broche

3 este anillo
4 esta corbata

B *Dé el equivalente en español.*

1 Do you like those shoes?
2 I don't understand that.
3 These shoes are very expensive, but those aren't.
4 Is that man over there your uncle?
5 No, the one with the hat is.
6 This is absurd.
7 I like this coat.
8 I don't like that one.

¿Dónde se venden estampillas?

El reflexivo como equivalente de la voz pasiva

When a subject acts upon an object, the verb is said to be in the active voice.

SUBJECT	OBJECT	(Active voice: subject acts on object.)
Betty compró **el disco** ayer.		*Betty bought the record yesterday.*

When the subject, rather than acting, is acted upon, the verb is said to be in the passive voice. A typical passive sentence in English is *The doors were opened at noon*. In Spanish a meaning of this kind may be expressed with a verb combined with the reflexive pronoun **se**. The verb used with **se** may be singular or plural; it agrees in number with the subject. The subject may follow or precede the verb.

(Passive voice: subject acted upon.)

Las puertas **se abrieron** al mediodía.   *The doors were opened at noon.*
Se compró el disco ayer.   *The record was bought yesterday.*

Marcos quiere saber dónde se hicieron las siguientes cosas. Responda a sus preguntas.

¿Dónde se compró ese libro?   (librería)
Se compró en la librería.

1 ¿Dónde se vendieron esas naranjas?   (mercado)
2 ¿Dónde se escribió este libro?   (Estados Unidos)
3 ¿Dónde se publicó este libro?   (Nueva York)
4 ¿Dónde se organizaron las Naciones Unidas?   (San Francisco)
5 ¿Dónde se hizo ese vestido?   (España)

VOCABULARIO ÚTIL

Establecimientos de servicios personales[1]

la peluquería	*barbershop*
lavar el cabello	*to wash one's hair*
cortar el pelo	*to cut one's hair*
la lavandería (en seco)	*laundry (dry cleaner)*
lavar (en seco) la ropa	*to wash (dry clean) the clothes*
limpiar la ropa	*to clean the clothes*
la sastrería	*tailor shop*
hacer un traje	*to make a suit*
hacer un vestido	*to make a dress*
la zapatería	*shoe store*
vender zapatos	*to sell shoes*
lustrar las botas	*to shine (someone's boots)*
reparar los zapatos	*to repair shoes*
el salón de belleza	*beauty salon*
arreglar el cabello	*to set the hair*
dar un champú y peinado	*to give a shampoo and set hair (hairdo)*
la librería	*bookstore*
vender libros	*to sell books*
comprar libros	*to buy books*
la carnicería	*meat market; butcher shop*
vender carne	*to sell meat*
cortar carne	*to cut up meat*
la farmacia	*pharmacy; drugstore*
vender aspirinas	*to sell aspirins*
comprar medicina	*to buy medicine*

---

[1]*Personal-service establishments*

A *Durante el fin de semana tu amigo quiere conseguir varios servicios. Usando el vocabulario presentado, dígale dónde puede recibirlos.*

¿Dónde me lavan el pelo?
Te lavan el pelo en la peluquería.

1 ¿Dónde me hacen un traje?
2 ¿Dónde me venden zapatos?
3 ¿Dónde me dan un champú y peinado?

4 ¿Dónde me limpian la ropa?
5 ¿Dónde me cortan el pelo?
6 ¿Dónde me lustran los zapatos?

B *Conteste las siguientes preguntas.*

1 ¿Dónde se venden aspirinas?
2 ¿Dónde se hacen vestidos?
3 ¿Dónde se corta la carne?

4 ¿Dónde se venden libros?
5 ¿Dónde se lustran los zapatos?

C *Diga por qué tú vas a los siguientes lugares.*

¿Por qué vas a la lavandería?
Allí me lavarán la ropa.

1 ¿. . . a la sastrería?
2 ¿. . . a la farmacia?
3 ¿. . . a la peluquería?

4 ¿. . . al salón de belleza?
5 ¿. . . a la carnicería?

Lo hago mañana.

El presente con significado futuro

In spoken Spanish the present indicative may be used with a future meaning.

Me **llevo** este disco.   *I'll take this record.*
Lo **hago** mañana.   *I'll do it tomorrow.*

A *Responda según el modelo.*

¿Vas a comprar ese disco?
Bueno, si tú quieres, lo compro.

1 leer esa novela
2 estudiar la lección
3 aprender el vocabulario

4 escribir la carta
5 comer esa manzana
6 llevar el disco

7 llamar a tu novio/a
8 hacer la tarea
9 vender tu coche

B *Conteste usando el presente del indicativo con significado futuro.*

¿Cuándo vas a salir del trabajo? (a las seis)
Salgo a las seis.

1 ¿Cuándo vas a cenar esta noche?
2 ¿Cuándo vas a ir a la peluquería?
3 ¿Cuándo vas a comprar una computadora?
4 ¿Cuándo vas a casarte?

Dibujar figuras en la vereda está muy de moda en Barcelona, España y en toda Europa.

—Sigan ustedes adelante dos cuadras y luego doblen a la izquierda. Así dice esta agente de policía de Sevilla, España.

EXPRESIONES ÚTILES

Pidiendo direcciones en la calle

¿Hay un banco por aquí?	*Is there a bank around here?*
¿En qué calle está . . .?	*On which street is . . .?*
¿Por dónde se va a . . .?	*How does one get to . . .?*
Está ahí no más.	*It's right over there.*
Está en la esquina de las calles . . . y . . .	*It's on the corner of streets . . . and . . .*
Doble usted a la izquierda . . .	*Turn to the left . . .*
Doble usted a la derecha . . .	*Turn to the right . . .*
Camine usted derecho dos cuadras . . .	*Walk two blocks straight ahead . . .*
Camine usted media manzana . . .	*Walk half a block . . .*
Siga usted por esta calle . . .	*Go down this street . . .*

Interacción en parejas

A *Usted está en la Plaza Mayor y está pidiendo direcciones a un señor que conoce muy bien la ciudad. Pregunte la dirección de las varias casas comerciales. Su compañero/a tomará el papel del señor que conoce la ciudad. Luego, cambien de papel y repitan el ejercicio. Siga el modelo.*

PLANO DE LA CIUDAD

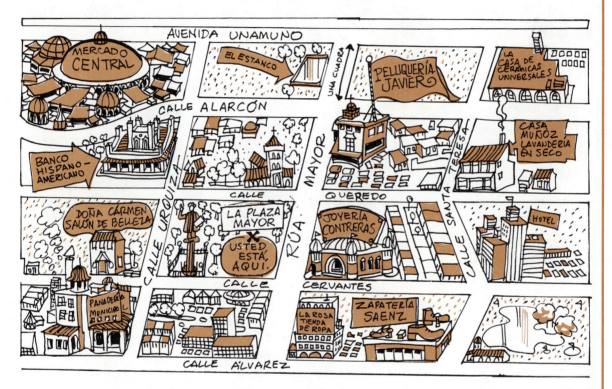

¿. . . peluquería Javier?
ESTUDIANTE 1   **¿Por dónde se va a la Peluquería Javier?**
ESTUDIANTE 2   **Siga usted por la Rúa Mayor una cuadra. Está en la esquina de las calles Alarcón y Rúa Mayor.**

1 ¿. . . el Banco Hispanoamericano?   5 ¿. . . la Zapatería Saenz?

2 ¿. . . la Panadería Municipal?   6 ¿. . . el estanco?

3 ¿. . . el Mercado Central?   7 ¿. . . el Salón de Belleza?

4 ¿. . . la Lavandería Muñoz?   8 ¿. . . la Joyería Contreras?

B *Dígale a su compañero/a todas las cosas que estas personas harán mañana.*

C *Dígale a su compañero/a adónde usted irá y todo lo que hará este fin de semana.*

D *Pregúntele a su compañero/a lo que va a hacer el verano que viene. Su compañero/a le contestará. Luego cambien de papel.*

¡Se chocaron! ¡Qué lástima! Los accidentes de coches cuestan mucho. (Madrid, España)

LECTURA

LA LOTERÍA

En el mundo hispánico es muy común comprar un número de lotería con la esperanza de ganar[] un premio y sacarse[] mucho dinero. En España y en casi todos los países de Latinoamérica hay lotería. Generalmente está en manos del gobierno central y algunos de los beneficios[] son para los hospitales y la asistencia pública. En la lotería hay muchos premios de valores diferentes. El premio más grande se llama «el gordo[]» y paga miles de pesos o pesetas. Los premios más grandes se pagan en la Navidad, el Año Nuevo y los días festivos. A muchas personas les gusta comprar números de la lotería a los ciegos porque creen que así tienen mejor suerte. A otros les gusta comprárselos a los niños. Algunos prefieren comprar un número de lotería aunque necesiten el dinero para comer. Hay personas muy ricas y pobres que compran billetes de lotería. Algunos ganan una fortuna. Muchos se acuestan con ilusiones de ser ricos y por la mañana se levantan temprano para ver los resultados en el diario pero . . . nada. No hay suerte esta vez. Otra decepción[]. Muchos no compran billetes. Creen en el refrán que dice «Más vale pájaro en mano que ciento volando».

la esperanza . . . *the hope of winning / getting*
profits

"the fat one"

disappointment

Preguntas

1 ¿En manos de quién está la lotería?
2 ¿Qué hace el gobierno central con los beneficios?
3 ¿Qué es «el gordo»?
4 ¿Cuándo pagan los premios más grandes?
5 ¿Quiénes compran billetes de lotería?
6 ¿Por qué les compran algunos a los ciegos y a los niños?
7 ¿Qué decepción hay para muchos?
8 ¿Quieres comprar un número de lotería?
9 ¿Existe la lotería en los Estados Unidos?
10 Muchos no compran billetes de lotería. ¿Por qué?

Interacción en parejas

A *Usted acaba de recibir su cheque. Dígale a su compañero/a lo que hará con el dinero; luego conteste las preguntas de su compañero/a.*

B *Usted piensa hacer un viaje a México. Dígale a su compañero/a todas las cosas que tiene que comprar, dónde las comprará y qué servicios personales necesita; luego conteste las preguntas de su compañero/a. Cambien de papel y repitan.*

C **La Bola de Cristal.** *Tomando el papel de la adivina* (fortune teller) *con su bola de cristal, conteste estas preguntas con mucha imaginación, sátira y buen humor.*

Modelo: tener muchos hijos o pocos

ESTUDIANTE 1 **¿Tendré muchos hijos o pocos?**
ESTUDIANTE 2 (La adivina) **¡Tendrás un montón de hijos!** o
¡Nunca tendrás ni hijos ni perros!

1 ser feliz o desdichado/a (*unfortunate, unlucky*) en el matrimonio
2 ganar mucho o poco dinero
3 manejar un Porsche o un Edsel
4 vivir una vida de lujo o de miseria
5 morir de la vejez (*old age*) o de un cardíaco (*heart attack*)
6 ir al cielo (*heaven*) o al infierno (*hell*)

D *En una entrevista con su compañero/a hágale las siguientes preguntas.*

1 ¿Qué vas a hacer esta noche?
2 ¿Adónde irás mañana?
3 ¿Vas al cine este fin de semana?
4 ¿En qué mes vas de vacaciones?
5 ¿Vas a seguir en esta universidad el año que viene?
6 ¿Adónde irás de vacaciones el verano que viene?
7 ¿Dónde trabajarás después de graduarte?
8 ¿Dónde vivirás?
9 ¿Te casarás? ¿Cuándo?
10 ¿Tendrás una familia grande o pequeña?

EN POCAS PALABRAS

Complete las frases

1 Mañana lo _____.
2 _____ a la sastrería esta noche.
3 _____ conmigo?
4 Ellos tendrán que _____.
5 Tú me _____. ¿Verdad?

Forme preguntas

¿Cuál fue la pregunta que le hizo su amigo a usted en cada uno de los siguientes casos?

1 Compraré zapatos con ese dinero.
2 Mañana saldré a las siete.
3 No, no le gustará ese broche.
4 Yo prefiero ésta.
5 El profesor tendrá treinta y cinco años.

Este elegante obelisco adorna la Avenida Nueve de Julio en Buenos Aires.

Breves conversaciones

Pregúntele a _____

si le gusta el traje del profesor (el vestido de la profesora).

si irá de compras el sábado.

si tendrá que estudiar el viernes.

si irá al parque el domingo.

si se levantará a las seis.

si se acostará a las diez.

si estudiará la lección mañana.

si comprará un regalo para su amigo/a.

Preguntas personales

1 Yo no voy a comprar nada este mes. ¿Y tú?

2 ¿Te gusta ir de compras?

3 ¿Vas de compras el sábado?

4 ¿Comprarás un vestido (un traje)?

5 ¿Dudas que se vendan vestidos en una zapatería?

6 ¿Comprarás otro par de zapatos?

7 ¿Cuándo te lustras los zapatos?

8 ¿Llevarás la ropa a la carnicería para lavarla?

9 ¿Quieres que tu novio/a te compre algo?

10 ¿Te lavarás el cabello en casa o irás a la peluquería?

11 Según el horóscopo, ¿será éste un mes de mucha suerte para ti?

12 ¿Cuándo vas a estudiar?

13 ¿Habrá clases el sábado? ¿Por qué?

14 ¿Qué harán tú y tus amigos mañana?

15 ¿Dónde estarás mañana a las seis?

PRONUNCIACIÓN

Spanish words with many syllables

The following words contain three syllables or more. Make sure you keep all the vowels pure, avoiding the schwa or *uh*-sound typical of English pronunciation.

pasara	Bogotá	insistirás	comprando	dejaremos
horóscopo	escorpio	solteros	anuncian	mostrarnos
selección	bonitas	señorita		

VOCABULARIO

absurdo	*absurd*
aquél, aquélla	*that one* (pron.)
aquello	*that* (pron.)
aquéllos, aquéllas	*those* (pron.)
auténtico	*authentic*
auto	*car, automobile*
barato	*cheap, inexpensive*
belleza	*beauty*
el **billete**	*ticket*
el **broche**	*brooch, clasp, pin*
cabello	*hair*
carnicería	*butcher shop; meat market*
caro	*expensive*
central	*central*
cerilla	*match*
cerrado	*closed*
ciego/a	*blind person*
el **comedor**	*dining room*
cuadra	*block* (city)
el **champú**	*shampoo*
derecho	*right; right-hand; straight ahead*
a la derecha	*to the right*
el **equivalente**	*equivalent*
ése, ésa	*that one* (pron.)
ésos, ésas	*those* (pron.)
esquina	*corner*
establecimiento	*establishment*
estampilla	*stamp*
estanco	*stand* (kiosk); *store*
éste, ésta	*this one* (pron.)
esto	*this* (pron.)
éstos, éstas	*these* (pron.)
fantasía	*fantasy*
farmacia	*pharmacy; drugstore*
gana	*desire*
el **impermeable**	*raincoat*
izquierdo	*left; left-hand*
a la izquierda	*to the left*
joya	*jewel*
joyería	*jewelry store*
lavandería	*laundry*
lavandería en seco	*dry cleaner*
librería	*bookstore*
lotería	*lottery*
manzana	*block* (city)

millonario/a	*millionaire*
mismo	*self; same*
el **montón**	*pile; heap*
un montón de	*a lot of*
la **nación**	*nation*
Naciones Unidas	*United Nations*
pájaro	*bird*
pasivo	*passive*
peinado	*hairdo*
pelo	*hair*
peluquería	*barbershop*
pena	*effort, trouble*
personal	*personal*
plata	*silver; money* (slang)
porcelana	*porcelain*
la **probabilidad**	*probability*
público	*public*
recuerdo	*souvenir, remembrance, keepsake*
ridículo	*ridiculous*
el **salón**	*salon; room*
sastrería	*tailor shop*
seco	*dry*
servicio	*service*
la **suerte**	*luck*
tabaco	*tobacco*
unido	*united*
zapatería	*shoe shop, shoe store*

Verbos

abrir	*to open*
acompañar	*to accompany*
arreglar	*to arrange; to adjust; to fix; to set* (hair)
caminar	*to walk*
doblar	*to turn*
encontrarse con	*to meet, run into; to be found*
expresar	*to express*
frecuentar	*to frequent*
organizar	*to organize*
publicar	*to publish*
reparar	*to repair*
tratar de	*to try to*

valer (valgo)	*to be worth*
vender	*to sell*
volar (**ue**)	*to fly*

Otras expresiones

algún día	*some day*
por aquí	*around here*
tener ganas de + *inf.*	*to feel like* (doing something)

tener suerte	*to be lucky*
valer la pena	*to be worth the trouble*

Refrán

Más vale pájaro en mano que ciento volando.

A bird in the hand is worth two in the bush (worth more than a hundred flying).

A la moda, **SÍ**, pero con estilo de hombre

Un corte de cabello
fino y elegante
sólo en ...

DON JOHN BARBER SHOP
LA PELUQUERIA DE MODA <u>PARA HOMBRES</u>

Atendido por:
Juan R. Hernández A.
Su Estilista Peluquero

Cond. Lisboa, Calle a San
Antonio Abad y Av. Lisboa
Local No. 4, San Salvador

Los pasatiempos

Dios bendiga al que no me
haga perder el tiempo.

PERSPECTIVA

Functional conversational goals You should be
able to
1 indicate where you would like to go, what you would
   like to see or do while traveling and sightseeing.
2 communicate what you would like to be or to do
   someday.
3 explain what you promised you would do.
4 tell several things you would do with more money,
   time, or talent.
5 tell how you would like to spend your free time.

Language You will study and practice
1 the conditional tense.

2 the conditional in softened requests.
3 the conditional used to express probability in the
   past.
4 the uses of **por** and **para**.
5 the reflexive **se** as a nonpersonal subject.
6 the present subjunctive—a review.

Culture You will learn about
1 some aspects of nightlife and entertainment in
   Madrid.
2 flamenco music and dancing.

CONVERSACIONES

¿CUÁL ES TU PASATIEMPO FAVORITO?

*Kelly y Daniel son dos americanos que están con la Fuerza Aérea de los Estados
Unidos en España, cerca de Madrid. Trabajan como mecánicos de aviones. En su
tiempo libre fueron al Café de las Chinitas para ver el Tablao Flamenco.
Conocieron a una bailarina del tablao. Ahora los tres están cenando. Están
comentando sobre sus pasatiempos favoritos y sus anhelos en la vida.*

KELLY Mi pasatiempo favorito es de trabajar con los aviones y estudiar aviación.
       Quiero ser piloto pero no tengo suficientes clases de matemáticas. Con
       más estudios me permitirían hacer solicitud para el entrenamiento de
       piloto. Con más tiempo yo leería más revistas sobre la aviación y los

275

—No creerían lo que me pasó.
—Pues cuenta, cuenta.

nuevos adelantos científicos. Con mi propio avión yo llevaría a vosotros a pasear a África. ¿Cuándo será ese día?

DANIEL Yo preferiría pasar todo el día en la cocina experimentando con nuevas recetas. Me fascina la cocina española. También la francesa. ¡Qué cosas exquisitas saben preparar en Europa! Yo podría cenar en un restaurante diferente todas las noches en Madrid, pero me falta dinero. Como mecánicos ganamos poco. Algún día voy a heredar una fortuna de una tía que me quiere mucho, pero ahora no tengo centavo. Con ese dinero yo aprendería muchos idiomas y viajaría por todo Europa para conocer el arte del buen comer. Luego en los Estados Unidos montaría un programa de televisión para mostrar cómo se preparan los platos más exóticos del mundo.

FELIZA La pasión dominante de mi vida es el canto. No hay secretos. Todo el mundo sabe que me encanta todo tipo de música, especialmente la clásica. Se dice que bailo bien pero tengo una voz bastante mediocre. Estoy convencida de que no me aceptarían en ninguna de las escuelas importantes de canto. ¡Qué bello sería estudiar con un gran maestro, y cómo me gustaría cantar algún día en los grandes salones de ópera en Milano, París y Londres!

Parece un sueño imposible. Me hace falta más esperanza. Con la posibilidad de progresar y tener éxito algún día como cantante de ópera, yo trabajaría con gusto ocho horas al día en la tienda de discos y seguiría cantando y bailando toda la noche para pagar las lecciones.

Preguntas

1 ¿Qué hacen en España los dos amigos, Daniel y Kelly?

2 ¿Qué oficio tienen los dos?

3 ¿Dónde conocieron a Feliza?

4 ¿Qué oficio tiene Feliza?

5 ¿De qué están hablando los tres amigos?

6 ¿Cuál es el pasatiempo favorito de Kelly?

7 Con más estudios, ¿qué le permitirían hacer?

8 Con más tiempo, ¿qué leería Kelly?

9 Con su propio avión, ¿adónde llevaría a Feliza y a Daniel?

10 ¿Cómo preferiría Daniel pasar todo el día?

11 Con más dinero ¿qué podría hacer Daniel?

12 ¿De quién espera Daniel heredar mucho dinero?

13 Con ese dinero, ¿adónde viajaría Daniel?

14 ¿Qué tipo de programa de televisión montaría Daniel?

15 ¿Cuál es la pasión más importante en la vida de Feliza?

16 ¿Qué tipo de música le encanta a Feliza?

17 ¿Baila mejor que canta Feliza?

18 ¿Cómo es la voz de Feliza?

19 ¿Por qué no la aceptarían en ninguna escuela importante de canto?

20 ¿Con quién le gustaría estudiar?

21 Con la posibilidad de tener éxito como cantante, ¿qué seguiría haciendo Feliza?

NOTAS CULTURALES

EL TABLAO FLAMENCO

Literalmente el tablao (o el tablado) se refiere a las tablas de madera que usan los artistas como plataforma. El tablao flamenco es el nombre que se da a todo el programa flamenco que presenta un grupo de bailadores, cantadores y guitarristas.

El flamenco es más popular en las regiones del sur de España, aunque los tablaos se presentan en todas partes del país. Se dice que los intérpretes más auténticos del baile y del canto flamenco son los gitanos de Andalucía.

Los músicos no usan música escrita. Todo es improvisado como en un conjunto de jazz. Muchas veces el guitarrista, que está en el conjunto principalmente para acompañar a los artistas, comienza el tablao tocando la guitarra. Toca diferentes selecciones como sevillanas, seguidillas o malagueñas. Luego un cantante, en la mayoría de los casos un hombre, sale al tablao y canta varios números. Muchos de los cantos flamencos son lamentos dolorosos y tristes o expresiones de pasiones fuertes.

Las emociones continúan aumentando. Salen los artistas más importantes con sus bailes vigorosos y poderosos. Los bailadores bailan solos o con el grupo que se compone de hombres y mujeres. Los que no están bailando animan a los otros con comentarios apropiados (¡olé! ¡viva tu gracia!) y ayudan al guitarrista a establecer el ritmo golpeando las manos al compás de la música.

Preguntas

1 ¿Qué es un tablao flamenco?
2 ¿En qué parte de España interpretan más auténticamente el flamenco?
3 ¿Cómo es la música que acompaña el baile y canto flamenco?
4 ¿Cuál es el instrumento más importante que usan para acompañar el baile?
5 ¿Son alegres los cantos flamencos?
6 ¿Qué dicen los artistas para animar a sus compañeros?

MADRID DE NOCHE

En Madrid, como en todas las otras ciudades de España, la vida nocturna comienza relativamente tarde. Las funciones de la tarde en los teatros y cines suelen comenzar a las siete de la noche y las funciones principales no comienzan hasta las diez o las once de la noche. La primera actuación de baile y de canto flamenco suele comenzar cerca de la medianoche y la segunda a las tres de la madrugada. Si la gente tiene que trabajar al día siguiente, les va a hacer falta una buena siesta en la tarde, ¿no?

suelen . . . *usually start*

cerca de *around*

Preguntas

1 ¿A qué hora suelen comenzar las funciones de teatro en Madrid?
2 ¿Cuándo comienza la primera actuación de flamenco?
3 ¿Qué significa **madrugada**?
4 ¿Por qué necesitan una siesta algunos de los madrileños?

INTERACCIÓN Y COMUNICACIÓN

Los anhelos y pasatiempos

A África

FELIZA Con tu propio avión, ¿adónde me llevarías, Kelly?
KELLY Te llevaría a pasear a África.

Con gusto

KELLY Con más esperanza, ¿cómo trabajarías?
FELIZA Yo trabajaría con gusto.
KELLY ¿Y seguirías cantando?
FELIZA Sí, seguiría cantando y bailando.

En Nueva York o Madrid

FELIZA Con el dinero de tu tía, ¿qué
aprenderías?

DANIEL Yo aprendería muchos idiomas
y viajaría por toda Europa.

FELIZA ¿Vivirías en Nueva York o Madrid?

DANIEL Viviría en Nueva York y Madrid
también.

Conteste.

1 ¿Adónde llevaría Kelly a Feliza a pasear?

2 Con más esperanza, ¿cómo trabajaría Feliza?

3 ¿Qué seguiría haciendo Feliza?

4 ¿Qué haría Daniel con el dinero de su tía?

5 ¿Dónde viviría Daniel?

6 Con más dinero, ¿seguirían ustedes estudiando?

7 Con mucho tiempo, ¿aprenderían ustedes más idiomas?

8 ¿Viajarían ustedes por toda Europa?

9 ¿Vivirías en Madrid o Nueva York?

El condicional

The conditional of regular verbs is formed by adding a set of endings to the complete infinitive. These endings are the same for all three conjugations.

$$
\text{Infinitive} +
\begin{cases}
\text{-ía} & \text{-íamos} \\
\text{-ías} & \text{-íais} \\
\text{-ía} & \text{-ían}
\end{cases}
\qquad \textbf{llevar + ía = llevaría}
$$

With the exception of the verbs with irregular stems presented on p. 281, all verbs are regular in the conditional.

The conditional in Spanish is sometimes used to express a hypothetical action. In these uses it is the equivalent of *would* plus a verb in English. (Notice that the action named is in the future.)

¿**Viviría** usted ahí?	*Would you live there?*
Sí, yo **viviría** ahí.	*Yes, I'd live there.*

In English, *would* sometimes means *used to*. (The action named in this case is in the past.) Spanish uses the imperfect in these situations, not the conditional.

Siempre **íbamos** en autobús.   *We would (used to) always go by bus.*

The conditional is used to indicate an action that would occur if a condition were met. The condition to be met may be either implied or expressed.

Con más tiempo yo **leería** una novela.   *With more time I would read a novel.*

Yo **preferiría** pasar todo el día en la cocina.   *I would rather spend the entire day in the kitchen.*

¿Sería la Edad Media? No. Es la celebración de Semana Santa de Sevilla, España.

The conditional is used to refer to an action which is projected forward in time from a point in the past.

Dijo que la **llevaría** a África.	*He said that he would take her to Africa.*
Prometió que **leería** las lecciones en casa esta noche.	*She promised she would read the lessons at home tonight.*

The conditional is to the past what the future is to the present.

PRESENT—FUTURE
Dice que **estará** aquí mañana.   *He says he will be here tomorrow.*

PAST—CONDITIONAL
Dijo que **estaría** aquí mañana.   *He said he would be here tomorrow.*

Verbos regulares en el condicional

trabajar		aprender		vivir	
trabajaría	trabajaríamos	aprendería	aprenderíamos	viviría	viviríamos
trabajarías	trabajaríais	aprenderías	aprenderíais	vivirías	viviríais
trabajaría	trabajarían	aprendería	aprenderían	viviría	vivirían

A *En una conversación Daniel le dijo a Kelly que no trabajaría día y noche. Diga que las siguientes personas tampoco trabajarían día y noche.*

1 el profesor   4 los venezolanos   7 nosotros   10 tú
2 ellas   5 Jorge   8 vosotras   11 usted
3 Fernando   6 ustedes   9 yo

B *A Fernando le gustaría ver un tablao flamenco. ¿Quiénes son otras personas con ese deseo?*
Carmen
A Carmen también le gustaría ver un tablao flamenco.

1 Miguel   3 los venezolanos   5 ella   7 él
2 nosotras   4 Arturo   6 ellos   8 usted

280

C *Conteste según el modelo.*

Yo no viviría en Europa. ¿Y usted?
Sí, yo viviría en Europa.
No, yo no viviría en Europa.

1 ¿Y ellas?　　　3 ¿Y su tía?　　　5 ¿Y sus padres?

2 ¿Y ustedes?　　4 ¿Y sus abuelos?

D *Hablando de sus planes para el futuro, Daniel dijo las siguientes cosas. Cuente lo que él dijo.*

DANIEL　Viviré en Madrid.
　　　　　Dijo que viviría en Madrid.

1 Veré un tablao flamenco este sábado.

2 Trabajaré en Madrid.

3 Compraré unos regalos para mi familia.

4 Viajaré mucho durante las vacaciones.

5 Bailaré los bailes típicos de España.

6 Iré al teatro con mi novia.

7 Escribiré una carta mañana.

Verbos con raíces irregulares en el condicional

The verbs that have irregular stems in the future have the same irregular stems in the conditional.

INFINITIVE	FUTURE AND CONDITIONAL STEM	(**yo**-*form*) CONDITIONAL
haber	**habr-**	**habría**
poder	**podr-**	**podría**
saber	**sabr-**	**sabría**
poner	**pondr-**	**pondría**
tener	**tendr-**	**tendría**
venir	**vendr-**	**vendría**
salir	**saldr-**	**saldría**
valer	**valdr-**	**valdría**
querer	**querr-**	**querría**
decir	**dir-**	**diría**
hacer	**har-**	**haría**

¿Qué programa miran? Es posible que sea de fútbol. Está de moda en Perú también.

A *Cuente lo que dijo Julia.*

JULIA　Habrá fiesta el sábado.
　　　　Julia dijo que habría fiesta el sábado.

1 Alicia podrá venir más tarde.

2 Haré el trabajo después de comer.

3 Los venezolanos saldrán pronto.

4 Fernando lo sabrá el martes.

5 Tendré que trabajar esta noche.

6 Manolo y Manuel vendrán a las ocho.

B *Responda según los modelos.*

¿Qué le prometiste a la profesora, estudiar más?
Sí, le prometí que estudiaría más.
No, no le prometí que estudiaría más.

1 hablar mejor
2 ir a España
3 llegar temprano a la clase

4 no dormir en la clase
5 aprender los verbos

¿Qué les prometiste a tus padres, trabajar mucho?
Sí, les prometí que trabajaría mucho.
No, no les prometí que trabajaría mucho.

1 comer muy poco
2 decir la verdad
3 volver a casa

4 ganar mucho dinero
5 no salir nunca
6 buscar una novia

¿Qué le dijiste a tu amiga? ¿Vienes o no vienes?
Le dije que no vendría.

1 ¿Quieres o no quieres?
2 ¿Bailas o no bailas?

3 ¿Sales o no sales?
4 ¿Puedes o no puedes?

Con más tiempo, ¿podrías visitar a tus amigos?
Sí, visitaría a mis amigos.
No, no visitaría a mis amigos.

1 ¿hacer turismo en Madrid?
2 ¿leer más?
3 ¿dormir más?

4 ¿escuchar la radio?
5 ¿pasar más tiempo en casa?

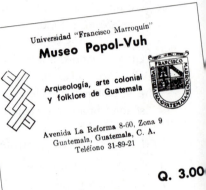

Interacción en parejas

A *Pregúntele a su compañero/a de clase qué le gustaría más, siguiendo el modelo. Luego, cambien de papel.*

¿Te gustaría más ser rico/a o ser feliz?
Me gustaría más ser feliz.

¿Te gustaría más . . .

1 estudiar español o escuchar la radio?
2 trabajar en un banco o en un hospital?
3 tener amigos o tener dinero?
4 ir a España o a México?
5 vivir en el campo o en la ciudad?

6 ver un tablao flamenco o ir a la ópera?
7 leer un libro de historia o un libro de español?
8 ver una película o jugar al tenis?
9 escuchar rock 'n' roll o country western?
10 ser rico/a o feliz?

B *Dígale a su amigo/a de clase seis cosas que haría con mucho dinero.*

Ministerio de Cultura
Dirección General del Patrimonio Artístico, A. y M.
PATRONATO DE LA CIUDAD MONUMENTAL
M E R I D A

TEATRO Y ANFITEATRO
(2 monumentos)

100 pts.

N° 141418

Gráficas Vadillo - Mérida

¿Podrías aconsejarnos?

El condicional en peticiones corteses

The conditional is used in softened requests and suggestions.

> **¿Podrías** aconsejarnos una buena película?
>
> *Could you recommend a good movie to us?*
>
> Usted **debería** explicarlo mejor.
>
> *You should explain it better.*

Forme peticiones más corteses de las siguientes frases.

> ¿Puede usted decirme la hora?
>
> **¿Podría usted decirme la hora?**

1 ¿Puede usted acompañarme?

2 ¿Quiere usted ayudarme?

3 ¿Me presta usted un sobretodo?

4 ¿Me da usted el menú?

5 ¿Me pasa usted la sal?

[Advertisement: NUEVO APOLO — TEATRO MUSICAL DE MADRID. Por primera vez en España LOS CREADORES, EL MUSICAL DEL TANGO Y LA CANCION ARGENTINA. Gran Orquesta, Solista, Bailarines y coro. MARIANO MORES — El Tango (Adiós Pampa Mía). ARIEL RAMIREZ — La Canción (Alfonsina y el Mar). CRISTINA CARAM • DANIEL CORTES • ZAMBA QUIPILDOR DOMINGO CURA • CUARTETO DE LOS ANDES CORAL SANTO TOMAS DE AQUINO. 100 ARTISTAS EN ESCENA. UNICOS DIAS DEL 19 DE OCTUBRE AL 5 DE NOVIEMBRE. Venta anticipada en taquilla. Colabora: AEROLINEAS ARGENTINAS. ESPECTACULO PATROCINADO POR: CAJA DE MADRID]

Estarían con los vecinos.

> KELLY ¿Dónde estaban tus padres anoche?
>
> FELIZA No estoy segura. Estarían con los vecinos.

Estarían con los vecinos.

No estoy segura.

The conditional here (**estarían**) indicates probability.
(She is not sure.)

Estaban con los vecinos.

Estoy segura.

The imperfect tense (**estaban**) indicates certainty.
(She is sure.)

El condicional para expresar probabilidad en el pasado

The conditional may also be used to express probability in the past. In contrast, the imperfect would be used to indicate certainty in the mind of the speaker.

Remember that the future is used to express probability in the present.

> —¿Dónde está Carlos?
>
> *Where is Charles?*
>
> —**Estará** en casa de su amigo.
>
> *He **is** probably at his friend's home.*
>
> —¿Dónde estaba Carlos?
>
> *Where was Charles?*
>
> —**Estaría** en casa de su amigo.
>
> *He **was** probably at his friend's home.*

Interacción en parejas

Conteste las preguntas de su compañero/a según los modelos.

¿Qué hora era cuando llegaste a casa anoche?
No sé. Serían las doce.

1 ¿Qué hora era cuando entró tu compañero/a de cuarto anoche?
2 ¿Qué hora era cuando salieron los estudiantes de la clase ayer?
3 ¿Qué hora era cuando vino a la clase el profesor/la profesora?

¿Dónde estaba tu compañero/a anoche?   (con su novia/o)
No tengo idea. Estaría con su novia/o.

1 ¿Dónde estaba el profesor/la profesora mientras tú estudiabas anoche?   (en el cine)
2 ¿Qué hacía tu novia/o mientras estudiabas?   (estudiar también)
3 ¿Qué hacía el profesor/la profesora cuando llegaste a la clase?   (dormir en su oficina)

Pasamos por Salamanca para Madrid.

Usos de por y para

Por and **para** both frequently are equivalent to English *for*; however, they are not interchangeable. In general, **por** is used to express *for* in the sense of *in exchange for*, *because of*, or *for that reason*. **Para** expresses the idea of *for* in the sense of *intended for*, *for the purpose of*, or *in order to*. A more detailed explanation of their respective uses is given below.

por	**para**
POR IS USED IN EXPRESSIONS OF:	PARA IS USED IN EXPRESSIONS OF:
Exchange (in exchange for)	***Intended recipient*** (intended for)
Pagué doscientas pesetas **por** los boletos.	Los boletos son **para** Daniel.
I paid two hundred pesetas for the tickets.	*The tickets are for Daniel.*
	¿Hay una carta **para** mí?
	Is there a letter for me?
Cause or motive (because of, for the sake of)	***Purpose*** (for the purpose of, in order to)
Por mí sólo no lo hagan.	Los invitaron **para** tomar café.
Don't do it for me alone.	*They invited them to have coffee.*
Lo hice **por** amor.	La noche es **para** divertirse.
I did it because of love.	*Night is for having a good time.*
	Fueron a Madrid **para** divertirse.
	They went to Madrid to have fun.
Replacement (for, in place of, instead of)	***Beneficiary*** (for the benefit of)
Fernando trabajó **por** Arturo ayer.	Arturo trabaja **para** una compañía grande.
Fernando worked for Arturo yesterday.	*Arturo is working for a large company.*

por

Duration of time (for)

Hablamos de pasatiempos **por** dos horas.

We spoke about pastimes for two hours.

Measure or number (per)

Vuelan a 250 kilómetros **por** hora.

They fly at 250 kilometers per hour.

General location in time or space

(by, along, through, around, in, at)

No vamos a trabajar **por** la noche.

We are not going to work at night.

Pasaremos **por** el café.

We will go by the café.

Hay buenos cines **por** aquí.

There are good movie theaters around here.

Object of errand (to go for)

Kelly fue **por** los boletos.

Kelly went for the tickets.

Fui **por** el correo.

I went for the mail.

Mistaken identity

A Daniel lo toman **por** mexicano.

They take Daniel for a Mexican.

para

Time deadline (by a certain time)

Dijo que estaría aquí **para** mañana.

He said he would be here by tomorrow.

Direction toward a place

Saldremos **para** Madrid.

We shall leave for Madrid.

Unequal comparison

Para una película de terror no está mal.

For a horror movie it's not bad.

Jaime es muy niño **para** su edad.

Jim is very childish for his age.

A *Responda empleando* **para** *y luego explique por qué se usa* **para** *en estas frases.*

1 ¿Para qué fueron a Madrid Kelly y Daniel?   (ver el tablao)
2 ¿Para qué fueron al café?   (cenar con Feliza)
3 ¿Para dónde saldría Daniel?   (Venezuela)
4 ¿Para qué usaría el dinero Daniel?   (viajar)
5 ¿Para qué iría Feliza a París?   (cantar en la ópera)
6 Para progresar, ¿qué haría Feliza?   (trabajar día y noche)
7 ¿Para cuándo dijo que estaría aquí?   (mañana)
8 ¿Para quién son las cartas?   (Feliza)
9 ¿Quién no está mal para actor de cine?   (Cantinflas)
10 ¿Para qué clase de compañía trabajas?   (compañía de petróleos)

B *Conteste las siguientes preguntas empleando* **por** *y explique por qué se usa* **por**.

1 ¿Cuánto pagaron por los boletos?   (trescientas pesetas)

2 ¿Por quién trabajó Kelly en enero?   (Daniel)

3 ¿Quién fue por los boletos?   (Miguel)

4 ¿Cuándo va a bailar Feliza en el café?   (la noche)

5 ¿Por cuánto tiempo hablaron de pasatiempos?   (dos horas)

6 ¿A cuántos kilómetros por hora vuelan?   (a doscientos kilómetros)

7 ¿Por dónde hay buenos cines?   (aquí)

8 ¿Por dónde pasarán después de ver la obra?   (los Canasteros)

9 ¿A ti por quién te toman?   (norteamericano/a)

C *Complete estas frases con* **por** *o* **para** *y explique el porqué en cada caso.*

1 Estoy en esta clase _____ aprender español.

2 _____ aprender mucho tengo que estudiar _____ la noche.

3 Me gustaría ir a Madrid _____ ver un tablao flamenco.

4 Durante el viaje sería bueno pasar _____ Portugal.

5 Si hablo muy bien el español me van a tomar _____ español.

6 Estoy seguro que hay buenos cines _____ aquí.

7 Clint Eastwood no es mi favorito pero no está mal _____ actor americano.

8 Yo creo también que la noche es _____ divertirse.

9 Aquí sólo se puede viajar a 90 kilómetros _____ hora.

10 En Madrid tendríamos que pagar sólo 250 pesetas _____ los boletos.

11 Ayer no había carta _____ mí.

12 Me gustaría salir mañana temprano _____ España.

13 Yo quiero trabajar _____ una compañía pequeña.

14 _____ el momento no tengo dinero ni trabajo tampoco.

15 Ayer estudiamos español _____ dos horas.

VOCABULARIO ÚTIL

Frases hechas con **por** y expresiones temporales con **hace**

por

por el momento	*for the moment*	**por ejemplo**	*for example*
por la mañana	*in the morning*	**por favor**	*please*
por la noche	*in the evening*	**por fin**	*at last*
por la tarde	*in the afternoon*	**por lo general**	*generally*
por eso	*therefore, that's why*	**por lo menos**	*at least*
por ahora	*for now*	**por lo visto**	*obviously*
por supuesto	*of course*		

hace

¿Cuánto tiempo hace?	*How long has it been?*
Hace un segundo.	*It's been a second.*
Hace un **minuto**.	*a minute.*
Hace una **hora**.	*an hour.*
Hace una **semana**.	*a week.*
Hace un **mes**.	*a month.*
Hace un **año**.	*a year.*
Hace un **siglo**.	*a century.*
Hace una **eternidad**.	*an eternity.*
Hace un **buen rato**.	*quite a while.*

Interacción en parejas

A *Haga unas frases originales empleando las frases hechas con* **por**.

B *Conteste las siguientes preguntas usando diferentes expresiones de tiempo con* **hace**.

1 ¿Hace cuánto tiempo que empezó la clase?
2 ¿Cuánto tiempo hace que no ves a tu novio/a?
3 ¿Hace cuánto que estudiamos esta lección?
4 ¿Hace cuánto tiempo que estuviste en clases ayer?
5 ¿Hace cuánto tiempo que vinieron tus amigos a verte?
6 ¿Hace mucho tiempo que te despertaste?

Se dice que bailo muy bien.

Se reflexivo como sujeto impersonal

The reflexive pronoun **se** is used as the nonpersonal subject of a third-person singular verb when no reference is made to who or what performs the action. The construction merely indicates that an action is going on. The English equivalent is *one*, *you*, *they*, or *people* plus the verb.

Se dice que bailo muy bien.	*They say that I dance very well.*
No **se puede** estudiar en mi cuarto.	*One (You) cannot study in my room.*
No **se vivía** muy bien en esas condiciones.	*One (You) didn't live very well in those conditions.*

A *Responda a su compañero/a de clase según su propia opinión de acuerdo con los modelos.*

¿Qué tal la vida aquí?
Se vive muy bien aquí.

1 ¿Qué tal la comida aquí?   3 ¿Qué tal el trabajo aquí?
2 ¿Qué tal el estudio aquí?   4 ¿Qué tal el juego aquí?

¿Se come mucho o poco en la cafetería?
Se come mucho.
Se come poco.

1 ¿Se juega mucho o poco en esta clase?
2 ¿Se trabaja mucho o poco en la universidad?
3 ¿Se baila mucho o poco en las fiestas?
4 ¿Se estudia mucho o poco para esta clase?

¿Se puede fumar en la clase?
No, no se puede fumar en la clase.
Sí, se puede fumar en la clase.

1 ¿Se puede comer en la cafetería sin corbata?
2 ¿Se puede bailar en la clase?
3 ¿Se puede hablar inglés en la clase de español?
4 ¿Se puede vivir bien con poco dinero?

B *Conteste las siguientes preguntas.*

1 ¿Dónde se aprende a esquiar?
2 ¿Dónde se habla francés?

3 ¿Cuándo se estudia la gramática?
4 ¿Por qué no se fuma en la clase?

Interacción en parejas

1 Federico

2 Miguel y Alicia

3 El tío y su esposa

4 Silvia

5 Los del coro

6 Marcos

7 Roberto

8 Jaime   Luisa   Pancho

9 Juan

A *Según lo que usted ve en las ilustraciones, dígale a su compañero/a las actividades que se pueden hacer en la fiesta, en la clase y en el campo.*
Se puede comer en la fiesta.

B *Usando las mismas ilustraciones, dígale a su compañero/a:*

1 lo que hicieron estas personas ayer.

2 lo que estaban haciendo el domingo.

1
Tami y Ana

2
Alicia y Jorge

3
Hans y María

4
La familia de Silvia

5
Samuel y Lisa

6
Alfredo

C *¿Qué hacían la semana pasada estas personas? Dígaselo a su compañero/a.*

El subjuntivo—repaso y práctica

A *Diga lo que quiere Kelly que sus amigos hagan.*

¿Qué quiere Kelly?   (visitarlo)

Kelly quiere que sus amigos lo visiten.

1 ir con él a África

2 escribirle a menudo

3 no salir para París

4 acompañarlo al cine

5 pasar por el café

B *Diga lo que manda* (commands, orders) *Feliza, dando un mandato.*

¿Qué manda Feliza?   (¡llevar estos libros)

Lleven estos libros.

1 tener cuidado

2 volver a vernos

3 no olvidarse de nosotros

4 divertirse mucho

5 escribirles a los
amigos de España

Estos jóvenes están haciendo cola para comprar boletos al cine. (Mérida, Yucatán, México)

LECTURA

En la taquilla[1]

USTED	¿Qué precio tienen los boletos?
LA TAQUILLERA	Para la función de las siete o de las once?
USTED	Para la función de las once.
LA TAQUILLERA	Los mejores asientos en platea cuestan seiscientas pesetas cada uno.
USTED	¿Cuánto cuestan los boletos más baratos?
LA TAQUILLERA	Los de balcón alto son a doscientas pesetas.
USTED	¿Podemos ver y oír bien desde ahí?
LA TAQUILLERA	Sí, cómo no. Todos los asientos son buenos.
USTED	Necesito cinco juntos. ¿Los hay?
LA TAQUILLERA	Sí, me quedan cinco juntos en la primera fila del balcón.
USTED	Déme los cinco del balcón. Son mil pesetas en total, ¿no?
LA TAQUILLERA	Sí, aquí los tiene. Ahí está el portero y la acomodadora los llevará a los asientos.
USTED	Muchas gracias.

Preguntas

1 ¿Cuántas funciones de teatro hay?

2 ¿Cuándo comienzan?

3 ¿Qué precio tienen los asientos en platea?

4 ¿Cuáles son los asientos más económicos?

5 ¿Qué es una acomodadora?

6 ¿Te gustaría ir a una función a las once de la noche?

7 ¿Cuándo piensas ir a España?

Interacción en parejas

A *Pregúntele a su compañero/a de clase si con más dinero él/ella haría las siguientes cosas.*

dejar de trabajar

Con más dinero, ¿dejarías de trabajar?

1 comprar unas joyas

2 dar muchas fiestas

3 viajar a Europa

4 cenar siempre en restaurantes finos

5 visitar al Rey de España

6 ir a Las Vegas

7 divertirse más

8 ver un tablao flamenco

9 casarse

10 vivir mejor

---

[1]*At the box office*

B *Pregúntele a su compañero/a si con más tiempo él/ella haría las siguientes cosas.*

hacer más ejercicio
Con más tiempo, ¿harías más ejercicio?

1 estudiar más
2 hablar más con los amigos
3 escribir una novela
4 hacer deporte
5 aprender francés

6 tocar la guitarra
7 dormir todo el día
8 jugar al tenis
9 leer poesía
10 salir más

C *Pregúntele a su compañero/a . . .*

1 . . . qué haría con un millón de dólares.
2 . . . qué haría con un Mercedes-Benz.
3 . . . qué haría con un avión jet.

D *Pregúntele a un/a compañero/a . . .*

1 . . . qué le prometió a su papá.
2 . . . qué le prometió a su profesor/a.
3 . . . qué le prometió a su mamá.
4 . . . qué le prometió a su novio/a.

E *Con un/a compañero/a aprenda de memoria el diálogo de la lectura* **En la taquilla** *y preséntaselo a la clase.*

Modelo

José

1

Alicia

2

Carmen

3

Félix

4

Julia

5

Germán

F *Explíquele a su compañero/a lo que harían estas personas con más tiempo y más dinero.*

Modelo: **Con más tiempo y dinero José saldría al campo.**

EN POCAS PALABRAS

Complete las frases

1 Terminamos de trabajar y por eso _____.

2 Irías al cine _____.

3 Me dijo _____.

4 ¿Qué hora _____?

5 _____ por la noche.

Forme preguntas

1 ¿Te gustaría _____?

2 ¿Creías que _____?

3 ¿Dices que _____?

4 ¿Dijiste que _____?

5 ¿Podrías _____?

Breves conversaciones

Pregúntele a _____

si le gustaría ver una película esta noche.

si viviría contento/a con poco dinero.

si diría siempre la verdad.

si hace mucho tiempo que está aquí.

si iría a casa a pie.

cómo le hablaría al presidente.

si le gustaría aprender ruso.

Preguntas personales

1 ¿Qué te gustaría hacer en Madrid de noche?

2 ¿Cuánto pagarías por unos boletos de un baile flamenco?

3 ¿Vivirías en España?

4 ¿Te tomarían por español/a?

5 ¿Por cuántos días estarías allí?

6 ¿Dormirías la siesta todos los días?

7 En tu opinión, ¿la noche es para divertirse o para estudiar?

8 ¿Le dijiste a tu amigo que estudiarías esta noche?

9 ¿Qué le prometiste al profesor/a la profesora?

10 ¿Deberías leer más?

11 ¿Cuánto tiempo hace que asistes a la universidad?

12 ¿Hace mucho tiempo que no vas a la casa de tus padres?

13 ¿Dijiste que irías a tu casa después de esta clase?

14 Para ganar dinero, ¿trabajarías por la noche?

15 ¿Trabajabas para tu papá?

16 ¿Qué hora era cuando regresaste a casa anoche?

17 ¿Fuiste por el correo ayer?

18 ¿Cuál es tu pasatiempo favorito?

19 ¿Te gustaría escuchar música?

20 ¿Jugarías a los naipes con los amigos?

En el Perú dos muchachos de 14 años juegan a los naipes.

¿Quién va a ser el campeón de ajedrez? (Barcelona, España)

PRONUNCIACIÓN

Review of the Spanish s-sound

Spanish **s** and the **z** between vowels are pronounced like English *s* in *sing*. Avoid buzzing Spanish **s** as is done in pronouncing the English equivalents of these words.

representantes   andaluz   venezolanos   Venezuela   danzas

Spanish **c** followed by **e** or **i** is pronounced like an English *s*. Do not make a *sh*-sound as is done in pronouncing the English cognates of these words.

francés   porción   nación   elección

Review of Spanish u

Spanish **u** is pronounced like English *oo* in *moon*. The sound is pure—do not add an accompanying *i*-sound as in pronouncing cognate words in English.

gradual   cultura   espectacular   turista   Cuba   Arturo

VOCABULARIO

adelanto	progress, advancement	el **comer**	eating
aéreo	air, aerial (adj.)	**compañía**	company
el **amor**	love	el **condicional**	conditional
anhelo	craving; yearning; longing	**convencido**	convinced
el **autobús**	bus	**correo**	mail; post office
la **aviación**	aviation	**cortés**	polite, courteous
boleto	ticket	**chinito/a**	little Chinese (**-ito** is a suffix used for endearment)
el **café**	café		
el/la **cantante**	singer		
centavo	cent	**diferente**	different
cerca	close, nearby	**dominante**	dominant; domineering
cerca de	near	la **edad**	age
el **cine**	movie theater	**entrenamiento**	training
cocina	kitchen	**especialmente**	especially

la **eternidad**	eternity		**turismo**	tourism
éxito	success		**vecino/a**	neighbor
exótico	exotic		**venezolano/a**	Venezuelan
exquisito	exquisite			
falta	lack; fault			
flamenco	Flamenco; Andalusian gypsy dance, song, or music			

Verbos

aceptar	to accept
aconsejar	to counsel; to recommend; to advise
bendecir (**i**)	to bless
comentar	to comment (on)
convencer (convenzo)	to convince
deber	should; ought; to owe; to have to, must
experimentar	to experiment; to experience
fascinar	to fascinate
fumar	to smoke
heredar	to inherit
invitar	to invite
mandar	to command, order
montar	to put together (a program, etc.)
progresar	to progress
viajar	to travel

fortuna	fortune
la **frase**	phrase; sentence
fuerza	strength; force; power
Fuerza Aérea	Air Force
impersonal	impersonal
kilómetro	kilometer
libre	free
Londres (*m.*)	London
mediocre	mediocre
Milano	Milan
momento	moment
obra	work; play (theater)
ópera	opera
París (*m.*)	Paris
la **pasión**	passion
peseta	monetary unit in Spain
la **petición**	petition; request
petróleo	petroleum; oil
por	per
Portugal (*m.*)	Portugal
práctica	practice
propio	own; proper, suitable
rato	time; while
un buen rato	quite a while
receta	recipe; prescription
repaso	review
segundo	second
siglo	century
la **solicitud**	petition; request; solicitude
suficiente	sufficient
sueño	dream
tablao	Flamenco show; stage (short for **tablado** platform)
el **terror**	terror
película de terror	horror movie

Otras expresiones

hacer falta	to need; to be lacking
llevar (a alguien) a pasear	to take (someone) on a trip
por ahora	for now
por ejemplo	for example
por fin	finally; at last
por lo menos	at least
por lo visto	obviously
por supuesto	of course
tener éxito	to succeed
todo el día	all day long, the entire day

Refrán

Dios bendiga al que no me haga perder el tiempo.
God bless him who does not make me waste time.

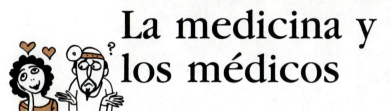

Lección catorce

La medicina y los médicos

Para el mal de amores no
hay doctores.

PERSPECTIVA

Functional conversational goals   You should be able to
1 discuss the medical services available in Hispanic America.
2 summarize symptoms, ailments, or complaints you have had before.
3 request medical care, pharmaceutical services, etc.
4 persuade someone that you are ill or that you are well.

Language   You will study and practice using
1 the present-perfect tense.
2 the past participle.
3 the pluperfect tense.
4 stressed possessive adjectives.
5 possessive pronouns.

Culture   You will learn about
1 hospitals and medical facilities in Hispanic countries.
2 doctors and nurses in the Hispanic world.
3 the **farmacia**, **botica**, or **botánica**.

CONVERSACIONES

EL TRAUMA DE SUSANA

Susana le dijo a David que no se sentía bien. David había notado que ella estaba un poco pálida. Sin embargo, David insistió en llevarla al teatro en el Bosque de Chapultepec. David es un norteamericano que trabaja en el Banco de América en México, y Susana, su novia, es una joven mexicana que también trabaja en el banco. Apenas habían entrado en el teatro cuando Susana se desmayó y se cayó al suelo. David llamó al Seguro Social y el médico ya ha venido.

POLICÍA   Con permiso, señores. Háganse a un lado. Dejen pasar al médico.
MÉDICO   ¿Qué ha pasado con la chica? ¿Ha tomado algo?
DAVID   Sólo hemos tomado un par de cervezas.
MÉDICO   Vamos a llevarla a la clínica.

En esta farmacia se venden todas las medicinas modernas. (Isla Mujeres, Yucatán, México)

En la clínica Susana vuelve en sí y comienza a recobrar fuerzas.

MÉDICO ¿Cómo se siente ahora? ¿Le duele algo?

SUSANA No, no me duele nada, doctor.

MÉDICO Me parece que está muy débil, señorita. ¿Ha comido usted hoy?

SUSANA No, señor. No he comido.

MÉDICO Y ayer, ¿comió bien?

SUSANA No. No he comido casi nada en toda esta semana.

MÉDICO ¿Jamás ha sufrido usted de lo que llamamos anorexia?

SUSANA No sé lo que es.

MÉDICO Es la falta completa de apetito.

SUSANA No. No es eso. Me preocupo mucho por mi novio, David, y cuando no me llama, no como. También me ha dicho que a él no le gustan las mujeres voluminosas.

MÉDICO ¡Ay, las señoritas y sus caprichos! Yo le mandaría a freír papas a ese novio suyo. Para el mal de amores no hay doctores.

Preguntas

1 ¿Quién es David?

2 ¿Dónde trabajan David y Susana?

3 ¿De dónde es Susana?

4 ¿Cómo estaba Susana? ¿Se sentía bien?

5 ¿Adónde la llevó David?

6 ¿Dónde estaba el teatro?

7 ¿Quién se desmayó?

8 ¿Qué tomaron David y Susana?

9 ¿Ha venido el médico?

10 ¿Adónde llevaron a Susana?

11 ¿Le duele algo a Susana?

12 ¿Está débil o fuerte Susana?

13 ¿Ha comido hoy Susana?

14 ¿Ha sufrido de anorexia Susana?

15 ¿Por qué no ha comido Susana?

16 ¿A David le gustan las mujeres voluminosas?

17 ¿Qué le mandaría a hacer el médico a David?

18 ¿Qué es el mal de amores?

NOTAS CULTURALES

EL SEGURO SOCIAL; PARTERAS Y CURANDERAS

El Seguro Social. Cuando Susana se desmayó en el teatro, en seguida pidieron la ayuda del Seguro Social. En México, como en otras partes del mundo hispánico, el gobierno ofrece asistencia médica por medio de los hospitales del Seguro Social. No es como el Seguro Social de los Estados Unidos que solamente da asistencia financiera a las personas después de jubilarse[|].

después . . . *after they have retired*

       Parteras y curanderas. En los pueblos rurales donde hay pocos médicos la gente se sirve de[|] enfermeras practicantes, parteras y curanderas. En los pueblos aun más remotos las curanderas tienen más influencia que los médicos y la gente busca sus consejos y remedios. Si una madre quiere dar a luz[|] a su hijo en casa, puede llamar a una partera o a una comadrona que viene a la casa a ayudarla en el parto.

se . . . *are served by, taken care of by*

dar . . . *give birth*

Preguntas

1 ¿Qué diferencia encuentras en el Seguro Social de México y el de los Estados Unidos?

2 ¿Qué es una partera?

LA FARMACIA, LA BOTICA Y LA BOTÁNICA

La farmacia. Tradicionalmente sólo se venden medicamentos y medicinas en una farmacia. Hay perfumerías que se especializan en perfumes, productos cosméticos y artículos para embellecer la tez o el pelo. Normalmente, la farmacia no ofrece utensilios de cocina ni cosméticos como en los Estados Unidos. En algunas partes es posible comprar medicinas sin la receta de un médico. Los clientes le explican al farmacéutico sus síntomas y él les receta el tratamiento apropiado. Por eso, el farmacéutico también es una persona de alto prestigio en la comunidad. Se ve obligado a mantenerse al tanto de[|] los adelantos en medicina y farmacología porque el público depende tanto de él.

mantenerse . . . *keep informed of*

En esta botica puedes comprar hierbas y medicinas folklóricas. (La Paz, Bolivia)

La botica y la botánica. En ciertos países hispánicos hay farmacias que se llaman botica o botánica. La botica es especialmente popular en España. En Puerto Rico y en la mayoría de los países del Caribe, la farmacia del pueblo se llama la botánica. También hay botánicas en Nueva York y en otros centros metropolitanos donde hay gran concentración de puertorriqueños.

En las boticas y en las botánicas se venden medicinas de todas clases, especialmente hierbas y medicamentos recomendados por las curanderas y comadronas. Muy a menudo hay un adivino en la botánica que le dice a uno la buenaventura y que le da consejos y pociones al enfermo de amor.

Preguntas

1 ¿Qué diferencia hay entre las farmacias del mundo hispánico y las nuestras?

2 ¿Por qué tiene mucho prestigio el farmacéutico en Latinoamérica?

3 ¿Qué es una botánica?

4 ¿Qué se vende en las boticas?

5 ¿Qué hacen los adivinos?

6 ¿Crees en los adivinos?

INTERACCIÓN Y COMUNICACIÓN

¿Ha venido el médico?

En el teatro

DAVID   El médico ha venido del Seguro Social.
MÉDICO ¿Qué ha pasado con la chica?
DAVID   Se ha desmayado.
MÉDICO ¿Qué han fumado ustedes?
DAVID   No hemos fumado nada.

En la clínica

MÉDICO ¿Usted ha comido hoy?
SUSANA No he comido en todo el día.
MÉDICO ¿Han tomado ustedes alcohol?
DAVID   Sólo hemos tomado un par de cervezas.

Conteste.

1 ¿Quién ha venido del Seguro Social?
2 ¿Quién se ha desmayado?
3 ¿Han fumado marihuana ellos?
4 ¿Ha comido Susana hoy?
5 ¿Qué han tomado David y Susana?

6 ¿Has comido bien tú esta semana?
7 ¿Qué has tomado hoy?
8 ¿Has venido tarde a la clase hoy?
9 ¿Ha venido temprano el profesor/ la profesora?

El pretérito perfecto

The present perfect is the tense used to indicate what has or has not happened.

El médico **ha venido**.	*The doctor has come.*
No **he comido** hoy.	*I have not eaten today.*

This tense is formed by combining a present-tense form of the auxiliary verb **haber** *to have* with the past participle of the main verb.

haber, PRESENT TENSE		PAST PARTICIPLE
he	hemos	
has	habéis	+ **hablado**
ha	han	

El participio pasado

The past participle of most verbs is formed by adding the ending **-ado** to the stem of **-ar** verbs and **-ido** to the stem of **-er** and **-ir** verbs.

INFINITIVE	PAST PARTICIPLE	ENGLISH EQUIVALENT
hablar	**hablado**	*spoken*
comer	**comido**	*eaten*
venir	**venido**	*come*

¿Qué dice el letrero? Que no podemos entrar. Muy secreto y misterioso. ¿Verdad? (Isla Mujeres, Yucatán, México)

As in English, the present-perfect tense is used to describe a past condition or a completed action that is in some way connected with the present. This connection to the present may either be expressed or understood.

> No **hemos tomado** nada.   *We haven't taken (drunk) anything.*

The reference to the present is understood as being today, this week, or this month.

> No **he comido** hoy.   *I have not eaten today.*
> El médico **ha venido**.   *The doctor has come.*

Although the reference to the present may not be stated, we understand that now the doctor has come or that he has just come.

Remember that, in contrast, the preterit or simple past tense is used to describe an action that was completed in the past with no connection to the present.

> Yo **comí** ayer.   *I ate yesterday.*
> **Tomé** dos cervezas.   *I drank two beers.*

When the past participle is used with the auxiliary verb **haber** to form the present-perfect tense, it does not change to agree with the subject. It always ends in **-o**.

> David ha comid**o**.
> Susana no ha comid**o**.
> Nosotros no hemos tomad**o** nada.

The two verb forms forming the present perfect (i.e., a present-tense form of **haber** plus a past participle) are not separated by another word, as may happen in English. Subject pronouns and adverbs either follow or precede the combination. Object pronouns always precede it.

> ¿Ha cerrado **ella** las ventanas?   *Has **she** closed the windows?*
> David **nunca** ha tenido un accidente.   *David has **never** had an accident.*
> **Ya lo** he explicado.   *I have **already** explained **it**.*

A *Hay fiesta en casa de una amiga. Dígale que las siguientes personas ya han venido.*

Ricardo
Ricardo ya ha venido.

1 Alicia y Consuelo
2 Alberto
3 David y yo
4 Ustedes
5 Paula
6 Leonor y Samuel
7 Nosotras
8 Vosotros

B *David dice que nunca ha fumado marihuana. Diga que estas personas tampoco han fumado marihuana.*

Felicia
Felicia tampoco ha fumado marihuana.

1 Teresa y su hermana
2 Adolfo
3 Nosotros
4 Tú
5 Ernesto
6 Yo
7 Ustedes
8 Ellos

C *Conteste según los modelos.*

¿Quieren hablar más?

No, ya hemos hablado mucho.

1 bailar	**4** trabajar	**7** viajar	**10** descansar
2 esquiar	**5** pintar	**8** pensar	
3 comprar	**6** estudiar	**9** cantar	

¿Van ustedes a contestar las preguntas?

No, porque ya las hemos contestado.

1 estudiar la lección   **3** leer el artículo

2 tomar la medicina   **4** comer el postre

D *Conteste las siguientes preguntas.*

1 ¿Has aprendido mucho?

2 ¿Has hablado español hoy?

3 ¿Has vivido en México?

4 ¿Has ido al hospital?

5 ¿Han llamado tus padres al médico?

6 ¿Han venido todos a la clase?

7 ¿Quién ha salido de la clase?

8 ¿Has almorzado ya?

9 ¿Han llegado todos temprano a la clase?

10 ¿Han estado ustedes en el hospital?

Participios pasados que son irregulares

The past participle of some verbs is formed irregularly. The following are some
of the most common verbs with irregular past participles.

INFINITIVE	PAST PARTICIPLE	ENGLISH EQUIVALENT
abrir	**abierto**	*opened, open*
decir	**dicho**	*said*
descubrir	**descubierto**	*discovered*
escribir	**escrito**	*written*
hacer	**hecho**	*made, done*
morir	**muerto**	*died, dead*
poner	**puesto**	*put, placed*
romper	**roto**	*broken*
ver	**visto**	*seen*
volver	**vuelto**	*returned*

The past participles of **caer** (**caído**), **creer** (**creído**), **leer** (**leído**), and **traer**
(**traído**) require a written accent over the **i**. Otherwise, they are regular.

Va a haber fiesta en clase y el profesor/la profesora quiere saber si ustedes han hecho las siguientes preparaciones y actividades.

¿Trajeron ustedes los regalos?
Sí, los hemos traído.

1 ¿Escribieron ustedes las invitaciones?
2 ¿Hicieron las decoraciones?
3 ¿Volvieron todos ustedes de la tienda?
4 ¿Vieron ustedes a los otros estudiantes?
5 ¿Abrieron las puertas de la sala?

6 ¿Pusieron la mesa?
7 ¿Leyeron las reglas (*rules*) del juego?
8 ¿Les dijeron a los otros las reglas?
9 ¿Rompieron la piñata?
10 ¿Descubrieron los dulces?

Interacción en parejas

A *Mientras Susana está en el hospital, varias personas la llaman por teléfono. Usted quiere saber si las siguientes personas la han llamado. Conteste que sí o que no, siguiendo el modelo y luego cambien de papel.*

¿Ramón?
Sí, Ramón la ha llamado.
No, Ramón no la ha llamado.

1 ¿Sus amigos?
2 ¿Nosotros?
3 ¿El médico?

4 ¿Tú?
5 ¿La mamá de Ramón?
6 ¿David y Susana?

7 ¿Ustedes?
8 ¿Yo?

B *Su compañero/a de clase quiere saber lo que usted ha hecho esta mañana. Conteste según el modelo.*

¿Estudiaste la lección?
No, no la he estudiado todavía.

1 ¿Diste el dinero?
2 ¿Fuiste al mercado?
3 ¿Escribiste los ejercicios?

4 ¿Visitaste un enfermo?
5 ¿Ya comiste?
6 ¿Ya te bañaste?

7 ¿Terminaste el libro?
8 ¿Llamaste a tu amigo?

C *Su compañero/a de clase le está diciendo todo lo que él o ella ha hecho. Responda según el modelo, y luego cambien de papel.*

Yo he estudiado.
No es cierto. Tú nunca has estudiado.

1 Yo he trabajado.
2 Yo he escuchado.
3 Yo he preparado el examen.

4 Yo he hecho los ejercicios.
5 Yo he salido con él/ella.
6 Yo he tomado notas.

7 Yo he jugado al tenis.

D *Pregúntele a su compañero/a si ha hecho una de estas cosas este mes.*

escribir una carta
¿Has escrito una carta este mes?

1 pasear en bicicleta
2 ir a un concierto
3 hacer un viaje
4 romper algo

5 aprender algo nuevo
6 salir con los amigos/las amigas
7 lavar el coche
8 comprar zapatos

9 sufrir de anorexia
10 desmayarse

VOCABULARIO ÚTIL

En el consultorio del médico

RECEPCIONISTA	Buenos días. ¿Con quién quiere usted cita (*appointment*)?
PACIENTE	Con el médico, por favor.
	Con la doctora, por favor.
	Con el/la psicoanalista, por favor.
	Con el/la dentista, por favor.
	Con el/la oculista, por favor.

¿Qué le duele? *What hurts you?*

Me duele la **mano**.

      la **cabeza**.

      el **estómago**.

      la **boca**.

      el **ojo**.

      la **oreja**.

      la **pierna**.

      el **brazo**.

¿Qué tiene usted? *What's the matter with you?*

Tengo **dolor de espalda**.	*backache*
	estómago.	*stomachache*
	muelas.	*aching (back) teeth*
	los huesos.	*aching bones*
Tengo **tos**.	*cough*
	fiebre.	*fever*
	alergía.	*allergy*

¡No duele nada el pinchazo! Una campaña contra enfermedades en Nicaragua, Centroamérica.

¿Cómo se siente hoy?	
Me siento **animado**.	enthusiastic
deprimido.	depressed
aburrido.	bored
a gusto.	at ease, comfortable
fuerte.	strong
débil.	weak

¿Cómo está usted?	
Estoy **contento**.	contented, happy
alegre.	happy, glad
triste.	sad
nervioso.	nervous
sano.	healthy
enfermo.	sick

PACIENTE	¿Qué tengo que hacer?	
MÉDICO	Tome dos **aspirinas** y acuéstese.	aspirins
	Vamos a ponerle una **venda**.	bandage
	Tiene que **descansar** mucho.	rest
	Usted necesita mucho **reposo**.	rest
	Tiene que quedarse en **cama**.	bed
	Tome dos **pastillas** cada dos horas.	pills
	Vamos a ponerle una **inyección**.	shot
	Quiero que usted tome esta **droga** cada noche.	drug

A *Elisa está perfectamente bien de salud. Bárbara es una hipocondríaca. Responda primero como Elisa. Luego, al repetir el ejercicio, responda como Bárbara.*

¿Le duele la cabeza?

ELISA **No, no me duele la cabeza.**

BÁRBARA **¡Ay! ¡Cómo me duele la cabeza!**

el estómago   la muela   el ojo   el brazo

B *Complete las frases apropiadamente.*

1 Me siento _____ en esta clase.

2 Me siento _____ el Día de la Madre.

3 Siempre estoy _____ en la Navidad.

4 El Día de los Novios estoy _____.

5 Las personas alegres se sienten _____.

6 Una persona deprimida se siente _____.

7 Cuando no estoy a gusto me siento _____.

8 Un día estoy _____ y al otro día estoy deprimido/a.

Interacción en parejas

A *Conteste las preguntas de acuerdo con los modelos.*

¿Cómo te sientes, bien o mal?　　　　　¿Qué tienes, fiebre?
Me siento bien.　　　　　　　　　　**Sí, tengo una fiebre terrible.** o
Me siento mal.　　　　　　　　　　**No, nunca he tenido fiebre.**

¿fuerte o débil?　　¿animado o deprimido?　　¿dolor de cabeza?　　¿dolor de estómago?

¿alegre o triste?　　¿a gusto o aburrido?　　¿alergía?　　¿dolor de muelas?

　　　　　　　　　　　　　　　　　　¿tos?

B *Usted tiene fama de ser muy inteligente. ¿Qué es lo que le recomienda a su compañero/a en los siguientes casos?*

Me siento cansado. ¿Qué hago?
Tienes que descansar mucho.

1 Me siento débil.　　　　　　　　**4** Estoy muy gordo.

2 Estoy triste.　　　　　　　　　　**5** Estoy aburrido.

3 Me siento fuerte.

C *Conteste las preguntas de su compañero/a siguiendo el modelo.*

¿A quién llamas cuando estás enfermo/a?
Llamo al médico cuando estoy enfermo/a.

1 ¿. . . cuando estás deprimido/a?　　　**5** ¿. . . cuando te duelen los ojos?

2 ¿. . . cuando estás nervioso/a?　　　**6** ¿. . . cuando te has roto una pierna?

3 ¿. . . cuando estás alegre?　　　　　**7** ¿. . . cuando te duelen las muelas?

4 ¿. . . cuando te sientes débil?　　　　**8** ¿. . . cuando te sientes bien?

D *Responda a las siguientes preguntas.*

1 ¿Cómo estás ahora?　　　　　　　**4** ¿Con quién te gusta hablar cuando estás contento/a?

2 ¿Estás triste hoy?　　　　　　　　**5** ¿Cómo te sientes cuando estás con los amigos?

3 ¿Qué haces cuando estás deprimido/a?　**6** ¿Te sientes a gusto cuando estás solo/a?

Antes de salir para el teatro . . .

David　　Susana

Estás un poco pálida.　　No me siento muy bien.

Susana **le dijo** a David que no se sentía
　muy bien.
David **había notado** que Susana estaba
　un poco pálida.

El pluscuamperfecto

The pluperfect is used to indicate an act that is not only past (**había notado** *had noticed*) but that happened prior to another past action (**le dijo** *she told him*). The pluperfect is formed by combining an imperfect form of the auxiliary verb **haber** *to have* with a past participle. As with the present perfect, the two verb forms are not separated by another word.

haber, IMPERFECT TENSE   PAST PARTICIPLE

había	habíamos		trabajado
habías	habíais	+	visto
había	habían		dado

A ¿*Quiénes habían tomado el desayuno antes de salir de la casa?*

¿David?

Sí, David lo había tomado.

¿Las amigas de Susana?   ¿Vosotros?

¿Nosotros?   ¿(student's name)?

¿Ustedes?   ¿(names of two students)?

B *Responda a las siguientes preguntas de acuerdo con los modelos.*

¿Trabajaron ellos?

Sí, dijeron que habían trabajado.

¿Llegó ella temprano?

Sí, dijo que había llegado temprano.

1 ¿Volvió él temprano?   3 ¿Estudiaron ellos mucho?

2 ¿Salió ella a las cinco?   4 ¿Cantó Feliza anoche?

¿Qué dijiste? (ver al médico)

Dije que había visto al médico.

1 ¿Qué dijiste? (terminar el trabajo)   5 ¿Qué dijisteis? (decir la verdad)

2 ¿Qué dijeron ellas? (abrir las ventanas)   6 ¿Qué dijo ella? (abrir la puerta)

3 ¿Qué dijo él? (bailar con ella)   7 ¿Qué dijo usted? (comer los tacos)

4 ¿Qué dijo usted? (poner el libro en la mesa)   8 ¿Qué dijo él? (tomar dos cervezas)

Interacción en parejas _____

A *Su compañero/a de clase le pregunta si usted no quería hacer ciertas cosas. Responda según el modelo.*

¿No querías hablarles?

No, porque ya les había hablado.

1 ¿No querías leerlo?   5 ¿No querías jugarlo?

2 ¿No querías llevarlo?   6 ¿No querías escribirlos?

3 ¿No querías visitarlos?   7 ¿No querías verlo?

4 ¿No querías pagarles?   8 ¿No querías pedirlo?

B *Su compañero/a de clase le pregunta de varias cosas que otras personas no habían hecho antes. Responda según el modelo.*

¿A Ramón le gustó viajar?

Sí, y nunca había viajado antes.

1 ¿A Elena le gustó visitar a su tía?

2 ¿A Luisa le gustó comer en ese restaurante?

3 ¿A Ernesto le gustó vivir en México?

4 ¿A Juan le gustó tomar fotos?

5 ¿A Ana María le gustó esquiar?

Esas pastillas son mías.

DAVID ¿De quién son estas pastillas?

SUSANA Son mías. El médico me las recetó ayer.

Adjetivos posesivos—formas enfáticas

mío, **mía**, **míos**, **mías**	*of mine; my*
tuyo, **tuya**, **tuyos**, **tuyas**	*of yours; your*
suyo, **suya**, **suyos**, **suyas**	*of his, hers, its, yours, theirs; his, etc.*
nuestro, **nuestra**, **nuestros**, **nuestras**	*of ours; our*
vuestro, **vuestra**, **vuestros**, **vuestras**	*of yours; your*

The short-form possessive adjectives **mi**, **tu**, **su**, **nuestro**, **vuestro** were presented in Lesson 3. They precede the noun they modify.

sus pastillas	*your pills*
nuestra amiga	*our friend*

The stressed or long-form possessive adjectives differ from the short forms in two ways:

1) They follow the noun they modify. In this position they receive more emphasis or stress.
2) Three of the five forms are longer; the other two are identical.

SHORT FORMS		LONG FORMS	
mi carro	*my car*	el carro **mío**	*my car*
tus amigas	*your friends*	las amigas **tuyas**	*your friends*
su hermano	*her brother*	el hermano **suyo**	*her brother*
nuestra clase	*our class*	la clase **nuestra**	*our class*
vuestras notas	*your grades*	las notas **vuestras**	*your grades*

Like other adjectives, the long-form possessives agree in number and gender with the noun they modify. This means that their endings agree with the noun possessed, not the possessor.

Margarita, el **vestido tuyo** no está aquí.	*Margarita, your dress is not here.*
Señor Aguado, las **camisas suyas** no están aquí.	*Señor Aguado, your shirts are not here.*

A *La policía está haciendo una investigación. Responda que no a todas sus preguntas.*

LA POLICÍA Esos jóvenes, ¿son amigos tuyos?
No, no son amigos míos.

1 Esas chicas, ¿son primas tuyas?
2 Esa señorita, ¿es hermana tuya?
3 Ese señor, ¿es profesor tuyo?
4 Esas muchachas, ¿son hermanas tuyas?
5 Esos chicos, ¿son compañeros tuyos?

In most contexts, the meaning of **suyo** is obvious. But where doubt might arise, **suyo** may be replaced by **de** + prepositional pronoun.

	POSSIBLE MEANING	TO CLARIFY USE
el amigo suyo {	*your friend*	**el amigo de usted (de ustedes)**
	her friend	**el amigo de ella**
	his friend	**el amigo de él**
	their friend	**el amigo de ellos (de ellas)**

B *Responda según el modelo.*

¿Son de él esos zapatos?
Sí, son unos zapatos suyos.

1 ¿Es de ella esa casa?
2 ¿Es de ellos ese carro?
3 ¿Es de ella ese abrigo?
4 ¿Son de nosotros esas pastillas?
5 ¿Son de él esas fotos?
6 ¿Son de ella esas pastillas?
7 ¿Son amigos de usted esos jóvenes?
8 ¿Son amigas de ella esas muchachas?

Pronombres posesivos

Possessive pronouns are the same forms as the long-form possessive adjectives (**mío**, **tuyo**, etc.). They generally are used with a definite article and they always agree in number and gender with the noun they replace.

Alicia, mi carro es viejo pero **el tuyo** es nuevo.	Alicia, my car is old but yours is new.
Tu casa y **la mía** son bonitas—dijo Fernando.	"Your house and mine are pretty," said Fernando.
Mis camisas y **las suyas** son caras.	My shirts and yours are expensive.

After the verb **ser** the article is usually omitted.

Este pasaporte es **mío**.	This passport is mine.
Ese carro es **suyo**.	That car is his.
Las camisas son **nuestras**.	The shirts are ours.

But after other verbs, the article is retained.

¿Usted tiene **el suyo**?	Do you have yours?

Generally, the meaning of **el suyo**, **la suya**, **los suyos**, or **las suyas** is clear from the context. Where there might be misunderstanding, **de** + prepositional pronoun may be used to specify more exactly who is meant.

Las suyas son viejas. = Las **de** $\begin{cases} \textbf{usted} \\ \textbf{ustedes} \\ \textbf{él} \\ \textbf{ella} \\ \textbf{ellos} \\ \textbf{ellas} \end{cases}$ son viejas.

A *Su amiga es muy curiosa. Responda que sí a todas sus preguntas. Siga el modelo.*

¿Son de ti estas pastillas?
Sí, son mías.

1 ¿Es de ti esta medicina?
2 ¿Es de David este carro?
3 ¿Es de ustedes esta casa?
4 ¿Es de Susana este disco?
5 ¿Son de ustedes estos libros?
6 ¿Es de ellas esta computadora?

B *Conteste siguiendo los modelos.*

1 ¿Tienes tus pastillas?
Sí, yo tengo las mías, pero Susana no tiene las suyas.

(el) pasaporte   (la) medicina   (las) joyas
(las) fotos   (los) papeles

2 ¿Fue muy serio su accidente?
Sí, pero no tan serio como el suyo.

fiebre   alergia   tos

3 ¿Dónde están el papá de Susana y el de David?
El de Susana está aquí. No sé dónde estará el de David.

la medicina   los zapatos   los padres
la camisa   las fotos

C *Dé el equivalente en español.*

1 My books are here, but I don't know where yours are.
2 Susana took her medicine, but I haven't taken mine.
3 I met your girlfriend, but I haven't met his.
4 We doubt that your team is as good as ours.
5 Carolina wants her pictures and mine.
6 Mario wants me to sell my car and buy his.

Interacción en parejas

A *Después de hacerle a usted un examen físico, el médico de la universidad le dice que usted no está enfermo/a y que debe asistir a sus clases. Trate de convencer al médico de que está enfermo/a y no puede asistir a las clases. Explíquele todos los síntomas que tiene. Su compañero/a de clase toma el papel del médico. Luego pueden cambiar de papel.*

B *Usted está de veras muy enfermo/a pero tiene una cita para salir con la chica más bonita (el joven más guapo) de la universidad. Trate de convencer a su compañero/a de cuarto de que usted está muy bien de salud. Cuéntele todas las pruebas de su buena salud y trate de convencerlo(la) que debe salir esta noche. El compañero (La compañera) insiste en que no debe salir y le explica sus razones.*

C *Su compañero/a de cuarto no se siente bien. Conteste sus preguntas usando el imperativo de* **tú**.

¿Tengo que sentarme?
Sí, siéntate.

1 ¿Tengo que tomar dos aspirinas?
2 ¿Tengo que acostarme?
3 ¿Tengo que descansar mucho?
4 ¿Tengo que dormir mucho?
5 ¿Tengo que llamar al médico mañana?
6 ¿Tengo que pedir más instrucciones?
7 ¿Tengo que quedarme en casa?

D *Una persona mayor que está de visita en su casa se siente muy mal. Conteste las mismas preguntas de la actividad* **C** *usando un mandato formal (***usted***) según el modelo.*

¿Tengo que sentarme?
Sí, siéntese, señora (señor).

Cambien de papel y repitan las dos actividades **C** *y* **D**.

LECTURA

LOS SIGNOS DEL ZODÍACO—EL HORÓSCOPO

—¿Cuándo nació usted?
—Nací el 10 de noviembre.
—Ah, entonces usted nació bajo el signo de Escorpión.

Acuario
Del 20 de enero al 18 de febrero
Usted es progresista. Tiene ideas originales y buenas. Será un buen líder o simpatizante del movimiento de liberación femenina.

Piscis
Del 19 de febrero al 20 de marzo
Usted tiene una imaginación muy viva y algunas veces cree que es víctima del FBI o la CIA. Tendrá tendencia a ser tímido/a pero siempre será una persona fascinante.

Aries
Del 21 de marzo al 19 de abril
Usted es una persona impulsiva, industriosa y un buen líder. Será general o madre superior de un convento.

Tauro
Del 20 de abril al 20 de mayo
Usted es muy práctico/a y constante. Sabrá dedicarse a una causa como el comunismo o los estudios graduados.

Géminis
Del 21 de mayo al 21 de junio
Usted es una persona inteligente en extremo pero perezosa. Tendrá mucho éxito en la vida artística.

Cáncer
Del 22 de junio al 22 de julio
Usted es simpático/a pero muy sentimental. ¡Cuidado! Podrá ser víctima de sus sentimientos.

Leo

Del 23 de julio al 22 de agosto

Usted es egoísta y no le gusta la crítica personal. Será un tipo de dictador arrogante o una esposa dominante.

Virgo

Del 23 de agosto al 22 de septiembre

Usted es una persona muy lógica, razonable y tranquila. Tiene posibilidad de ser un buen chófer de taxi o un/a profesor/a insufrible.

Libra

Del 23 de septiembre al 23 de octubre

Usted es más idealista y romántico/a que realista. Vive en un mundo de literatura y fantasías. Algún día estará muy desilusionado/a de la vida.

Escorpión

Del 24 de octubre al 21 de noviembre

Usted es una persona de carácter violento y de emociones intensas. No tiene escrúpulos y por eso tendrá mucho éxito financiero.

Sagitario

Del 22 de noviembre al 21 de diciembre

Usted es una persona entusiasta y un optimista incurable. Tendrá mucha suerte porque tiene muchos amigos.

Capricornio

Del 22 de diciembre al 19 de enero

A usted no le gusta hacer nada malo. Tendrá tentación de robar un banco pero no lo hará porque es de buen corazón.

Preguntas

1 ¿En qué día y en qué mes naciste?
2 ¿Bajo qué signo del zodíaco naciste?
3 ¿Qué características tendrás según el zodíaco?
4 ¿Tienes esas características?
5 Según el zodíaco, ¿qué características tiene tu mejor amigo/a?
6 ¿Es cierto que tiene esas características?
7 ¿Crees tú en los signos? ¿Por qué?

EN POCAS PALABRAS

Complete las frases

1 Yo tengo mis pastillas. El _____.

2 Mi camisa es bonita. _____ es bonita también.

3 Ahora me siento _____.

4 A mí _____.

5 _____ enfermo.

Forme preguntas

1 Sí, me duele mucho.

2 No, no lo sabía.

3 No, no me han puesto inyecciones.

4 Sí, ya habían salido cuando yo llegué.

5 Sí, ya la había abierto.

Breves conversaciones

Pregúntele a _____

    cómo se siente hoy.

    si ha ido al médico este mes.

    si el médico le dio pastillas.

    cuánto tiempo hace que vive aquí.

    si había vivido aquí antes.

    si prefiere inyecciones o pastillas.

    si sabe conducir muy bien.

    por qué ha tenido tantos accidentes.

Preguntas personales

1 ¿Has tenido un choque en tu carro?

2 ¿Habías recibido lecciones de conducir?

3 ¿Te has lastimado antes?

4 ¿Nunca has estado en el hospital?

5 ¿Has estado muy enfermo/a?

6 ¿Hace cuánto tiempo que estuviste enfermo/a?

7 ¿Qué te gustan menos, las pastillas o las inyecciones?

8 ¿Cuándo tomas aspirinas?

9 ¿A quién llamas cuando estás deprimido/a?

¡Viva nuestro candidato!
Propaganda de los estudiantes
de Bogotá, Colombia.

10 ¿Cómo te sientes ahora?

11 ¿Nunca has tenido alergia?

12 ¿Quieres ser médico/a?

13 ¿Nunca has querido ser psicoanalista?

14 ¿Has recibido buenas notas en tus clases?

15 ¿Has salido bien en los exámenes este semestre?

16 ¿Habías estudiado mucho antes de los exámenes?

17 Las clases de tus amigos son fáciles este semestre. ¿Y las tuyas?

PRONUNCIACIÓN

Review of Spanish b, v

When **b** or **v** is initial in a breath group or follows **m** or **n**, it is a stop. Bring the lips together, temporarily stopping the passage of air.

> voy a casa   vaticano   banco   voto   un banco   ambulancia
> convención

Spanish **b** or **v** in all other positions is a fricative continuant. Bring the two lips together, restricting the passage of air but allowing some to continue through. Avoid placing the lower lip against the teeth as for English *v*.

> había   iba   ahí viene   una bolsa   no se mueve   yo voy a casa
> el vaticano   el banco   el voto   habría

Éstas son las maravillosas cataratas de Iguazú en la frontera entre Paraguay y la Argentina.

VOCABULARIO

abrigo	*overcoat*
aburrido	*bored; tiresome, boring*
el **alcohol**	*alcohol*
alergia	*allergy*
animado	*enthusiastic; lively; animated*
anorexia	*anorexia*
apenas	*hardly, scarcely*
apetito	*appetite*
el **bosque**	*woods, forest*
brazo	*arm*
cabeza	*head*
capricho	*whim, fancy, caprice*
cita	*appointment; date*
completo	*complete*
consultorio	*clinic, office*
débil	*weak*
la **decoración**	*decoration*
descubierto	*discovered* (irreg. past part. of **descubrir**)
el **dolor**	*pain, grief, sorrow*
droga	*drug*
el **dulce**	*candy;* (pl.) *sweets*
enfático	*emphatic, stressed*
espalda	*back*
estómago	*stomach*
la **fiebre**	*fever*
fuerte	*strong*
hueso	*bone*
la **invitación**	*invitation*
la **inyección**	*injection, shot*
jamás	*never; ever*
el **mal**	*sickness*
marihuana	*marijuana*
mío/a	*my; of mine*
muela	*back tooth; molar*
nota	*grade*
el/la **oculista**	*oculist*
ojo	*eye*
oreja	*ear*
el/la **paciente**	*patient;* (adj.) *patient*
pálido	*pale*
participio	*participle*
el **pasaporte**	*passport*
perfecto	*perfect*
piñata	*piñata*
pluscuamperfecto	*pluperfect*

pretérito perfecto	*present perfect*
el/la **psicoanalista**	*psychoanalyst*
puesto	*put; placed* (irreg. past part. of **poner**)
el/la **recepcionista**	*receptionist*
regla	*rule*
reposo	*rest*
sano	*healthy; sane*
seguro	*insurance*
Seguro Social	*Social Security*
serio	*serious*
suyo/a	*his, her, its, your* (formal), *their, one's; of his, hers, its, yours* (formal), *theirs, one's*
la **tos**	*cough*
el **trauma**	*trauma*
tuyo/a	*your* (fam.)*; of yours*
venda	*bandage*
voluminoso	*voluminous; huge*

Verbos

caerse	*to fall; to fall down*
descubrir	*to discover*
desmayarse	*to faint*
freír (i)	*to fry*
notar	*to note; to notice*
recetar	*to prescribe*
recobrar	*to recover*
romper	*to break; to tear*

Otras expresiones

a gusto	*at ease, comfortable*
con permiso	*excuse me*
¿Qué tiene usted?	*What's the matter with you?*
recobrar fuerzas	*to recover one's strength*
sin embargo	*nevertheless; however*
tener dolor de . . .	*to have a pain in . . .*
volver en sí	*to come back to oneself, to come to*

Refrán

Para el mal de amores no hay doctores.
For the lovesick there are no doctors.

Lección quince

Las noticias del día

De lo que digan, ná. De lo que ves, la mitad.

PERSPECTIVA

Functional conversational goals   You should be able to

1 discuss headlines and news items.
2 state personal preferences.
3 acknowledge what others want, ask, insist, order, or suggest that you do.
4 relate feelings about what others do.
5 respond appropriately in situations such as bumping into someone or stepping on someone's toes.

Language   You will study and practice using
1 the present subjunctive in noun clauses (continued).

2 irregular present-subjunctive verb forms (continued).
3 the present subjunctive of stem-changing verbs.
4 the present subjunctive with **ojalá**.
5 the infinitive versus the subjunctive.
6 the subjunctive versus the indicative in the noun clause.
7 expressions of courtesy.

Culture   You will learn about issues of national interest in Latin America through newspaper headlines.

CONVERSACIONES

CON JULIO EN *EL MERCURIO*

Jim y Lisa son estudiantes de periodismo de la Universidad de California. Están de visita en Lima, Perú. Han conocido a Julio, un joven limeño que trabaja por El Mercurio, *un prestigioso periódico del Perú. Por su interés en el periodismo, Julio los había invitado a conocer las oficinas y la prensa de* El Mercurio.

JIM   Hola, Julio. Gracias por la invitación. Es un privilegio inesperado.
JULIO   Buenas tardes. Me alegro mucho de que vengan a visitarme.
LISA   Esto sí que es impresionante. ¿Qué cargo tienes tú aquí, Julio?
JULIO   Yo soy ayudante al señor redactor que prepara la versión final y compone los titulares del diario.

Hay una abundancia de revistas y periódicos en este kiosko de Santiago, Chile.

LISA   ¿Qué son titulares?

JULIO   Creo que en su tierra se llaman «headlines».

JIM   Sí, es cierto. Me imagino, Julio, que el problema mayor es el de establecer la verdad en muy pocas palabras. ¿No es así?

JULIO   Sí, y es difícil porque hay muchas personas que no creen lo que oyen y leen. Tú conoces este viejo refrán español: «De lo que digan, ná. De lo que ves, la mitad».

JIM   ¡Qué interesante el refrán! Sí, muchas personas son incrédulas.

JULIO   Quizás tengan interés en ver algunos titulares[1] y párrafos de introducción. Son para el diario de esta tarde.

Un poco más tarde . . .

LISA   Gracias, Julio. Has sido muy amable con nosotros. ¿Cuándo piensas ir a visitarnos en los Estados Unidos?

JULIO   A propósito, el año que viene tengo planes de visitar a mis tíos que viven en California.

JIM   Ojalá puedas pasar unos días con nosotros.

JULIO   Es posible que llegue ahí en el mes de julio. Voy a ver si puedo pasar por tu casa.

JIM   Perfecto. Queremos que conozcas a toda la familia y que te diviertas en nuestra tierra.

JULIO   Bueno, muchas gracias.

---

[1]The headlines referred to are found in the *Notas culturales* and *Lectura* of this lesson.

Preguntas

1 ¿Qué estudian Jim y Lisa?

2 ¿Dónde están ellos?

3 ¿De dónde son?

4 ¿Quién es Julio?

5 ¿Dónde trabaja Julio?

6 ¿A qué les había invitado Julio?

7 ¿De qué se alegra Julio?

8 ¿Qué cargo tiene Julio en *El Mercurio*?

9 ¿Qué son titulares?

10 ¿Qué planes tiene Julio para el año que viene?

11 ¿Qué quieren Jim y Lisa que haga Julio?

NOTAS CULTURALES

LOS TITULARES DEL DIARIO

HUELGA DE ESTUDIANTES

Numerosos estudiantes y algunos profesores prosiguen en su actitud de protesta contra la falta de autonomía en las universidades. En sus manifestaciones los universitarios piden que los administradores sean más democráticos.

HASTA EL CUELLO EN DEUDAS

En los quince años de crisis económica que lleva ya el mundo, los países del tercer mundo han acumulado deudas exteriores tan desorbitadas que nadie sabe cómo van a poder pagarlas. Los administradores de los bancos internacionales saben ahora que va a ser necesario reducir de alguna forma las deudas del tercer mundo y están dispuestos a negociar para evitar la catástrofe completa.

EL PAPA PROPONE LA TEOLOGÍA DE LA BENDICIÓN FRENTE A LA VIOLENCIA EN SU GIRA AMERICANA

Se calculan en tres millones los limeños que abarrotaron las calles y plazas para ver al «rey de los católicos» como han apodado aquí al papa. En un obvio esfuerzo de contrarrestar la influencia de la «teología de la liberación», dice el papa que el cristiano no necesita ideologías materialistas ni violentas para colaborar en la liberación del hombre. El papa aconseja que los eclesiásticos del Perú se opongan a la revolución y la violencia.

LAS ÁSPERAS SANGRES DEL TERROR

La banda terrorista de ultraizquierda ha dado un terrible golpe de venganza. Ayer cayó abatido sobre las calles de Madrid otra víctima del terrorismo vasco. A las doce y media los terroristas vascos del norte de España asesinaron al teniente general Adalberto Carvajal Robledo. Su viuda no reclama represalias—sólo quiere que a ella la dejen en paz.

Preguntas

1 ¿Quiénes están de huelga?

2 ¿Qué protestan los estudiantes?

3 ¿Qué piden los estudiantes?

4 ¿Qué significa «deudas desorbitadas»?

5 ¿En qué insisten los bancos internacionales?

6 ¿Qué son limeños?

7 ¿A quién llaman «el rey de los católicos»?

8 ¿Cuántas personas fueron a oír al papa en Lima?

9 ¿Necesita el cristiano ideas materialistas y violentas?

10 ¿Qué les aconseja el papa a los eclesiásticos del Perú?

11 ¿A quién han asesinado los terroristas en Madrid?

12 ¿De qué parte de España son los terroristas vascos?

13 ¿Qué pide la viuda del general asesinado?

INTERACCIÓN Y COMUNICACIÓN

¿Qué piden las amas de casa?

¡Pedimos que bajen los precios!

¡Insistimos en que suban los jornales!

Amas de Casa Unidas

Sindicato de obreros

LISA ¿Por qué protestan ustedes?

AMA DE CASA La vida está muy cara en estos días. Pedimos que bajen el precio de los alimentos.

JIM ¿Por qué están ustedes de huelga?

OBRERO Nos hace falta más dinero. Insistimos en que suban los jornales (*wages*).

La señora lee un periódico muy importante de Madrid, España.

¿Qué quieren los ciudadanos?

Asociación de Ciudadanos
Contra los Atracos

LISA ¿Qué manifestación es ésta?
CIUDADANOS Queremos que la policía prenda a los criminales. Tienen que llevarlos a la cárcel.

Conteste.

1 ¿Por qué protestan las amas de casa?
2 ¿Cómo está la vida en estos días?
3 ¿Qué piden las amas de casa?
4 ¿Por qué están de huelga los obreros?
5 ¿Qué les falta?

6 ¿En qué insisten?
7 ¿Por qué están haciendo manifestación los de la Asociación de Ciudadanos?
8 ¿Qué tienen que hacer con los criminales?
9 ¿Qué quieren ellos que haga la policía?

La expresión de deseos, peticiones y sentimientos—el modo subjuntivo en cláusulas sustantivas (continuación)

Lesson 7 introduced the use of the subjunctive mood in dependent clauses to express one's feelings about actions or conditions. To continue this discussion, we are now considering how someone asks or desires that another person do something. Note in the examples above that the *housewives are asking* the *government to lower* prices and that the *citizens want* the *police to capture* criminals. These examples demonstrate the use of the subjunctive in a dependent noun clause.

MAIN CLAUSE	DEPENDENT NOUN CLAUSE
Pedimos	**que bajen los precios.**
Queremos	**que la policía prenda a los criminales.**

Remember that the present subjunctive for most verbs is formed with the stem of the **yo**-form, present indicative, plus standard endings as follows:

-ar VERBS		**-er** AND **-ir** VERBS			
bajar *to lower*		**prender** *to arrest*		**subir** *to raise*	
baj**e**	baj**emos**	prend**a**	prend**amos**	sub**a**	sub**amos**
baj**es**	baj**éis**	prend**as**	prend**áis**	sub**as**	sub**áis**
baj**e**	baj**en**	prend**a**	prend**an**	sub**a**	sub**an**

Note that the subjunctive forms of **-ar** verbs have **-e** in the endings and that **-er** and **-ir** verbs have **-a**.

What is a noun clause?

A *clause* is a group of words that includes a subject and a verb. A *noun clause* is a clause that could be replaced in the sentence by an ordinary noun (see discussion, p. 149). The noun clause is subordinate to another clause—the *main* clause. Notice in the following examples how the noun clause is subordinate to, or dependent upon, the main clause.

MAIN CLAUSE	NOUN CLAUSE	
Quiero	**que usted hable más despacio.**	*I want you to speak more slowly.* [1]
Dígales	**que nos visiten.**	*Tell them to visit us.* [1]
Siento	**que ella esté enferma.**	*I'm sorry she is sick.*
Espero	**que él venga.**	*I hope he is coming.* [1]

In the examples above, the noun clause answers *what* is wanted, requested, or felt by the subject of the main clause. In each case there is some type of influence or involvement connecting the action of the main clause with the action of the noun clause. When this influence or involvement is in the form of a wish, hope, desire, doubt, request, or emotional feeling, the verb in the noun clause is expressed in the subjunctive mood. Note also that the subject of the main clause is different from the subject of the noun clause.

a) Examples of main-clause verbs expressing hope, desire, preference, or necessity (dependent-clause verb = subjunctive):

Esperamos que tú nos **acompañes**.	*We hope you will accompany us.*
Él **prefiere** que no **salgamos**.	*He prefers we don't go out.*
Deseamos que **bajen** los precios.	*We desire that they lower prices.*
Es necesario que se lo **digas** a papá.	*It's necessary that you tell father.*

b) Examples of main-clause verbs expressing feeling, emotion, approval, or advice:

Me **alegro** (de) que **haya** una rebaja en el precio.	*I am glad there is a discount in the price.*
Siento que no te **guste** la música clásica.	*I am sorry you don't like classical music.*
Me **gusta** que **hables** español.	*I like you to speak Spanish.*
Conviene que no **regresemos** tarde.	*It's better that we not return late.*
Te **aconsejo** que no lo **hagas**.	*I advise you not to do it.*

c) Examples of main-clause verbs expressing doubt, denial, or uncertainty:

Dudo que **sea** posible.	*I doubt that it will be possible.*
No **creo** que nos **inviten**.	*I don't think they will invite us.*
¿**Piensa** usted que lo **sepan**?	*Do you think they know it?*

---

[1]Notice that the English equivalent is sometimes expressed as an infinitive (*to speak, to visit*) or a present participle (*coming*).

d) Examples of main-clause verbs expressing command or request:

Manda que **salgan** en seguida.	*He orders them to leave at once.*
Dígales que nos **visiten**.	*Tell them to visit us.*
Pídales que lo **hagan** pronto.	*Ask them to do it soon.*

A *¿Cuáles son los deseos y sentimientos de estas personas?*

1 ¿Qué quiere Julio?
   Quiere **que Jim y Lisa** lo visiten.
que tú, que nosotros, que ustedes, que el profesor, que yo, que ellos

2 ¿Qué piden las amas de casa?
   Piden **que el gobierno** baje los precios.
que las tiendas, que el supermercado, que los taxistas

3 ¿Qué espera la profesora?
   Espera **que nosotros** aprendamos español.
que Karl, que las chicas, que ellos, que todo el mundo

4 ¿Qué dudan los padres?
   Dudan **que nosotros** les escribamos.
que tú, que ustedes, que Jim y Lisa, que su hija, que yo

B *Complete la frase sustituyendo las palabras indicadas.*

Nuestros amigos no pagan sus deudas. Insistimos en que . . .
Insistimos en que paguen sus deudas.

1 Mis hermanos miran la televisión ahora. Mamá no quiere que . . .
2 Los estudiantes fuman aquí. Se prohíbe que . . .
3 Jim y Lisa lo visitan. Julio se alegra de que . . .
4 Los alumnos no leen el periódico. El profesor espera que . . .
5 Lisa está enferma. Siento mucho que . . .
6 El gobierno no aumenta los salarios. Los obreros piden que . . .
7 Los obreros de la compañía hablan de revolución. El jefe aconseja que no . . .

Emblema antiprohibicionista.

El Palacio de Justicia en el centro de Lima, Perú es un magnífico edificio de estilo clásico.

El presente de subjuntivo: verbos irregulares (continuación)

Most verbs that have an irregularity in the **yo**-form of the present indicative have the same irregularity in all forms of the present subjunctive. Lesson 7 presented these examples:

		SUBJUNCTIVE
salir	(yo salgo)	**salga**, **salgas**, **salga**, **salgamos**, **salgáis**, **salgan**
hacer	(yo hago)	**haga**, etc.
decir	(yo digo)	**diga**, etc.
tener	(yo tengo)	**tenga**, etc.
venir	(yo vengo)	**venga**, etc.
poner	(yo pongo)	**ponga**, etc.
traer	(yo traigo)	**traiga**, etc.
pedir	(yo pido)	**pida**, etc.
ver	(yo veo)	**vea**, etc.

Here are five more verbs that form the present subjunctive in the regular way:

INFINITIVE	**yo**-*form,* PRESENT INDICATIVE	**yo**-*form,* PRESENT SUBJUNCTIVE
oír	**oigo**	**oiga**
conducir	**conduzco**	**conduzca**
traducir	**traduzco**	**traduzca**
construir	**construyo**	**construya**
conocer	**conozco**	**conozca**

A *Diga que usted quiere que las siguientes personas traigan buenas noticias.*

Espero **que mi compañero** traiga buenas noticias.

que mis amigos, que tú, que ustedes, que Lisa, que usted, que vosotros

B *Exprese que la profesora quiere que estas personas oigan las noticias en la radio.*

La profesora quiere **que los estudiantes** oigan las noticias.

que nosotros, que ustedes, que Juan, que yo, que mis compañeros

C *Explique que usted siente que las personas indicadas no conozcan a su compañero/a.*

Siento **que tú** no conozcas a mi compañero/a.

que tus amigos, que usted, que el profesor, que tu novia, que los estudiantes, que vosotros

D *Diga que usted se alegra de que estas personas no conduzcan su carro.*

Me alegro de **que ustedes** no conduzcan mi carro.

que tú, que tu novia, que usted, que Julio, que sus amigos

Remember that when using indirect- and/or direct-object pronouns, they are placed *before* conjugated verb forms, whether in the indicative or subjunctive mood.

Quiero que **la** conozcas.	*I want you to meet **her**.*
Dudamos que **lo** traigan.	*We doubt they'll bring **it** (masculine).*

Interacción en parejas

Conteste las siguientes preguntas de su compañero/a de acuerdo con el modelo.

¿Quieres que el profesor/la profesora traiga los exámenes hoy?
No, no quiero que los traiga hoy. o
Sí, quiero que los traiga hoy.

1 ¿Quieres que yo te traduzca los titulares?
2 ¿Sientes que el profesor/la profesora no escuche nuestra música?
3 ¿Dudas que yo conduzca el carro muy bien?
4 ¿Prefieres que no construyan la nueva biblioteca?
5 ¿Esperas que mis amigos te conozcan a ti?

Six very common verbs have subjunctive stems that are not derived from the **yo**-form of the present indicative.

dar		ir		ser	
dé	demos	vaya	vayamos	sea	seamos
des	deis	vayas	vayáis	seas	seáis
dé	den	vaya	vayan	sea	sean

estar		haber		saber	
esté	estemos	haya	hayamos	sepa	sepamos
estés	estéis	hayas	hayáis	sepas	sepáis
esté	estén	haya	hayan	sepa	sepan

Quieren que les **demos** la dirección de nuestra casa.
They want us to give them the address of our house.

Espero que **vayas** conmigo.
I hope you will go with me.[1]

Dudamos que el examen **sea** fácil.
We doubt the test is easy.

¿Prefieres que ella **esté** aquí todo el día?
Do you prefer her to be here all day? (Do you prefer that she be here all day?)

Siento que no **haya** buenas noticias.
I'm sorry there isn't any good news.

El profesor desea que lo **sepamos** bien.
The professor desires that we know it well.

Sustituya las personas indicadas y repita la frase.

1 Los periodistas quieren **que nosotros** les demos más noticias.
que el público, que yo, que ustedes, que el presidente, que usted

2 Prefiero **que tú** vayas a comprar el periódico.
que mi hermana, que ustedes, que mis compañeros, que Ricardo, que vosotros

[1]Notice that the subjunctive in the noun clause is sometimes best translated by the English future tense.

3 Espero **que la profesora** sea simpática.

que el profesor, que mis nuevas compañeras, que usted, que los otros estudiantes

4 Me alegro de **que tú** estés en esta clase también.

que mis amigos, que Alicia, que mi compañera, que usted, que nosotros

5 Mi mamá duda **que yo** sepa la dirección.

que nosotros, que mi hermano, que mis amigos, que usted, que vosotros

Interacción en parejas

A *Responda a estas preguntas de su compañero/a.*

1 Hay partido esta tarde. ¿Dudas que sea fácil ganarlo?

2 ¿Quieres que tu novio/a vaya al cine contigo esta noche?

3 ¿Necesita tu compañero/a de cuarto que tú le des dinero?

4 ¿Quieres que tus compañeros/as se acuesten más temprano?

5 ¿Qué quieres que hagamos en la clase de español este semestre?

B *Hágale preguntas a su compañero/a usando lo siguiente.*

1 ¿Qué quiere(n) __?__ (que tú hagas)? 3 ¿Qué siente(n) __?__?

2 ¿Qué duda(n) __?__? 4 ¿De qué se alegra(n) __?__?

El presente de subjuntivo de verbos que cambian la raíz

The **-ar** and **-er** verbs that are stem-changing in the present indicative show the same changes in the present subjunctive.

cerrar *to close*		**acostar**		**entender**		**poder**	
cierre	cerremos	acueste	acostemos	entienda	entendamos	pueda	podamos
cierres	cerréis	acuestes	acostéis	entiendas	entendáis	puedas	podáis
cierre	cierren	acueste	acuesten	entienda	entiendan	pueda	puedan

¿Vamos a subir la Pirámide del Sol? ¡Qué interesante es la Zona Arqueológica de San Juan Teotihuacán! (México, D.F.)

Haga las substituciones indicadas.

1 La profesora quiere **que tú** cierres el libro.

que los estudiantes, que usted, que nosotros, que Lisa, que ustedes, que vosotros

2 Yo espero **que usted** entienda todas las preguntas.

que ustedes, que él, que mis compañeros, que los estudiantes, que nosotras, que vosotros

3 Me alegro de **que ellos** puedan ir a visitarnos.

que usted, que tus amigos, que tú, que mi hermano, que vosotros

4 ¿Por qué quiere usted **que sus compañeros** se acuesten temprano?

que Gloria, que yo, que nosotros, que su compañero

The **-ir** verbs that change their stem from **e** to **i** in the present indicative make the same change in all forms of the present subjunctive.

pedir		**seguir**	
pida	pidamos	siga	sigamos
pidas	pidáis	sigas	sigáis
pida	pidan	siga	sigan

Exceptions are the **nosotros-** and **vosotros**-forms of **e → ie** and **o → ue** stem-changing verbs. The **e** of the stem changes to **i**, and the **o** of the stem changes to **u** in these two forms.

sentir		**dormir**	
sienta	**sin**tamos	duerma	**dur**mamos
sientas	**sin**táis	duermas	**dur**máis
sienta	sientan	duerma	duerman

A *Sustituya las personas indicadas.*

1 Quiero **que tú** me pidas perdón.

que mis amigos, que usted, que mi novio, que ustedes

2 Mis padres quieren **que yo** siga otra carrera.

que mi hermano, que mis hermanas, que nosotros, que usted, que vosotras

3 Dudo **que ella** se sienta bien.

que ellos, que mi novia, que su hermano, que ustedes, que vosotros

4 Mamá no quiere **que tú** duermas toda la mañana.

que yo, que mis hermanos, que papá, que nosotros, que vosotros

B *Exprese que Julio duda que ocurran las siguientes situaciones.*

Volvemos al Perú.
Julio duda que volvamos al Perú.

1 Lo sentimos mucho.

2 Pedimos una rebaja en el precio del pan.

3 Nos morimos en este calor.

4 Seguimos una carrera en deportes.

5 Dormimos más de diez horas.

C *Conteste estas preguntas.*

1 ¿Quieren tus padres que tú sigas la carrera de ingeniería?

2 ¿Les aconseja el profesor/la profesora a tus amigos que no duerman en la clase?

3 ¿Qué le pides a tu compañero/a que haga?

4 ¿Sienten ustedes que mueran muchas personas en accidentes de carro?

5 ¿Te gusta que los amigos te pidan dinero?

6 ¿Dudas que los estudiantes se diviertan en esta clase?

VOCABULARIO ÚTIL

Expresiones de cortesía[1]

A

Si le pisas el pie a otra persona, puedes decir:

—**Perdone usted.**

Y la otra persona responde:

—**No hay de qué.** *It's nothing.*

B

Si golpeas (*bump, hit*) a otra persona, puedes decir:

—**Disculpe usted.**

—**No tenga cuidado.** *Think nothing of it.*

C

Si entras en un cuarto o en un restaurante donde están comiendo, puedes decir:

—**Buen provecho.** *Enjoy your meal.*

—**Gracias. Si gusta . . .**

D

Si alguien estornuda (*sneezes*) en tu presencia, puedes decir:

—**Salud.** *Your health.*
—**Gracias.**

E

Si quieres despedirte de una persona importante, puedes decir:

—**Con permiso, señor.**
—**¡Cómo no! Pase usted.**

F

Si quieres pasar, puedes decir:

—**Con permiso, por favor.**
—**¡Cómo no! Pase usted.**

G

Si quieres entrar en un cuarto o una sala de clase, puedes decir:

—**¿Se puede?** *May I?*
—**¡Adelante!** *Come in. (Ahead.)*

o

—**Pase usted.** *Come in.*

[1] *Expressions of courtesy*

Conteste.

1 Si quieres despedirte de una persona importante, ¿qué puedes decir?

2 Si golpeas a otra persona, por accidente, ¿qué puedes decir?

3 ¿Qué dices si entras en un cuarto y otros están comiendo?

4 Si estornudas y la otra persona dice, Salud, ¿qué respondes?

5 ¿Qué dices si le pisas el pie a otra persona?

6 Si quieres entrar en un cuarto o en una sala de clase, ¿qué dices?

7 Estás comiendo. Entra otra persona y dice, Buen provecho. ¿Qué respondes?

¡Ojalá que vengan a visitarnos!

El presente de subjuntivo con ojalá

¡Ojalá que vengan a visitarnos!

I hope they come to see us!

¡Ojalá que prendan a los criminales!

I hope they arrest the criminals!

¡Ojalá que tenga buena suerte!

I hope that I have good luck!

Ojalá means *I hope (that)*, or more literally, *May God grant (that)*. Sometimes the word **que** is used with **ojalá** to introduce the noun clause and sometimes it is omitted. With or without **que**, the meaning remains the same. The subjunctive is always used in a noun clause following **ojalá**.

*Forme una frase original, empleando **ojalá** y el verbo con el sujeto indicado siguiendo el modelo.*

los obreros—terminar pronto la huelga
Ojalá que los obreros terminen pronto la huelga.

1 países—pagar sus deudas

2 tú—no trabajar tanto

3 mi compañero—traerme el abrigo

4 mi novia—acompañarme al baile

5 nosotros—poder hacer una fiesta en clase

6 mi papá—comprar un coche nuevo

7 usted—ayudarme con la lección

8 los terroristas—dejarnos en paz

9 mi novio—invitarme al baile

10 Julio—venir a visitarnos

Interacción en parejas

A *Tomando turno, indíquele a su compañero/a de de clase dos cosas . . .*

1 que usted quiere que sus padres hagan.

Ejemplo: **Quiero que mis padres me manden dinero.**

2 que usted prefiere que sus profesores hagan.

Ejemplo: **Prefiero que mis profesores no den exámenes.**

3 que usted desea que haga su compañero/a de cuarto.

Ejemplo: **Deseo que mi compañero/a estudie más.**

4 que prefiere que haga el Presidente de los Estados Unidos.

Ejemplo: **Prefiero que el Presidente no les mande dinero a los terroristas.**

5 que le gusta que hagan sus amigos.

Ejemplo: **Me gusta que mis amigos me inviten a sus fiestas.**

B *Tomando turno, dígale a su compañero/a de clase cinco cosas que usted espera que pasen* (hope will happen) *o que no pasen. Emplee la expresión* **ojalá** *y una cláusula. Ejemplos:*

Ojalá que reciba una carta hoy.

Ojalá no toquen música clásica en el concierto esta noche.

Ejemplo   **1**   **2**

3   **4**   **5**

C *De acuerdo con lo que ve en los dibujos, contéstele estas preguntas a su compañero/a.*

Ejemplo: ¿Qué aconseja el papa?

El papa aconseja que no hablen de revoluciones.

1 ¿Qué quieren las amas de casa?

2 ¿Qué temen (**temer** *to fear*) los residentes de Lima?

3 ¿Qué quieren los obreros?

4 ¿Qué piden los estudiantes?

5 ¿Qué quieren las víctimas del atraco?

Quiero ir mañana.

¿El infinitivo o el subjuntivo?

¿INFINITIVO   o   SUBJUNTIVO?

Quiero **pagar** mis deudas.
I want to pay my debts.
   (One subject: I)

Quiero que **pagues** tus deudas.
I want you to pay your debts.
   (Two subjects: I and you)

¿Esperas **poder** ir mañana?
*Do you hope to be able to go
tomorrow?*
   (One subject: you)

¿Esperas que ella **pueda** ir mañana?
*Do you hope she will be able to go
tomorrow?*
   (Two subjects: you and she)

If the subjects of both the main clause and the noun clause are the same, an infinitive is used where the subjunctive might otherwise be expected. Where there is a change of subject, the subjunctive is used. (Notice that the English equivalent has the infinitive in both cases.)

Dé el equivalente en español.

1 I want her to go.
2 I want to go also.
3 We hope to finish early.
4 We hope you'll finish early too.
5 They need us to come early.
6 We need to come early.
7 I'm sorry you can't go with your friends.
8 I'm sorry I can't go with them.

Estoy seguro que ellos vienen.

El subjuntivo o el indicativo en la cláusula sustantiva

In general, the indicative is used in the dependent noun clause when the verb in the main clause serves simply to introduce the report of information. The subjunctive is used when the main verb introduces the dependent clause not as a report, but as a hypothesis to be considered or carried out in the future.

HYPOTHESIS (Subjunctive used)
Dudo que me lo **vendan**.
Esperamos que **llegue** hoy.
Espero que **traigan** el dinero.
Dudo que **sepan** la respuesta.
Pídales que **vengan** pronto.
Siento que usted no **pueda** salir.
Dígales que **salgan**.

REPORT (Indicative used)
Yo sé que me lo **venden**.
Es cierto que **llega** hoy.
Es verdad que **traen** el dinero.
Es seguro que **saben** la respuesta.
Veo que **vienen** pronto.
Supongo que usted no **puede** salir.
Dígales que yo no **salgo**.

Remember that if both verbs have the same subject the infinitive is used.

SUBJUNCTIVE
Quiero que usted la **acompañe**.
Espero que él **pueda** venir.

INFINITIVE
Quiero **acompañar**la.
Espero **poder** venir.

Aquí tienes las enigmáticas ruinas de Machu Picchu, la ciudad escondida de los incas del Perú.

A *Complete las frases con la forma correcta del verbo indicado.*

1 Sabemos que ella (viene / venga) esta noche.
2 Dicen que (hay / haya) veinte personas en el cuarto.
3 Dudo que él (puede / pueda) visitarnos.
4 Supongo que usted (necesita / necesite) más dinero.
5 Siento que tú (tienes / tengas) que salir ahora.
6 Espero que (sabes / sepas) hacer estos ejercicios.

B *Traduzca al español.*

1 I want you to tell the truth.
2 I know you will tell the truth.
3 We're sorry you don't have the money.
4 We're sorry we don't have the money, either.
5 The teacher hopes to arrive at ten o'clock.
6 She hopes the students will arrive at ten o'clock, too.
7 I understand that your friend can't come tonight.
8 I hope you will be able to come.

Interacción en parejas

Tomando turno, dígale a su compañero/a de clase dos cosas . . .

1 que usted insiste en que sus amigos hagan.
2 que la policía manda que ustedes hagan.
3 que usted prefiere que el profesor/la profesora haga.
4 que su compañero/a de cuarto prefiere que usted haga.
5 que usted quiere que su novio/a haga.

¿Qué hay de nuevo? Escucha las noticias de esta locutora argentina.

LECTURA

OTROS TITULARES DE LA PRENSA

MANIFESTACIÓN DE LAS AMAS DE CASA UNIDAS

Las señoras amas de casa solicitan que el gobierno rebaje de inmediato los precios de los alimentos, especialmente del pan y la carne. Ruegan también las señoras que no suban más la tarifa del metro.

ATRACOS, ROBOS Y DELITOS CONTRA LA PROPIEDAD

Al llegar de vuelta de las vacaciones muchos veraneantes encuentran desvalijadas sus casas. También informa la policía que los atracos y robos en plena calle van aumentando en estos días constituyendo así una mayor inseguridad para los peatones en el centro y en los sectores residenciales. Los serenos han aumentado su vigilancia en las casas de apartamentos. Permiten entrar sólo a los residentes.

SIGUEN LAS NEGOCIACIONES EN MOSCÚ PARA ELIMINAR LA CARRERA DE ARMAMENTOS

El deshielo de las relaciones entre las superpotencias sigue produciendo algunas deseadas soluciones a la militarización del espacio. Los soviéticos permiten que los inspectores norteamericanos observen la destrucción de bombas nucleares en la Unión Soviética y ellos tienen el derecho de hacer semejantes inspecciones de desarmamento en los Estados Unidos.

49 MUERTOS EN LAS CARRETERAS DURANTE EL FIN DE SEMANA MAS TRÁGICO DEL AÑO

Cuarenta y nueve personas perdieron la vida, 34 resultaron heridas graves y 18 leves en los 32 accidentes de tráfico registrados en las carreteras mexicanas desde la tarde del viernes 14 hasta primeras horas de la madrugada del lunes 17. Estas cifras significan que el segundo fin de semana del mes de julio ha sido el más trágico en todo lo que va de año.[1] **en . . .** *so far this year.* En 1988 murieron 52 personas en las mismas fechas.

Preguntas

1 ¿Qué es una ama de casa?
2 ¿Qué solicitan las amas de casa unidas?
3 ¿Qué ruegan ellas?

       _____

4 ¿Qué es un atraco?
5 ¿Por qué hay mayor inseguridad en las calles ahora?
6 ¿Qué es lo que no permiten los serenos?

       _____

7 ¿Qué permiten los soviéticos?
8 ¿Qué quieren los norteamericanos?

       _____

9 ¿Cuántas personas perdieron la vida el segundo fin de semana de julio?
10 ¿Cuántos accidentes en total hubo ese fin de semana?
11 ¿Murieron más o menos personas en el mismo fin de semana de 1988 que en este año?

EN POCAS PALABRAS

Complete las frases

1 Espero que _____.
2 No quiero que _____.
3 ¿Duda usted _____?
4 ¿Sabe usted que _____?
5 Prohíben que _____.

Forme preguntas

1 Sí, quiero que él haga el trabajo.
2 No, no me gusta que canten.
3 Sí, entiendo que vuelven hoy.
4 No, no es cierto que estudien mucho.
5 Sí, quiero que me muestren las oficinas.

Breves conversaciones

Sigan el modelo.

PROFESOR/A   Dígale a _____ que abra la ventana.
ESTUDIANTE 1   **El profesor/La profesora quiere que abras la ventana.**
ESTUDIANTE 2   **Bueno, si él/ella quiere, la voy a abrir.**

Dígale a _____

que cierre la puerta.
que escuche las cintas (*tapes*) esta noche.
que lea el periódico antes de acostarse.
que estudie la lección esta tarde.
que no se duerma en la clase.

que se levante temprano.
que se lave las manos antes de comer.
que no venga tarde a la clase.
que no vaya al cine esta noche.
que se acueste temprano esta noche.

Preguntas personales

1 ¿Quieres visitar una prensa? ¿Por qué?

2 ¿Te interesa ser periodista? ¿Por qué?

3 ¿Qué quieren hacer los periodistas?

4 ¿Quieres leer las noticias del periódico todos los días?

5 ¿Les pide el profesor/la profesora que ustedes lean los periódicos en español?

6 ¿Qué más les pide que hagan?

7 ¿Quieren ustedes que haya periódicos y revistas en la sala de clase?

8 ¿Quieres participar en una manifestación?

9 ¿Qué quieren las personas que participan en las manifestaciones?

10 ¿Quieres que bajen los precios de los alimentos?

11 ¿Qué piensas de las huelgas?

12 ¿Te interesa hacer huelga?

13 ¿Quieres que tu compañero/a de cuarto participe también?

14 ¿Qué otras cosas esperas que él/ella haga?

15 ¿Y qué prefiere tu compañero/a que hagas tú?

PRONUNCIACIÓN

More about Spanish g, j, and x

Recall that Spanish **g** before **e** and **i** and Spanish **j** are pronounced like an aspirated English *h*, as in the word *hole*. This sound is more strongly aspirated in South America than in Mexico or Central America. Take the position for pronouncing *k* and force the stream of air to continue while maintaining that position.

Egipto	jirafa	Jorge	gente	Julio	por ejemplo
juegan	Georgina	México	Texas		

More about Spanish y

To produce the Spanish **y**, practice placing greater tension, buildup, and release than for English *y*.

yanqui   los yanquis   a casa, yanqui   ya lo creo

VOCABULARIO

adelante	ahead, forward
¡Adelante!	Come in!
alumno/a	student
la asociación	association
el/la ayudante	helper; assistant
la cárcel	jail
ciudadano/a	citizen
la continuación	continuation
cortesía	courtesy
el/la criminal	criminal
deuda	debt
final	final
huelga	strike
impresionante	impressive
incrédulo	incredulous; unbelieving
inesperado	unexpected; accidental
el interés	interest
la introducción	introduction
el jornal	day's pay, wages; day's work
limeño/a	person from Lima
la manifestación	manifestation; demonstration
mercurio	mercury
la mitad	half; middle
ná	(colloquial) short for **nada** nothing
el/la obrero/a	worker
¡Ojalá!	I hope!, I wish!, God grant!
el país	country
párrafo	paragraph
la paz	peace
periodismo	journalism
el/la periodista	journalist; newspaperman (newspaperwoman)
precio	price
prensa	press; newspapers
presencia	presence
prestigioso	prestigious
privilegio	privilege
público	public
rebaja	discount
el/la redactor/a	editor
respuesta	answer, response

sentimiento	feeling; sentiment
sindicato	union
el/la taxista	taxi driver
el/la terrorista	terrorist
el titular	headline
la versión	version

Verbos

acabarse	to come to an end
aumentar	to increase
bajar	to lower; to go down; to get off
cerrar (ie)	to close
componer (compongo)	to compose; to fix
convenir (ie)	to be suitable; to agree; to convene
desear	to desire; to wish
despedirse (i)	to say goodbye; to bid farewell
disculpar	to excuse
establecer (establezco)	to establish
estornudar	to sneeze
golpear	to hit, strike, bump
pisar	to step on
prender	to arrest; to seize, grasp; to fasten
prohibir (prohíbo)	to prohibit; to ban
protestar	to protest
traducir (traduzco)	to translate

Otras expresiones

estar de huelga	to be on strike
Esto sí que es . . .	This really is . . .
No hay de qué.	It's nothing., Don't mention it.
No tenga cuidado.	Think nothing of it.
por accidente	by accident
¡Salud!	Your health!, Bless you!

Refrán

De lo que digan, ná. De lo que ves, la mitad.

Believe only half of what you see, and of what you hear, nothing.

Lección dieciséis

La música hispánica

Cada cabeza es un mundo.

PERSPECTIVA

Functional conversational goals   You should be able to
1 converse about Latin American music and rhythm.
2 compare types of people, i.e., generous, kind, lazy.
3 interview classmates for opinions and preferences regarding books, cars, music, etc.
4 express likes and dislikes regarding movies, records, singers.

Language   You will study and practice using
1 the present subjunctive in adjective clauses.

2 the present subjunctive in noun clauses—a review.
3 the present subjunctive with impersonal expressions.
4 the first-person plural (*let's*) command.
5 the present subjunctive in indirect commands.
6 vocabulary for describing human characteristics.

Culture   You will learn about
1 types of music popular in Latin America.
2 some famous Latin American composers.
3 the custom of **el gallo** (an early morning serenade).

CONVERSACIONES

¡VIVA LA MÚSICA FOLKLÓRICA!

Steve es un joven de Manhattan, Kansas. Está en una excursión de vapor en el Caribe. Hace dos días que está el vapor en San Juan, Puerto Rico. En una tienda de discos y cintas Steve ha conocido a Pedro, un joven puertorriqueño que trabaja ahí.

STEVE   ¿Qué tal, Pedro? ¿Qué hay de nuevo?
PEDRO   Me alegro de verte, Steve. Esta noche hay un concierto que te va a gustar mucho.
STEVE   ¿Qué concierto es? ¿Una sinfonía? Yo quiero oír música que sea típica de Puerto Rico.

El baile facilita la amistad entre los jóvenes. ¿No es cierto? (Sevilla, España)

PEDRO   Pues, tienes mucha suerte. Es el Grupo Areyto. No hay grupo que inter-
               prete mejor la música de Puerto Rico.
STEVE   Bueno, sí. Eso me interesa. ¿Tú vas a ir?
PEDRO   Seguro que sí. Voy a llevar a mi novia. ¿Qué te parece? ¿Vamos a invitar a
               otra chica que nos acompañe?
STEVE   Me imagino que tú conoces a muchas chicas. ¿Puede haber una que
               acepte la invitación de un gringo?
PEDRO   Sí, conozco a varias. ¡Qué decidan ellas! Vamos a invitar a la amiga de mi
               novia. Se llama Juana.

En el concierto

STEVE   ¡Este grupo es formidable! ¡Me gusta mucho la música de Puerto Rico!
JUANA   Pues, a mí me gusta también pero prefiero la música de ustedes.
STEVE   ¿Cómo? ¡Es increíble que te guste más esa música!
JUANA   No es eso. Yo prefiero una música que tenga más melodía.
STEVE   ¿Cómo qué, por ejemplo?
JUANA   Country western. Es una música que me encanta. Fuimos de visita a Nash-
               ville y ahí vi a Dolly Parton y Kenny Rogers.
STEVE   No lo comprendo pero me alegro que te guste nuestra música folklórica.
JUANA   En cuestión de gustos, tú sabes que cada cabeza es un mundo.
STEVE   ¡Ya lo creo! Un mundo diferente.

Preguntas

1 ¿De qué parte de los Estados Unidos es Steve?
2 ¿Cuánto tiempo hace que está en San Juan?
3 ¿Quién es Pedro?
4 ¿Dónde conoció Steve a Pedro?
5 ¿Qué clase de música quiere oír Steve?
6 ¿Por qué es famoso el Grupo Areyto?

7 ¿Le interesa a Steve esa clase de música?
8 ¿A quién lleva al concierto Pedro?
9 ¿Qué sugiere Pedro?
10 Como Steve es de los Estados Unidos, ¿qué quiere saber?
11 ¿A quién invitan?

12 ¿A Steve le gusta la música del Grupo Areyto?

13 ¿Qué clase de música prefiere Juana?

14 ¿De qué se alegra Steve?

15 ¿Qué significa «Cada cabeza es un mundo»?

16 ¿A ti te gusta country western? ¿Por qué?

NOTAS CULTURALES

LA MÚSICA POPULAR

Los ritmos latinos tienen hoy, como en el pasado, gran aceptación entre los jóvenes de los Estados Unidos. Aún más grande es la popularidad del rock 'n' roll entre los latinoamericanos. Los ritmos y estilos de la música tradicional se oyen también pero no es sorprendente escuchar la radio en cualquier país latino y oír las mismas cintas que están de moda en los Estados Unidos.

Algunos de los ritmos y estilos latinos se conocen en los Estados Unidos y en el mundo entero. Por ejemplo, el tango, la cumbia, la salsa, el cha-cha-cha, la rumba y el bossa nova. Hispanoamérica es famosa por el gran número de diferentes estilos de bailes y cantos que tienen su origen entre los latinos.

El uso de bongós, maracas y castañuelas como instrumentos de percusión distingue la música latinoamericana de cualquier otro tipo de música en el mundo.

Preguntas

1 ¿Qué aceptación tiene la música popular de los Estados Unidos en Latinoamérica?

2 ¿Cuáles de los ritmos, bailes o cantos latinos conoces?

3 ¿Qué es lo que distingue la música latinoamericana de los otros tipos de música?

Estos jóvenes del Cuzco, Perú, tocan música folklórica tradicional.

LA MÚSICA CLÁSICA

Los países hispánicos siempre fueron conocidos en todo el mundo por su música folklórica y popular. Ahora, en estos tiempos, hay compositores hispanoamericanos de música clásica que también son conocidos en todo el mundo.

Quizás el más distinguido compositor hispano es el mexicano Carlos Chávez (1899–1978). Entre sus obras más importantes están su *Tocata mexicana*, *Sinfonía india* y el ballet *El fuego nuevo*. El genio musical extraordinario del maestro Chávez se reconoce en su habilidad única de identificar y utilizar temas de los ritos musicales de los mayas, incas y aztecas.

Carlos Chávez de México.

Dos compositores notables de la Argentina son Juan José Castro (1895–1968) y Alberto Ginastera (1916–1983). Castro es famoso por su ópera *Bodas de sangre* y sus obras para orquesta que incluyen *Sinfonía argentina* y *Corales criollos*[1]. Las obras más conocidas de Ginastera son su *Concierto argentino*, *Sinfonía porteña* y algunas piezas de música de cámara.

Heitor Villa-Lobos (1883–1959) del Brasil es una figura importante en la música latinoamericana. Su música refleja una fuerte influencia de temas populares y folklóricos. De unos 1.500 piezas que compuso, hay *Danzas africanas* y nueve *Bachianas brasileiras*. Se dice que en su obra logró una síntesis entre el gran compositor Bach y el folklore de su país natal, el Brasil.

Heitor Villa-Lobos, compositor brasileño y director del Conservatorio Nacional en su oficina en Río de Janeiro.

Otros músicos renombrados incluyen al pianista Claudio Arrau de Chile, el cubano Ernesto Lecuona, autor de *La Malagueña*, y el conductor Roque Cordero de Panamá.

Preguntas

1 ¿Qué es la música folklórica?
2 ¿Qué clase de música escribe Carlos Chávez?
3 ¿De dónde fue Alberto Ginastera?
4 ¿Cuál de los compositores utiliza temas de Bach?
5 ¿Conoces *La Malagueña*?
6 ¿Te gusta la música clásica?

Alberto Ginastera de la Argentina.

Claudio Arrau de Chile.

---

[1]**Criollos** are persons of Spanish descent born and raised in a Spanish-American country. In the title of Castro's work, **criollo** signifies "native Argentine."

INTERACCIÓN Y COMUNICACIÓN

¿Qué clase de música te gusta?

Steve

STEVE Yo quiero oír una música que sea típica de aquí.

Juana

JUANA Yo prefiero una música que tenga más melodía. Country western es lo que me encanta a mí.

Pedro es un joven que trabaja en una tienda de discos y cintas.

Steve y Pedro

PEDRO ¿Qué buscas?
STEVE Yo busco un tocadiscos que toque bien.

Steve y Pedro

STEVE ¿Qué tienes?
PEDRO Yo tengo un tocadiscos que toca bien.

Éste toca muy bien.

Conteste.

1 ¿Qué clase de música quiere oír Steve?
2 ¿Qué clase de música prefiere Juana?
3 ¿Qué música le encanta a Juana?

4 ¿Quién es Pedro?
5 ¿Qué clase de tocadiscos busca Steve?
6 ¿Qué clase de tocadiscos tiene Pedro?

El presente de subjuntivo en cláusulas adjetivas

An adjective clause is a dependent clause which modifies a noun or a pronoun.

NOUN | ADJECTIVE CLAUSE
Es una **canción** | **que me encanta**.
It is a **song** | ***that thrills me***.

The dependent adjective clause modifies the noun **canción**, which is in the main clause. You can tell that it is an adjective clause, not a noun clause, because it modifies a noun and could be replaced in the sentence by an ordinary adjective, for example, **nueva**.

PRONOUN | ADJECTIVE CLAUSE
No hay **nadie** | **que interprete mejor la música de Puerto Rico**.
There is **no one** | ***who interprets better the music of Puerto Rico***.

In this case the adjective clause modifies a pronoun, **nadie**.

When the noun or pronoun modified by the adjective clause is indefinite or unknown, the verb of the adjective clause is in the *subjunctive*.

An indefinite noun modified: subjunctive

Nos falta una **grabadora** que **toque** bien.   *We need a tape recorder that plays well.*

In the mind of the speaker, the tape recorder is one he or she needs or is seeking, but a specific tape recorder is not being thought of at this point. The speaker may not find one, or it may not exist; therefore, the subjunctive form of the verb is used in the adjective clause to describe this indefinite object or thing.

When the noun or pronoun modified by the adjective clause is definite or known to the speaker, the verb of the adjective clause is in the *indicative*.

A definite noun modified: indicative

Aquí tienes una **grabadora** que **toca** bien.   *Here is a tape recorder that plays well.*

Todo el mundo toca la guitarra en España. (Parque Retiro, Madrid)

In this case the noun modified is a specific tape recorder which the speaker can see, has in mind, or has in his possession; therefore the indicative is used.

Compare the following examples.

SUBJUNCTIVE	INDICATIVE
Modified noun or pronoun is indefinite or unknown.	*Modified noun or pronoun is definite or known.*
Buscamos a **alguien** que **sepa** tocar la guitarra.	Aquí está **alguien** que **sabe** tocar la guitarra.
We are looking for someone who knows how to play the guitar.	*Here is someone who knows how to play the guitar.*
No hay **nadie** que **se compare** con el Grupo Areyto.	Ahí va **uno** que **toca** con el Grupo Areyto.
There is no one who compares with the Areyto Group.	*There goes one (someone) who plays with the Areyto Group.*
Busco una **cinta** que **tenga** ritmos latinos.	Aquí tengo una **cinta** que **tiene** ritmos latinos.
I'm looking for a tape that has Latin rhythms.	*I have a tape here that has Latin rhythms.*
¿Hay **artistas** aquí que **toquen** música clásica?	Sí, hay **artistas** aquí que **tocan** música clásica.
Are there any artists (musicians) here who play classical music?	*Yes, there are some artists (musicians) here who play classical music.*

A *Sustituya las palabras indicadas.*

1 Buscamos **una chica** que baile bien.
   unos jóvenes, un estudiante, una señora

2 Prefiero **algo** que tenga más ritmo.
   unas cintas, una música, un compañero

3 ¿Hay **alguien** aquí que sepa tocar la guitarra?
   profesores, un americano, una chica

4 No hay **nadie** que cante como Dolly Parton.
   músicos, persona, artistas

B *Cambie las frases añadiendo la palabras entre paréntesis siguiendo el modelo.*

Esta cinta tiene ritmos latinos.   (Busco)
Busco una cinta que tenga ritmos latinos.

1 Ahí viene la persona que nos acompaña al concierto.   (¿Dónde hay una . . .?)

2 Conozco a un joven que puede cantar canciones puertorriqueñas.   (Quiero conocer . . .)

3 Mis amigos me llevan a un concierto que me gusta.   (Lléveme . . .)

4 Tengo unas cintas que son de música popular.   (Me faltan . . .)

5 Este salón es bastante grande.   (Espero encontrar . . .)

6 Ahora tienes unas cintas que te gustan.   (Tienes que comprar . . .)

7 Va a cantar alguien que te conoce.   (¿Canta aquí alguien . . .?)

8 Mi novio tiene una grabadora que toca bien.   (¿Quién tiene . . .?)

C *Juana les hace las siguientes preguntas a Steve y a Pedro. Responda a las preguntas primero como responde Steve y luego como responde Pedro. Siga los modelos.*

¿Quién en este cuarto canta bien?
STEVE **Aquí no hay nadie que cante bien.**
PEDRO **Yo conozco a alguien en este cuarto que canta bien.**

1 ¿Quién tiene una grabadora?
2 ¿Quién puede cantar canciones de country western?
3 ¿Quién sabe bailar la salsa?

¿Quién toca la guitarra?
STEVE **No conozco a nadie que toque la guitarra.**
PEDRO **Hay una señorita en la tienda que toca la guitarra.**

1 ¿Quién canta ópera?   4 ¿Quién es olvidadizo?
2 ¿Quién compone música clásica?   5 ¿Quién habla perfectamente el español?
3 ¿Quién dice siempre la verdad?

1 Juana
¡ME GUSTA!
COUNTRY WESTERN

¡Esta música tiene melodía y armonía!

2 Steve
ES UNA MÚSICA TÍPICA

Esta música es típica de Puerto Rico.

3 Pedro y su novio
¡QUÉ BIEN!

Tú bailas muy bien, querida.

4 Juan
SALARIO

Tengo un empleo que me paga muy bien.

Conteste.

1 ¿Qué tipo de música le gusta a Juana?
2 ¿Qué tipo de música quiere oír Steve?
3 ¿Qué clase de compañera prefiere Pedro?
4 ¿Qué clase de trabajo tiene Juan?
5 ¿Qué clase de empleo prefieres?
6 ¿Qué tipo de esposo/a quieres?
7 ¿Qué clase de música prefieres?

VOCABULARIO ÚTIL

Algunas características humanas

Aprecio un abogado **que tenga compasión**.	*I appreciate a lawyer who has compassion.*
paciencia.	*patience.*
que sea generoso.	*who is generous.*
industrioso.	*industrious.*
simpático.	*likable.*
Prefiero una compañera **que no grite**.	*who doesn't shout.*
ronque.	*snore.*
mienta.	*lie.*
que sea pobre.	*who is poor.*
humilde.	*humble.*
rica.	*rich.*
Quiero una mujer **que sea inteligente**.	*who is intelligent.*
amorosa.	*loving.*
ambiciosa.	*ambitious.*
enérgica.	*energetic.*
pasiva.	*passive.*
Busco un hombre **que me trate de igual a igual**.	*who treats me as an equal.*
que sea trabajador.	*who is a worker.*
que sepa cocinar.	*who knows how to cook.*
que sea manso.	*who is meek.*
que sea macho.	*who is authoritarian/manly.*
que no sea perezoso.	*who is not lazy.*

Conteste las preguntas escogiendo entre las posibilidades indicadas. También puede decir **Ninguno/a de los/las dos** (Neither one) *y añadir otra posibilidad.*

¿A quién aprecias más, un amigo generoso o simpático?

a) **Aprecio más un amigo que sea generoso.**

b) **Aprecio más un amigo que sea simpático.**

c) **Ninguno de los dos. Aprecio más un amigo que sea macho.**

1 ¿A quién comprendes mejor, una compañera perezosa o una compañera inteligente?

2 ¿A quién aprecias más, un jefe industrioso o un jefe inteligente?

3 ¿Cuál prefieres, una amiga rica o una amiga pobre?

4 ¿Cuál buscas, un novio macho o un novio manso?

5 ¿Cuál te gusta más, una persona enérgica o una persona pasiva?

6 ¿Cuál prefieres, un/a compañero/a que ronque o un/a compañero/a que mienta?

Interacción en parejas

A *Usted es reportero/a del diario de la universidad. Hágale una entrevista a su compañero/a para saber sus gustos personales. Siga el modelo empleando el subjuntivo en una cláusula adjetiva. Luego, cambien de papel.*

¿Qué clase de **trabajo** prefieres?

Prefiero un trabajo que pague bien.

1 casa	4 estéreo (*stereo*)	7 médico	10 libros
2 esposo/a	5 familia	8 dentista	
3 carro	6 deportes	9 música	

B *Usted y su compañero/a de clase están buscando un nuevo compañero (una nueva compañera) de dormitorio. Tomando turno, indiquen las características (cinco cada persona) que buscan. Sigan el modelo, usando el subjuntivo en una cláusula adjetiva.*

Ejemplos:

Yo busco un compañero de dormitorio que sea inteligente.

Yo busco una compañera de dormitorio que no duerma todo el día.

El presente de subjuntivo en cláusulas sustantivas—repaso

Interacción en parejas

A *Su compañero/a le hace las siguientes preguntas. Usted las contesta en el afirmativo. Luego cambien de papel.*

1 ¿Dudas que tus amigos vayan a un concierto de música clásica?

2 ¿Quieres que la orquesta toque música contemporánea?

3 ¿Quieres ir al baile con tu novio/a?

4 ¿Prefieres que yo traiga mi grabadora a la clase mañana?

5 ¿Le pides al profesor/a la profesora que cantemos tu canción favorita en clase?

B *Complete las frases en una manera original.*

1 Quiero que . . .
2 Mis amigos prefieren que . . .
3 Me gusta que . . .
4 ¿Creen tus padres que . . .?
5 Siempre le pedimos al profesor/a la profesora que . . .

6 Ojalá que . . .
7 Es posible que . . .
8 Dudo que . . .
9 Diles a tus amigos que . . .
10 Sentimos que . . .

C *Conteste las preguntas de acuerdo con su propia opinión.*

1 ¿Necesitas que tu papá te dé más dinero?
2 Cuando comes en un restaurante, ¿quieres que te sirvan un poco de vino?
3 ¿Es necesario que trabajes los fines de semana?
4 ¿Cómo esperas divertirte este fin de semana?
5 ¿Sientes que la vida no sea más fácil?

D *Tomando turno, exprésele a su compañero/a de clase su reacción a cada situación, combinando* **Me alegro que** *o* **Siento mucho que** *con las frases. Emplee el subjuntivo en las cláusulas subordinadas, según el modelo.*

SU COMPAÑERO/A Mi mejor amigo está enfermo.
USTED **Siento mucho que él esté enfermo.**

1 Esta noche paso por tu casa.
2 Mi novia/o no viene hoy.
3 Yo tengo un nuevo estéreo.
4 El profesor/La profesora no puede venir a la clase.
5 Hay fiesta mañana.

6 Mis amigos no me invitan.
7 Tenemos examen el viernes.
8 Mi nuevo/a compañero/a de cuarto habla español.
9 He recibido dinero de mi tía.
10 Mi novio/a me ha dado calabazas.

E *Exprésele a su compañero/a su reacción, combinando* **Me gusta que** *o* **No me gusta que** *con las siguientes frases, según el modelo.*

Juan siempre trae las cintas.
No me gusta que Juan traiga las cintas.

1 Mis padres tocan música clásica.
2 Mi compañero vende su guitarra esta tarde.
3 Vamos al cine esta noche.
4 Tenemos que estudiar.
5 El examen es fácil.

6 Las vacaciones comienzan hoy.
7 El profesor está contento.
8 No sabemos conjugar los verbos irregulares.
9 El español no es difícil.
10 Ya termina la clase.

¿Qué disco buscas? ¿Rock 'n' roll o música folklórica?

Es mejor que digas la verdad.

LA ESPOSA Es mejor que me digas la
verdad.

La esposa y el marido

JUANA Es evidente que me quieres
mucho.

Pedro y Juana

El uso del subjuntivo con expresiones impersonales

An impersonal expression is one that does not have a person as the subject: *It's
better that . . .*, *Too bad that . . .*. Such expressions are often followed by a noun
clause. If the impersonal expression indicates uncertainty, possibility, doubt, or a
feeling, the verb in the noun clause is in the subjunctive.

> **Es mejor** que me **digas** la verdad.   *It's better that you tell me the truth.*

If the impersonal expression expresses a certainty or merely reports what is considered to be a fact, it is followed by a verb in the indicative.

> **Es evidente** que me **quieres** mucho.   *It is evident that you love me a lot.*
> **Es cierto** que ellos **vienen** hoy.   *It is certain they are coming today.*

Below is a list of some of the most common impersonal expressions.

SUBJUNCTIVE	INDICATIVE
(Expressions of feelings, possibility, uncertainty, doubt)	(Expressions of certainty, reporting obvious facts)
Es importante que digas la verdad.	**Es que** dice la verdad.
Es posible que sepan las respuestas.	**Es evidente que** saben las respuestas.
Es necesario que lo llamemos.	**Es obvio que** me quiere mucho.
No es seguro que vengan.	**Es seguro que** vienen.
No es verdad que estén en casa.	**Es verdad que** están en casa.
Es mejor que paguen las deudas.	**Es cierto que** pagan las deudas.
Es una lástima que no baile bien.	

A *Inés le dice a Juana que es importante que hagan las siguientes acciones. Haga
el papel de Inés siguiendo el modelo.*

aprender a bailar bien
Es importante que aprendamos a bailar bien.

1 conocer a todas las personas en el baile
2 no acostarse muy tarde
3 anunciar la fiesta hoy
4 aprovechar de las oportunidades

B *Conteste las preguntas en el afirmativo.*

1 ¿Es importante que aprendamos ese baile?
2 ¿Es posible que tus amigos nos acompañen?
3 ¿Es necesario que invitemos a otras amigas?

4 ¿Es mejor que no vayamos?
5 ¿Es evidente que tu compañero/a tiene mucho dinero?

C *Responda negativamente.*

1 ¿Es importante que apreciemos otras costumbres?
2 ¿Es probable que a tus amigos les guste música de España?
3 ¿Es posible que todos los invitados vengan a la fiesta?
4 ¿Es cierto que tu compañera va al concierto con tus amigos?
5 ¿Es probable que ustedes vayan más tarde?

D *Dé el equivalente en español.*

1 It's possible the professor isn't here today.
2 It's better for us not to eat now.
3 It's true that I can't sing.

4 It's not necessary for me to get up early tomorrow.

If the clause following an impersonal expression has no specific subject, the infinitive form of the verb is used *without* the word **que**.

Es necesario ir temprano.	*It's necessary to go early.*
Es mejor decir la verdad.	*It's better to tell the truth.*
No es posible estudiar en mi cuarto.	*It's not possible to study in my room.*

E *¿Qué opina usted? Responda en el afirmativo o el negativo.*

1 ¿Es posible bailar a esta música?
2 ¿Es preferible divertirse por la noche o por la mañana?
3 ¿Es posible apreciar la música clásica?
4 ¿Es necesario cenar tarde?

F *Complete las frases en una manera original siguiendo los modelos.*
Es posible que . . .
Es posible que ella cante esta noche.
Es posible . . .
Es posible ganar mucho dinero aquí.

1 Es probable que . . .
2 ¿Es mejor . . .?
3 ¿Es posible que . . .?
4 ¿Es cierto que . . .
5 Es que . . .
6 Es una lástima que . . .
7 Es imposible que . . .
8 Es imposible . . .

Interacción en parejas

A *Usted y su compañero/a de clase están hablando de las características que desean en su futuro esposo/futura esposa. Tomando turno, digan cuatro características (dos cada uno) que . . .*

1 . . . son necesarios que tenga.
Ejemplo: Es necesario que me quiera mucho.

2 . . . son importantes que tenga.

Ejemplo: **Es importante que sepa hablar español.**

3 . . . son mejores que tenga.

Ejemplo: **Es mejor que sepa apreciar música clásica.**

B *Hágale las preguntas a su compañero/a.*

1 ¿Insistes en que tus compañeros/as de cuarto laven sus platos?

2 ¿Te alegras de que tus amigos te visiten con frecuencia?

3 ¿Quieres que tus padres te manden más dinero?

4 ¿Le dices a tu papá que te compre un regalo?

5 ¿Es necesario que trabajes todos los días?

6 ¿Esperas que tu novio/a esté menos preocupado/a?

7 ¿Crees que el español sea difícil?

8 ¿Dudas que tu novio/a te quiera en serio?

C *Hágale las siguientes preguntas a su compañero/a de clase, quien le va a responder usando cláusulas sustantivas, según el modelo.*

¿Qué le sugieres a tu compañero/a de cuarto?

Le sugiero que me compre un boleto para la fiesta.

1 ¿En qué insistes?	**6** ¿Qué le dices a tu novio/a?
2 ¿Qué les mandas a tus amigos?	**7** ¿Qué sientes al fin del semestre?
3 ¿Qué espera tu novio/a?	**8** ¿Qué dudas ahora?
4 ¿Qué es urgente?	**9** ¿Qué te gusta de la clase?
5 ¿Qué quiere tu padre?	**10** ¿De qué te alegras hoy?

Invitemos a la amiga de mi novia.

Steve y su amigo Pedro

STEVE Quiero acompañarte a la función pero no quiero ir solo.

PEDRO No tienes que ir solo. Invitemos a Juana, la amiga de mi novia.

El imperativo de la primera persona plural—*Let's* . . .

A *let's*-command is a command suggesting that *we* do something. It may be expressed in two ways. Earlier in the book we saw examples of the common formula using **vamos a** plus an infinitive.

Vamos a invitarla.	*Let's invite her.*
Vamos a jugar.	*Let's play.*
Vamos a comer.	*Let's eat.*

The first-person plural of the present subjunctive may also be used for this expression, although colloquially this form is not as common as **vamos a** plus an infinitive.

—¿Quieres comer ahora o más tarde?	*Do you want to eat now or later?*
—**Comamos** ahora.	*Let's eat now.*
—No **hablemos** más de esa música.	*Let's not talk any more about that music.*

The verb **ir** is an exception. The present subjunctive is used for the negative form of **ir** *to go* and **irse** *to go, to get going*, but not for the affirmative.

Vamos a casa.	*Let's go home.*
No **vayamos**.	*Let's not go.*

In affirmative *let's*-commands, pronouns are attached to and become part of the verb, while in the negative they precede the verb.

—¿Abrimos la puerta?	*Shall we open the door?*
—Sí, **abrámosla**. *or*	*Yes, let's open it.*
—Sí, **vamos a abrirla**.	
—No, **no la abramos**.	*No, let's not open it.*

When the pronouns **nos** and **se** are attached to the end of an affirmative "*let's*-command," the final **-s** of the verb is dropped.

Vámonos.	*Let's go.*
Sentémonos.	*Let's sit down.*
Mandémoselo.	*Let's send it to her.*

But the negative command retains the **-s**.

No **nos sentemos**.	*Let's not sit down.*
No **se lo mandemos**.	*Let's not send it to her.*

A *Conteste según su preferencia, siguiendo los modelos.*

¿Nos vamos o nos sentamos?
Vámonos.
No nos vayamos. Sentémonos.

1 ¿Nos levantamos o nos dormimos?
2 ¿Nos bañamos o regresamos a casa?
3 ¿Nos vamos o nos quedamos?

¿Comemos o salimos?
Comamos.
No comamos. Salgamos.

1 ¿Leemos o escribimos?
2 ¿Hablamos o jugamos?
3 ¿Seguimos o volvemos?

¿Abrimos la puerta o la cerramos?
Abrámosla.
No la abramos. Cerrémosla.

1 ¿Miramos la televisión o la vendemos?
2 ¿Escribimos la carta o la olvidamos?
3 ¿Compramos el coche o lo dejamos?

B *Dé el equivalente en español.*

1 Let's invite Juana to the concert.
2 Let's not drink so much wine this time.
3 Let's not wait any longer.
4 Let's decide now.
5 Let's sit down for a minute.
6 Let's buy it (**lo**) for her.
7 Let's not get up early.

Instituto Nacional de Bellas Artes

ballet folklórico de méxico

y Telón de Cristal

Fila **B**

PRIMER PISO

Butaca No. 25

$ 120.oo

PALACIO DE BELLAS ARTES

¡Qué escuche ella esa música!

Steve y Pedro discuten sobre los conciertos.

STEVE Yo prefiero la música puerto-
rriqueña, pero a Juana le gusta
country western.
PEDRO Pues, que escuche ella su
música esta vez y vamos a un
concierto de música puerto-
rriqueña otro día.

El presente de subjuntivo en mandatos indirectos

The indirect command is generally introduced by **que**. Its verb is always in the present subjunctive.

Qué **decidan** ellas.	*Let them decide.*
Qué **toquen** música con más ritmo.	*Have them play music with more rhythm.*
¿No te gusta? Pues, que la **escuche** Pedro.	*You don't like it? Then let Pedro listen to it.*
Que **toquen** más.	*Have them play more.*

An indirect command is one which is not given directly to the person who is to carry out the request or wish. It is generally said to a second person about a third person. The English equivalent may be *let*, *have*, or *may*.

—Las malas lenguas pueden hablar.	*People may gossip. (Bad tongues may talk.)*
—Que **hablen**.	*Let them talk.*
—¿Quieres tú cantar o va a cantar Pedro?	*Do you want to sing or is Pedro going to (sing)?*
—Qué **cante** Pedro.	*Have Pedro sing.*
—No tengo tiempo para hacerlo.	*I don't have time to do it.*
—Entonces, que lo **haga** tu compañera de cuarto.	*Then have your roommate do it.*

Note that object pronouns are not attached to the verb in indirect commands. In all other commands, including the *let's*-command in the affirmative (see the preceding section), they are attached.

Conteste siguiendo el modelo.

Juan quiere escuchar la música.
Pues, que la escuche.

1 Steve quiere comprar la cinta.
2 Juana quiere llevar a su amiga.

3 Inés quiere comprar los boletos.
4 Pedro quiere pagar la cuenta.

Interacción en parejas

A *Hágale las siguientes preguntas a su compañero/a, quien las contestará siguiendo el modelo.*

¿Deben los estudiantes traer regalos a la fiesta?
No, que no los traigan.

1 ¿Debe (*classmate's name*) invitar a (*another classmate's name*)?
2 ¿Debe (*classmate's name*) comprarle otro boleto a (*another classmate's name*)?
3 ¿Debe (*classmate's name*) acompañarlo/la a (*another classmate's name*)?
4 ¿Debe ir a la fiesta esta vez (*classmate's name*)?
5 ¿Debe (*classmate's name*) hacerle las preguntas al profesor/a la profesora?

B *Usted está muy ocupado/a. Cuando su compañero/a le pide que haga las siguientes acciones, dígale que otra persona debe hacerlas, siguiendo el modelo.*

¿Puedes preparar la cena? (mi mamá)
No, que la prepare mi mamá.

1 ¿Puedes limpiar el cuarto? (mi compañero/a)
2 ¿Puedes contestar el teléfono? (mi amigo)
3 ¿Puedes poner la mesa? (los otros chicos)

4 ¿Puedes ayudarme con este problema? (el profesor)
5 ¿Puedes llamar a la policía? (Jorge)

Una serenata para los novios en la plaza. (Nicaragua, Centroamérica)

LECTURA

EL GALLO[1]

Soy Juana Escobedo de Guadalajara, la tierra de los mariachis, la música y el canto. Quiero contarles de[|] la serenata. ¿Una serenata en estos *tell you about* tiempos? ¡Sí, señores! Aunque no lo crean[2], todavía tenemos esa costumbre. ¿Dónde está la señorita a quien no le guste despertarse a medianoche para oír la música de un grupo de jóvenes? ¿Y dónde hay un joven mexicano que no le guste tocar la guitarra o cantar con un grupo? A veces[|] *Sometimes* un grupo lleva una serenata a la casa de un amigo para saludarlo. Otras veces lo hacen para dar la bienvenida[|] a uno que está de visita en el *dar . . . to welcome* pueblo. Muy popular entre nosotros es el gallo. Es una serenata que se le hace a una persona[|] muy temprano por la mañana de su cumpleaños y *se . . . is done for a person* se llama gallo porque se hace al amanecer[|] con la intención de despertar *al . . . upon the sun's* a la persona con la música. En esas ocasiones casi siempre se canta *Las* *coming up (at sunrise)* *mañanitas*[3] o algo por el estilo[|]. Es siempre muy romántico cuando un *algo . . . something like* joven lleva a sus amigos con sus guitarras para hacerle una declaración *that* de amor a una señorita. Y es aún más romántico cuando la chica sale a la ventana a agradecer[|] la serenata.

Preguntas

1 ¿Dónde existe la costumbre de cantar serenatas?
2 ¿Qué clase de música es la serenata?
3 ¿Quiénes cantan las serenatas?
4 ¿A qué hora salen los jóvenes a cantar?
5 ¿Qué es una declaración de amor?
6 ¿Les cantan serenatas a sus novias los norteamericanos?

[1]*The rooster* (early morning serenade)
[2]This is the subjunctive of **creer** *to believe.*
[3]Name of a famous song, literally *Early mornings.* Compare use of the plural here to that in **¡Buenos** **días!**

La música de los mariachis con
la copa, la comida y los amigos.
(México, D.F.)

Interacción en parejas

A *Trate de averiguar todo lo que pueda* (Try to find out all that you can) *de las
preferencias de su compañero/a de clase. Pregúntele acerca de su colección de
discos, su estéreo, sus instrumentos favoritos, los instrumentos que toca, sus
preferencias en cuanto a la música clásica, popular o folklórica. Luego cambien
de papel.*

B *Trate de averiguar todo lo que pueda de su compañero/a de clase en cuanto a
sus artistas, músicos y cantantes favoritos. Pregúntele quiénes son sus
favoritos y por qué. Luego cambien de papel.*

EN POCAS PALABRAS

Complete las frases

1 Busco un amigo que _____.
2 Tengo una grabadora que _____.
3 Prefiero una cinta que _____.
4 ¿Conoce usted a alguien que _____?
5 ¿Quiere usted que _____?

Forme preguntas

1 No me gusta la música popular.
2 No, no creo que ella venga a la fiesta.
3 Sí, tenemos un disco que tiene canciones country western.
4 No, que lo haga mi compañero/a de cuarto.
5 No, no hay nadie aquí que hable ruso.

Breves conversaciones

Pregúntele a _____

si prefiere una novia/un novio que tenga mucho dinero o muchos amigos.

qué prefiere.

qué busca.

qué le hace falta.

si es posible que no venga a la clase mañana.

si es probable que llegue temprano mañana.

si conoce a alguien que hable francés.

si le gusta la música clásica.

Preguntas personales

1 ¿Tienes muchos discos y cintas?
2 ¿Tienes un tocadiscos que toque bien o prefieres una grabadora?
3 ¿A qué música prefieres bailar?
4 ¿Conoces a alguien que toque el piano?
5 ¿Es verdad que tú tocas el piano también?
6 ¿Quieres una cinta que tenga ritmos puertorriqueños?
7 ¿Te gusta la música tropical?
8 ¿Es cierto que tienes unos discos de música clásica?
9 ¿Es posible que sigas la carrera de músico/a?
10 ¿Dudas que el profesor/la profesora sea músico/a?
11 ¿De qué te alegras en estos días?
12 ¿Prefieres ir a un concierto o a un baile?
13 Cuando vas a un concierto, ¿qué clase de música prefieres escuchar?
14 ¿Es importante estudiar mucho?
15 ¿Es evidente que tu compañero/a estudia mucho?
16 ¿Estudiamos juntos esta noche o vemos un programa en la tele?
17 ¿Quieres pagar las cuentas del apartamento o que las pague tu compañero/a?
18 ¿Hacemos los ejercicios ahora o cantamos una canción?

PRONUNCIACIÓN

Review of diphthongs

The vowels **i** and **u** in Spanish are weak. The vowels **a**, **e**, and **o** are strong. The following words contain diphthongs composed of a strong and a weak vowel. Practice blending the sounds of the two vowels together. Without neglecting the sound of the weak vowel, make sure that the sound of the strong vowel dominates.

| bailar | traiga | prefiero | aprecie | tienen | concierto |
| también | alguien | | | | |

Review of vowels

In the following words be careful to give each vowel a clear sound. Avoid the schwa, or *uh*-sound, typical of English pronunciation in unstressed syllables.

| señorita | mariachis | utilizado | acompañarnos | contemporánea |
| completamente | música | ganas | francamente | |

VOCABULARIO

amoroso	loving
armonía	harmony
característica	characteristic
el **Caribe**	Caribbean
cinta	cassette tape
la **compasión**	compassion
la **cuestión**	matter, question
empleo	job, employment
enérgico	energetic
la **excursión**	excursion, trip
folklórico	folkloric
formidable	great
generoso	generous
grabadora	tape recorder
gringo	Hispanic term for American
grupo	group
hispánico	Hispanic
humilde	humble
increíble	incredible, unbelievable
industrioso	industrious
invitado/a	guest, person invited
lástima	pity; complaint
lengua	tongue; language
macho	authoritarian; manly
manso	meek, mild, gentle; tame
marido	husband
melodía	melody
obvio	obvious
la **oportunidad**	opportunity
la **parte**	part
preferible	preferable
puerto	port

puertorriqueño	Puerto Rican
querido/a	loved one; dear
ritmo	rhythm
sinfonía	symphony
el **tocadiscos**	record player
el **vapor**	steamboat; vapor, steam
varios	various; several

Verbos

anunciar	to announce
apreciar	to appreciate
aprovechar (de)	to take advantage of
cocinar	to cook
comparar	to compare
compararse	to compare
decidir	to decide
discutir	to discuss
gritar	to shout, cry out
interpretar	to interpret
mentir (ie)	to lie (prevaricate)
roncar	to snore

Otras expresiones

de igual a igual	as an equal
Las malas lenguas pueden hablar.	People may gossip.
¿Qué clase de . . .?	What kind of . . .?
Seguro que sí.	Certainly.

Refrán

Cada cabeza es un mundo.

To each his own. (Each head is a (different) world.)

Los amigos y la amistad

Si tomas amigos nuevos, no
te olvides de los viejos.

PERSPECTIVA

Functional conversational goals You should be able to

1 compare the Latin American extended family and intimate friendships with your own.
2 explain what you will do under certain conditions.
3 answer questions using common conversational responses in expressing agreement or disagreement.

Language You will study and practice using

1 the subjunctive and the indicative in adverbial clauses of time.

2 the subjunctive and the indicative in adverbial clauses of proviso.
3 uses of the infinitive.
4 vocabulary associated with family and friends' relationships.

Culture You will learn about

1 the levels of friendship in the Hispanic world.
2 the role of the godfather (**padrino**) and godmother (**madrina**).
3 the tradition of **Santiago de Compostela** in Spain.

CONVERSACIONES

¡SANTIAGO Y A ELLOS!

Hace dos años que Christine Robson es cónsul de los Estados Unidos en Santiago de Compostela. Para esta noche sus amigos le han organizado una despedida en el Hostal de los Reyes Católicos.

CHRISTINE ¡Qué lindo es estar con buenos amigos en este magnífico lugar!
FRANCISCO Aunque estés lejos, siempre te vas a acordar de Galicia y de España. Después que lleguen algunos más, vamos a comenzar la cena.
RAÚL Voy a sacar fotos para que tengas unos recuerdos. ¿Está bien?
CHRISTINE Sí, de acuerdo, con tal que yo no salga sola en las fotos. Quizás después, cuando todos estén en su lugar, será mejor.

Una procesión religiosa de gigantes en las calles de Santiago de Compostela.

EVELINA   Te vamos a extrañar mucho, Christine. Acuérdate del refrán que dice:
          Si tomas amigos nuevos, no te olvides de los viejos.
CHRISTINE ¡No te preocupes! No voy a olvidarme nunca de vosotros.
EVELINA   Bueno. Tan pronto como llegues a Washington vas a escribirnos.
CHRISTINE En cuanto sepa la nueva dirección, te la mando. Y quiero que vengáis
          todos a visitarme sin que os haga una invitación por escrito.
FRANCISCO Brindo por la huésped de honor. Y para que no te olvides de nosotros
          te hemos traído estas botellas de felicidad.
CHRISTINE Muchísimas gracias. El vino santiagués me hace recordar a los buenos
          amigos de Galicia.
RAÚL   ¿Y estos quesos gallegos? ¿Cómo los vas a pasar por la aduana sin
          que lo sepan los aduaneros?
CHRISTINE Me los llevo aunque tenga que pagar los derechos de aduana.
FRANCISCO No te olvides del santo patrón de Galicia.
CHRISTINE Sí. ¡Santiago y a ellos!

Preguntas

1 ¿Qué puesto tenía Christine en España?
2 ¿Ha tenido buenos amigos Christine?
3 ¿Por qué quiere sacar fotos Raúl?
4 ¿Qué quieren que Christine haga al llegar a Washington?
5 ¿Qué va a hacer Christine con la nueva dirección?

6 ¿Quién es la huésped de honor?
7 ¿Por qué trajeron las botellas de vino?
8 ¿De qué va a servir el vino santiagués?
9 ¿Qué problema tiene Christine si lleva los quesos?
10 ¿Quién es el santo patrón de Galicia?

NOTAS CULTURALES

LA AMISTAD Y LA CONFIANZA

En el mundo hispánico las relaciones sociales se pueden clasificar[l] en tres   se ... *can be classified*
categorías generales.

Fiesta familiar en Cali, Colombia.

1) Claro, la relación más íntima es la que[|] existe entre parientes y miembros de la familia. La familia hispana con sus reuniones frecuentes de hermanos, hijos, primos y tíos, es la base de la vida social. El amor y la lealtad a los parientes y a los miembros de la familia es notable entre los hispanos y «la familia tiene preferencia» es una expresión que se oye a menudo.

la que ... *the one that*

2) Luego existe la relación bastante formal que se ve en el sistema del compadrazgo, es decir, entre los compadres y las comadres y sus familias. Esta relación es casi tan íntima como la de la familia misma. Se considera casi como una extensión de la familia.

3) Hay otra categoría de relaciones que se llama de «pura amistad». Incluye a los que[|] están ligados por una amistad íntima que continúa durante muchos años. Es una relación semejante a la del[|] compadrazgo pero en este caso las personas no quieren o no han tenido ocasión de imponerse[|] las obligaciones formales del compadrazgo.

los que *those that*
la del *that of the*

take upon themselves

El Banco de Desarrollo
del Ecuador

Ante el trágico fallecimiento del joven

**Jorge Oswaldo
Andrade Luna**

Deja constancia de su profundo pesar y se une al dolor de su familia, de manera especial al de su señor padre, doctor Jorge Andrade N., apreciado Director Jurídico del BEDE.

Econ. Marco A. Flores T.,
GERENTE GENERAL

Licdo. Eduardo Rivera N.,
SECRETARIO GENERAL

Quito, a 2 de agosto de 1985

¡Ah, esto sí es pura amistad!

Preguntas

1 ¿Quiénes son tus parientes?
2 ¿Cuáles son las tres categorías de relaciones sociales en el mundo hispánico?
3 ¿En que consiste la pura amistad?
4 ¿Hay reuniones familiares en tu casa todos los domingos?
5 ¿Puedes confiar más en los miembros de tu familia que en otras personas?

LOS PADRINOS Y LAS MADRINAS

Cuando un hijo o una hija se bautiza o se confirma, los padres invitan a los dos amigos más íntimos a participar en la ceremonia del bautismo. El compadre es el que sirve de padrino del hijo o de la hija. La amiga viene a ser la madrina o la comadre y los hijos son respectivamente ahijado y ahijada de los padrinos. Esta relación así formalizada se llama compadrazgo. Los padrinos aceptan la responsabilidad de asegurar el progreso y el bienestar general de los ahijados. En caso de morir los padres verdaderos, los padrinos actúan como padres y se hacen cargo del[^1] niño hasta que se haga hombre[^1].

se . . . *take charge of the*
becomes a man (grows up)

Preguntas

1 ¿Qué es un compadre?
2 ¿Y un padrino? ¿Qué responsabilidad acepta?
3 ¿Qué es el compadrazgo?
4 ¿Qué es un ahijado?
5 ¿Vas a tener un compadre o una comadre cuando te cases?

SANTIAGO DE COMPOSTELA

Según una tradición de muchos siglos, se cree que el apóstol Santiago pasó varios años en España, principalmente en la región de Galicia, predicando el evangelio de Cristo. Después de su martirio en el año 44, fue enterrado en una tumba de mármol cerca del lugar que ahora se conoce como Santiago de Compostela. La tradición mantiene que en el siglo nueve una estrella indicó milagrosamente el lugar exacto donde habían enterrado al apóstol Santiago. A ese lugar santo le dieron un nombre en latín, **Campus Stella** (Campo de la estrella), que en años subsiguientes se convirtió en Compostela.

En la Edad Media Santiago de Compostela era uno de los centros de peregrinación más populares de toda Europa. Los peregrinos venían de todas partes del continente así como también[^1] de Irlanda e Inglaterra para visitar la tumba del renombrado apóstol tan amado de[^1] Cristo y de los fieles[^1].

así . . . *as well as*
tan . . . *so loved by the faithful*

Santiago es el santo patrón de España y el día de Santiago, el 25 de julio, es un día muy festejado[^1]. «Santiago y a ellos» fue el famoso grito de guerra durante la reconquista de España del poder de los moros.

celebrated

En los tiempos actuales Santiago conserva su popularidad como centro religioso. Las peregrinaciones continúan, pero hoy día se hacen en autobús o en avión en vez de[^1] a pie. Miles de peregrinos llegan anualmente

en . . . *instead of*

para visitar la catedral y darle un cariñoso abrazo a la imponente imagen del apóstol.

Con cuarenta y seis iglesias, Santiago de Compostela tiene uno de los obispados más influyentes del país. También hay una universidad que atrae a estudiantes de toda España y de todas partes de Europa.

Preguntas

1 Según la tradición, ¿dónde fue enterrado el apóstol Santiago?
2 ¿Cómo pudieron saber donde estaba enterrado?
3 ¿Qué es un peregrino?
4 ¿Cuál fue el grito de guerra de los españoles en la reconquista de España?
5 ¿Qué importancia tiene Santiago de Compostela hoy?
6 ¿Quieres darle un abrazo a la imagen del apóstol?

INTERACCIÓN Y COMUNICACIÓN

¿Qué va a pasar en el futuro?

¿Tan pronto como llegues a Washington, vas a escribirnos?

Christine

Cuando tenga tiempo, voy a leer muchos libros.

Christine

¿Qué pasa todos los días?

Tan pronto como llega a casa, Raúl saca los zapatos y lee el periódico.

Raúl

Siempre leo un libro cuando tengo tiempo.

Raúl

Conteste.

1 ¿Cuándo quieren que Christine les escriba?
2 ¿Cuándo saca los zapatos y lee el periódico Raúl?
3 ¿Qué va a hacer Christine cuando tenga tiempo?

4 ¿Qué hace Raúl cuando tiene tiempo?

—Mucho gusto de verte. —¿Cómo estás? Son estudiantes de la Universidad de Buenos Aires.

¿De qué se ríen estas guapas españolas? Será un chiste verde.

El subjuntivo y el indicativo en la cláusula adverbial de tiempo

An adverbial clause has the same function as an adverb, that is, to express time, manner, or purpose. Notice that **cuando** and **tan pronto como** introduce adverbial clauses of time in the following sentences and that they modify the main clause, indicating when the action of the main clause will occur.

MAIN CLAUSE	ADVERBIAL CLAUSE
Voy a leer muchos libros	**cuando** tenga más tiempo.
I'm going to read a lot of books . . .	*when I have more time.*
¿Vas a escribirnos	**tan pronto como** llegues a casa?
Are you going to write us	*as soon as you get home?*

The verb *of the adverbial clause* is in the *subjunctive* if it refers to an action that is projected into the future.

Action may happen at an indefinite time in the future—use subjunctive.

| Vamos a comer cuando **llegue** papá. | *We will eat when Dad arrives.* |
| Voy a leer muchos libros cuando **tenga** más tiempo. | *I am going to read many books when I have more time.* |

The verb of the adverbial clause is in the *indicative* if it refers to an action that has already occurred, is presently occurring, or usually occurs.

Action that usually happens—use indicative.

| Siempre comemos cuando **llega** papá. | *We always eat when Dad arrives.* |
| Siempre leo un libro cuando **tengo** tiempo. | *I always read a book when I have time.* |

362

Action that has already occurred—use indicative.

Lo vi cuando **vino**.   *I saw him when he came.*

Here is a list of conjunctions that are used to introduce adverbial clauses of time. Except for **antes (de) que**, which always takes the subjunctive, these conjunctions may be followed by the subjunctive or the indicative, depending upon the idea to be conveyed. If the action in the adverbial clause is to take place in the future, for example, the verb in that clause will be in the subjunctive.

antes (de) que	*before*	**en cuanto**	*as soon as*
cuando	*when*	**mientras (que)**	*while, as long as*
hasta que	*until*	**después (de) que**	*after*
tan pronto como	*as soon as*		

Compare the following examples:

INDICATIVE	SUBJUNCTIVE
Adverbial clause refers to something that has occurred, is presently occurring, or usually occurs.	*Adverbial clause refers to something that is yet to occur.*
Siempre descanso cuando **me canso**. *I always rest when I get tired.*	Voy a descansar cuando **me canse**. *I will rest when I get tired.*
Lo esperamos hasta que **vino**. *We waited for him until he came.*	Vamos a esperarlo hasta que **venga**. *We will wait for him until he comes.*
Tan pronto como lo **vi**, lo saludé. *As soon as I saw him, I greeted him.*	Tan pronto como lo **vea**, voy a saludarlo. *As soon as I see him, I will greet him.*
Siempre hacemos fiesta mientras **estamos** de visita con los abuelos. *We always have a party while visiting our grandparents.*	Vamos a hacer fiesta mientras **estemos** allí. *We are going to have a party while we are there.*
Después (de) que **terminan**, se van. *After they finish, they go.*	Después (de) que **terminen**, van a irse. *After they finish, they will go.*
	No queremos hacer la fiesta **antes de que** lleguen los otros. *We don't want to have the party before the others arrive.*

Los viejitos amigos conversan y dan de comer a las palomas en el parque. (Madrid, España)

A *Cambie las frases al futuro según los modelos.*

Siempre salen después que están listos. (Van a salir)
Van a salir después que estén listos.

1 Comemos cuando llega papá. (Vamos a comer)
2 Hacen fiesta mientras están allí. (Van a hacer)
3 Jugaron hasta que se cansaron. (Van a jugar)
4 Regresan a casa después que terminan con los estudios. (Van a regresar)
5 Tan pronto como veo al profesor, lo saludo. (Voy a saludar)
6 Compran muchas botellas de vino aunque cuestan mucho. (Van a comprar)
7 Ustedes salen a la playa cuando hay sol. (Van a salir)
8 Trabajamos mientras estamos en la clase. (Vamos a trabajar)
9 Christine nos escribe en cuanto puede. (Va a escribirnos)
10 No la vemos hasta que vuelve. (No vamos a verla)

B *Complete las frases.*

1 Siempre estudio hasta que _____.
2 Voy a salir con una amiga cuando _____.
3 Trabajamos anoche hasta que _____ el proyecto.
4 Saludé a mis amigos tan pronto como los _____.
5 Tú puedes llamarla a tu amiga mientras _____ esperando.
6 Voy a acostarme después de que _____ mis tareas.
7 Vamos a esperar a tu amiga hasta que _____.
8 Siempre leo una novela cuando _____.
9 Voy a tener tres hijos cuando _____.
10 Siempre descanso tan pronto como _____.
11 Mi novio/a va a venir antes de que _____.

C *Conteste usando la conjunción entre paréntesis.*

Modelo: ¿Cuándo vas a llevarme al cine? (tan pronto como)
Voy a llevarte al cine tan pronto como tenga dinero.

1 ¿Cuándo vas a estudiar conmigo? (después que)
2 ¿Cuándo vamos a comer? (antes que)
3 ¿Por cuánto tiempo van ustedes a esperar? (hasta que)
4 ¿Cuándo miran ustedes la televisión? (mientras que)
5 ¿Cuándo me vas a pagar? (cuando)
6 ¿Hasta cuándo van a trabajar? (hasta que)
7 ¿Cuándo vamos al cine? (cuando)
8 ¿Cuándo van a descansar ustedes? (en cuanto)
9 ¿Cuándo vas a pagarme el dinero? (tan pronto como)
10 ¿Cuándo vas a visitarme? (mientras que)
11 ¿Cuándo vas a trabajar? (en cuanto)
12 ¿Cuándo vas a hacer los estudios? (antes de que)

¿Son amigos? No, esto va en serio. ¡Son novios!

D *Cambien la cláusula principal al futuro y usen el subjuntivo si es necesario.*

   Modelo: Siempre estudio tan pronto como llego a casa. (Esta tarde)
   Esta tarde <u>voy a estudiar</u> tan pronto como llegue a casa.

1 De costumbre ellos trabajan hasta que terminan. (Este fin de semana)

2 Los sábados vamos al cine cuando tenemos dinero. (Algún día)

3 Ahora mi compañero hace las compras temprano después que abren las tiendas. (En el futuro)

4 Ahora descanso mientras ellos preparan la cena. (Esta noche)

5 El profesor nos contesta las preguntas cuando se las hacemos. (Ayer)

Interacción en parejas

A *Tomando turno, termine las frases indicándole a su compañero/a cuando va a hacer estas cosas.*

   Modelo: Le voy a comprar un regalo cuando . . .
   Le voy a comprar un regalo cuando reciba mi cheque.

1 Voy a estudiar contigo hasta que . . .

2 Voy a terminar el libro antes que . . .

3 Voy a leer ese libro mientras . . .

4 Voy a estudiar después que . . .

5 Voy a jugar al tenis cuando . . .

6 Te voy a escribir una carta tan pronto como . . .

7 Voy a ver un programa en la televisión mientras . . .

8 Me voy a casar cuando . . .

9 Voy a comprar ese libro después que . . .

10 Voy a hacer las tareas antes que . . .

B *Haga preguntas empleando las siguientes conjunciones. Su compañero/a le va a contestar las preguntas.*

1 cuando   **3** hasta que   **5** tan pronto como

2 mientras   **4** después que   **6** antes que

A fin de que no te olvides de Santiago . . .

La despedida

RAÚL   Voy a sacar fotos para que tengas recuerdos. ¿Está bien?

CHRISTINE   Sí, con tal que yo no salga sola en las fotos.

Raúl   Christine

La felicidad

FRANCISCO Para que no te olvides de
nosotros . . .
CHRISTINE Me lo llevo aunque tenga
que pagar los derechos de
aduana.

Francisco y Christine

Conteste.

1 ¿Para qué va a sacar fotos Raúl?
2 ¿Está bien con Christine? ¿Qué condición impone ella?
3 ¿Para qué le traen la botella de vino?
4 ¿Quiere Christine llevarse el vino?

El subjuntivo y el indicativo en la cláusula adverbial de proviso

An adverbial clause of proviso expresses the ideas of *purpose, provided that, unless, so that,* or *in case.* Note that these conjunctions are used to join the main clause to the dependent clause.

MAIN CLAUSE	ADVERBIAL CLAUSE
I am going to take a picture . . .	**so that** *you will have a souvenir.*
She will not stay	**unless** *you do, too.*

Here is a list of adverbial conjunctions of proviso. Except for **aunque**, they all require the subjunctive in the dependent clause. **Aunque** requires the subjunctive only when there is doubt or uncertainty in the mind of the speaker regarding the facts.

aunque	*although, even though*	**a menos que**	*unless*
para que	*in order that, so that*	**en caso (de) que**	*in case*
a fin (de) que	*so that*	**con tal (de) que**	*provided (that)*
sin que	*without*		

Aunque sé que es verdad, no quiero
creerlo.

*Although I know it's true, I don't
want to believe it.*

Aunque tenga que pagar los
derechos, me voy a llevar los regalos.

*Even though I may have to pay
duty, I'll take the gifts with me.*

Te damos estos recuerdos **para que**
no nos olvides.

*We'll give you these souvenirs so
that you won't forget us.*

¿Cómo vas a llevárselos **sin que** lo
sepan los aduaneros?

*How are you going to take them with
you without the customs agents
knowing it?*

No voy a escribirte **a menos que** me
escribas también.

*I am not going to write you unless
you write me also.*

Vamos a sacar unas fotos hoy **en caso de que** no haya tiempo mañana.	*Let's take some pictures today in case there isn't time tomorrow.*
Ella dice que va a la fiesta **con tal que** ustedes vayan también.	*She says she will go to the party provided that you go also.*

When there is no change of subject, the conjunctions and the subjunctive may be replaced by a complementary infinitive following the prepositions **para**, **sin**, and **de**.

Change of subject: Conjunction with subjunctive

Él trabaja **para que** su esposa **estudie** medicina.

Yo no estudio **sin que** mis padres **insistan**.

Ellos pueden salir **en caso de que** sus padres les **den** permiso.

Same subject: Prepositions **para**, **sin**, and **de** with infinitive

Él trabaja **para estudiar** medicina.

Yo no estudio **sin tener** necesidad.

Ellos pueden salir **en caso de tener** permiso.

A *Complete las frases en una manera original.*

1 No voy a menos que . . .

2 Vamos a comer en un restaurante famoso con tal de que . . .

3 ¿Vas a escribirle a tu novio/a para que . . .?

4 Voy a comprar un regalo hoy en caso de que . . .

5 ¿Viene el profesor/la profesora aunque . . .?

6 No vamos a trabajar más sin que . . .

B *Usted es algo tímido/a y no quiere hacer nada a menos que otras personas hagan las actividades también. Responda según el modelo.*

¿No vas a comer?

No, no voy a comer a menos que ustedes coman también.

1 ¿No vas al cine?

2 ¿No vas a comprar los boletos?

3 ¿No vas a jugar en el partido?

4 ¿No vas a participar en el programa?

5 ¿No vas a traer las cintas?

C *Ahora usted no es tímido/a y a usted le gusta hacer cosas sin que otros las hagan. Responda según el modelo.*

¿Vas a España?

Sí, y voy sin que otros vayan.

1 ¿Vas a salir ahora?

2 ¿Vas a tomar ese vino?

3 ¿Vas a estudiar en la biblioteca?

4 ¿Vas a sacar fotos?

5 ¿Vas a conocer al profesor?

Sus hijas Piedad Yépez de Balanzátegui y Lourdes Yépez de Alonso, sus nietos Teresa, Napoleón, César, Carmen, Cecilia, Salma, Ulises, Zulema, Rosa, Mariana y Mario Balanzátegui Yépez, Bisnietos, sobrinos, y demás familiares de la que en vida fue señora

✝ **María Teresa Farfán Ochoa vda. de Yépez**

Cumplen con el penoso deber de comunicar a sus amigos, relacionados y a los que fueron de la extinta su sensible fallecimiento, e invitan a la misa de cuerpo presente a las 16h00 y luego al traslado de sus restos mortales desde la sala de velación, letra B, a los funerales que tendrán lugar en el Cementerio General a las 17h00 del día de hoy. Por este acto de piedad cristiana sus deudos anticipan su agradecimiento.

Guayaquil, 5 de agosto de 1985

Interacción en parejas

A *Tomando turno, dígale a su compañero/a de clase . . .*

1 dos cosas que va a hacer con tal que él/ella te preste dinero.
2 dos cosas que no va a hacer a menos que sus amigos las hagan también.
3 dos cosas que va a hacer antes de que el año termine.
4 dos cosas que quiere hacer sin que lo sepa nadie.
5 dos cosas que va a hacer en caso de que tenga tiempo.
6 dos cosas que va a hacer para que su novio/a esté contento/a.

B *Contéstele a su compañero/a que usted va a hacer las siguientes acciones con tal que las personas indicadas las hagan también.*

¿Quieres sacar fotos de Galicia?   (mis compañeros/as)
Voy a sacar fotos de Galicia con tal que mis compañeros/as saquen fotos también.

1 ¿Quieres comer esos quesos gallegos?   (Christine y Francisco)
2 ¿Quieres visitar Washington?   (mi novia/o)
3 ¿Quieres hacerle preguntas al profesor/a la profesora después de la clase? (ustedes)
4 ¿Quieres comenzar un viaje a México mañana.   (todos)
5 ¿Quieres probarse un vestido/traje nuevo?   (mi compañera/o)

C *Su compañero/a quiere saber si usted y su amigo/a van a hacer ciertas cosas. Dígale que no las van a hacer antes de que usted le hable.*

¿Van a visitar Santiago de Compostela?
Sí, pero voy a hablar contigo antes de que lo visitemos.

1 ¿Van a ver esa película?
2 ¿Van a vender los libros de español?
3 ¿Van a casarse?
4 ¿Van a anunciar la fecha de la boda?
5 ¿Van a hacer una fiesta grande?

D *Usted quiere que su compañero/a de clase participe en varias diversiones, pero él/ella no quiere hacer nada solo/a. Dígale que usted participa en estas diversiones simplemente para que él/ella lo haga también.*

¿Por qué vas al partido?
Voy para que tú vayas también.

1 ¿Por qué juegas al tenis?
2 ¿Por qué corres?
3 ¿Por qué sales con las chicas/los chicos?
4 ¿Por qué bailas en las fiestas?
5 ¿Por qué te diviertes los fines de semana?

E *Conteste las siguientes preguntas empleando* **en caso de que**, *siguiendo el modelo.*

¿Por qué escribes cartas ahora?   (posiblemente no va a haber tiempo mañana)
Quiero escribirlas ahora en caso de que no haya tiempo mañana.

1 ¿Por qué compras los regalos ahora?   (posiblemente viene Christine mañana)
2 ¿Por qué te acuestas tan temprano ahora?   (posiblemente mi novio/a va a pasar temprano por mí)
3 ¿Por qué no comes más?   (posiblemente van a traer postre)
4 ¿Por qué le das tu número de teléfono?   (posiblemente él/ella quiere llamarme)
5 ¿Por qué te bañas ahora?   (posiblemente no va a haber tiempo mañana)

F *Usando la conjunción adverbial indicada, haga una frase para cada cuadro.*

Ejemplo: Te voy a dar un abrazo antes de que te vayas.

Ejemplo

antes de que

1

aunque

2

hasta que

3

sin que

4

cuando

5

a menos que

G *Haga oraciones completas empleando una conjunción apropiada de la lista.*
Cambie los verbos a la forma subjuntiva si es necesario.

con tal que   aunque   sin que   cuando
antes de que   mientras que   para que

1 Es difícil salir / ellos nos ven.

2 La película comienza / no hay muchas personas.

3 Voy de compras esta tarde / llueve.

4 Su papá le da dinero / ella puede ir.

5 Lo va a aprender / ella me lo explica bien.

6 Se lo voy a dar / usted vuelve.

7 Los estudiantes vienen / no quieren.

8 Vamos a leer el periódico / descansamos.

9 No podemos esquiar / nieva mucho.

10 No me pongo estos zapatos / me quedan muy bien.

VOCABULARIO ÚTIL

Contestaciones sencillas

Here is a list of words and phrases used in conversation to indicate agreement or nonagreement.

Seguro.	*Certainly.*	—¿Tú eres americano? —Seguro.
Claro.	*Of course.*	—¿Vienes esta noche? —Claro.
Por supuesto.	*Of course.*	—¿Vamos a tener examen? —Por supuesto.
Sin duda.	*No doubt; Without a doubt.*	—¿Lo va a hacer él? —Sin duda.
Creo que sí.	*I think so.*	—¿Viene Anabel también? —Creo que sí.
Creo que no.	*I don't think so.*	—¿Vino Alano? —Creo que no.
De acuerdo.	*Okay; All right; Agreed.*	—¿Vamos al cine? —De acuerdo.
Eso es.	*That's right.*	—¿Por eso no te gusta? —Eso es.
Precisamente.	*Exactly; Precisely.*	—¿Ella tiene 18 años?
Exactamente.	*Exactly.*	—Precisamente. (Exactamente.)
En absoluto.	*Not on your life; Not at all.*	—¿No sabes la lección? —En absoluto.
Claro que no.	*Of course not.*	—¿Y no saben nada de eso? —Claro que no.
Rotundamente no.	*Absolutely not.*	—¿Puedo ir al cine? —Rotundamente no.
Quizás.	*Perhaps.*	—¿Es posible que llueva? —Quizás. (Tal vez.)
Tal vez.	*Perhaps.*	

Interacción en parejas

A *Responda a estas preguntas de su compañero/a con una de las contestaciones sencillas de arriba. Luego cambien de papel.*

1 ¿Estudias español?
2 ¿Vienes a la clase mañana?
3 ¿Estás seguro/a?
4 ¿Crees que van a venir los otros estudiantes también?
5 No viene el Presidente a la clase, ¿verdad?

6 ¿Qué te parece? ¿Vamos a comer?
7 No estás casado/a, ¿verdad?
8 ¿Me prestas veinte dólares?
9 ¿Cuántos años tiene el profesor/la profesora? ¿Veintinueve?

B *Hágale por lo menos cinco preguntas a su compañero/a de clase a las cuales él/ella pueda responder con una de las expresiones de la lista.*

Ejemplo: ¿Saliste con mi novio/a anoche?
Claro que no.

Usos del infinitivo

1) The infinitive is the only form of a verb used in Spanish as the object of a preposition. (In English, the *-ing* form is usually used instead.) Such phrases are often used adverbially.

SIMPLE ADVERB
No podemos salir **ahora**.   *We can't leave now.*

PREPOSITIONAL PHRASE
No podemos salir **sin terminar**.   *We can't leave **without finishing**.*

The main verb of the sentence and the infinitive have the same subject unless a different subject is specified with the infinitive.

Después de comer, salieron.	*After eating, they left.*
Después de terminar el concierto, regresamos a casa.	*After the concert was over, we returned home.*
Trabajaron **hasta cansarse**.	*They worked until getting (they got) tired.*
Se acostó **sin esperar** la cena.	*He went to bed without waiting for dinner.*

2) **Al** + infinitive is used to express an action upon which the action of the main verb is or was contingent. This structure answers the question *when?* or *in what connection?* about the main verb. The English equivalent is *on* or *upon* plus the *-ing* form of the verb.

Al salir, se despidió de todos.	*Upon leaving, he said goodbye to everybody.*
Al recibir los boletos, vamos a invitar a las chicas.	*Upon receiving the tickets, let's invite the girls.*

Unless a different subject is specified, the implied subject of the infinitive is the same as the subject of the main verb.

Al terminar, fueron a casa.	*Upon finishing (When they finished), they went home.*
Al terminar nosotros, fueron a casa.	*Upon our finishing, they went home.*

When the verb is followed by a dependent noun clause, the subjects of the two verbs are different.

Él quiere que **usted practique** primero.	***He** wants **you** to practice first.*

If the subject is not different, an infinitive phrase is used instead.

Él quiere practicar primero.   *He wants to practice first.*

The same rule generally holds for a dependent adverbial clause.

Two subjects: clause

No podemos continuar **hasta que ella**   *We can't continue until she*
  lo termine.   *finishes it.*

One subject: infinitive phrase

No podemos salir **hasta terminarlo**.   *We can't leave until finishing it.*

Here is a list of prepositional counterparts for some of the adverbial conjunctions.

CONJUNCTION	PREPOSITION
(used when subjects are different)	*(used when subjects are the same)*
antes de que	antes de
después de que	después de
sin que	sin
hasta que	hasta
para que	para

A *Conteste primero en el afirmativo y luego en el negativo, siguiendo el modelo.*

¿Vas a seguir hasta terminar la carrera?
Sí, voy a seguir hasta terminarla.
No, no voy a seguir hasta terminarla.

1 ¿Vas a practicar para ganar el partido?   3 ¿Vas a comer sin lavarte las manos?

2 ¿Vas a aprender español sin hablarlo?   4 ¿Vas a acostarte sin comer la cena?

B *En una conversación, Julio dice las siguientes cosas. Usted quiere corregir lo que Julio dice. Responda según el modelo.*

No podemos ir sin tener permiso. (sin que todos)
No podemos ir sin que todos tengan permiso.

1 Carlos quiere comprarlo para tener un recuerdo. (para que su novia)

2 Los estudiantes no quieren regresar hasta aprender el idioma. (hasta que yo)

3 Podemos descansar después de llegar al parque. (después que todos)

4 Laura no puede acompañarnos sin conocernos mejor. (sin que sus padres)

C *Conteste las siguientes preguntas en una manera original, empleando el subjuntivo o el infinitivo del verbo.*

¿Cuándo van a salir? (después de / después que)
Vamos al concierto después de comer. o
Vamos ai concierto después que lleguen los otros.

1 ¿Por cuánto tiempo van a trabajar? (hasta / hasta que)

2 ¿Para qué vienen tus amigos? (para / para que)

3 ¿Puedes ir a estudiar con nosotros? (sin / sin que)

4 ¿Quieres pagar la cuenta al salir? (antes de / antes de que)

5 ¿Por qué estudias tanto? (en caso de / en caso de que)

LECTURA

UNA CARTA DE EVELINA

Querida Christine,

Antes de nada, quiero que sepas que te extrañamos mucho en el consulado. La señora que te reemplaza es agradable pero todavía no la conocemos bien. En España, como tú sabes, las amistades íntimas se forman sólo después de mucho tiempo.

First of all

La semana pasada fue la primera comunión de mi hermana, Feliza, en la iglesia mayor[1] de Santiago. Fueron todos los parientes para acompañarla y después pasaron por la casa. Tenemos una familia muy unida y todos nos llevamos muy bien. Siempre estamos juntos. Vinieron muchos amigos de la familia también. Don Luis y su esposa, doña Estela,[2] estuvieron[3] con sus hijos. Siempre nos han servido de padrino y madrina. Don Luis es el compadre más íntimo que tiene papá. Creo que conociste una noche en mi casa al señor Álvarez, un hombre de mucha confianza que trabaja con mi papá. Bueno, también estuvo en casa el día de la comunión de Feliza.

todos . . . we all get along

¡Lástima que no estuvieras[3] aquí para conocer a todos nuestros parientes, compadres y amigos![4] Feliza recibió tu tarjeta y se puso muy contenta.

Sin otro asunto me despido de ti por ahora.[4] No dejes de escribirme y no te olvides que te apreciamos mucho.

Don't fail to write me

Con todo cariño,

Evelina

---

[1] *main church* (The Cathedral of Santiago de Compostela in Spain is one of the most important in Europe.)

[2] **Doña** is a term of respect used before the first name of a lady older than the speaker, or an especially worthy lady, married or unmarried. The term **don** is used the same way with men.

[3] *were* (imperfect subjunctive form of **estar**). The imperfect subjunctive will be discussed in Lesson 18.

[4] *Without other topics (to tell you about), I'll say goodbye for now.*

Preguntas

1 ¿Cómo forman las personas amistades íntimas en España? ¿Y en los Estados Unidos?

2 ¿Dónde fue la primera comunión de Feliza?

3 ¿Qué es un padrino? ¿Y un compadre?

4 ¿Qué es un hombre de confianza?

5 ¿Tienes tantos amigos y parientes como Evelina?

6 ¿Quiénes son los amigos más íntimos de tus padres?

7 Si tienes padrinos, ¿son ellos íntimos amigos de tus padres?

Interacción en parejas

A *Dígale a su compañero/a bajo cuáles condiciones usted hace o no hace estas cosas. Tomen turno.*

1 Yo voy a Las Vegas con tal que _____.

2 Yo no voy a comprar un Mercedes aunque _____.

3 Yo no voy a trabajar en Madrid aunque _____.

4 Yo no voy a salir con mi novia/o a menos que _____.

5 Yo te voy a pagar la entrada al cine con tal que _____.

6 Yo no voy a salir de la casa sin que _____.

7 Yo no voy a vivir en Rusia sin que _____.

B *Dígale a su compañero/a cuándo va a hacer lo siguiente.*

1 Voy a terminar el trabajo cuando _____.

2 Voy a comer en cuanto _____.

3 No voy a casarme hasta que _____.

4 Voy a visitar a mis padres después que _____.

5 Voy a descansar tan pronto como _____.

EN POCAS PALABRAS

Complete las frases

1 Te vamos a ver cuando _____.

2 Después de _____, voy a descansar.

3 Aunque _____.

4 _____ hasta que lleguen todos.

Forme preguntas

1 Me lo dijo tan pronto como llegó.

2 Dice que va a preparar la comida cuando venga.

3 Sí, me levanto sin que lo sepa nadie.

4 No, no voy a casarme hasta que tenga veinticinco años.

5 Sí, vamos a continuar hasta terminar.

Breves conversaciones

Pregúntele a _____

si va a casarse antes de tener treinta años.

si va a estudiar hasta aprender la lección.

si toma pastillas aunque se sienta bien.

si se lava las manos antes de comer.

si va al hospital cuando está enfermo/a.

si baila cuando tocan una rumba.

si quiere prestarle cinco dólares para comprar algo.

Preguntas personales

1 ¿Quieres ir a Santiago de Compostela?

2 ¿Cuándo piensas viajar a España?

3 ¿Vas a Europa antes de terminar los estudios?

4 ¿Qué vas a hacer durante las vacaciones con tal de tener dinero?

5 ¿Qué tienes que hacer antes de que llegue el verano?

6 ¿Qué piensas hacer este verano en caso que tengas tiempo?

7 ¿Piensas hacer algo sin que lo sepa nadie? ¿Qué es?

8 ¿Qué vas a hacer después de hacer los estudios?

9 ¿Vas a regresar a casa tan pronto como la clase termine?

10 ¿Quiere tu novio/a que estudies con él/ella esta noche?

11 ¿Qué vas a hacer al empezar las vacaciones?

12 ¿Te gusta el estudio de español aunque cuesta mucho tiempo?

13 ¿Quieren tus padres que tomes clases de español?

14 ¿Qué vas a hacer esta noche después que usted y sus compañeros/as cenen?

15 ¿Qué hiciste anoche después de comer?

16 ¿Siempre te duermes tan pronto como te acuestas?

PRONUNCIACIÓN

Review of Spanish fricative d

Remember that the Spanish **d** between vowels is a continuing sound similar to English *th* in *those*. The same pronunciation is given to Spanish final **d**. Place the tip of the tongue against the upper teeth or between the teeth to produce the sound.

Estados Unidos	no se olvide de	agradecida	como decían
podamos	organizado	traído	ustedes
todos	personalidad	despedida	amistad

VOCABULARIO

	aduana	customs agency
	aduanero/a	customs officer
la	amistad	friendship
	botella	bottle
	carrera	race
	caso	case
	católico	Catholic
el/la	cónsul	consul
la	contestación	answer, reply
	derecho	right, privilege; duty (customs)
	despedida	farewell (party)
	duda	doubt
	exactamente	exactly
la	felicidad	happiness
	Galicia	Galicia (Spanish province)
	gallego	Galician
el	honor	honor
el	hostal	hostel, inn
el/la	huésped	guest
	lejos	far away
	muchísimo	very much
la	necesidad	necessity, need
el	patrón, la patrona	patron; boss; (m.) pattern (for sewing)
	santo patrón	patron saint
	proviso	proviso, condition
	proyecto	project
	puesto	position; office
	rotundamente	roundly, categorically
	santiagués	pertaining to Santiago de Compostela
	sencillo	simple, plain; single
	tal vez	perhaps

Verbos

brindar por	to drink a toast to
cansarse	to get tired; to weary

imponer (impongo)	to impose
participar	to participate
recordar (ue)	to remember

Conjunciones

a fin (de) que	so that, to the end that
a menos que	unless
antes (de) que	before
con tal (de) que	provided that
después (de) que	after
en caso (de) que	in case
en cuanto	as soon as
hasta que	until
para que	in order that, so that
sin que	without
tan pronto como	as soon as

Otras expresiones

Claro que no.	Of course not.
Creo que no.	I don't think so.
De acuerdo.	Agreed; All right; Okay.
En absoluto.	Not at all.
Eso es.	That's right.
por escrito	in writing
¡Qué lindo!	How great!, How wonderful!, How pretty!
¡Rotundamente no!	Absolutely not!
¡Santiago y a ellos!	Santiago and at 'em! (famous battle cry)
Sin duda.	Without a doubt; No doubt.

Refrán

Si tomas amigos nuevos, no te olvides de los viejos.

When you make new friends, don't forget the old ones.

La batalla de los sexos

Contigo, pan y cebolla.

PERSPECTIVA

Functional conversational goals You should be able to
1 converse about topics such as machismo and women's liberation in Latin America and in the United States.
2 talk about actions suggested, wanted, or insisted upon in the past.
3 describe the type of spouse, classmate, roommate, professor you want or are looking for.
4 relate what you or others will do if the situation is right.

Language You will review and practice using
1 the imperfect subjunctive.

2 the imperfect subjunctive in *if*-clauses.
3 the imperfect subjunctive after **como si**.
4 the imperfect subjunctive and the conditional for softened requests and courtesy expressions.
5 the subjunctive with **ojalá**.
6 the subjunctive in noun, adjective, and adverbial clauses—a review.

Culture You will learn about
1 the **machismo** syndrome.
2 the traditional and more contemporary roles of Latin American men and women.

CONVERSACIONES

¡EL FIN DEL MUNDO!

Ricardo y Catalina, dos simpáticos españoles, están comprometidos desde hace dos años. Después de resolver muchos problemas llevan serias intenciones de casarse algún día. Ricardo tiene 28 años. Es locutor de Radiotelevisión España. Catalina tiene 25, es maestra de español de tiempo parcial, estudia para el doctorado en literatura española y trabaja de guionista por la tarde.

CATALINA Me alegro que al fin pudiéramos fijar fecha para la boda.
 RICARDO Yo también. ¡Ya era hora! Si no fuera por tu papá ya estaríamos casados.

Esto es cosa de hombres.

CATALINA Pero tú insistías en que yo dejara la universidad, y él no quería eso. Pero, en fin . . .

RICARDO Ni tú tampoco. No es como si fuera el fin del mundo.

CATALINA Para ti, que eres como un caballero del siglo pasado, fue un logro muy importante obedecer a tu corazón en vez de la tradición machista.

RICARDO Creo que tu papá se preocupaba por el dinero que pudieras traer al matrimonio.

CATALINA Tú sabes que a mí no me importaba eso. Como te he dicho muchas veces, «contigo, pan y cebolla».

RICARDO De acuerdo, querida, pero tú vives una vida muy ajetreada . . . maestra, estudiante, guionista, y ya pronto, esposa. ¡Ojalá tuvieras más tiempo libre!

CATALINA Si tuviera más tiempo, estaría siempre contigo. Me ha costado un esfuerzo enorme llegar a este paso. Yo disfruto tanto de las clases en la universidad.

RICARDO Sí, comprendo. Y me gusta que estés ocupada en algo que te gratifique tanto. Algún día vas a pensar seriamente en nuestra familia de futuro, ¿verdad?

CATALINA Bueno, cariño, primero la boda y después veremos.

Preguntas

1 ¿Por qué tardaron algo en comprometerse Ricardo y Catalina?
2 ¿Qué hace un locutor de radio?
3 ¿Cuál es el trabajo de un guionista?
4 ¿De qué se alegra Catalina?
5 ¿Qué es lo que no quería el papá de Catalina?
6 ¿En qué insistía Ricardo?
7 ¿Qué decidió al fin Ricardo?
8 ¿Por qué dice Catalina que Ricardo era como un «caballero del siglo pasado»?
9 ¿Por qué se preocupaba el papá de Catalina?
10 ¿Insistía Catalina en que Ricardo tuviera mucho dinero?
11 Explique lo que significa «contigo, pan y cebolla».

12 ¿Cuántas funciones realiza Catalina?

13 ¿Cómo es una vida ajetreada?

14 ¿Qué preferiría Ricardo?

15 ¿Cómo explica Catalina su situación?

16 ¿Qué le gusta a Ricardo en cuanto al trabajo de Catalina?

17 ¿Qué le preocupa más a Ricardo?

18 ¿Cuándo va a pensar seriamente Catalina en su familia del futuro?

19 En tu opinión, ¿cuántos hijos van a tener en el futuro Catalina y Ricardo?

NOTAS CULTURALES

EL MACHISMO

Tradicionalmente el hombre hispano ha tenido tendencia a ser dominante en el matrimonio y la mujer ha aceptado su actitud de superioridad porque no había otro remedio.

En tiempos modernos esa tendencia se está modificando de acuerdo con las nuevas ideas de igualdad entre los sexos. Muchos maridos aceptan la responsabilidad de trabajar en la casa y ayudar a la esposa con las tareas diarias. Sin embargo, persisten entre los hispanos varias formas de machismo que, generalmente, se manifiestan en el respeto concedido al hombre enérgico y muy masculino, de mucho ánimo y firmeza. Para el hombre común del pueblo que siente la necesidad de establecer una identidad superior, el machismo le sirve como filosofía de la vida. En estos casos, la dominación en la casa no es tan importante como la necesidad de mostrar dos características fundamentales del hombre macho:

1) Dar la impresión que no tiene miedo de nada ni de nadie.
2) Documentar con experiencias que se cuentan entre los amigos su habilidad de conquistar el amor de las mujeres.

Pancho Villa, un héroe para el pueblo mexicano, personificó esas dos características. En la guerra de la Revolución Mexicana mostró su bravura atacando una ciudad de los Estados Unidos con un puñado de compañeros revolucionarios. Y, según la tradición, siempre tuvo mucha suerte con las mujeres. El hombre, si es digno de llamarse hombre, no puede rajarse nunca ni quedar menos, ni achicarse[1] según los valores aceptados comúnmente entre «los machos».

---

[1]**rajarse . . .**   *never back down, nor be slighted, nor show cowardice*

—¿Te parece muy macho este jugador de fútbol?
—¡Ya lo creo!

Un gaucho moderno de Entre Ríos, Argentina.

Pancho Villa, el prototipo del
macho mexicano.

Preguntas

1 ¿Cómo es el hombre hispano tradicional?

2 ¿Cómo se están modificando las costumbres en tiempos modernos?

3 ¿Cuáles son las formas de machismo que todavía persisten?

4 ¿Cómo usa el machismo el hombre pobre y común?

5 Parece que el hombre macho en el mundo hispano siente la necesidad de
mostrar dos características, ¿cuáles son?

6 ¿Qué simboliza Pancho Villa?

7 ¿Cómo mostró su machismo?

Señora española tradicional tejiendo en la calle.

Esta señora es directora de la compañía.

LA MUJER HISPANA

En muchas partes del mundo hispánico hay evidencias de que la mujer quiere deshacerse de[^1] los rasgos que la han distinguido tradicionalmente. Ya no quiere ser tan sumisa, pasiva y dedicada únicamente a servir a su marido. En algunos lugares, la mujer hispana ya no acepta en la década de los '90[^1] la idea de quedarse en casa y servir al hombre. La educación universitaria le es cada vez más[^1] accesible a la mujer moderna y muchas mujeres trabajan en puestos bastante elevados en la industria y en las profesiones. Una de las metas de la mujer norteamericana ha sido la de liberarse[^1] de los trabajos penosos de la casa. En cambio, muchas mujeres del mundo hispano pueden costearse la ayuda de una criada que se ocupa de los quehaceres de la casa. Por eso, debido a[^1] las circunstancias de su cultura, la mujer hispana no ha hecho tanto progreso en su liberación

deshacerse de *get rid of*

en . . . *in the 90's*
cada . . . *more and more*

la de . . . *that of freeing herself*
due to

Una señora Juez de la Corte
Suprema de México.

como la mujer norteamericana. Naturalmente, es muy difícil cambiar en poco tiempo las costumbres establecidas durante siglos.

Preguntas

1 ¿Cómo han sido las mujeres hispanas tradicionalmente?

2 ¿Qué cambios se notan en la actitud de las mujeres hispanas en la década de los '90?

3 ¿Por qué no ha hecho tanto progreso el feminismo en Latinoamérica como en los Estados Unidos?

INTERACCIÓN Y COMUNICACIÓN

¡Ay, si yo tuviera más tiempo . . .!

CATALINA Si tuviera más tiempo, estaría siempre contigo.

RICARDO Si fuera millonario no trabajaría.

Catalina y Ricardo

Ricardo el millonario

Conteste.

1 ¿Qué haría Catalina si tuviera más tiempo?

2 ¿Qué harías si tuvieras más tiempo?

3 ¿Bajo cuales condiciones no trabajaría Ricardo?

4 ¿Trabajarías si fueras millonario/a?

El imperfecto de subjuntivo—la formación de verbos regulares e irregulares

The imperfect subjunctive forms for all regular, irregular, and stem-changing verbs is derived from the **ellos**-form of the preterit tense by dropping **-ron**: **habla-ron**, **aprendie-ron**, **vivie-ron**, **estuvie-ron**, **pusie-ron**, **dije-ron**. To the stem, add the imperfect subjunctive endings: **-ra**, **-ras**, **-ra**, **-ramos**, **-rais**, **-ran**.

INFINITIVE	PRETERIT TENSE FORM	IMPERFECT SUBJUNCTIVE FORM
dar	dieron	**diera**
venir	vinieron	**viniera**
dormir	durmieron	**durmiera**
decir	dijeron	**dijera**
poner	pusieron	**pusiera**
pensar	pensaron	**pensara**
trabajar	trabajaron	**trabajara**

There are two sets of endings that may be used in the imperfect subjunctive: those ending in **-ra** as explained above and those ending in **-se**[1]. The **-ra** endings are more commonly used in spoken Spanish today and will be the only set of endings practiced in this text.

habla**ra**	hablá**ramos**[2]	pusie**ra**	pusié**ramos**[2]	dije**ra**	dijé**ramos**[2]
habla**ras**	habla**rais**	pusie**ras**	pusie**rais**	dije**ras**	dije**rais**
habla**ra**	habla**ran**	pusie**ra**	pusie**ran**	dije**ra**	dije**ran**

El imperfecto de subjuntivo en cláusulas con si

An *if*-clause is one which is introduced with **si**, meaning *if*. The imperfect subjunctive, not the present subjunctive, is used in an *if*-clause when it refers to something considered contrary to fact, hypothetical, or unlikely to happen. The resultant clause generally has a verb in the conditional.

Contrary to fact: The implication in this sentence is that the speaker does not have enough time.

> Si **tuviera** más tiempo, estaría siempre contigo.
>
> *If I had more time, I would always be with you.*

Hypothetical: This sentence implies that the person being addressed does not travel much.

> Si **viajaras** más, verías muchas cosas.
>
> *If you traveled more, you would see many things.*

Unlikely to happen: The use of the subjunctive here sets up a hypothetical case.

> Si **lloviera**, no iría al mercado.
>
> *If it were to rain, I would not go to the market.*

The indicative is used in **si**-clauses that are neutral—that is, clauses that do not involve hypothetical cases or unreality. Usually the **si** in this case may be translated by English *when* or *whether*, as well as by *if*.

> Si **llueve**, no voy al mercado.   *If (When) it rains, I don't go to the market.*
> Si **bailo**, me divierto.   *If (When) I dance, I have a good time.*
> Si **tenía** hambre, comía.   *If (When) he was hungry, he ate.*
> No sé si **vienen**.   *I don't know if (whether) they are coming.*

---

[1]The **-se** forms for **hablar**, for example, are: **hablase, hablases, hablase, hablásemos, hablaseis, hablasen**.

[2]Note that verbs with irregular forms in the preterit have the same irregular stem in the imperfect subjunctive and that the first-person plural carries a written accent mark. This is true for all verbs (**habláramos, pusiéramos, dijéramos**).

A *Cambiando las siguientes frases, exprese una idea hipotética* (hypothetical).

Si hace mal tiempo, no iré a la fiesta.
Si hiciera mal tiempo, no iría a la fiesta.

1 Si vienes, verás a las dos chicas.

2 Si él trabaja, ganará bien.

3 Si estudias, aprenderás las lecciones.

4 Si es necesario, lo harán.

5 Si Ricardo se levanta temprano, estará listo.

Si viene mi novia, comemos.
Si viniera, comeríamos.

1 Si él practica, baila bien.

2 Si ella llama por teléfono, ellos nos lo dicen.

3 Si mi compañero/a estudia, sale bien.

4 Si mi novio/a me escribe una carta, yo se la contesto.

5 Si ellos hacen el trabajo, pueden ir.

B *Responda según el modelo.*

¿No vas a estudiar?
Si tuviera más tiempo, estudiaría.

1 ¿No vas a comer?

2 ¿No vas a la fiesta?

3 ¿No vas a terminar la novela?

4 ¿No vas a bailar con todos?

5 ¿No vas a llamar a tu amigo?

6 ¿No vas a ir de compras?

C *Conteste las siguientes preguntas, expresando lo que usted hace en realidad si ocurren las situaciones indicadas.*

¿Qué haces si llueve los sábados?
Si llueve los sábados, me quedo en casa.

1 ¿Qué haces si hace mal tiempo en la primavera?

2 ¿Qué haces si tienes sueño?

3 Si tienes hambre, ¿qué haces?

4 Si tienes razón, ¿qué haces?

5 ¿Qué haces si llegas tarde a la clase?

6 ¿Qué haces si no te gusta una clase?

D *Ahora, responda a estas preguntas, explicando lo que haría si ocurrieran las situaciones que siguen.*

¿Qué harías si lloviera mañana?
Si lloviera mañana, dormiría hasta las once.

1 ¿Qué harías si tuvieras sueño en el cine?

2 ¿Qué harías si tuvieras mucho dinero?

3 Si tu mejor amigo/a saliera con tu novio/a, ¿qué harías?

4 Si alguien te invitara a un restaurante famoso pero no tuvieras hambre, ¿qué harías?

5 ¿Qué harías si estuvieras enfermo/a ahora?

6 ¿Qué harías si tuvieras hambre en casa de un amigo?

7 Si tu jefe no te diera el dinero ganado, ¿qué harías?

8 Si fueras Presidente de los Estados Unidos, ¿qué harías?

9 Si no tuvieras clase ahora, ¿qué estarías haciendo en estos momentos?

10 ¿Qué harías si fueras la profesora/el profesor de esta clase?

E *Complete estas frases en una manera original.*

1 Iría a Las Vegas si . . .
2 Si viviéramos en Santiago . . .
3 Si mi novio/a me mandara un regalo . . .
4 Si hace mal tiempo . . .
5 ¿Adónde irías si . . .?
6 ¿Te gustaría vivir en las montañas si . . .?
7 Ella dijo que si tuviera más tiempo . . .
8 ¿Seguiría la carrera de medicina si . . .?
9 No aprenderíamos nada si . . .
10 Si yo me levantara más temprano . . .

No es como si fuera el fin del mundo.

RICARDO No es como si fuera el fin del
mundo.

El fin del mundo

CATALINA Mi amiga habla como si
fuera profesora.

La profesora—amiga de Catalina

Conteste.

1 ¿Cómo es la situación con Ricardo? ¿Es cómo el fin del mundo?
2 ¿Es profesora la amiga de Catalina?
3 ¿Cómo habla la amiga de Catalina?

Una especialista tecnóloga en la
instalación de fuerza nuclear
Laguna Verde. (Veracruz,
México)

El imperfecto de subjuntivo después de como si

Since **como si** *as if* refers to something which is either contrary to fact or hypothetical, it always requires the imperfect subjunctive.

No es como si **fuera** el fin del mundo.	*It isn't as though it were the end of the world.*
Habla como si **estuviera** loco.	*He speaks as if he were crazy.*
Me tratan como si **fuera** una reina.	*They treat me as though I were a queen.*

Patricia le hace varias preguntas a Rebeca con respecto a las acciones de varios conocidos (acquaintances) *suyos. Haga las respuestas de Rebeca empleando* **como si**. *Siga el modelo.*

¿Son millonarios Manuel y Sonia? (compran cosas como si)
No, pero compran cosas como si fueran millonarios.

1 ¿Sabe la dirección Andrés? (habla como si)
2 ¿Es deportista Gloria? (se viste como si)
3 ¿Tiene Tomás mucho dinero? (vive como si)
4 ¿Está contenta Silvia? (habla como si)
5 ¿Comprenden toda la lección Arturo y Felipe? (se divierten como si)

Con más cortesía, por favor.

Explíqueme las costumbres.	*Explain the customs to me.*
¿Me **explicaría** usted las costumbres?	*Would you explain the customs to me?*

El imperfecto de subjuntivo y el condicional en peticiones y expresiones corteses

As in English, the conditional may be used to soften a request or to show deference. The conditional or the imperfect subjunctive of **poder** and **querer** may be used to show deference in a request.

¿Me acompañarías?	*Would you accompany me?*
¿**Podrías** acompañarme? ⎫	*Could (Would) you accompany me?*
¿**Pudieras** acompañarme?⎭	
¿**Querrías** acompañarme? ⎫	*Would you like to accompany me?*
¿**Quisieras** acompañarme?⎭	

The conditional or the imperfect subjunctive of **deber** may be used to soften a statement of obligation or advice. Notice the different degrees of obligation in the following expressions.

Tienes que acostarte temprano.	*You have to go to bed early.*
Debes acostarte temprano.	*You should go to bed early.*
Deberías acostarte temprano.⎫	*You ought to go to bed early.*
Debieras acostarte temprano.⎭	

A *Haga más corteses las siguientes peticiones.*

¿Me acompañas al banco?
¿Podrías acompañarme al banco?

1 ¿Me vendes el coche?

2 ¿Me prestas cinco dólares?

3 ¿Tienes tiempo para hacerlo?

¿Quieres leerme el letrero?
¿Quisieras leerme el letrero?

1 ¿Quieres prestarme el dinero?

2 ¿Quieres explicarme la razón?

3 ¿Quieres ayudarme?

¿Puedes escribirme una vez por semana?
¿Pudieras escribirme una vez por semana?

1 ¿Puedes hacerme el favor de estudiar mucho?

2 ¿Puedes contestar pronto?

3 ¿Puedes volver a las cinco?

4 ¿Puedes llegar temprano?

B *Haga más corteses estos consejos.*

Debes trabajar más.
Debieras trabajar más.

1 Debes aprender a bailar.

2 Debes acostarte antes de las once.

3 Debes ponerte a dieta.

4 No debes casarte tan joven.

Interacción en parejas

A *Tomando turno con su compañero/a de clase, terminen las siguientes frases indicando las condiciones en que harán estas cosas.*

Tendrás mucho éxito si . . .
Tendrás mucho éxito si trabajas mucho.

1 Iré de vacaciones si . . .

2 Me pondré a dieta mañana si . . .

3 El sábado vamos a hacer un picnic si . . .

4 Mi tía vendrá a visitarnos si . . .

5 Voy a comprar zapatos nuevos si . . .

6 Estudiaré contigo si . . .

7 Me sentaré aquí si . . .

8 Te escribiré una carta si . . .

B *Tomando turno con su compañero/a de clase, terminen las siguientes frases indicando las condiciones en que harían tales cosas.*

A mí me gustaría ayudarte si . . .
A mí me gustaría ayudarte si fuera rico/a.

1 Trabajaría ocho horas al día si . . .

2 Me casaría ahora si . . .

3 Iría a Las Vegas si . . .

4 Sacaría mejores notas si . . .

5 Bailaría contigo si . . .

6 Dormiría más si . . .

7 Comería menos si . . .

8 Estudiaría más si . . .

C *Pregúntele a su compañero/a de clase lo que haría en las siguientes circunstancias. Su compañero/a contestará las preguntas. Luego cambien de papel.*

tener un Mercedes-Benz sport
¿Qué harías si tuvieras un Mercedes-Benz sport?
Si tuviera un Mercedes-Benz sport, viajaría a California.

1 vivir en México

2 estar en Acapulco

3 tener un tío millonario

4 ser actor/actriz de cine

5 tener mucha hambre

6 estar muy enfermo/a

7 visitar Madrid

8 ser futbolista

9 hablar perfectamente el español

10 sacar una «A» en esta clase

Ojalá (que) tuvieras más tiempo libre.

RICARDO Tú vives una vida muy ajetreada. ¡Ojalá tuvieras más tiempo libre!
CATALINA Si tuviera más tiempo, estaría siempre contigo.

El subjuntivo con ojalá

Ojalá, used with the present subjunctive, means *I hope*. When used with the imperfect subjunctive, **ojalá** means *I wish* or *Would that*, generally implying that the realization of the expressed wish is unlikely or impossible. **Ojalá** may be followed by **que**; however, it is also used without **que** with the imperfect subjunctive. Notice its usage in the following sentences.

Ojalá que **vengan** mañana.	*I hope they (will) come tomorrow.*
Ojalá **pudieran** venir mañana.	*I wish they could come tomorrow.*
Ojalá que **tuvieras** más tiempo libre.	*I wish you had more free time.*

A *Su amiga le pregunta a usted si las siguientes personas hacen las acciones indicadas. Conteste con* **ojalá**.

¿Vienen tus amigos a la fiesta?
Ojalá que vengan.

1 ¿Canta el profesor/la profesora en la clase hoy?   3 ¿Aprenden español los estudiantes?

2 ¿Vuelve tu compañero/a antes de las ocho?

B *Usted siente mucho que hayan ocurrido las siguientes cosas. Empleando* **ojalá**, *exprese sus deseos de que estas cosas no fueran ciertas.*

José Luis está muy enfermo.
Ojalá no estuviera enfermo.

1 Mi compañero/a tiene muchos problemas en sus clases.

2 Alberto tiene muchas dudas con el idioma.

3 Mi padres se preocupan cuando llego tarde por la noche.

C *Dé el equivalente en español.*

1 I hope you can go with us.   3 I hope she will marry me.

2 I wish you could go with us.

D *Empleando* **ojalá**, *exprese un deseo de que pasaran las siguientes cosas.*

Luis no viene a la reunión.
Ojalá viniera.

1 Mis amigos no aprenden español.   3 A él no le gustan mis ideas.

2 Mi jefe no me paga bien.

E *Conteste con* **ojalá** *según el modelo.*

¿Tienes un auto nuevo?
No. Ojalá tuviera uno.

1 ¿Puedes ir a Acapulco?   3 ¿Estás muy contento/a?   5 ¿Sabes esquiar?

2 ¿Eres programador/a?   4 ¿Eres inteligente?   6 ¿Tienes un tío rico?

Interacción en parejas

Dígale a su compañero/a de clase cinco cosas que espera que él/ella haga. Luego cambien de papel.

   Modelo: **Ojalá que me ayudes con mis clases.**

El subjuntivo en cláusulas sustantivas—repaso

A *Complete las frases con la forma apropiada del subjuntivo o del indicativo.*

1 (poder)   Yo esperaba que usted _____ conocer a mi amiga.

2 (conocer)   Es posible que yo la _____ esta noche.

3 (hablar)   Yo sentía mucho que ellos no se _____.

4 (venir)   Es una lástima que usted no _____ anoche.

5 (hacer)   Yo estoy seguro que mi compañero/a lo _____ ayer.

6 (volver)   Temo que mis amigos no _____ mañana.

7 (dejar)   Anoche mi novio/a sugirió que yo _____ mi carrera.

8 (llegar)   Sabíamos que ustedes _____ temprano.

9 (estar)   Me alegro que ellos _____ en la fiesta anoche.

B *Complete las frases en una manera original.*

1 Quiero que . . .

2 Mi compañero/a prefiere que . . .

3 Me gusta que . . .

4 ¿Creen mis amigos que . . .?

5 Les pedimos a ustedes que . . .

6 Ojalá que . . .

7 Tal vez . . .

8 Dudo que . . .

9 Diles a tus amigos que . . .

10 Sentimos que . . .

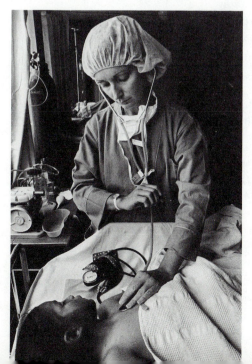

—Soy una enfermera voluntaria
y me preocupo por los chicos
enfermos.

C *Sustituya las palabras en paréntesis y haga los cambios necesarios. Siga los modelos.*

Era importante . . .   (que él / saber la verdad)
Era importante que él supiera la verdad.
(que ella / oír esa música)
Era importante que ella oyera esa música.

1 (que los estudiantes / estudiar la lección)
2 (que nosotros / hacer la tarea)
3 (que tú / venir temprano)
4 (que ustedes / ser felices)
5 (que mi compañero/a / ir de compras)
6 (que yo / poder pasar el examen)
7 (que usted / traer los libros)
8 (que yo / dar la respuesta)
9 (que vosotros / salir temprano de la casa)

La profesora quería . . .   (que los estudiantes / sentarse aquí)
La profesora quería que los estudiantes se sentaran aquí.

1 (que yo / volver pronto)
2 (que ellos / entender la respuesta)
3 (que tú / no dormirse en clase)
4 (que nosotros / pedir más trabajo)
5 (que vosotros / cerrar las ventanas)
6 (que él / sentirse feliz)
7 (que nosotros / estudiar juntos en grupos pequeños)
8 (que nosotros / recordar todo)

D *Complete las frases en una manera original, empleando el imperfecto de subjuntivo.*

1 Era increíble que tú no . . .
2 Me sorprendió que . . .
3 Ellos dijeron que estudiarían hasta que . . .
4 Ellos volverían a la fiesta si . . .
5 Era imposible que . . .

E *Dé el equivalente en español.*

1 I hope he came.
2 She gave me a picture before I left.
3 She said that she would go if we went with her.
4 I want you to stay.
5 It was important for me to go.
6 Tell them to wait.
7 I wrote for my parents to send me the book.

F *Contest las preguntas empleando* **como si**, *de acuerdo con los modelos.*

¿Es candidato tu amigo?
No sé. Pero habla como si fuera candidato.

1 ¿Tiene él una casa muy grande?
2 ¿Sabe hablar español él?
3 ¿Votan muchas personas por él?
4 ¿Trabaja él en la universidad?

¿Tiene tu amiga la oportunidad de casarse?
No sé. Habla como si la tuviera.

1 ¿Quiere mucho a sus padres?
2 ¿Tiene trabajo ella?
3 ¿Gana mucho dinero ella?
4 ¿Le gusta su empleo?

VOCABULARIO ÚTIL

El noviazgo y casamiento de Ricardo y Catalina—por etapas[1]

RICARDO La invité a que tomara un refresco.
Le pedí que saliera conmigo.
Le pedí que me diera permiso para ir a su casa.
Le hice mi declaración de amor.
Le pedí que fuera mi novia.[2]
Le pedí que se casara conmigo.
Me dio el sí.

Nos comprometimos.	*We got engaged.*
Fijamos fecha.	*We set a date.*
Nos casamos.	*We got married.*

Preguntas para los chicos

1 ¿Le pediste a una señorita que tomara un refresco contigo?
2 ¿Le pediste también que saliera contigo?
3 No tienes que pedirle permiso para ir a su casa, ¿verdad?
4 ¿Cuándo piensas hacerle su declaración de amor?

Preguntas para las chicas

1 ¿Alguien te ha pedido que sea su novia?
2 ¿Tienes miedo de comprometerte?
3 ¿Ya te pidió alguien que fijaras fecha?
4 ¿Le pediste a algún joven que se casara contigo?

---

[1]*The courtship and marriage of Ricardo and Catalina—step by step*
[2]If she accepts, from this point on they go steady.

Interacción en parejas

A *Tomando turno, responda a las declaraciones de su compañero/a de clase, usando una expresión apropiada de la lista a la derecha. Siga el modelo.*

Ricardo y Catalina se casaron.
Me alegro que se casaran.

1 Llegaron a Miami.
2 Fueron a Cuba.
3 Viajaron sin accidente.
4 Sacaron buenas notas.
5 Terminaron el semestre.
6 Trabajé mucho.
7 Estuve enfermo/a.
8 Ya salí del hospital.
9 Perdí mil dólares.

—No creemos que . . .
—No me importa que . . .
—Espero que . . .
—Es increíble que . . .
—Me sorprende que . . .
—Es probable que . . .
—¡Qué lástima que . . .!
—¡Qué bien que . . .!
—No me gusta que . . .
—Es posible que . . .
—Me alegro que . . .
—Siento mucho que . . .
—No es posible que . . .

B *Tomando turno, exprésele a su compañero/a de clase su reacción a cada situación combinando* **Me alegro que** *o* **Siento que** *con las frases. Emplee el subjuntivo en las cláusulas subordinadas, según el modelo.*

Mi mejor amigo está enfermo.
Siento que tu mejor amigo esté enfermo.

1 Esta noche paso por tu casa.
2 Mi novio/a no viene hoy.
3 Yo tengo un nuevo estéreo.
4 El profesor/La profesora no puede venir a la clase.
5 Hay fiesta mañana.
6 Mis amigos no me invitan a su fiesta.
7 Tenemos examen el viernes.
8 Mi nuevo/a compañero/a habla español.
9 Recibí dinero de mi tía.
10 Mi novia/o me dio calabazas.

C *Exprésele a su compañero/a su reacción combinando* **Me gusta que** *o* **No me gusta que** *con las siguientes frases, según el modelo.*

Juan siempre trae los discos.
Me gusta que Juan siempre traiga los discos. *o*
No me gusta que Juan traiga los discos.

1 Mis amigos tocan música clásica.
2 Uno de mis amigos vende su guitarra esta tarde.
3 Vamos al cine esta noche.
4 Tenemos que estudiar.
5 El examen es fácil.
6 Las vacaciones comienzan la próxima semana.
7 El profesor/La profesora está contento/a.
8 No sabemos los verbos irregulares.
9 El español no es difícil.
10 Ya termina la clase.

D *¿Qué les dicen estas personas a sus amigos?*

Ejemplo: **Era urgente que yo te hablara.**

Ejemplo   **1**   **2**

Era urgente . . .   Yo dudaba que . . .   Insistieron en que . . .

3   **4**   **5**

Quería que . . .   Sentía que no . . .   Sugerí que ellos . . .

El subjuntivo en cláusulas adjetivas—repaso

A *Virginia se encargaba de buscar* (was in charge of finding, looking for) *personas para varios puestos en su nueva compañía. Diga qué tipo de personas ellas buscaba.*

ser amable

Buscaba una persona que fuera amable.

1 llegar a tiempo   5 querer trabajar muchas horas

2 hablar dos idiomas   6 poder expresarse claramente

3 aprender rápidamente   7 tener deseos de conocer el mundo

4 conocer la ciudad

B *Conteste las preguntas de acuerdo con su propia opinión.*

1 ¿Hay alguien aquí que comprenda la lección mejor que tú?

2 ¿Encontraste un libro que presentara menos conceptos de gramática que éste?

3 ¿Buscaba tu amigo una novia que tuviera la misma filosofía de la vida?

4 ¿No conoces a nadie que quiera acompañarte al cine?

5 ¿Ha visto turistas que no puedan hablar el idioma del país?

C *Complete las frases con la forma apropiada del verbo en paréntesis.*

1 (sabe / sepa)   No conozco a nadie que _____ la respuesta.

2 (llamó / llamara)   ¿Quién es esa persona que te _____ anoche?

3 (quería / quisiera)   Nuestro amigo dijo que iba a presentarme a alguien que _____ ir.

4 (servía / sirviera)   No quería estudiar algo que no me _____.

5 (podía / pudiera)   ¿Encontraste una muchacha que _____ trabajar durante esas horas?

6 (enseñaba / enseñara)   Ellos buscaban al profesor que _____ la clase el semestre pasado.

El subjuntivo en cláusulas adverbiales—repaso

A *Cambie las frases empleando las conjunciones indicadas según el modelo.*
Te ayudaré esta noche si me lo pides.   (con tal que)
Te ayudaré esta noche con tal que me lo pidas.

1 Ellos no van a casarse si no vienen los parientes.   (a menos que)

2 Ella quiere visitar Santiago de Compostela si tiene tiempo.   (con tal que)

3 No quiero vender el coche si no es necesario.   (sin que)

4 Recuérdame y yo te mandaré el dinero.   (para que)

5 Mi amigo llegó pero ella había salido del restaurante.   (antes que)

6 Yo no quería descansar si ellos no descansaban.   (a menos que)

B *Conteste la siguientes preguntas.*

1 Cuando llegues a casa esta tarde, ¿qué harás?

2 ¿Dijo tu novio/a que te mandaría cartas cuando fuera posible?

3 ¿Van ustedes a hacer un viaje este verano aunque cueste mucho?

4 ¿Prometiste que prepararías la comida esta tarde mientras tus compañeros/as estudiaran?

5 ¿No vas al teatro sin que tu novio/a vaya también?

6 ¿Siempre te afeitas tan pronto como te levantas?

7 ¿Decidió tu compañero/a quedarse en casa hasta que hiciera buen tiempo?

C *Complete las frases en una manera original.*

1 Quiero conocer al banquero/a la banquera para que . . .

2 Mi novio/a no come nada a menos que . . .

3 Nos divertiremos aunque . . .

4 Prometí que trabajaría hasta que . . .

5 ¡No te acuestes sin . . .!

6 Mis amigos nunca fueron al parque sin que . . .

7 Dijeron que regresarían tan pronto como . . .

8 Voy a estudiar mientras . . .

9 Te invitaré a la fiesta antes que . . .

LECTURA

EL JEFE DE LA FAMILIA[1]

Marilyn es una norteamericana de Idaho, casada con José Martínez, un paraguayo.
Hace poco que se casaron y ahora viven en Asunción, Paraguay. Los vecinos,
Rosalía y Efraín González, un matrimonio joven, pasan a saludar a los Martínez.

MARILYN Tanto gusto en verlos.
ROSALÍA El gusto es nuestro. ¿No está José?
MARILYN Todavía no, pero debe llegar pronto, porque ya vamos a cenar.
ROSALÍA Perdón. No queremos molestarlos. Vendremos en otra ocasión.
MARILYN De ninguna manera. Quiero que ustedes se queden a cenar con nosotros.

(Media hora más tarde.)

MARILYN Ya se está enfriando la cena y José no llega.
ROSALÍA No importa, nosotros podemos esperar.

(Pasan treinta minutos más.)

MARILYN Me parece mejor comenzar ya. Ustedes deben tener mucha hambre.

(Al fin José llega cuando ya están comiendo.)

MARILYN José, Rosalía y Efraín vinieron a saludarnos y los invité a cenar con nosotros.
   JOSÉ *(Saluda muy serio.)* Me alegro de verlos.
MARILYN Voy a calentar tu cena y te la traigo en un minuto.

(José sigue a Marilyn a la cocina.)

   JOSÉ *(Está enojado.)* ¿Desde cuándo se sirve la cena en esta casa cuando yo
         no estoy presente?
MARILYN Pero querido, tú no llegabas y la cena se enfriaba.
   JOSÉ ¡No me interesa! En tu tierra quizás tengan otras costumbres pero estas
         cosas no se hacen aquí.

Preguntas

1 ¿De dónde es Marilyn?
2 ¿Quiénes son Efraín y Rosalía?
3 ¿No quería José que Marilyn invitara a los González?
4 ¿Por qué estaba enojado José?
5 ¿Qué costumbres tenemos en los Estados Unidos?
6 ¿Quién mandaba en tu casa? ¿Tu mamá o tu papá?
7 ¿Conoces a algún marido norteamericano como José?
8 ¿Necesita liberarse Marilyn?

[1]*The head of the family*

EN POCAS PALABRAS

Complete las frases

1 ¿No encontraste a nadie _____?

2 Tú dudabas _____.

3 No había un tocadiscos _____.

4 Él tenía uno que _____.

5 Antes de que _____.

Forme preguntas

¿Cuál fue la pregunta que le hizo su amigo a usted en cada uno de los siguientes casos?

1 Sí, había alguien en mi escuela que hablaba ruso.

2 No, no le dije que tuviera cuidado.

3 Sí, lo hizo sin que yo le dijera.

4 No, no tenía que volver.

5 Sí, siento que mi novio/a no viniera a verme anoche.

Breves conversaciones

Pregúntele a _____

qué le gustaba que hicieran sus amigos.

quién mandaba en su casa.

si él/ella hacía todo el trabajo en casa.

si temía no poder ir a la universidad.

si le gustaría tener un esposo macho.

cuándo y adónde quiere hacer un viaje.

si va a España tan pronto como tenga dinero.

Preguntas personales

1 ¿Cuándo piensas casarte?

2 ¿Te casarías si tuvieras novio/a?

3 ¿Es importante que uno tenga trabajo antes de casarse?

4 ¿Buscas a alguien que te haga buen compañero/buena compañera?

5 ¿Cuáles son las cualidades personales que prefieres en un/a esposo/a?

Obreras en una fábrica
envasadora de pescado.
(Santiago, Chile)

6 ¿Siempre te ha sido importante encontrar una persona que tenga una buena familia también?

7 ¿Qué clase de trabajo quieres tener cuando salgas de la universidad?

8 Cuando empezaste tus estudios en la universidad, ¿era importante que se ofrecieran ciertas clases?

9 ¿Hay clases que te gusten más que otras?

10 ¿Esperas ser rico/a algún día?

11 Si tuvieras una gran cantidad de dinero, ¿qué harías?

12 Con ese dinero, ¿comprarías cosas innecesarias?

13 Por lo general, si una persona tiene mucho dinero, ¿qué hace?

14 Si pudieras viajar a cualquier parte del mundo, ¿adónde irías? ¿Por qué?

PRONUNCIACIÓN

Poetry

Spanish poetry is read or declaimed with very precise articulation. Learn to read the following poems without a flaw in your pronunciation or intonation.[1] If your instructor assigns you to do so, memorize the poems and present them before the class.

Rimas
de Gustavo Adolfo Bécquer[2]

POR UNA MIRADA[1] . . .   *look*

Por una mirada, un mundo;
por una sonrisa[1], un cielo[1],   *smile / heaven*
por un beso[1] . . .   *kiss*
¡Yo no sé qué te diera por un beso!

¿QUÉ ES POESÍA?

¿Qué es poesía? dices mientras clavas[1]   *you fix*
en mi pupila tu pupila azul,
¿qué es poesía? ¿Y tú me lo preguntas?
¡Poesía . . . eres tú!

---

[1]These poems are recorded on the cassette tapes.
[2]Gustavo Adolfo Bécquer (1836–1870); revered by many Spaniards as their most brilliant romantic poet. His favorite theme was the tragic search for an impossible, idealistic love with a woman who existed only in his dreams.

VOCABULARIO

ajetreado	hectic
bajo	under (prep.)
banquero/a	banker
batalla	battle
caballero	gentleman
candidato/a	candidate
cariño	love, affection; dear
casado	married
casamiento	marriage
cebolla	onion
claramente	clearly
como si	as if
comprometido	engaged; bound; committed
concepto	concept
la **declaración**	declaration; proposal; statement
desde	since
enorme	enormous
esfuerzo	effort; courage; vigor
etapa	step, stage (of a process)
por etapas	step by step
el/la **guionista**	subtitle writer; scriptwriter
idea	idea
logro	achievement
machista	male, masculine (adj.)
matrimonio	marriage; married couple
noviazgo	engagement; courtship
ocupado	busy
parcial	partial
rápidamente	rapidly
el **semestre**	semester
seriamente	seriously
sexo	sex

la **situación**	situation
la **tradición**	tradition

Verbos

ajetrear	to drive; to harass
comprometerse	to commit oneself; to become engaged
enseñar	to teach
fijar	to set (a date); to fix
gratificar	to gratify; to recompense; to reward
obedecer (obedezco)	to obey
ocupar	to occupy; to keep busy
presentar	to present; to introduce
realizar	to fulfill; to carry out
resolver (**ue**)	to resolve
sorprender	to surprise
temer	to fear
tardar	to be late; to delay
trabajar de	to work as
votar	to vote

Otras expresiones

de tiempo parcial	part-time
en fin	finally
en vez de	instead of
llegar a este paso	to reach this point
Me dio el sí.	She/He said yes.
¡Ya era hora!	It was about time!

Refrán

Contigo, pan y cebolla.

With you, for better or worse. (With you, (on) bread and onions.)

Guía de pronunciación y ortografía

La pronunciación

Vowels and consonants—what's the difference?

A *vowel* is a sound produced by a vibration of the vocal cords. Put your thumb and fingers against your throat and say "a, e, i, o, u." Feel the vibration.

A *consonant* is a sound produced by hindering or stopping the flow of air in speaking. Some consonants are accompanied by vibration, some are not. Say "tattletale" a few times and notice how the consonants hinder or stop the flow of air.

Sonidos de las vocales en español *Sounds of the Spanish vowels*

A E I O U

Spanish vowels remain open and clear. In English we tend to reduce vowels in unstressed syllables to an *uh* or "*schwa*" sound. Listen as your instructor contrasts the English word *banana* (buh-na-nuh) with the Spanish word **banana** (bah-nah-nah).

a Pronounced like the *a* in *father* only shorter and more tense.[1] Whether stressed or unstressed it has the same open sound.

mañana   está   días   buenas   hasta

---

[1]Very few sounds are identical in English and Spanish. Reference to English is made as an introductory step. A more thorough presentation of Spanish sounds is found in the tape program. Students should listen to their instructor's pronunciation and imitate it.

e Pronounced like the *a* in *ate*, but short and tense.

> **buenas** **clase**

Spanish **e** is affected by sounds which follow it. It is pronounced like the *e* in *let* when followed by a consonant in the same syllable.

> **señor** **está** **usted**

i (or **y**) Pronounced like the *i* in *machine*, never like the *i* in *fit*.

> **días** **Isabel** **Felipe** **Francisco** **y** **muy**

o Pronounced like the *o* in *only*, but shorter and without the glide typical of English pronunciation.

> **¿cómo?** **señora** **señor** **Olga** **no**

u Pronounced like the *oo* in *moon*. Lips are rounded.

> **mucho** **usted** **Humberto** **Lucía**

Sonidos de las consonantes *Sounds of the Spanish consonants*

b, **v** The letters **b** and **v** are pronounced exactly alike in Spanish. Each letter has two pronunciations, depending on which sounds precede and follow it. At the beginning of a breath group or after **m** or **n**, Spanish **b** or **v** is a voiced stop—the lips are completely closed. It is pronounced like English *b* in *boy*.

> **buenos** **Vicente** **Bárbara** **Humberto** **Víctor** **cambio**
> **enviar**

Between two vowels and in all other positions, **b** or **v** is a fricative continuant. It is pronounced with the two lips almost touching but allowing the air to pass through.

> **Cuba** **muy bien** **Eva**

c, **z** In all parts of the Spanish-speaking world, the letter **c** has just one pronunciation when it comes before **a**, **o**, or **u**. It is pronounced like English *k*.[1]

> **Carlos** **¿cómo?** **Cuba**

However, the letter **c** before **e** or **i** and the letter **z** in all positions have a different pronunciation in different parts of the world. In Spanish America, they both are pronounced like English *s*. Avoid the *sh*-sound of *c* in the English word *official*.

> **Alicia** **Cecilia** **oficial** **Cuzco**

In most parts of Spain, they both are pronounced like English *th* in *thin*.

> **Alicia** **Cecilia** **Zaragoza**

---

[1]The sound /k/ before **e** or **i** is spelled **qu**: Ra**qu**el, Joa**qu**ín.

ch In Spanish **ch** is considered one letter and is pronounced as in English.

Chela   Lucho

d Pronounced with the tongue against the upper teeth rather than against the gums as for English *d*. The letter has two pronunciations, depending on which sounds precede and follow it. At the beginning of a breath group or after **l** or **n**, Spanish **d** is a stop—the breath passage is completely closed.

Donaldo   ¿dónde?   San Diego

In all other positions, Spanish **d** is a fricative—it is a longer, continuing sound, pronounced like English *th* in *these*.

adiós   usted   tardes   Buenos días.

f Pronounced like English *f*.

Felipe   Rodolfo

g Before the vowels **e** and **i**, Spanish **g** is pronounced like the aspirated *h* in English *heel*.

Gilberto   gimnasio

Before the vowels **a**, **o**, and **u**, Spanish **g** has two pronunciations, depending on its position. At the beginning of an utterance, or after a nasal, it is pronounced like English *g* in *go*.[1]

gato   vengo   algún

In all other instances, it is pronounced like a relaxed version of English *g* in *sugar*.

agua

h Spanish **h** is silent; it has no sound at all.

Hortensia   hasta

j Pronounced like an aspirated English *h*.

Julia   Jesús

k In Spanish the letter **k** occurs only in words borrowed from another language.

kilómetro   kilo

l Pronounced like English *l* in *lap* but with the back of the tongue arched higher.

Manuel   ángel   Laura

ll In most parts of the Hispanic world, **ll** is pronounced like English *y* in *yes*. In Spanish **ll** is considered one letter.

llama   calle

---

[1]The sound /g/ before **e** or **i** is spelled **gu**: Mig**u**el, **Gu**illermo.

m, **n** Pronounced like English *m* and *n*.

> **mamá**   **Elena**

ñ Spanish **ñ** is pronounced like English *ni* in *onion*.

> **España**   **español**

p Spanish **p** is never aspirated; that is, it is not accompanied by a puff of air.

> **Pedro**   **papá**   **Pepe**

q Combines with **u**; the combination **qu** is pronounced like English *k*.

> **Joaquín**   **Raquel**

r At the beginning of a word or after the consonants **n**, **s**, or **l**, Spanish **r** is trilled.

> **Rafael**   **Enriqueta**   **Israel**   **repitan**

In other cases, Spanish **r** is pronounced with a single tap of the tongue against the gum ridge behind the upper teeth.

> **Carolina**   **Mario**   **tardes**   **María**

rr The double **rr** is always trilled.

> **sierras**   **Cierren los libros.**

s Pronounced like English *s* in *sit*, never with the *sh*-sound of the English word *confession* or the *z*-sound of the letter *s* in the English words *rose* or *president*.

> **confesión**   **visión**   **Rosa**   **presidente**

t Pronounced with the tongue touching the upper teeth. There is no aspiration or puff of air as in English.

> **conteste**   **Tomás**   **Catalina**

v See **b**.

w Occurs only in words or names from other languages.

> **Wálter**   **Washington**

x Often pronounced like **s** when it comes before a consonant.

> **texto**   **extensión**   **explicación**

Pronounced like *ks* when it comes before a vowel.

> **examen**   **existir**   **exótico**

Pronounced like Spanish **j** (that is, like an aspirated English *h*) in some words that still retain the old spelling.

> **México**

México may also be spelled **Méjico**. The pronunciation is the same.

z See **c**.

El alfabeto español *The Spanish alphabet*

LETTER[1]	NAME	EXAMPLES	
a	**a**	Alfonso	Ana
b	**be grande**	Esteban	Bárbara
c	**ce**	Carlos	Alicia
ch	**che**	Lucho	Chela
d	**de**	Donaldo	Adelita
e	**e**	Felipe	Elena
f	**efe**	Francisco	Mafalda
g	**ge**	Gil	Gloria
h	**hache**	Hipólito	Hortensia
i	**i**	Ignacio	Isabel
j	**jota**	Juan	Jesusita
k	**ka**	Kiko	Katy
l	**ele**	Ángel	Laura
ll	**elle**	Guillermo	Guillermina
m	**eme**	Manuel	Amerina
n	**ene**	Norberto	Josefina
ñ	**eñe**	Toño	Ñata
o	**o**	Rodolfo	Olga
p	**pe**	Pepe	Epifanía
q	**cu**	Joaquín	Raquel
r	**ere**	Mario	Carolina
rr	**erre**	Rafael Larra	Enriqueta
s	**ese**	Luis	Rosa
t	**te**	Tomás	Catalina
u	**u**	Humberto	Lucía
v	**be chica**	Vicente	Eva
w	**doble ve**	Wálter	Wanda
x	**equis**	Alex	Ximena
y	**i griega**	Goya	Yolanda
z	**zeta**	Lázaro	Zulema

---

[1]Letter names are feminine and take the feminine definite article **la**: **la eme**, **la cu**. **Ch**, **ll**, and **ñ** are considered single letters; they affect the alphabetization of words in vocabulary lists and dictionaries (**achicar** is listed after **acústico**, for example). The cluster **rr** does not affect alphabetization. Since **b** and **v** sound alike, Spanish speakers distinguish between the two by calling **b** "**be grande**" (*big b*) and **v** "**be chica**" (*small b*).

Sílabas españolas *Spanish syllables*

The most basic Spanish syllable consists of a consonant followed by a vowel or vowel group called a diphthong (e.g., **ue**).

se·ño·ra   **Cu·ba**   **fue·go**

Vocales

The vowels **a**, **e**, and **o** are "strong" vowels; **i** and **u** are "weak" vowels.

1 Two strong vowels are always written in separate syllables.

Do·ro·**te·a**   **bo·a**   **co·e**·du·ca·ción

2 A strong and a weak vowel, or two weak vowels, usually combine to form a diphthong. A diphthong occurs in one syllable—it cannot be divided.

pri·**sio**·ne·ro   gra·**cias**   **bue**·no   **Luis**

3 In cases where a weak vowel does not combine with another vowel beside it, but is pronounced in a separate syllable, an accent is written on the weak vowel to show that this is so.[1]

dí·as   Ra·**úl**   **rí**·o

Consonantes

1 The letters **ch** and **ll** and the cluster **rr** are never divided.

no·**ches**   ca·**lle**   gui·ta·**rra**

2 If an **r** or **l** follows any of the consonants listed below, the consonant combination is not divided.

	CONSONANT + **r**	CONSONANT + **l**
b	a·**brir**	ha·**blo**
c	a·**cre**	a·**cla**·mar
d	a·**dre**·na·li·na	
f	a·**fren**·tar	a·**flo**·jar
g	a·**grio**	a·**glo**·me·ra·do
p	a·**pre**·ciar	a·**pla**·car
t	a·**tra**·so	(See exception below.)

Exception: The letter **t** usually divides from **l**: **at·las, at·le·ta, At·lán·ti·co**. However, in words of Aztec origin, **t** and **l** are usually not divided: **A·ca·tlán, me·tla·pil**.

---

[1]Exception: **u** in **gue**, **gui**, and **que**, **qui** is not accented.

3 Other consonant sequences are divided.

     es·pa·ñol   **tar·d**es   **Car·c**los   **lec·c**ión   **En·ri·**que

4 Three consonants in a row, so long as no two of them form a standard cluster, are divided 2 + 1.

     ins·ti·tu·ción

Acento prosódico *Stress accent*

Most words ending in a vowel, **n**, or **s** are stressed on the next-to-the-last syllable. In the following examples, the stressed syllable is underlined.

     ha̲sta   **maña̲na**   **seño̲ra**   **ta̲rdes**   **ha̲blan**

Most words ending in any consonant except **n** or **s** are stressed on the last syllable.

     uste̲d   **seño̲r**   **españo̲l**

Words which do not follow the patterns above have an accent mark on the syllable that is stressed.

     está̲   **adió̲s**   **lecció̲n**

Written accent marks are used to distinguish between certain pairs of words spelled alike but with different meaning.

     el *the*   **él** *he*   **si** *if*   **sí** *yes*

When a word is used as a question word, it must carry a written accent mark.

     ¿Cómo? *How?*   **¿Qué?** *What?*

Puntuación

Spanish punctuation is similar to English punctuation, with the following differences:

An inverted question mark or exclamation mark is used at the beginning of a question or exclamation, in addition to the end mark.

     ¿Cómo está usted?   *How are you?*
     ¡Viva México!   *Long live Mexico!*

A dash is often used instead of quotation marks to separate speakers' parts in written dialog.

     —¿Está bien usted?   *Are you well?*
     —Sí, profesor.   *Yes, professor.*

El uso de las mayúsculas y las minúsculas *Use of upper and lower case letters*

Spanish, like English, capitalizes the first word in a sentence and the names of persons, countries, cities, and business firms.

Here are three differences:

1 Nouns and adjectives indicating nationality are written with small letters.

los españoles	*the Spaniards*
una ciudad mexicana	*a Mexican city*

2 Names of languages are written with small letters.

hablan francés	*they speak French*

3 The days of the week and the names of the months are written with small letters.

martes, cinco de mayo	*Tuesday, the fifth of May*

Verbos

REGULAR VERBS

Infinitive	hablar	aprender	vivir
	to speak	*to learn*	*to live*
Present participle	hablando	aprendiendo	viviendo
	speaking	*learning*	*living*
Past participle	hablado	aprendido	vivido
	spoken	*learned*	*lived*

SIMPLE TENSES

Present indicative	*I speak, do speak, am speaking*	*I learn, do learn, am learning*	*I live, do live, am living*
	hablo	aprendo	vivo
	hablas	aprendes	vives
	habla	aprende	vive
	hablamos	aprendemos	vivimos
	habláis	aprendéis	vivís
	hablan	aprenden	viven
Imperfect	*I was speaking, used to speak*	*I was learning, used to learn*	*I was living, used to live*
	hablaba	aprendía	vivía
	hablabas	aprendías	vivías
	hablaba	aprendía	vivía
	hablábamos	aprendíamos	vivíamos
	hablabais	aprendíais	vivíais
	hablaban	aprendían	vivían

Preterit	*I spoke, did speak*	*I learned, did learn*	*I lived, did live*
	hablé	aprendí	viví
	hablaste	aprendiste	viviste
	habló	aprendió	vivió
	hablamos	aprendimos	vivimos
	hablasteis	aprendisteis	vivisteis
	hablaron	aprendieron	vivieron
Future	*I will speak, shall speak*	*I will learn, shall learn*	*I will live, shall live*
	hablaré	aprenderé	viviré
	hablarás	aprenderás	vivirás
	hablará	aprenderá	vivirá
	hablaremos	aprenderemos	viviremos
	hablaréis	aprenderéis	viviréis
	hablarán	aprenderán	vivirán
Conditional	*I would speak, should speak*	*I would learn, should learn*	*I would live, should live*
	hablaría	aprendería	viviría
	hablarías	aprenderías	vivirías
	hablaría	aprendería	viviría
	hablaríamos	aprenderíamos	viviríamos
	hablaríais	aprenderíais	viviríais
	hablarían	aprenderían	vivirían
Present subjunctive	*(that) I may speak*	*(that) I may learn*	*(that) I may live*
	hable	aprenda	viva
	hables	aprendas	vivas
	hable	aprenda	viva
	hablemos	aprendamos	vivamos
	habléis	aprendáis	viváis
	hablen	aprendan	vivan
Imperfect subjunctive, -ra	*(that) I might speak*	*(that) I might learn*	*(that) I might live*
	hablara	aprendiera	viviera
	hablaras	aprendieras	vivieras
	hablara	aprendiera	viviera
	habláramos	aprendiéramos	viviéramos
	hablarais	aprendierais	vivierais
	hablaran	aprendieran	vivieran

Imperfect subjunctive, -se	*(that) I might speak*	*(that) I might learn*	*(that) I might live*
	hablase	aprendiese	viviese
	hablases	aprendieses	vivieses
	hablase	aprendiese	viviese
	hablásemos	aprendiésemos	viviésemos
	hablaseis	aprendieseis	vivieseis
	hablasen	aprendiesen	viviesen
Imperative	*speak*	*learn*	*live*
	habla	aprende	vive
	hablad	aprended	vivid

COMPOUND TENSES

Perfect infinitive

haber hablado — *to have spoken*
haber aprendido — *to have learned*
haber vivido — *to have lived*

Perfect participle

habiendo hablado — *having spoken*
habiendo aprendido — *having learned*
habiendo vivido — *having lived*

Present perfect

I have spoken, learned, lived

he	hemos	
has	habéis	hablado, aprendido, vivido
ha	han	

Past perfect

I had spoken

había	habíamos	
habías	habíais	hablado, aprendido, vivido
había	habían	

Future perfect

I will have spoken, shall have spoken

habré	habremos	
habrás	habréis	hablado, aprendido, vivido
habrá	habrán	

Conditional perfect

I would have spoken, should have spoken

habría	habríamos	
habrías	habríais	hablado, aprendido, vivido
habría	habrían	

Present perfect subjunctive	*(that) I may have spoken*		

haya	hayamos	⎫	
hayas	hayáis	⎬	hablado, aprendido, vivido
haya	hayan	⎭	

Past perfect subjunctive, -ra	*(that) I might have spoken*		

hubiera	hubiéramos	⎫	
hubieras	hubierais	⎬	hablado, aprendido, vivido
hubiera	hubieran	⎭	

Past perfect subjunctive, -se	*(that) I might have spoken*		

hubiese	hubiésemos	⎫	
hubieses	hubieseis	⎬	hablado, aprendido, vivido
hubiese	hubiesen	⎭	

STEM-CHANGING VERBS

CLASS I

Certain verbs ending in **-ar** and **-er** change the stressed stem vowel **e** to **ie** or **o** to **ue** in all persons of the singular and in the third-person plural of the present indicative and the present subjunctive. The same changes occur in the singular imperative. (In the other tenses, no vowel changes occur.)

cerrar *to close*

e to **ie**

Present indicative	**cierro**	cerramos
	cierras	cerráis
	cierra	**cierran**

Present subjunctive	**cierre**	cerremos
	cierres	cerréis
	cierre	**cierren**

Imperative	**cierra**	cerrad

o to **ue**

volver *to return*

Present indicative	**vuelvo**	volvemos
	vuelves	volvéis
	vuelve	**vuelven**

Present subjunctive	**vuelva**	volvamos
	vuelvas	volváis
	vuelva	**vuelvan**

| Imperative | **vuelve** | volved |

Other common Class I stem-changing verbs:

acordarse	despertar	jugar*	pensar
acostarse	empezar	llover	perder
almorzar	encender	mostrar	recordar
comenzar	encontrar	mover	rogar
contar	entender	negar	sentarse
costar	errar (yerro)	oler (huelo)	

CLASS II

Certain verbs ending in **-ir** show the same changes as in Class I, plus a change of **e** to **i** or **o** to **u** in the present participle, the first- and second-persons plural of the present subjunctive, both third persons of the preterit, and all persons of the imperfect subjunctive. (In the other tenses, no vowel changes occur.)

> **e** to **ie**, **e** to **i**

	sentir	*to feel*
Present participle	**sintiendo**	
Present indicative	**siento**	sentimos
	sientes	sentís
	siente	**sienten**
Preterit	sentí	sentimos
	sentiste	sentisteis
	sintió	**sintieron**
Present subjunctive	**sienta**	**sintamos**
	sientas	**sintáis**
	sienta	**sientan**
Imperfect subjunctive, -ra	**sintiera**	**sintiéramos**
	sintieras	**sintierais**
	sintiera	**sintieran**
Imperfect subjunctive, -se	**sintiese**	**sintiésemos**
	sintieses	**sintieseis**
	sintiese	**sintiesen**
Imperative	**siente**	sentid

---

*The verb **jugar** changes **u** to **ue**.

o to ue, o to u

	dormir	*to sleep*
Present participle	**durmiendo**	
Present indicative	**duermo**	dormimos
	duermes	dormís
	duerme	**duermen**
Preterit	dormí	dormimos
	dormiste	dormisteis
	durmió	**durmieron**
Present subjunctive	**duerma**	**durmamos**
	duermas	**durmáis**
	duerma	**duerman**
Imperfect subjunctive, -ra	**durmiera**	**durmiéramos**
	durmieras	**durmierais**
	durmiera	**durmieran**
Imperfect subjunctive, -se	**durmiese**	**durmiésemos**
	durmieses	**durmieseis**
	durmiese	**durmiesen**
Imperative	**duerme**	dormid

Other common Class II stem-changing verbs:

advertir	divertirse	morir	referir
consentir	mentir	preferir	sugerir

CLASS III

Certain other verbs ending in **-ir** change **e** to **i** in all the persons and tenses affected in Classes I and II. (In the other tenses, no vowel changes occur.)

e to i

	pedir	*to ask for*
Present participle	**pidiendo**	
Present indicative	**pido**	pedimos
	pides	pedís
	pide	**piden**

Preterit	pedí	pedimos
	pediste	pedisteis
	pidió	**pidieron**

Present subjunctive	**pida**	**pidamos**
	pidas	**pidáis**
	pida	**pidan**

Imperfect subjunctive, -ra	**pidiera**	**pidiéramos**
	pidieras	**pidierais**
	pidiera	**pidieran**

Imperfect subjunctive, -se	**pidiese**	**pidiésemos**
	pidieses	**pidieseis**
	pidiese	**pidiesen**

Imperative	**pide**	pedid

Other common Class III stem-changing verbs:

conseguir	impedir	reñir	servir
despedir	perseguir	repetir	vestirse
elegir	reír	seguir	

VERBS WITH SPELLING CHANGES

THE LETTER c

c to **qu**	Verbs that end in **-car** change **c** to **qu** before **e**.

Infinitive	**tocar**	*to touch*

Preterit	**toqué**	tocamos
	tocaste	tocasteis
	tocó	tocaron

Present subjunctive	**toque**	**toquemos**
	toques	**toquéis**
	toque	**toquen**

Other verbs with this change:

acercar, buscar, criticar, chocar, equivocar, explicar, indicar, practicar, sacar

| **z to c** | Verbs that end in **-zar** change **z** to **c** before **e**. |

Infinitive	**cruzar**	*to cross*
Preterit	**crucé**	cruzamos
	cruzaste	cruzasteis
	cruzó	cruzaron
Present subjunctive	**cruce**	**crucemos**
	cruces	**crucéis**
	cruce	**crucen**

Other verbs with this change:

abrazar, almorzar (ue), comenzar (ie), empezar (ie), rechazar, rezar

| **c to z** | Verbs that end in a consonant plus **-cer** or **-cir** change **c** to **z** before **a** or **o**. |

Infinitive	**convencer**	*to convince*
Present indicative	**convenzo**	convencemos
	convences	convencéis
	convence	convencen
Present subjunctive	**convenza**	**convenzamos**
	convenzas	**convenzáis**
	convenza	**convenzan**

Other verbs with this change:

torcer (ue), vencer

| **c to zc*** | Verbs that end in a vowel plus **-cer** or **-cir** change **c** to **zc** before **a** and **o**. |

Infinitive	**conocer**	*to know*
Present indicative	**conozco**	conocemos
	conoces	conocéis
	conoce	conocen
Present subjunctive	**conozca**	**conozcamos**
	conozcas	**conozcáis**
	conozca	**conozcan**

Other verbs with this change:

agradecer, establecer, favorecer, ofrecer, parecer; conducir, introducir, producir, traducir

---

*Spelling changes occur to show that stem pronunciation does not change as endings change. Because the alternation of **c** and **zc** records the presence of a /k/-sound in the forms shown, as well as the continued presence of an /s/-sound, it involves an irregularity. It is listed with the **c**-spelling changes for the convenience of the student.

THE LETTER g

g to gu

Verbs that end in **-gar** change **g** to **gu** before **e**.

Infinitive	**pagar**	*to pay*

Preterit	**pagué**	pagamos
	pagaste	pagasteis
	pagó	pagaron

Present subjunctive	**pague**	**paguemos**
	pagues	**paguéis**
	pague	**paguen**

Other verbs with this change:
entregar, jugar (ue), llegar, negar (ie), obligar

gu to g

Verbs that end in **-guir** change **gu** to **g** before **a** and **o**.

Infinitive	**distinguir**	*to distinguish*

Present indicative	**distingo**	distinguimos
	distingues	distinguís
	distingue	distinguen

Present subjunctive	**distinga**	**distingamos**
	distingas	**distingáis**
	distinga	**distingan**

Other verbs with this change:
seguir (i), conseguir (i)

g to j

Verbs that end in **-ger** or **-gir** change **g** to **j** before **a** and **o**.

Infinitive	**coger**	*to catch*

Present indicative	**cojo**	cogemos
	coges	cogéis
	coge	cogen

Present subjunctive	**coja**	**cojamos**
	cojas	**cojáis**
	coja	**cojan**

Other verbs with this change:
dirigir, elegir (i), escoger

THE LETTER y

i to y

Verbs that end in **-eer** change unstressed **i** to **y**. Stressed **i** receives a written accent.

Infinitive	**leer**	*to read*
Present participle	**leyendo**	
Past participle	**leído**	
Preterit	leí	**leímos**
	leíste	**leísteis**
	leyó	**leyeron**
Imperfect subjunctive, **-ra**	**leyera**	**leyéramos**
	leyeras	**leyerais**
	leyera	**leyeran**
Imperfect subjunctive, **-se**	**leyese**	**leyésemos**
	leyeses	**leyeseis**
	leyese	**leyesen**

Other verbs with this change:
creer

i to y, y inserted

Verbs that end in **-uir** (except **-guir**, **-quir**) change unstressed **i** to **y**. They also insert **y** before endings beginning **a**, **e**, or **o**.

Infinitive	**construir**	*to construct*
Present participle	**construyendo**	
Present indicative	**construyo**	construimos
	construyes	construís
	construye	**construyen**
Preterit	construí	construimos
	construiste	construisteis
	construyó	**construyeron**
Present subjunctive	**construya**	**construyamos**
	construyas	**construyáis**
	construya	**construyan**

Imperfect subjunctive, -ra	construyera	construyéramos
	construyeras	construyerais
	construyera	construyeran

Imperfect subjunctive, -se	construyese	construyésemos
	construyeses	construyeseis
	construyese	construyesen

Imperative	construye	construid

Other verbs with this change:

concluir, contribuir, destruir, distribuir, huir, incluir

IRREGULAR VERBS

Infinitive	Participles Imperative	Present Indicative	Imperfect	Preterit
andar *to go*	andando andado	ando andas anda	andaba andabas andaba	**anduve** **anduviste** **anduvo**
	anda andad	andamos andáis andan	andábamos andabais andaban	**anduvimos** **anduvisteis** **anduvieron**
caer *to fall*	**cayendo** **caído**	**caigo** caes cae	caía caías caía	caí **caíste** **cayó**
	cae **caed**	caemos caéis caen	caíamos caíais caían	**caímos** **caísteis** **cayeron**
continuar *to continue*	continuando continuado	**continúo** **continúas** **continúa**	continuaba continuabas continuaba	continué continuaste continuó
	continúa continuad	continuamos continuáis **continúan**	continuábamos continuabais continuaban	continuamos continuasteis continuaron
dar *to give*	dando dado	**doy** das da	daba dabas daba	**di** **diste** **dio**
	da dad	damos dais dan	dábamos dabais daban	**dimos** **disteis** **dieron**
decir *to say*	**diciendo** **dicho**	**digo** **dices** **dice**	decía decías decía	**dije** **dijiste** **dijo**
	di decid	decimos decís **dicen**	decíamos decíais decían	**dijimos** **dijisteis** **dijeron**

| Future | Conditional | Present Subjunctive | IMPERFECT SUBJUNCTIVE | |
			-ra	**-se**
andaré	andaría	ande	**anduviera**	**anduviese**
andarás	andarías	andes	**anduvieras**	**anduvieses**
andará	andaría	ande	**anduviera**	**anduviese**
andaremos	andaríamos	andemos	**anduviéramos**	**anduviésemos**
andaréis	andaríais	andéis	**anduvierais**	**anduvieseis**
andarán	andarían	anden	**anduvieran**	**anduviesen**
caeré	caería	**caiga**	cayera	cayese
caerás	caerías	**caigas**	cayeras	cayeses
caerá	caería	**caiga**	cayera	cayese
caeremos	caeríamos	**caigamos**	cayéramos	cayésemos
caeréis	caeríais	**caigáis**	cayerais	cayeseis
caerán	caerían	**caigan**	cayeran	cayesen
continuaré	continuaría	**continúe**	continuara	continuase
continuarás	continuarías	**continúes**	continuaras	continuases
continuará	continuaría	**continúe**	continuara	continuase
continuaremos	continuaríamos	continuemos	continuáramos	continuásemos
continuaréis	continuaríais	continuéis	continuarais	continuaseis
continuarán	continuarían	**continúen**	continuaran	continuasen
daré	daría	**dé**	diera	diese
darás	darías	des	dieras	dieses
dará	daría	**dé**	diera	diese
daremos	daríamos	demos	diéramos	diésemos
daréis	daríais	deis	dierais	dieseis
darán	darían	den	dieran	diesen
diré	**diría**	**diga**	**dijera**	**dijese**
dirás	**dirías**	**digas**	**dijeras**	**dijeses**
dirá	**diría**	**diga**	**dijera**	**dijese**
diremos	**diríamos**	**digamos**	**dijéramos**	**dijésemos**
diréis	**diríais**	**digáis**	**dijerais**	**dijeseis**
dirán	**dirían**	**digan**	**dijeran**	**dijesen**

Infinitive	Participles Imperative	Present Indicative	Imperfect	Preterit
deshacer to undo, to take apart	Like **hacer**.			
enviar to send	enviando enviado	**envío** **envías** **envía**	enviaba enviabas enviaba	envié enviaste envió
	envía enviad	enviamos enviáis **envían**	enviábamos enviabais enviaban	enviamos enviasteis enviaron
estar to be	estando estado	**estoy** **estás** **está**	estaba estabas estaba	**estuve** **estuviste** **estuvo**
	está estad	estamos estáis **están**	estábamos estabais estaban	**estuvimos** **estuvisteis** **estuvieron**
haber to have	habiendo habido	**he** **has** **ha**	había habías había	**hube** **hubiste** **hubo**
		hemos habéis **han**	habíamos habíais habían	**hubimos** **hubisteis** **hubieron**
hacer to do, to make	haciendo **hecho**	**hago** haces hace	hacía hacías hacía	**hice** **hiciste** **hizo**
	haz haced	hacemos hacéis hacen	hacíamos hacíais hacían	**hicimos** **hicisteis** **hicieron**
imponer to impose	Like **poner**.			

Future	Conditional	Present Subjunctive	IMPERFECT SUBJUNCTIVE	
			-ra	**-se**
enviaré	enviaría	**envíe**	enviara	enviase
enviarás	enviarías	**envíes**	enviaras	enviases
enviará	enviaría	**envíe**	enviara	enviase
enviaremos	enviaríamos	enviemos	enviáramos	enviásemos
enviaréis	enviaríais	enviéis	enviarais	enviaseis
enviarán	enviarían	**envíen**	enviaran	enviasen
estaré	estaría	**esté**	**estuviera**	**estuviese**
estarás	estarías	**estés**	**estuvieras**	**estuvieses**
estará	estaría	**esté**	**estuviera**	**estuviese**
estaremos	estaríamos	estemos	**estuviéramos**	**estuviésemos**
estaréis	estaríais	estéis	**estuvierais**	**estuvieseis**
estarán	estarían	**estén**	**estuvieran**	**estuviesen**
habré	**habría**	**haya**	**hubiera**	**hubiese**
habrás	**habrías**	**hayas**	**hubieras**	**hubieses**
habrá	**habría**	**haya**	**hubiera**	**hubiese**
habremos	**habríamos**	**hayamos**	**hubiéramos**	**hubiésemos**
habréis	**habríais**	**hayáis**	**hubierais**	**hubieseis**
habrán	**habrían**	**hayan**	**hubieran**	**hubiesen**
haré	**haría**	**haga**	**hiciera**	**hiciese**
harás	**harías**	**hagas**	**hicieras**	**hicieses**
hará	**haría**	**haga**	**hiciera**	**hiciese**
haremos	**haríamos**	**hagamos**	**hiciéramos**	**hiciésemos**
haréis	**haríais**	**hagáis**	**hicierais**	**hicieseis**
harán	**harían**	**hagan**	**hicieran**	**hiciesen**

Infinitive	Participles Imperative	Present Indicative	Imperfect	Preterit
ir *to go*	**yendo** ido	**voy** **vas** **va**	**iba** **ibas** **iba**	**fui** **fuiste** **fue**
	vé id	**vamos** **vais** **van**	**íbamos** **ibais** **iban**	**fuimos** **fuisteis** **fueron**
mantener *to maintain*	Like **tener**.			
oír *to hear*	**oyendo** **oído**	**oigo** **oyes** **oye**	oía oías oía	oí **oíste** **oyó**
	oye **oíd**	**oímos** oís **oyen**	oíamos oíais oían	**oímos** **oísteis** **oyeron**
poder *to be able*	**pudiendo** podido	**puedo** **puedes** **puede**	podía podías podía	**pude** **pudiste** **pudo**
		podemos podéis **pueden**	podíamos podíais podían	**pudimos** **pudisteis** **pudieron**
poner *to put*	poniendo **puesto**	**pongo** pones pone	ponía ponías ponía	**puse** **pusiste** **puso**
	pon poned	ponemos ponéis ponen	poníamos poníais ponían	**pusimos** **pusisteis** **pusieron**
querer *to wish*	queriendo querido	**quiero** **quieres** **quiere**	quería querías quería	**quise** **quisiste** **quiso**
	quiere quered	queremos queréis **quieren**	queríamos queríais querían	**quisimos** **quisisteis** **quisieron**

Future	Conditional	Present Subjunctive	IMPERFECT SUBJUNCTIVE	
			-ra	**-se**
iré	iría	**vaya**	**fuera**	**fuese**
irás	irías	**vayas**	**fueras**	**fueses**
irá	iría	**vaya**	**fuera**	**fuese**
iremos	iríamos	**vayamos**	**fuéramos**	**fuésemos**
iréis	iríais	**vayáis**	**fuerais**	**fueseis**
irán	irían	**vayan**	**fueran**	**fuesen**
oiré	oiría	**oiga**	**oyera**	**oyese**
oirás	oirías	**oigas**	**oyeras**	**oyeses**
oirá	oiría	**oiga**	**oyera**	**oyese**
oiremos	oiríamos	**oigamos**	**oyéramos**	**oyésemos**
oiréis	oiríais	**oigáis**	**oyerais**	**oyeseis**
oirán	oirían	**oigan**	**oyeran**	**oyesen**
podré	**podría**	**pueda**	**pudiera**	**pudiese**
podrás	**podrías**	**puedas**	**pudieras**	**pudieses**
podrá	**podría**	**pueda**	**pudiera**	**pudiese**
podremos	**podríamos**	podamos	**pudiéramos**	**pudiésemos**
podréis	**podríais**	podáis	**pudierais**	**pudieseis**
podrán	**podrían**	**puedan**	**pudieran**	**pudiesen**
pondré	**pondría**	**ponga**	**pusiera**	**pusiese**
pondrás	**pondrías**	**pongas**	**pusieras**	**pusieses**
pondrá	**pondría**	**ponga**	**pusiera**	**pusiese**
pondremos	**pondríamos**	**pongamos**	**pusiéramos**	**pusiésemos**
pondréis	**pondríais**	**pongáis**	**pusierais**	**pusieseis**
pondrán	**pondrían**	**pongan**	**pusieran**	**pusiesen**
querré	**querría**	**quiera**	**quisiera**	**quisiese**
querrás	**querrías**	**quieras**	**quisieras**	**quisieses**
querrá	**querría**	**quiera**	**quisiera**	**quisiese**
querremos	**querríamos**	queramos	**quisiéramos**	**quisiésemos**
querréis	**querríais**	queráis	**quisierais**	**quisieseis**
querrán	**querrían**	**quieran**	**quisieran**	**quisiesen**

Infinitive	Participles Imperative	Present Indicative	Imperfect	Preterit
reír *to laugh*	**riendo** **reído**	**río** **ríes** **ríe**	reía reías reía	reí **reíste** **rió**
	ríe **reíd**	**reímos** reís **ríen**	reíamos reíais reían	**reímos** **reísteis** **rieron**
saber *to know*	sabiendo sabido	**sé** sabes sabe	sabía sabías sabía	**supe** **supiste** **supo**
	sabe sabed	sabemos sabéis saben	sabíamos sabíais sabían	**supimos** **supisteis** **supieron**
salir *to go out*	saliendo salido	**salgo** sales sale	salía salías salía	salí saliste salió
	sal salid	salimos salís salen	salíamos salíais salían	salimos salisteis salieron
ser *to be*	siendo sido	**soy** **eres** **es**	**era** **eras** **era**	**fui** **fuiste** **fue**
	sé sed	**somos** **sois** **son**	**éramos** **erais** **eran**	**fuimos** **fuisteis** **fueron**
suponer *to suppose*	Like **poner**.			
tener *to have*	teniendo tenido	**tengo** **tienes** **tiene**	tenía tenías tenía	**tuve** **tuviste** **tuvo**
	ten tened	tenemos tenéis **tienen**	teníamos teníais tenían	**tuvimos** **tuvisteis** **tuvieron**

Future	Conditional	Present Subjunctive	IMPERFECT SUBJUNCTIVE	
			-ra	**-se**
reiré	reiría	**ría**	**riera**	**riese**
reirás	reirías	**rías**	**rieras**	**rieses**
reirá	reiría	**ría**	**riera**	**riese**
reiremos	reiríamos	**riamos**	**riéramos**	**riésemos**
reiréis	reiríais	**riáis**	**rierais**	**rieseis**
reirán	reirían	**rían**	**rieran**	**riesen**
sabré	**sabría**	**sepa**	**supiera**	**supiese**
sabrás	**sabrías**	**sepas**	**supieras**	**supieses**
sabrá	**sabría**	**sepa**	**supiera**	**supiese**
sabremos	**sabríamos**	**sepamos**	**supiéramos**	**supiésemos**
sabréis	**sabríais**	**sepáis**	**supierais**	**supieseis**
sabrán	**sabrían**	**sepan**	**supieran**	**supiesen**
saldré	**saldría**	**salga**	saliera	saliese
saldrás	**saldrías**	**salgas**	salieras	salieses
saldrá	**saldría**	**salga**	saliera	saliese
saldremos	**saldríamos**	**salgamos**	saliéramos	saliésemos
saldréis	**saldríais**	**salgáis**	salierais	salieseis
saldrán	**saldrían**	**salgan**	salieran	saliesen
seré	sería	**sea**	**fuera**	**fuese**
serás	serías	**seas**	**fueras**	**fueses**
será	sería	**sea**	**fuera**	**fuese**
seremos	seríamos	**seamos**	**fuéramos**	**fuésemos**
seréis	seríais	**seáis**	**fuerais**	**fueseis**
serán	serían	**sean**	**fueran**	**fuesen**
tendré	**tendría**	**tenga**	**tuviera**	**tuviese**
tendrás	**tendrías**	**tengas**	**tuvieras**	**tuvieses**
tendrá	**tendría**	**tenga**	**tuviera**	**tuviese**
tendremos	**tendríamos**	**tengamos**	**tuviéramos**	**tuviésemos**
tendréis	**tendríais**	**tengáis**	**tuvierais**	**tuvieseis**
tendrán	**tendrían**	**tengan**	**tuvieran**	**tuviesen**

Infinitive	Participles Imperative	Present Indicative	Imperfect	Preterit
traer *to bring*	**trayendo** **traído**	**traigo** traes trae	traía traías traía	**traje** **trajiste** **trajo**
	trae traed	traemos traéis traen	traíamos traíais traían	**trajimos** **trajisteis** **trajeron**
valer *to be worth*	valiendo valido	**valgo** vales vale	valía valías valía	valí valiste valió
	val (vale) valed	valemos valéis valen	valíamos valíais valían	valimos valisteis valieron
venir *to come*	**viniendo** venido	**vengo** **vienes** **viene**	venía venías venía	**vine** **viniste** **vino**
	ven venid	venimos venís **vienen**	veníamos veníais venían	**vinimos** **vinisteis** **vinieron**
ver *to see*	viendo **visto**	**veo** ves ve	**veía** **veías** **veía**	**vi** viste **vio**
	ve ved	vemos veis ven	**veíamos** **veíais** **veían**	vimos visteis vieron

Future	Conditional	Present Subjunctive	IMPERFECT SUBJUNCTIVE	
			-ra	-se
traeré	traería	**traiga**	**trajera**	**trajese**
traerás	traerías	**traigas**	**trajeras**	**trajeses**
traerá	traería	**traiga**	**trajera**	**trajese**
traeremos	traeríamos	**traigamos**	**trajéramos**	**trajésemos**
traeréis	traeríais	**traigáis**	**trajerais**	**trajeseis**
traerán	traerían	**traigan**	**trajeran**	**trajesen**
valdré	**valdría**	**valga**	valiera	valiese
valdrás	**valdrías**	**valgas**	valieras	valieses
valdrá	**valdría**	**valga**	valiera	valiese
valdremos	**valdríamos**	**valgamos**	valiéramos	valiésemos
valdréis	**valdríais**	**valgáis**	valierais	valieseis
valdrán	**valdrían**	**valgan**	valieran	valiesen
vendré	**vendría**	**venga**	**viniera**	**viniese**
vendrás	**vendrías**	**vengas**	**vinieras**	**vinieses**
vendrá	**vendría**	**venga**	**viniera**	**viniese**
vendremos	**vendríamos**	**vengamos**	**viniéramos**	**viniésemos**
vendréis	**vendríais**	**vengáis**	**vinierais**	**vinieseis**
vendrán	**vendrían**	**vengan**	**vinieran**	**viniesen**
veré	vería	**vea**	viera	viese
verás	verías	**veas**	vieras	vieses
verá	vería	**vea**	viera	viese
veremos	veríamos	**veamos**	viéramos	viésemos
veréis	veríais	**veáis**	vierais	vieseis
verán	verían	**vean**	vieran	viesen

Vocabulario Español-Inglés

This vocabulary includes all the Spanish words that appear in the text and the workbook, except for identical cognates (listed only when they occur actively), words appearing only in a pronunciation or orthography section, and the Spanish letter names.

Active words are printed in **boldface**. The number at the end of an entry indicates the lesson in which the word was first used actively. Words that are not part of the active vocabulary appear in ordinary type and are considered passive.

The following criteria guided the preparation of the vocabulary:

1) Masculine nouns ending in **-o** and feminine nouns ending in **-a** are listed without articles: **desayuno**, **cena**.
2) Nouns with a masculine form ending in **-o**, a feminine form in **-a**, and the same English equivalent for both genders are listed without articles: **amigo/a**.
3) Definite articles are shown for all other nouns.
4) The masculine and feminine definite articles are both shown for a noun that has the same form for both genders: **el/la cantante**.
5) Adjectives are listed in the masculine form; verbs are listed in the infinitive.
6) Cognates with spelling changes or accent marks are listed.

Each entry is defined with the meanings used in the textbook and the workbook, followed in some cases by other meanings. The vocabulary is an aid to study but not a comprehensive dictionary. Students should consult a regular dictionary when they need a more complete explanation of a particular word or phrase.

The following abbreviations are used:

adj.	*adjective*	m.	*masculine*
adv.	*adverb*	obj.	*object*
conj.	*conjunction*	part.	*participle*
f.	*feminine*	pl.	*plural*
fam.	*familiar*	prep.	*preposition*
inf.	*infinitive*	pron.	*pronoun*
irreg.	*irregular*	sing.	*singular*

A

a *to*, 1; **a fin (de) que** *so that, to the end that*, 17; **a gusto** *at ease, comfortable*, 14; **a la derecha** *to the right*, 12; **a la izquierda** *to the left*, 12; **a mediados de** *about the middle of*, 11; **a menos que** *unless*, 17; **a menudo** *often*, 10; **a pie** *on foot*, 10; **a propósito** *by the way*, 6; **a salvo** *safe, out of danger*, 10
abarcar *to include*
abarrotar *to pack; to jam*
los abarrotes *groceries*
abatido *downcast; shot down*
abatir *to lower; to knock down; to shoot down*
abierto *open; opened* (irreg. past part. of **abrir**)
abogado/a *lawyer*, 1

abrazar *to hug; to embrace*
abrazo *to embrace, hug*, 1; **dar un abrazo** *to hug*, 1
abrigo *overcoat*, 14
abril *April*, 5
abrir *to open*, 12; **Abran los libros . . .** *Open your books . . .*, 1
absoluto *absolute*, 11; **En absoluto.** *Not at all.*, 17
absurdo *absurd*, 12

abuelo/a *grandfather/ grandmother*, 3; los **abuelos** *grandparents*, 3

abundancia *abundance*

aburrido *bored; tiresome, boring*, 1

aburrir *to bore; to tire*

acabar *to finish*, 10; **acabar de** + inf. *to have just* (done something), 10; **acabarse** *to come to an end*, 15; **¡Se acabó!** *That does it!, It's finished!*, 11

académico *academic*, 4

accesible *accessible*

el **accidente** *accident*, 6; **por accidente** *by accident*, 15

la **acción** *action*

acelerado *accelerated*

acento *accent, stress*

la **aceptación** *acceptance*

aceptado *accepted*

aceptar *to accept*, 13

acera *sidewalk*

acerca de *about*, 10

acero *steel*

acomodado *well-to-do; convenient, suitable*, 10

el/la **acomodador/a** *usher/ usherette*

acompañar *to accompany*, 12

aconsejar *to counsel; to recommend; to advise*, 13

acordarse (**ue**) *to remember*, 10

acostar (**ue**) *to lay* (something) *down*, 6; **acostarse** *to lie down; to go to bed*, 6

acostumbrar *to accustom*, 10; **acostumbrarse** *to become accustomed to; to get used to*, 10

la **actitud** *attitude*

la **actividad** *activity*, 1

acto *act*

el/la **actor/a** *actor/actress*, 8

la **actriz** *actress*

la **actuación** *performance*

actual *present, present-day*

actuar (actúo) *to act; to perform*

Acuario *Aquarius* (astrology)

acuerdo *agreement*, 4; **De acuerdo.** *Agreed; All right; Okay*, 17; de acuerdo con *in agreement with*; **estar de acuerdo** *to agree, be in agreement*, 4; **ponerse de acuerdo** *to come to an agreement*, 8

acumulado *accumulated*

acumular *to accumulate*

achicarse *to be intimidated*

adaptado *adapted*

adaptar *to adapt*

adelante *ahead, forward*, 15; **¡Adelante!** *Come in!*, 15

adelanto *progress, advancement*, 13

además *besides, in addition*, 3

adiós *goodbye*, 10

adivinar *to guess; to solve, to figure out*

adivino/a *fortune teller*

adjetivo *adjective*, 1

la administración *administration*; administración comercial *business administration*

el/la administrador/a *administrator*

admitir *to admit*, 2

¿adónde? *where? (to where?)*, 3

adornar *to adorn*

aduana *customs agency*, 17

aduanero/a *customs officer*, 17

la adulación *praise, flattery*

adverbial *adverbial*, 10

adverbio *adverb*, 10

aéreo *air, aerial* (adj.), 13

aeronáutico *aeronautic(al)*, 4

aeropuerto *airport*, 4

afeitar *to shave*, 6; **afeitarse** *to shave oneself*, 6

aficionado/a *fan; amateur*, 11

aficionarse a *to become fond of; to become a fan of*

afirmativo *affirmative*, 1

afortunadamente *fortunately*, 10

afortunado *fortunate*, 10

África *Africa*, 6

africano/a *African*

afuera *outside*

el/la **agente** *agent*, 4; **agente de viajes** *travel agent*, 4

agitado *agitated*

agitar *to agitate; to stir; to shake*

agosto *August*, 5

agradable *pleasant*, 6

agradecer *to thank for*

agricultura *agriculture*

el **agua** (f.) *water*, 5

aguantar *to put up with, bear, stand*, 6

¡ah! *ah!*, 2

ahí *there*, 5

ahijado/a *godchild*

ahora *now*, 1; **por ahora** *for now*, 13

el aire *air*

el **ajedrez** *chess*, 6

ajetreado *hectic*, 18

ajetrear *to exhaust; to harass*, 18

al *to the* (contraction of **a** + **el**), 1; **al fin** *at last, finally*, 6; **al menos** *at least*, 10

alarma *alarm*, 9

alborotar *to disturb*

alboroto *disturbance, disorder*

alcanzar *to attain; to reach*

el alcázar *fortress; castle*

alcoba *bedroom*

el **alcohol** *alcohol*, 14

alegrarse *to be glad*, 7

alegre *happy, glad*, 8

alegría *joy*

el **alemán** *German language; German male*, 2

alemana *German female*, 2

alergia *allergy*, 14

alfabeto *alphabet*

algo *something, anything*, 4

alguien *someone, anyone,* 8

alguno (**algún**) *some, any,* 7; **algún día** *some day,* 1

alimento *food; nourishment,* 9

el **almacén** *warehouse; store*

almorzar (**ue**) *to eat lunch,* 6

alojamiento *lodging, housing*

alrededor de *around*

alternar *to alternate*

alto *tall; high,* 1

altura *altitude; height*

alumno/a *student,* 15

allá *there,* 10

allí *there,* 9

ama *housekeeper; landlady,* 1; **ama de casa** *housewife,* 1

amable *friendly; kind,* 2

amanecer *to dawn; to begin to get light*

amar *to love*

amargado *embittered,* 11

amargar *to make bitter; to embitter*

amarillo *yellow,* 7

ambicioso *ambitious,* 4

América *America*

americano/a *American,* 2

amigo/a *friend,* 1

la **amistad** *friendship,* 17

el **amor** *love,* 13; el **mal de amores** *lovesickness,* 14

amoroso *loving,* 16

anaranjado *orange,* 7

Andalucía *Andalusia*

andar *to go; to walk;* andar en motocicleta *to go riding a motorbike*

los **Andes** *the Andes,* 5

el **ángel** *angel;* Los Ángeles *Los Angeles*

anhelo *craving; yearning; longing,* 13

anillo *ring,* 6

la **animación** *enthusiasm, animation,* 14

animado *enthusiastic; lively; animated,* 14

el **animal** *animal*

animar *to encourage; to strengthen; to enliven*

ánimo *enthusiasm, spirit; courage, valor*

anoche *last night,* 8

anorexia *anorexia,* 14

anteayer *the day before yesterday,* 8

anteriormente *previously*

antes (de) (prep.) *before,* 6; *formerly;* **antes (de) que** (conj.) *before,* 17

los **anticuchos** *pieces of barbecued meat on a skewer*

antiguo *former, old, ancient*

antipático *unlikable, unfriendly,* 2

anualmente *annually*

anunciar *to announce,* 16

añadir *to add*

año *year,* 5; el **Año Nuevo** *New Year's Day,* 6; **Tengo ___ años.** *I'm ___ years old.,* 5

el **aparador** *cupboard,* 9

apartamento *apartment,* 1

apellido *surname,* 3

apenas *hardly, scarcely,* 14

el **apéndice** *appendix*

aperitivo *appetizer,* 9

apetito *appetite,* 14

apetecer *to hunger for; to thirst for; to crave*

aplaudir *to applaud*

aplicado *studious, industrious; applied*

apodado *nicknamed*

apodar *to nickname*

apostar *to bet; to wage*

el **apóstol** *apostle*

apoyar *to lean; to rest; to hold up*

apreciar *to appreciate,* 16

aprecio *appreciation, esteem*

aprender *to learn,* 1

aprendido *learned (past part. of* **aprender***)*

aprobado *excellent; passed*

aprobar *to approve; to pass*

apropiadamente *appropriately, properly*

apropiado *appropriate, proper*

aprovechar (**de**) *to take advantage of,* 16

apurarse *to be in a hurry,* 6

aquel, aquella *that* (adj.), 1

aquél, aquélla *that one* (pron.), 12

aquello *that* (pron.), 12

aquellos, aquellas *those* (adj.), 1

aquéllos, aquéllas *those* (pron.), 12

aquí *here,* 2; **por aquí** *around here,* 12; *this way*

el **árbol** *tree*

el **arete** *earring,* 7

Argentina *Argentina,* 4

árido *dry, arid,* 5

el **Aries** *Aries* (astrology)

armamento *arms; armor*

armonía *harmony,* 16

arqueológico *archeological*

arquitecto *architect,* 1

arquitectura *architecture,* 11

arreglar *to arrange; to adjust; to fix; to set* (hair), 12

los **arreglos** *arrangements*

arriba *above*

el **arroz** *rice*

el **arte** (*f.*) *art,* 4; (las) **bellas artes** *fine arts,* 4

artefacto *artifact*

artículo *article,* 1

artificial *artificial,* 4

el/la **artista** *artist,* 4

artístico *artistic*

asado *roasted;* bien asado *well done;* poco asado *rare* (food)

asegurado *secure,* 10

asegurar *to assure; to secure; to guarantee,* 10

asesinar *to murder*

asesinato *assassination,* 6

así *so, thus,* 1; **así así** *so-so,* 1; **así que** *so that; with the result that,* 9

asiento *seat*

asignatura *course, subject,* 4

asistencia *attendance; assistance;* asistencia pública *public welfare*
asistir a *to attend,* 4
la **asociación** *association,* 15
asopao a *hearty soup of Puerto Rico*
aspecto *aspect*
áspero *rough; harsh*
la aspiradora *vacuum cleaner;* pasar la aspiradora *to vacuum*
aspirina *aspirin,* 9
astilla *chip, splinter,* 11
astrología *astrology*
el/la **astronauta** *astronaut,* 4
astronómico *astronomic(al)*
asunto *subject, matter*
atacar *to attack*
atletismo *athletics; track*
atraco *holdup,* 6
atraer *to attract; to allure; to charm*
el atún *tuna*
aumentado *increased*
aumentar *to increase,* 15
aumento *increase, raise*
aun *even*
aún *still, yet*
aunque *although, though,* 7
auspiciado *patronized, sponsored*
auténticamente *authentically*
auténtico *authentic,* 12
auto *car, automobile,* 12
el **autobús** *bus,* 13
el automóvil *automobile*
autonomía *autonomy*
autónomo *independent, autonomous, self-governing*
el/la **autor/a** *author,* 4
el ave (*f.*) *fowl; bird*
avenida *avenue*
aventura *adventure; danger, risk*
averiguar *to find out; to inquire*
la **aviación** *aviation,* 13
el **avión** *airplane,* 10
¡ay! *oh!, alas!,* 5; **¡Ay de mí!**

Oh me!, 6
ayer *yesterday,* 8
ayuda *help, assistance*
el/la **ayudante** *helper; assistant,* 15
ayudar *to help,* 10
azteca *Aztec* (adj.)
el **azúcar** *sugar,* 9
azul *blue,* 3; **azul claro** *light blue,* 7; **azul oscuro** *dark blue,* 7

B

bachillerato *high-school diploma,* 4
el/la bailador/a *dancer*
bailar *to dance,* 2
el **bailarín** *dancer*
bailarina *ballerina; dancer,* 8
el **baile** *dance,* 7
bajar *to lower; to go down; to get off,* 15
bajo *short,* 2; *under* (prep.), 18
el balcón *balcony*
el ballet *ballet*
banco *bank,* 10
banda *strip, ribbon*
banquero/a *banker,* 18
el banquete *banquet*
bañar *to bathe* (something), 6; **bañarse** *to bathe oneself,* 6
baño *bath; bathroom; bathtub*
el **bar** *bar,* 3
barato *cheap, inexpensive,* 12
la barbaridad *outrage; nonsense; barbarism*
barco *boat*
barómetro *barometer*
barra *gang*
barrer *to sweep*
basado *based*
la base *basis, foundation*
básico *basic,* 7
el **básquetbol** *basketball,* 9
bastante *enough, sufficient,* 1; *quite*
batalla *battle,* 18
batata *sweet potato* (Argentina)

bautismo *baptism*
bautizar *to baptize*
el bebé *baby*
beber *to drink,* 2
bebida *drink, beverage,* 9
el **béisbol** *baseball,* 11
belleza *beauty,* 12
bello *beautiful; fair,* 4
bendecir (i) *to bless,* 13
la bendición *blessing*
bendito *blessed*
beneficial *beneficial,* 6
beneficio *benefit; profit*
beso *kiss,* 1; **dar un beso** *to kiss,* 1
biblioteca *library,* 1
bicentenario *bicentennial*
bicicleta *bicycle,* 10
bien *well; fine,* 1; **Está bien.** *It's okay., All right.,* 7; los bienes *goods*
el bienestar *well-being, welfare*
bienvenida *welcome;* dar la bienvenida *to welcome*
el **bife** *beef, steak,* 9
el **billete** *ticket,* 12
blanco *white,* 3
blusa *blouse,* 3
boca *mouth,* 9
boda *wedding,* 6
Bogotá *Bogota*
bola *ball*
boleto *ticket,* 13
bolígrafo *ballpoint pen,* 1
bolillo *bread roll,* 9
bolsa *sack*
bomba *pump; bomb; fire engine*
bombardeo *bombardment; bombing*
el **bombón** *bonbon; candy*
el bongó *bongo drum*
bonito *pretty, beautiful,* 5
el **borrador** *eraser,* 1
el **bosque** *woods, forest,* 14
bota *boot,* 7
botánica *botany,* 4
botella *bottle,* 17
botica *drugstore*
el **Brasil** *Brazil,* 5
brasileño/a *Brazilian*

brasilero/a *Brazilian*

bravura *bravery*

brazo *arm*, 14

breve *brief*

brigada *brigade*

brindar por *to drink a toast to*, 17

el **broche** *brooch, clasp, pin*, 17

buceo *scuba diving*

el **budín** *pudding*

buenaventura *good fortune*

bueno (**buen**) *good*, 1; *well*, 2; **Buenos días.** *Good morning.*, 1; Buenas noches. *Good evening.*; **Buenas tardes.** *Good afternoon.*, 1; ¡**Buen provecho!** *Good appetite!*, 7

buscar *to look for, search for*, 3

C

caballero *gentleman*, 18

caballo *horse*, 10; carreras de caballo *horse racing*

cabaña *cabin*, 9

cabello *hair*, 12

cabeza *head*, 14; el dolor de cabeza *headache*

cacto *cactus*

cada *each, every*, 4; **cada cuanto** *every once in a while*, 10; cada vez más *more and more*

caer (**caigo**) *to fall*, 6; **caerse** *to fall; to fall down*, 14

el **café** *coffee*, 8; *brown* (adj.), 7; *café*, 13; **café solo** *black coffee*, 9

cafetería *cafeteria*, 3

el **cajón** *drawer*, 9

calabaza *pumpkin, squash*, 8; **dar calabazas** *to jilt, give a cold shoulder*, 8

el **calcetín** *sock*, 7

calcular *to calculate; to estimate*

la calefacción *central heating*

calendario *calendar*

calentar *to warm up; to heat*

la calidad *quality*

calma *calm, quiet*

el **calor** *heat, warmth*, 5; **Hace calor.** *It's hot.*, 5; **Tengo calor.** *I'm warm.*, 5

la **calle** *street*, 5; en plena calle *in the middle of the street, right in the street*

cama *bed*, 9

cámara *chamber; hall;* música de cámara *chamber music*

camarero/a *waiter*

cambiar *to change*, 3

cambio *change*, 9; en cambio *on the other hand*

caminar *to walk*, 12

el **camión** *truck*

camisa *shirt*, 3

camiseta *T-shirt*, 7

campaña *campaign*

el **campeón**, la **campeona** *championship*, 11

campeonato *championship*, 11

campo *countryside, country; field*, 10

canasta *basket*

el **Cáncer** *Cancer* (astrology)

la **canción** *song*, 1

cancha *court, field, ground* (athletics), 5

candidato/a *candidate*, 18

los **canelones** *cannelloni*, 9

cansado *tired*, 1

cansarse *to get tired; to weary*, 17

el/la **cantador/a** *singer*

el/la **cantante** *singer*, 13

cantar *to sing*, 2

la cantidad *quantity*

canto *song*, 6

caña *cane*

caótico *chaotic*, 10

la capital *capital*

Capricornio *Capricorn* (astrology)

capricho *whim, fancy, caprice*, 14

cara *face*, 5

el **carácter** *character, personality*

característica *characteristic*, 16

la **cárcel** *jail*, 15

cardíaco *heart attack; cardiac* (adj.)

cardinal *cardinal*, 1

cargo *post, job; load, burden; responsibility*, 10

el **Caribe** *Caribbean*, 16

cariño *love, affection; dear* (adj.), 18

cariñosamente *lovingly, affectionately*, 10

cariñoso *loving, affectionate*, 10

la **carne** *meat*, 9

carnicería *butcher shop; meat market*, 12

caro *expensive*, 12

carpintero *carpenter*, 1

carrera *career*, 4; *race*, 17

carretera *road*, 6

carro *car, auto*, 8

carta *letter*, 5

el **cartón** *cardboard*

casa *house*, 1; **ama de casa** *housewife*, 1

casado *married*, 18

casamiento *marriage*, 18

casar *to marry*, 6; **casarse** (**con**) *to get married (to)*, 6

casi *almost*

caso *case*, 17; **en caso (de) que** *in case*, 17

castaño *chestnut, chestnut-colored*

castañuela *castanet*

castigar *to punish*

castillo *castle*

catarata *waterfall*

la catástrofe *catastrophe*

la catedral *cathedral*

categoría *category*

católico/a *Catholic*, 17

catorce *fourteen*, 1

causa *cause; a causa de because of, on account of*

causar *to cause*, 7

cebolla *onion*, 18

la celebración *celebration*

celebrar *to celebrate*, 6

los **celos** *jealousy*, 5; **Tengo celos.** *I'm jealous.*, 5

celoso *jealous; jealous person*, 8

cena *dinner*, 9

cenar *to eat dinner*, 9

censura *censure*

centavo *cent*, 13

centígrado *centigrade*, 5

centímetro *centimeter*

central *central*, 12

centro *center; downtown*, 3; centro comercial, *shopping center, shopping mall*

Centroamérica *Central America*

cepillar *to brush*

cerámico *ceramic*

cerca *close, nearby*, 13; **cerca de** *near*, 13

ceremonia *ceremony*

cerilla *match*, 12

cero *zero*, 1

cerrado *closed*, 12

cerrar (**ie**) *to close*, 15; **Cierren los libros.** *Close your books.*, 1

cerveza *beer*, 3

la CIA *CIA*

ciclismo *cycling, bicycling*

ciego/a *blind person*, 12

cielo *sky, heaven*

cien, ciento *hundred*, 4; cien por ciento *100 percent, completely*

ciencia *science*, 4

científico *scientific*, 4; *scientist*

cierto *certain, sure*, 2

cifra *figure; cipher; code*

cinco *five*, 1

el **cine** *movie, movies*, 3; *movie theater*, 13

cinta *cassette tape*, 16

el **cinturón** *belt, sash*, 7

circunstancia *circumstance*

cirujano *surgeon; surgical*, 4

cirújico *surgical*

cita *appointment; date*, 14

la **cuidad** *city*, 1; la ciudad universitaria *university campus*

ciudadano/a *citizen*, 15

claramente *clearly*, 18

claro *of course*, 4; *clear; light* (color), 7; **Claro que sí.** *Of course.*, 5; **Claro que no.** *Of course not.*, 17

la **clase** *class*, 1; **¿Qué clase de . . .?** *What kind of . . .?*, 16

clásico *classic; classical*, 1

cláusula *sentence, clause*, 7

clavar *to nail; to fix* (eyes)

el/la cliente *client*

el **clima** *climate*, 5

clínica *clinic*, 4

el **club** *club*, 7

la **Coca-Cola** *Coca-Cola*, 9

cocido *cooked, boiled*, 9

cocina *kitchen*, 13

cocinar *to cook*, 16

cocinero/a *cook*, 1

el **coctel** *cocktail*, 9

el **coche** *car*, 3

cola *line*, hacer cola *to stand in line*

la colaboración *collaboration*

colaborar *to collaborate*

la colección *collection*

coleccionar *to collect*, 6

el/la **colega** *colleague*, 10

colegio *high school*, 10

la **colocación** *placement, location*, 2

Colombia *Colombia*, 2

colonia *colony*

el/la colonista *colonist*

el **color** *color*, 3; **¿De qué color es . . .?** *What color is . . .?*, 7

columna *column*

comadrona *midwife*

el **comandante** *commander*, 10

combinar *to combine*

comedia *comedy*

el **comedor** *dining room*, 12

comentar *to comment (on)*, 13

comentario *commentary*

comenzar (**ie**) *to start, begin*, 3

comer *to eat*, 2

el **comer** *eating*, 13

comerical *commerical*

comercio *commerce; business*, 11

los comestibles *foodstuffs; edible* (adj.)

comida *meal; food*, 9

comido *eaten*

comienzo *beginning, start*

comisaría *commissariat* (police); *commissary*, 9

como *like, as*, 2; *around*, 3; **como sí** *as if*, 18

¿cómo? *how?; what?*, 1; **¿Cómo estás?** *How are you?*, 1; **¿Cómo está usted?** *How are you?*, 1; **¡Cómo no!** *Of course!*, 7; **¿Cómo se dice ___ en español?** *How do you say ___ in Spanish?*, 1; **¿Cómo se llama usted?** *What is your name?* (formal), 1; **¿Cómo te llamas?** *What is your name?* (fam.), 1

compadrazgo *friendship or relationship of the godfather*

el compadre *godfather; intimate friend*

compañero/a *companion; partner*, 1; **compañero/a**

de clase *classmate*, 1;
compañero/a de cuarto
roommate, 2
compañía *company*, 13
la **comparación** *comparison*, 10
comparar *to compare*, 16;
compararse *to compare*,
16; *se compara con it is*
comparable to
el **compás** *beat* (of music);
compass
la **compasión** *compassion*, 16
el/la compatriota *compatriot*
competencia *competition*,
11
complejo *complex*
complementar *to comple-*
ment
complemento *complement*,
4; **complemento directo**
direct object, 4;
complemento indirecto
indirect object
completar *to complete*
completo *complete*, 14
componer (**compongo**) *to*
compose; to fix, 15
la composición *composition*
el/la compositor/a *composer*
compra *purchase*, 6; **ir de**
compras *to go shopping*,
6
comprar *to buy*, 2
comprender *to compre-*
hend, understand, 2
comprometerse *to commit*
oneself; to become
engaged, 18
comprometido *engaged;*
bound; committed, 18
compromiso *compromise;*
commitment; engagement
la **computación** *computing*, 4
computadora *computer*, 4
común *common*, 6
la **comunicación** *commun-*
ication, 1
la comunidad *community*

la comunión *communion*
comunismo *communism*
el/la comunista *communist*
comúnmente *commonly*
con *with*, 1; **con frecuencia**
frequently, 7; **con**
permiso *excuse me*, 14;
con tal (de) que *provided*
that, 17
conceder *to concede*
concedido *conceded*
la concentración *concentration*
concentrado *concentrated*
concentrar *to concentrate*
concepto *concept*, 18
concierto *concert*, 3
concordancia *agreement*, 2
la **condición** *condition*, 10
el **condicional** *conditional*, 13
conducir (**conduzco**) *to*
conduct, lead; to drive, 4
confeccionar *to make*
(clothing)
conferencia *conference*
confianza *trust, confidence*
confiar *to confide*
confirmar *to confirm*
confiscar *to confiscate*, 10
confitería *confectionery*
confortable *comfortable*
congelar *to freeze*, 5
la **congestión** *congestion*, 6
congestionado *congested*
congreso *congress*, 8
conjugar *to conjugate*
la conjunción *conjunction*
conjunto *ensemble* (noun);
joined, united (adj.)
conmemorar *to*
commemorate
conmigo *with me*, 5
conocer (**conozco**) *to know;*
to be acquainted with, 4
conocido/a *acquaintance;*
known (adj.)
conquistar *to conquer*
conseguir (i) *to obtain; to get*
consejero/a *advisor,*

counselor; councilor;
advisory (adj.)
consejo *advice*, 8
conservas *preserves*
el/la conservador/a *conservative*
conservatorio *conservatory*
considerar *to consider*
consistir (en) *to consist* (of)
la consonante *consonant*
constante *constant*
constar (de) *to consist of*
constituir *to constitute*
la **construcción** *construction*,
5
construir (**construyo**) *to*
construct; to build, 9
el/la **cónsul** *consul*, 17
consulado *consulate*
consultorio *clinic, office*, 14
consumir *to consume*
consumo *consumption*, 9
la contabilidad *accounting*
el/la **contador/a** *accountant*, 1
contar (**ue**) *to count*, 6; *to*
tell, 10
contemplar *to contemplate*
contemporáneo
contemporary
contenido *contents*
contento *happy, content*, 2
la **contestación** *answer,*
reply, 17
contestado *answered*
contestar *to answer*, 8;
Contesten, por favor.
Please answer., 1
contigo *with you* (fam.), 5
el continente *continent*
la **continuación** *continuation*,
15
continuamente *con-*
tinuously, continually, 6
continuar (**continuo**) *to*
continue, 6
contra *against, facing*, 10;
en contra de against
la **contracción** *contraction*, 3
contrario *contrary;* al

contrario *on the contrary*
contrarrestar *to counteract; to resist*
el contraste *contrast*
contrato *contract*
controlar *to control*
convencer (**convenzo**) *to convince*, 13
convencido *convinced*, 13
convenir (**ie**) *to be suitable; to agree; to convene*, 15
convento *convent*
la **conversación** *conversation*, 1
conversar *to converse*, 4
convertir (ie) *to convert; convertirse en to turn into, to become*
convocar *to call together*
copa *cup, wine glass*, 9; *tomar una copa to take a drink*
coquetear *to flirt*
el **corazón** *heart*, 4
corbata *necktie*, 7
cordero *lamb*
cordillera *mountain range*
Corea *Korea*
coro *chorus; choir*
correctamente *correctly*, 10
correcto *correct*, 20
el/la corredor/a *runner* (sports)
correo *mail; post office*, 13
correr *to run; to jog*, 6
corresponder *to correspond*
corrida *bullfight; corrida de los toros running of the bulls*
la corriente *current; current* (adj.)
cortar *to cut*, 9
la corte *court*
cortejo *dating, courting, courtship*
cortés *polite, courteous*, 13
cortesía *courtesy*, 15
corto *short*
cosa *thing*, 1
cosecha *harvest*

cosmético *cosmetic*
costar (**ue**) *to cost*, 5
costearse *to afford; to pay one's way*
costo *cost*
costoso *costly, expensive*
la **costumbre** *custom, habit*, 1; **de costumbre** *usually, customarily*, 10
creativo *creative*
crédito *credit*
creer *to believe; to think*; 2; **Creo que no.** *I don't think so.*, 17; **Creo que sí.** *I think so.*, 3; **¡Ya lo creo!** *I believe it!, I should say so!*, 3
criada *maid*
criar *to raise, to rear*
el **crimen** *crime*, 6
el/la **criminal** *criminal*, 15
criollo *Creole*
la crisis *crisis*
el cristal *crystal*
cristiano *Christian*
Cristo *Christ*
crítica *criticism*
crucigrama *crossword puzzle*
cuadra *block* (city), 12
cuadro *picture, painting*, 6
¿cuál? *which?*, 1
la cualidad *quality, characteristic*
cualquier *whoever, whichever; anyone*
cuando *when*, 5; **de vez en cuando** *once in a while*, 10
¿cuándo? *when?*, 1
cuanto: en cuanto *as soon as*, 17; *en cuanto a as to, as for*
¿cuánto/a/s? *how many?, how much?*, 1
cuarenta *forty*, 1
cuarto *room*, 2; *quarter* (time), 3
cuatro *four*, 1

cuatrocientos(as) *four hundred*, 4
cubierto *place setting; covered* (adj.), 9
cubrir *to cover*
cuchara *spoon*, 9
cuchillo *knife*, 9
cuello *neck*
cuenta *bill, check* (restaurant), 9; *por su cuenta on one's own*
cuero *leather*
cuerpo *body*, 5
la **cuestión** *matter, question*, 16
cuidado *care, worry*, 3; **No hay cuidado.** *No problem.*, 3; **No tenga cuidado.** *Think nothing of it.*, 15; **tener cuidado** *to be careful*, 9
cuidar *to take care of*
cultivar *to cultivate*
cultura *culture*
cultural *cultural*, 1
cumbia *a Latin American dance*, 7
el **cumpleaños** *birthday*, 3
cuñado *brother-in-law*, 3
cura *priest*
curandero/a *herb healer; quack*
curar *to cure*
curioso *curious*
curso *course*, 4

CH

el **champú** *shampoo*, 12
el chaperón, la chaperona *chaperone*
chaqueta *jacket*, 7
charlar *to chat*
el cheque *check*
chico/a *boy/girl*, 1
chiflar *to whistle*
Chile (m.) *Chile*, 2
el chile *chili pepper*
chileno/a *Chilean*, 2
china *Chinese female*, 10
China *China*, 10

chinito/a *little Chinese* (**·ito** *is a suffix used for endearment*), 13

chino *Chinese language; Chinese male,* 10

el **chiste** *joke;* chiste verde *off-color joke*

chivito *kid (young goat)*

chocar *to shock; to collide*

choclo *scalloped corn dish; ear of corn*

el **chocolate** *chocolate,* 9

el **chófer** *chauffeur,* 1

el **chompipe** *buzzard*

el **choque** *collision*

chorizo *smoked pork sausage,* 9

chuleta *chop, cutlet*

churrasco *barbecued steak,* 9

D

dado *given;* los dados *dice*

danza *dance*

dar (**doy**) *to give,* 5; dar a luz *to give birth;* **dar calabazas** *to jilt, give a cold shoulder,* 8; **dar la mano** *to shake hands,* 1; **dar un abrazo** *to hug,* 1; **dar un beso** *to kiss,* 1; **darse cuenta de** *to realize, become aware of,* 6

de *of,* 1; *from; about,* 2; **De acuerdo.** *Agreed; All right; Okay,* 17; de acuerdo con *in agreement with;* **de costumbre** *usually, customarily,* 10; **de igual a igual** *as an equal,* 16; **de joven** *as a young man/woman,* 10; **de la última moda** *the latest fashion,* 7; **de moda** *fashionable; fashionably,* 7; **de niño/a** *as a child,* 10; **de noche** *at night,* 6; **de nuevo** *again* 6; **de particular** *special,* 9; **de prisa** *hurriedly,* 5;

¿De qué color es . . .? *What color is . . .?,* 7; **¿de quién?** *whose?,* 1; **de repente** *all of a sudden,* 11; **de tiempo parcial** *part-time,* 18; **de veras** *really, truly,* 7; **de vez en cuando** *once in a while,* 10

el **debate** *debate; discussion,* 6

deber *should, ought; to owe; to have to, must,* 13

los deberes *homework; duties*

debido a *due to*

débil *weak,* 14

década *decade*

la decepción *disappointment*

decidir *to decide,* 16

decir (**i**) (**digo**) *to say, tell,* 4; **¿Cómo de dice ___ en español?** *How do you say ___ in Spanish?,* 1; quiere decir *it means*

la **decisión** *decision,* 11

la **declaración** *declaration; proposal; statement,* 18

declarar *to declare; to propose*

la **decoración** *decoration,* 14

dedicado *dedicated*

dedicarse *to dedicate oneself*

deducir (**deduzco**) *to deduce; to deduct,* 4

defenderse *to defend oneself*

defensa *defense*

definido *definite,* 1

definitivo *definitive,* 4

defraudado *cheated, defrauded; disappointed,* 11

defraudar *to cheat; to defraud,* 11

dejar *to let, permit; to leave, abandon,* 7

del *of the; from the* (contraction of **de** + **el**), 3

delicioso *delicious*

delito *crime*

demasiado *too much, too many,* 1

democracia *democracy*

el/la demócrata *democrat*

democrático *democratic*

la demostración *demonstration*

demostrar *to demonstrate, show*

demostrativo *demonstrative,* 1

el/la **dentista** *dentist,* 1

departamento *department; apartment* (Argentina)

el/la **dependiente/a** *clerk; salesperson,* 7

el **deporte** *sport; sports,* 6; **hacer deporte** *to play sports,* 11

el/la **deportista** *athlete,* 11

depósito *deposit; depot; warehouse*

deprimido *depressed,* 11

derecho *law,* 4; *right; right-hand; straight ahead,* 12; *right, privilege; duty,* 17; **a la derecha** *to the right,* 12; la Facultad de Derecho *Law School*

desafortunadamente *unfortunately,* 10

desafortunado *unfortunate,* 10

desagradable *unpleasant, disagreeable*

desarmamento *disarmament*

el **desastre** *disaster,* 8

desayunar *to eat breakfast,* 6

desayuno *breakfast,* 5

descansar *to rest,* 2

descanso *rest*

desconocido *unknown*

descortés *discourteous*

describir *to describe*

la **descripción** *description,* 2

descubierto *discovered* (irreg. past part. of **descubrir**), 14

descubrir *to discover*, 14
desde *since*, 18
desdichado *unfortunate, unlucky; poor, wretched*
deseado *desired*
desear *to desire; to wish*, 15
deshacerse de *to get rid of*
deshielo *thaw*
la **desigualdad** *inequality*, 10
desilusionado *disillusioned*
desmayado *fainted*
desmayarse *to faint*, 14
desorbitado *exhorbitant*
despacio *slow; slowly*, 6
despacho *office*, 4
despedida *farewell* (party), 17
despedirse (i) *to say good-bye; to bid farewell*, 15
despertar (ie) *to awaken* (someone), 6; **despertarse** *to wake up*, 6
después *after, afterwards*, 3; **después de ir** *after going*, 3; **después de** + *noun after* + *noun*, 3; **después (de) que** *after*, 17
la destrucción *destruction*
desvalijado *plundered, robbed*
desventaja *disadvantage*, 6
detrás de *behind*, 11; **por detrás** *from behind*, 11
deuda *debt*, 15
el **día** *day*, 1; **algún día** *some day*, 12; **Buenos días.** *Good morning.*, 1; **día festivo** *holiday*, 6; **día y noche** *all the time*, 3; el **Día de la Independencia** *Independence Day*, 6; el **Día de la Madre** *Mother's Day*, 3; el **Día de la Raza** *Columbus Day*, 6; el **Día de los Novios** *Valentine's Day*, 6; el **Día de los reyes** *Epiphany*, 6; el **Día del Trabajo** *Labor Day*, 6; hoy

día *today*; **todo el día** *all day long, the entire day*, 13
diálogo *dialog*, 8
diario *daily; daily newspaper; diary*, 6
dibujar *to draw; to sketch*
dibujo *drawing*
diccionario *dictionary*
dice *says* (from verb **decir**), 3
el **diciembre** *December*, 5
el/la **dictador/a** *dictator*, 10
dictadura *dictatorship*
dicho *said* (irreg. past part. of **decir**); *saying*
diecinueve *nineteen*, 1
dieciocho *eighteen*, 1
dieciséis *sixteen*, 1
diecisiete *seventeen*, 1
el **diente** *tooth*, 6; **lavarse los dientes** *to brush one's teeth*, 6
dieta *diet*, 9; **ponerse a dieta** *to go on a diet*, 9
diez *ten*, 1
diferencia *difference*, 11
diferente *different*, 13
difícil *difficult*, 2
difícilmente *with difficulty*, 10
la dificultad *difficulty*
la dignidad *dignity*
digno *worthy, deserving; dignified*
dinámico *dynamic*
dinero *money*, 4
el **dios** *god*, 10
el **Dios** *God*, 10
el **diploma** *diploma*, 4
diplomático/a *diplomat*
diputado/a *deputy, representative*
la **dirección** *address; direction*, 4
directo *direct*, 4
el/la director/a *director*

dirigir *to direct*
la disatisfacción *dissatisfaction*
disciplina *discipline*
disco *record*, 10
discoteca *discotheque; disco*
disculpar *to excuse*, 15
discutir *to discuss*, 16
diseño *style; design*
disfrutar *to enjoy*, 6
disminuir *to diminish, decrease*
disponible *available; disposable*
dispuesto *ready, prepared; willing*
distancia *distance*
la distinción *distinction*
distinguido *distinguished*
distinguir *to distinguish*
distinto *distinct; different*, 11
la distribución *distribution*
distrito *district*
la **diversión** *diversion; amusement, fun*, 6
divertir (ie, i) *to amuse*, 6; **divertirse** *to have a good time*, 6
doblar *to turn*, 12
doble *double*
doce *twelve*, 1
el/la **doctor/a** *doctor*, 1
doctorado *doctorate*, 4
documentar *to document*
documento *document*
el **dólar** *dollar*, 2
doler (ue) *to hurt; to be painful*, 14
el **dolor** *pain, grief, sorrow*, 14; dolor de cabeza *headache*; **tener dolor de . . .** *to have a pain in . . .*, 14
doloroso *painful; sorrowful; sad*
la dominación *domination*
dominante *dominant; domineering*, 13

domingo *Sunday*, 3
don *Mr.* (title of respect), 1
donde *where* (conj.), 3
¿dónde? *where?*, 1
doña *Mrs., Miss* (title of respect), 3
dormir (**ue**) *to sleep*, 5; **dormirse** *to fall asleep*, 6
dormitorio *bedroom*, 2
dos *two*, 1
doscientos(as) *two hundred*, 4
droga *drug*, 14
drogadicto/a *drug addict*, 3
ducha *shower*, 6
ducharse *to take a shower*, 6
duda *doubt*, 17; **Sin duda.** *Without a doubt; No doubt*, 17
dudar *to doubt*, 7
dueña *governess, chaperone; owner; proprietor*
dueño *owner, proprietor; master; landlord*
el **dulce** *candy;* (pl.) *sweets*, 14; *sweet* (adj.)
durante *during*, 7
durar *to last; to continue*, 6
duro *hard*

E

e *and* (used for **y** before a word beginning with the vowel sound /i/)
ecelsiástico *eccelesiastic; ecclesiastical*
ecología *ecology*
económico *economic*
el ecuador *equator*
el **Ecuador** *Ecuador*, 8
ecuestre *equestrian*
echar *to throw (out); to throw away*, 6; **echar una siesta** *to take a nap*, 6
la **edad** *age*, 13; Edad Media *Middle Ages*
edificio *building*

el/la editor/a *editor*
la educación *education*
educativo *educational*
efectivo *effective*
egoísta *egotistic, selfish*
¿eh? *eh?*, 2
ejemplo *example*, 6; **por ejemplo** *for example*, 13
ejercicio *exercise*, 3
el *the* (m.), 1
él *he, him* (obj. of prep.), *it*, 1
elástico *electric*, 6
eléctrico *electric*, 6
electrónica *electronics*, 4
elegancia *elegance*
elegante *elegant*, 6
elegantemente *elegantly*
elegido *chosen*
elevado *elevated, high*
elevar *to elevate*
eliminar *to eliminate; to strike out*
ella *she, her* (obj. of prep.), *it*, 1
ellos/as *they, them* (obj. of prep.), 1
el/la **embajador/a** *ambassador*, 4
embargo: sin embargo *nevertheless; however*, 14
embellecer *to beautify*
emigrar *to emigrate; to migrate*, 10
la emoción *emotion*
emocionante *moving, thrilling*
empezar (**ie**) *to begin*, 9
empleado/a *employee*
emplear *to employ; to use*, 11
empleo *job, employment*, 16; empleo de horario completo *full-time employment*
en *in; at; on*, 1; **En absoluto.** *Not at all.*, 17; en cambio *on the other hand*; **en caso (de) que** *in case*, 17; **en**

cuanto *as soon as*, 17; **en fin** *finally*, 18; **en la mañana** *in the morning*, 1; **En la página ___.** *To page ___.*, 1; **en la tarde** *in the afternoon*, 1; **en punto** *sharp, exactly* (time), 3; **en seguida** *at once, immediately*, 6; **en vez de** *instead of*, 18; **En voz alta.** *Aloud.*, 1
enamorado *in love*
encantar *to charm, delight*, 9
encargar *to put in charge of*
encontrar (**ue**) *to find, encounter*, 6; **encontrarse con** *to meet, run into; to be found*, 12
encuentro *encounter, meeting*
enchilada *corn cake with tomato sauce and seasoned with chili*, 9
enérgico *energetic*, 16
enero *January*, 5
el/la énfasis *emphasis, stress*
enfático *emphatic, stressed*, 14
la **enfermedad** *illness*, 6
enfermero/a *nurse*, 1
enfermo *sick, ill*, 2; **ponerse enfermo** *to get sick*, 9
en frente (de) *in front (of)*
enfriar *to chill*
engordarse *to become fat*
enigmático *enigmatic*
enojado *angry*
enojarse *to get mad*
enorme *enormous*, 18
ensalada *salad*, 9
enseñanza *teaching; education*
enseñar *to teach*, 18
entender (**ie**) *to understand*, 3
entero *entire*

enterrado *buried*

enterrar (ie) *to buy*

entonces *then; and so,* 2

entrada *entrance*

entrar *to enter,* 7

entre *between, among,* 1

entregar *to deliver; to hand over,* 9

entrenamiento *training,* 13

entrevista *interview*

entusiasmo *enthusiasm*

entusiasta *enthusiastic*

entusiástico *enthusiastic*

envasador *packing* (adj.)

equipo *team; equipment,* 9

el **equivalente** *equivalent,* 12

equivocarse *to be wrong; to be mistaken*

es *he/she/it is; you* (formal) *are,* 1

el **escaparate** *display window; cabinet,* 7

escaparse *to escape; to flee*

esclavo/a *slave*

escobar *to sweep with a broom*

escoger (escojo) *to choose; to select*

escolar *school* (adj.)

escondido *hidden, out of the way*

el Escorpión *Scorpio* (astrology)

escribir *to write,* 2

escrito *written* (irreg. past part. of **escribir**); **por escrito** *in writing,* 17

escritorio *desk,* 1

escrúpulo *scruple*

escuchado *heard*

escuchar *to listen to,* 2

escuela *school,* 10; escuela primaria *grade school;* escuela secundaria *high school*

ese, esa *that* (adj.), 1

ése, ésa *that one* (pron.), 12

esfuerzo *effort; courage; vigor,* 18

eso *that* (pron.), 4; a eso de *at about;* **eso de . . .** *this business of . . .* (colloquial), 4; **Eso es.** *That's right.,* 17; **por eso** *that's why; therefore,* 6

esos, esas *those* (adj.), 1

ésos, ésas *those* (pron.), 12

espacio *space*

espacioso *spacious*

espalda *back,* 14; (pl.) *shoulders*

España *Spain,* 1

el **español** *Spanish language; Spanish male,* 1; Español a lo vivo *Living Spanish* (title)

española *Spanish female,* 1

espárrago *asparagus,* 9

especial *special*

la especialidad *specialty; major*

el/la especialista *specialist*

especializado *specialized*

especializarse *to specialize*

especialmente *especially,* 13

la especie *species; kind, sort*

específico *specific*

el/la espectador/a *spectator*

espera *wait, waiting*

esperanza *hope,* 10

esperar *to hope for; to wait; to expect,* 7

espiritual *spiritual*

esposo/a *spouse; husband/wife,* 1

el **esquí** *ski; skiing,* 5

esquiar *to ski,* 5

esquina *corner,* 12

está *he/she is; you* (formal) *are,* 1; **Está bien.** *It's okay., All right.,* 7

establecer (establezco) *to establish,* 15

establecido *established*

establecimiento *establishment,* 12

la **estación** *season,* 5

estado *state,* 2; los **Estados Unidos** *the United States,* 2

estampilla *stamp,* 12

estanco *stand* (kiosk); *store,* 12

estar *to be,* 2; **estar de acuerdo** *to agree, be in agreement,* 4; **estar de huelga** *to be on strike,* 15

estás *you* (fam.) *are,* 1

estatua *statue*

este, esta *this* (adj.), 1

el este *east*

éste, ésta *this one* (pron.), 12

estéreo *stereo*

el/la estilista *stylist, designer*

estilo *style*

esto *this* (pron.), 12; **Esto sí que es . . .** *This really is . . .,* 15

estómago *stomach,* 14

estornudar *to sneeze,* 15

estos, estas *these* (adj.), 1

éstos, éstas *these* (pron.), 12

estoy *I am,* 1

estrella *star* (film), 8

estricto *strict*

estudiado *affected, studied*

el/la **estudiante** *student,* 1

estudiantil *student* (adj.), 8

estudiar *to study,* 2

estudio *I study,* 1; *study* (room); (pl.) *studies,* 4

estudioso *studious*

estupendo *stupendous,* 11

etapa *step, stange* (of a process), 18; **por etapas** *step by step,* 18

la **eternidad** *eternity,* 6

etiqueta *etiquette*

Europa *Europe,* 11

evangelio *gospel*

evidente *obvious, evident,* 10

evidentemente *obviously, evidently,* 10

evitar *to avoid*

exactamente *exactly*, 17

exacto *exact*

el **examen** *test, examination*, 8

excelente *excellent*, 6

la excepción *exception*

la **excursión** *excursion, trip*, 16

exigir *to demand, require*

existir *to exist*

éxito *success*, 13; **tener éxito** *to succeed*, 13

exótico *exotic*, 13

experimentar *to experiment; to experience*, 13

explicar *to explain*, 5

expresar *to express*, 12

la **expresión** *expression*, 1

exquisito *exquisite*, 13

extender (ie) *to extend*

extendido *extended*

la extensión *extension; expanse*

el exterior *exterior; external; foreign* (adj.)

extrañar *to miss; to find strange*, 10

extranjero/a *foreign*, 4; (noun) *foreigner*; (m.) *foreign country*

extraño *strange; foreign*, 11

extraordinario *extraordinary*

extremo *extreme; en extremo in the extreme, extremely*

F

fábrica *factory*

fabricar *to manufacture*

fabuloso *fabulous*, 3

fácil *easy*, 2

facilitar *to facilitate*

fácilmente *easily*, 10

la **facultad** *school, college*, 4; **Facultad de Filosofía y Letras** *College of Humanities*, 4

fachada *façade*

falda *skirt*, 3

falta *lack; fault*, 13; **hacer falta** *to need; to be lacking*, 13

faltar *to be lacking*, 5

fallecido *deceased*, 3

fama *reputation; fame*

familia *family*, 1

familiar *family* (adj.)

famoso *famous*, 8

fanatismo *fanaticism*

fantasía *fantasy*, 12

fantástico *fantastic*, 1

farmacéutico/a *pharmacist*, 4

farmacia *pharmacy; drugstore*, 12

farmacología *pharmacology*

fascinante *fascinating*

fascinar *to fascinate*, 13

el **favor** *favor*, 9; **por favor** *please*, 1

favorito *favorite*, 3

el FBI *FBI*

la fe *faith*

febrero *February*, 5

fecha *date* (calendar), 5

la **felicidad** *happiness*, 17

feliz *happy, lucky*, 7

felizmente *happily, luckily*, 10

femenino *feminine; female*

feminismo *feminism*

fenómeno *phenomenon*, 11

feo *ugly*, 2

feria *holiday*

festejar *to celebrate; to fete*

festivo *festive; festival*, 6; el **día festivo** *holiday*, 6

los fiambres *cold cuts*

la **fiebre** *fever*, 14

fiel *faithful*

fiesta *party*, 3

figura *figure*

fijar *to set* (a date); *to fix*, 18

fila *line; row*

filatelia *stamp collecting, philately*, 6

el filete *fillet*

filosofía *philosophy*, 4

el **fin** *end*, 6; **fin de semana** *weekend*, 7; **a fin (de) que** *so that, to the end that*, 17; **al fin** *at last, finally*, 6; **en fin** *finally*, 18; **por fin** *finally; at last*, 13

final *final*, 15

financiero/a *financial; financier*

finanza *finance*

fino *fine; excellent*, 9

firmeza *firmness*

física *physics*, 4

físico *physical*

flaco *thin, skinny*, 2

flagrante *flagrant*, 11

flamenco *Flamenco; Andalusian gypsy dance, song, music*, 13

el flan *rich custard*

la **flor** *flower*, 5

florería *flower shop*

el folklore *folklore*

folklórico *folkloric*, 16

el **footing** *jogging*, 6; **hacer footing** *to jog; to go jogging*, 6

forma *form, shape; manner, way*, 7

la **formación** *formation*, 1

formal *formal*, 1

formalizado *formalized*

formar *to form*

formidable *great*, 16

fortuna *fortune*, 13

la **foto** *photo*, 4

frambuesa *raspberry*

francamente *frankly*, 10

el **francés** *French language; French male*, 1

francesa *French female*, 1

Francia *France*

franco *frank, open, candid*, 10

la **frase** *phrase; sentence*, 13

frecuencia *frequency*, 7; **con frecuencia** *frequently*, 10

frecuentar *to frequent,* 12
frecuente *frequent,* 10
frecuentemente *frequently,* 10
freír (**i**) *to fry,* 14
frenético *frantic, frenzied, frenetic,* 6
la **frente** *front;* frente a *in the front of;* en frente de *in front of*
fresa *strawberry,* 9
fresco *fresh, cool,* 5
frío *cold,* 5; **Hace frío.** *It's cold.,* 5; **Tengo frío.** *I'm cold.,* 5
frito *fried,* 9
frontera *frontier; border*
el **frontón** *main wall of a handball court; jai alai*
fruta *fruit,* 9
frutería *fruit store*
fuego *fire*
fuerte *strong,* 14; **Más fuerte, por favor.** *Louder, please.,* 1; **plato fuerte** *main dish,* 9
fuerza *strength; force; power,* 13; **Fuerza Aérea** *Air Force,* 13; **recobrar fuerzas** *to recover one's strength,* 14
fumar *to smoke,* 13
la **función** *performance; function,* 11
funcionar *to function*
furioso *furious,* 11
el **fútbol** *soccer; football,* 10
el/la **futbolista** *soccer player, football player,* 11
futuro *future,* 4

G

gala: de gala *formal, formal-dress,* 7
Galicia *Galicia* (Spanish province), 17
gallego *Galician,* 17

gallo *rooster; early morning serenade*
gana *desire,* 12
ganado *cattle, livestock*
ganar *to earn,* 4; *to win,* 11
ganas: tener ganas de + inf. *to feel like* (doing something), 12
ganga *bargain*
gastar *to spend* (money), 7
gasto *cost, expense; wear*
gato *cat*
gaucho *Argentine and Uruguayan cowboy*
el **Géminis** *Gemini* (astrology)
genealogía *genealogy*
general: por lo general *generally, usually,* 10
el **general** *general*
generalmente *generally*
generoso *generous,* 16
genio *genius; temperament, disposition*
la **gente** *people*
geografía *geography,* 4
gerundio *gerund; present participle,* 6
el/la **gigante** *giant*
gimnasio *gymnasium,* 11
gira *outing; tour*
girar *to turn, rotate; pay*
gitano/a *gypsy*
glorieta *traffic circle*
gobernar (ie) *to govern*
gobierno *government,* 10
el **gol** *goal* (soccer), 11
el **golf** *golf,* 9
el **golpe** *blow, knock*
golpear *to hit, strike, bump,* 15; golpear las manos *to clap*
gordo *fat,* 2
gozar (de) *to enjoy*
grabadora *tape recorder,* 16
gracia *grace*
gracias *thank you,* 1
grado *degree* (temperature), 5

graduado *graduate*
graduar *to grade;* graduarse *to graduate*
gráfico *graphic,* 4
gramática *grammar,* 4
gran *large, great* (before noun), 3
grande *big, large, great,* 3
gratificar *to gratify; to recompense; to reward,* 18
gratis *free*
grave *serious, solemn; hard, difficult*
gringo *Hispanic term for American,* 16
gris *gray,* 7
gritar *to shout, cry out,* 16
grito *scream, shout,* 7
grupo *group,* 16
el **guajalote** *turkey*
el **guante** *glove,* 5
guapo *handsome; pretty; good-looking,* 2
el **guardia** *guard, guardsman*
guerra *war,* 6
guía *guide*
el/la **guionista** *subtitle writer, scriptwriter,* 18
guitarra *guitar,* 6
el/la **guitarrista** *guitarist*
gustar *to be pleasing (to like),* 5; **Me gusta. (Me gustan.)** *I like it. (I like them.),* 1
gusto *pleasure,* 1; **a gusto** *at ease, comfortable,* 14; **Mucho gusto.** *Glad to meet you. (Much pleasure.),* 1

H

La **Habana** *Havana*
haber (**he, ha**) *to have* (auxiliary verb), 3
la **habilidad** *ability, skill*
la **habitación** *room* (hotel)
habitual *habitual,* 10

habitualmente *habitually*, 10

habla *he/she speaks; you* (formal) *speak*, 1; (noun) *speech* (language, dialect)

hablado *spoken* (past part. of **hablar**)

hablar *to speak, talk*, 2

hacer (**hago**) *to do/to make*, 3; **Hace buen/mal tiempo.** *It's good/bad weather.*, 5; **Hace calor.** *It's hot.*, 5; **¿Hace cuánto tiempo que estás aquí?** *How long have you been here?*, 11; **Hace frío.** *It's cold.*, 5; **Hace sol.** *It's sunny.*, 5; **Hace viento.** *It's windy.*, 5; **hacer deporte** *to play sports*, 11; **hacer falta** *to need; to be lacking*, 13; **hacer footing** *to jog; to go jogging*, 6; **hacer una pregunta** *to ask a question*, 7

el **hambre** (*f.*) *hunger*, 5; **Tengo hambre.** *I'm hungry.*, 5

hamburguesa *hamburger*, 9

hasta *until*, 1; **Hasta luego.** *Until later. (see you later.)*, 1; **Hasta mañana.** *Until tomorrow. (See you tomorrow.)*, 1; **hasta que** *until*, 17

hay *there is, there are* (from **haber**), 1; **Hay lluvia.** *It's rainy.*, 5; Hay que tener . . . *One must have . . .*; **No hay de qué.** *It's nothing., Don't mention it.*, 15

hecho *done, made* (past part. of **hacer**), 7; **hecho a la medida** *custom-made*, 7

helado *ice cream*, 9

heredar *to inherit*, 13

herida *injury, wound, insult, outrage*

hermanito *little brother*, 6

hermano/a *brother/sister*, 3

hermoso *beautiful*, 10

el **héroe** *hero*

heroína *heroine*

hervir (**ie**) *to boil*, 5

hielo *ice*

hierba *herb*

hijo/a *son/daughter*, 1

hilar *to spin* (wool, thread)

hilo *thread, yarn*

himno *hymn*

el/la **hincha** *spectator, fan*

hipocondríaco/a *hypochondriac*

hipotético *hypothetical*

hispánico *Hispanic*, 16

hispano *Spaniard; Spanish American*

Hispanoamérica *Spanish America*

hispanoamericano *Spanish American*

historia *history*, 4

histórico *historic*

hoja *leaf; razor blade*, 6

¡Hola! *Hello!, Hi!*, 1

el **hombre** *man*, 2; **hombre de negocios** *businessman*, 4

el **honor** *honor*, 17

hora *hour; time*, 3; la **hora de comer** *mealtime*, 7; **¡Ya era hora!** *It was about time!*, 18

horario *schedule*

horno *oven*, 9

horóscopo *horoscope*

horrible *horrible*, 4

el horror *horror*

el **hospital** *hospital*, 3

el **hostal** *hostel, inn*, 17

hostia *host*

el **hotel** *hotel*, 1

hoy *today*, 3; hoy día *today*

huelga *strike*, 15; **estar de huelga** *to be on strike*, 15

hueso *bone*, 14

el/la **huésped** *guest*, 17

huevo *egg*, 9; **huevos cara al sol** *eggs sunny side up*, 9; **huevos cocidos** *boiled eggs*, 9; **huevos revueltos** *scrambled eggs*, 9

huir *to flee, avoid, shun*

humano *human*, 5; el ser humano *human being*

húmedo *humid*, 5

humilde *humble*, 16

el **humor** *humor*, 8; **ponerse de buen humor** *to get in a good mood*, 8; **ponerse de mal humor** *to get upset*, 8

I

idea *idea*, 18

ideal *ideal*, 5

el/la **idealista** *idealist; idealistic* (adj.), 11

la **identidad** *identity*

identificar *to identify*

ideología *ideology*

el **idioma** *language*, 2

iglesia *church*, 6

igual *identical, the same; equal*, 7; **de igual a igual** *as an equal*, 16

la **igualdad** *equality*, 10

igualmente *equally; the same to you*, 2

ilegal *illegal*

la ilustración *illustration*

la imagen *image*

la imaginación *imagination*

imaginarse *to imagine*, 9

imperativo *imperative*, 7

imperfecto *imperfect*, 10

el **impermeable** *raincoat*, 12

impersonal *impersonal*, 13

la **implantación** *implantation*, 4

implantar *to implant*, 4

implícito *implicit*

imponente *imposing*

imponer (**impongo**) *to impose*, 17; imponerse *to assume; to take upon oneself* importado *imported*

importancia *importance*

importante *important,* 1

importantísimo *very important,* 11

imposible *impossible,* 4

la impresión *impression*

impresionante *impressive,* 15

improvisado *improvised*

improvisar *to improvise*

improviso *unexpected, unforeseen;* de improviso *unexpectedly, suddenly*

impulsivo *implusive*

inactivo *inactive*

el/la inca *Inca*

el **incidente** *incident,* 11

incluir (incluyo) *to include*

el **inconveniente** *difficulty, obstacle;* (adj.) *inconvenient,* 7; **No hay inconveniente.** *It's no problem.,* 7

incrédulo *incredulous; unbelieving,* 15

increíble *incredible, unbelievable,* 16

incurable *incurable*

indecente *indecent,* 6

indefinido *indefinite,* 2

independencia *independence,* 6

independiente *independent*

la indicación *indication*

indicado *indicated*

indicar *to indicate*

indicativo *indicative*

el índice *index*

indio *Indian*

indirecto *indirect,* 5

industria *industry*

industrioso *industrious,* 16

inesperado *unexpected; accidental,* 15

infeliz *unhappy, unfortunate*

infierno *hell*

infinitivo *infinitive,* 3

influencia *influence,* 6

influyente *influential*

la información *information*

informal *informal,* 1

la **infracción** *infraction,* 11

ingeniería *engineering,* 4

ingeniero/a *engineer,* 1

ingenio *sugar mill*

ingenioso *ingenious*

Inglaterra *England*

el **inglés** *English language; English male,* 1

inglesa *English female,* 1

inmediatamente *immediately*

inmediato *immediate;* de inmediato *immediately*

innecesario *unnecessary*

la inseguridad *insecurity*

insertar *to insert*

insistir *to insist,* 2

la inspección *inspection*

el/la inspector/a *inspector*

la instalación *plant; installation*

instituto *institute,* 8

la **instrucción** *instruction,* 1

instrumento *instrument*

insufrible *insufferable*

integrado *integrated*

la integridad *integrity*

intelectual *intellectual*

inteligente *intelligent,* 2

la **intención** *intention,* 3

intenso *intense*

la **interacción** *interaction,* 1

intercambio *exchange,* 2

el **interés** *interest,* 15

interesante *interesting,* 2; **¡Qué interesante!** *How interesting!,* 8

interesantísimo *very interesting,* 11

interesar *to interest,* 7

internacional *international*

interpretar *to interpret,* 16

el/la intérprete *interpreter*

interrogativo *interrogative,* 1; la **palabra interrogativa** *question word,* 1

íntimo *intimate*

la **introducción** *introduction,* 15

introducir *to introduce; to insert, put in*

inventar *to invent*

la investigación *investigation*

el/la **investigador/a** *investigator,* 4

invierno *winter,* 5

la **invitación** *invitation,* 14

invitado/a *guest, person invited,* 16

invitar *to invite,* 13

la **inyección** *injection, shot,* 14

ir (*irreg.*) *to go,* 3; **ir a la pesca** *to go fishing,* 6; **ir de compras** *to go shopping,* 6; ir de picnic *to go on a picnic;* irse *to go away, leave*

Irlanda *Ireland*

irregular *irregular,* 3

isla *island*

italiana *Italian female,* 2

italiano *Italian language; Italian male,* 2

izquierdo *left,* 12; **a la izquierda** *to the left,* 12

J

el jai alai Basque game similar to racquetball

jamás *never; ever,* 14

el **jamón** *ham,* 9

el Japón *Japan*

el **jardín** *garden*

el jazz *jazz*

los **jeans** *jeans,* 7

el **jefe**, la **jefa** *chief; boss,* 6; *head*

el **jesuita** *Jesuit,* 10

el **jornal** *day's pay, wages; day's work*, 15

el/la **joven** *young man/young woman*, 1; **de joven** *as a young man/woman*, 10

joya *jewel*, 12

joyería *jewelry store*, 12

jubilarse *to retire, to be pensioned; to rejoice*

judía *bean*, 9

juego *game; match*, 11

el **jueves** *Thursday*, 3

el/la **juez** *judge*

jugado *played*

el/la **jugador/a** *player*

jugar (**ue**) *to play*, 6

jugo *juice*, 9

julio *July*, 5

junio *June*, 5

junta *meeting*

juntar *to join; to unite; to get together*

juntos *together*

jurar *to swear*, 11

justicia *justice*

la **juventud** *youth*, 10

K

kilómetro *kilometer*, 13

kiosko *kiosk*

L

la *the* (f.), 1

el labor *labor, work*

laboratorio *laboratory*, 4

lado *side*, 6

lago *lake*

lamento *lament*

langosta *lobster*

langostino *prawn; shrimp; crayfish*

el **lápiz** (*pl.* **lápices**) *pencil*, 1

largo *long; generous; length;* a lo largo *along*

las *the* (f. pl.), 1

lástima *pity; complaint*, 16; ¡Qué lástima! *What a shame!*

lastimado *pitied; injured, hurt*

lata *tin can*

el latín *Latin language*

latino/a *Latin* (person), 1

Latinoamérica *Latin America*, 4

latinoamericano *Latin American*

lavandería *laundry*, 12; **lavandería en seco** *dry cleaner*, 12

lavar *to wash*, 6; **lavarse** *to wash oneself*, 6; **lavarse los dientes** *to brush one's teeth*, 6

le *to him, her, it, you*, 1

la lealtad *loyalty, devotion*

la **lección** *lesson*, 4

lectura *reading*

la **leche** *milk*, 9

el lechón *suckling pig*

lechuga *lettuce*, 9

leer *to read*, 2

legalmente *legally*

la **legumbre** *vegetable*, 9

lejos *far away*, 17

lengua *tongue; language*, 16; **Las malas lenguas pueden hablar.** *People may gossip.*, 16

el **león** *lion*, 8

les *to them, you* (pl.), 5

letra *letter* (of alphabet), la **Facultad de Filosofía Y Letras** *College of Humanities*, 4

letrero *sign; poster*, 3

levantar *to raise, lift* (someone, something), 6; **levantarse** *to get up*, 6

leve *light; slight, trivial*

la ley *law*

la liberación *liberation*

liberarse *to liberate oneself*

la libertad *liberty, freedom*

el/la libertador/a *liberator*

libre *free*, 13

libremente *freely*

librería *bookstore*, 12

libro *book*, 1

licencia *license*

licenciatura *Bachelor's degree*, 4

liceo *secondary school*

el **líder** *leader*

liga *league*

ligado *tied to, bound to*

ligar *to tie, bind; to join*

ligero *light*

limeño/a *person from Lima*, 15

limpiar *to clean*, 7

lindo *wonderful; pretty; fine*, 5; **¡Qué lindo!** *How great!, How wonderful!, How pretty!*, 17

lingüístico *linguistic*

lista *list*

listo *smart, bright; ready*, 2

literalmente *literally*

literatura *literature*, 4

lo *it, him, you*, 3; **Lo siento.** *I'm sorry.*, 6

el **lobby** *lobby*, 5

lobo *wolf*

loco *crazy person; crazy, mad*, 4; **Me vuelvo loco.** *I go mad.*, 6

locura *insanity, madness*, 4

el/la **locutor/a** *announcer, commentator*, 4

lógico *logical*

lograr *to accomplish; to obtain*

logro *achievement*, 18

lomo *loin; rib*

Londres (*m.*) *London*, 13

los *the* (m. pl.), 1

lotería *lottery*, 12

luchar *to fight, struggle*

luego *later; then; soon*, 1; **Hasta luego.** *Until later. (See you later.)*, 1 el **lugar** *place*, 4

lujo *luxury*

luna *moon*, 4

el **lunes** *Monday*, 3

lustrar *to shine; to polish*, 6

la **luz** (*pl.* **luces**) *light*, 1; dar a luz *to give birth*

Ll

llamado *called*

llamar *to call;* **llamarse** *to be called*, 2; **Me llamo . . .** *My name is . . .*, 1

llegar *to arrive*, 7; **llegar a este paso** *to reach this point*, 18

llevar *to carry; to wear*, 7; *to get along;* **llevar (a alguien) a pasear** *to take (someone) for a trip*, 13; **llevar (a alguien) de paseo** *to take (someone) for a walk*, 8

llorar *to cry*, 8

llover (**ue**) *to rain*, 5

lluvia *rain*, 5; **Hay lluvia.** *It's rainy.*, 5

lluvioso *rainy*, 5

M

machismo *machismo, exaggerated masculine pride*

machista *male, masculine* (adj.), 18

macho *authoritarian; manly*, 16

madera *wood, lumber*

la **madre** *mother*, 3

Madrid (*f.*) *Madrid*

madrileño/a *Madrid resident*

madrina *godmother*

madrugada *early morning, dawn*

madrugar *to get up early*, 10

maestro/a *teacher, instructor*, 4; *maestro*

magnífico *magnificent*, 1

mago: los **reyes magos** *the Three Kings, Magi*, 6

el maguey *maguey* (cactus)

mal *bad; poor; ill; wrong*, 1

el **mal** *sickness*, 14; **mal de amores** *lovesickness*, 14

malagueña *a type of song;* *La malagueña* title of a popular Spanish song

malo *bad*, 6

malteada *milk shake*, 9

mamá *mother; mom*, 1

mandar *to send*, 5; *to command, order*, 13

mandato *command, mandate*, 7

manejar *to manage, to handle; to drive*

manera *manner, way*

la **manifestación** *manifestation; demonstration*, 15

manifestar (ie) *to manifest, show*

la **mano** *hand*, 1; **dar la mano** *to shake hands*, 1

manso *meek, mild, gentle; tame*, 16

el **mantel** *tablecloth*, 9

mantener (ie) (mantengo) *to maintain; to keep; to sustain*

mantequilla *butter*, 9

manzana *apple*, 8; *block* (city), 12

mañana *tomorrow; morning*, 1; **en (por) la mañana** *in the morning*, 1; **Hasta mañana.** *Until tomorrow. (See you tomorrow.)*, 1

mañanitas *a song sung to celebrate one's birthday*

máquina *machine*, 6; escribir a máquina *to typewrite*

el maratón *marathon*

maravilla *marvel, wonder*, 5

maravilloso *marvelous*

marcado *marked*

marcar *to mark; to score* (sports); *to dial* (telephone), 11

los mariachis *group of musicians* (Mexico)

marido *husband*, 16

marihuana *marijuana*, 14

mariposa *butterfly*

marisco *shellfish;* (pl.) *seafood*, 9

el mármol *marble*

marrón *brown*, 7

el **martes** *Tuesday*, 3

martirio *martyrdom*

marzo *March*, 5

más *more*, 1; *plus;* **más o menos** *all right; so-so*, 1; **más que/de** *more than*, 10

matemáticas *mathematics*, 1

materia *material; subject matter*, 2

materialista *materialistic*

materno *maternal*, 3

matrícula *registration; register, roster, roll, license*

matricular *to matriculate, register*

matrimonio *marriage; married couple*, 18

máximo *maximum; top*

el/la maya *Maya; Mayan* (adj.)

mayo *May*, 5

mayonesa *mayonnaise*

mayor *older; greater*, 1; **el/la mayor** *the biggest/oldest*, 11

mayordomo *maitre d', headwaiter*

mayoría *majority*

mayúscula *capital* (letter)

me *me; myself*, 1; **Me dio el sí.** *She/He said yes.*, 18; **Me gusta. (Me gustan.)** *I like it. (I like them.)*, 1; **Me llamo . . .** *My name is . . .,*

1; **Me vuelvo loco.** *I go mad.*, 6

mecánico *mechanic*, 4

medalla *medal*

media *stocking*, 7

mediado *half; half over*, 11; **a mediados de** *about the middle of*, 11

la **medianoche** *midnight*, 3

medicamento *medicament*

medicina *medicine*, 2

médico/a *doctor*, 1

medida *measure; measurement*, 7; **hecho a la medida** *custom-made*, 7

medio *half*, 3; *medium*, 6; por medio de *by means of*

mediocre *mediocre*, 13

el **mediodía** *noon, midday*, 3

medir (**i**) *to measure*, 4

mejor *better*, 5; **el/la mejor** *the best*, 11

mejoramiento *improvement*

mejorar *to improve*

melodía *melody*, 16

el melón *melon*

mellizo/a *twin*

membrillo *quince; quince tree*

memoria *memory*

mencionar *to mention*

menor *younger; smaller; lesser*, 3; el/la menor *the youngest*

menos *less, fewer*, 1; *minus*, 3; **a menos que** *unless*, 13; **al menos** *at least*, 10; **menos que/de** *less than*, 10; **por lo menos** *at least*, 13

mentir (**ie**) *to lie (prevaricate)*, 16

mentira *lie*, 9

el **menú** *menu*, 9

menudo: **a menudo** *often*, 10

mercado *market*, 7

mercurio *mercury*, 15

merluza *hake* (fish)

el **mes** *month*, 5

mesa *table*, 1; **poner la mesa** *to set the table*, 7

mesero *waiter* (Mexico)

meta *goal*

metro *meter*

metropolitano *metropolitan*

mexicano *Mexican*, 2

México *Mexico*, 1; *Mexico City*

mezclar *to mix*, 9

mi, **mis** *my*, 1

mí *to me; myself*, 5; **¡Ay de mí!** *Oh me!*, 6

miedo *fear*, 5; **Tengo miedo.** *I'm afraid.*, 5

la **miel** *honey*

miembro *member*, 1

mientras (**que**) *while, as long as*, 11

el **miércoles** *Wednesday*, 3

mil *one thousand*, 4; **mil quinientos(as)** *one thousand five hundred*, 4

milagrosamente *miraculously*

Milano *Milan*, 13

militar *military; military man*

la militarización *militarization*

milla *mile*

millón *million*, 4; **un millón de . . .** *a (one) million . . .*, 4

millonario/a *millionaire*, 12

mínimo *minimum*

minúscula *small, lower case* (letter)

minuto *minute*, 6

mío/a *my; of mine*, 14

mirada *glance, look*

mirar *to watch, look at*, 3

mis *my*, 3

miseria *misery; poverty*

mismo *self; same*, 12

misterioso *mysterious*

la **mitad** *half; middle*, 15

mixto *mixed*, 9

moda *fashion; style*, 7; **de la última moda** *the latest*

fashion, 7; **de moda** *fashionable; fashionably*, 7

modelo *model*, 1

moderno *modern*, 4

modificar *to modify*

el/la **modista** *dressmaker*, 4

modo *mode, manner; way; mood* (grammar), 7

molestar *to bother; to molest*

momentito *a short time, moment* (diminutive of **momento**), 3

momento *moment*, 13

mono/a *monkey*, 7

montaña *mountain*, 5

montar *to ride; to mount*, 10; *to put together (a program, etc.)*, 13; **montar a caballo** *to ride a horse*, 10

el **montón** *pile; heap*, 12; **un montón de** *a lot of*, 12

monumento *monument*

morado *purple*, 7

morar *to live, dwell*

mordida *bite; bribe*

moreno *dark, brown, brunette*, 1

morir (**ue**, **u**) *to die*, 6; **morirse** *to die unexpectedly*, 9

moro *Moor*

Moscú *Moscow*

mostrar (**ue**) *to show*, 6

motocicleta *motorbike, moped*; andar en motocicleta *to go riding a motorbike*

movimiento *movement*

mozo *waiter; young boy*, 1; buen mozo *good-looking*

muchacho/a *boy/girl*, 2

muchísimo *very much*, 17

mucho *much, a lot*, 1; **Mucho gusto.** *Glad to meet you. (Much pleasure.)*, 1; muchos *many*

los muebles *furniture*
muela *back tooth; molar*, 14
la muerte *death*
muerto *dead*
la **mujer** *woman*, 3; **mujer de negocios** *business-woman*, 4
multa *fine*, 9
mundial *world* (adj.), 6
mundo *world*, 8; **todo el mundo** *everyone, every-body*, 11
municipal *municipal*, 11
la municipalidad *municipality*
muñeca *doll; wrist*
músculo *muscle*
música *music*, 1; música de cámara *chamber music*
músico/a *musician*
muy *very*, 1

N

ná (colloquial) short for **nada** *nothing*, 15
la **nación** *nation*, 12; **Naciones Unidas** *United Nations*, 12
nacional *national*
la **nacionalidad** *nationality*, 2
los **nachos** *nachos*, 9
nada *nothing*, 6; **nada de particular** *nothing special, nothing in particular*, 9
nadar *to swim*, 11
nadie *no one, nobody*, 8
los **naipes** *playing cards*; jugar al los naipes *to play cards*
naranja *orange*, 9
natal *native* (adj.), 10
naturaleza *nature*
naturalmente *naturally*
la **Navidad** *Christmas*, 6
necesario *necessary*, 5
la **necesidad** *necessity, need*, 17
necesitar *to need*, 2
negativamente *negatively*
negativo *negative*, 1
la negociación *negotiation*

negociar *to negotiate*
negocio *business deal; transaction; business*, 4; **hombre/mujer de negocios** *businessman/businesswoman*, 4
negro *black*, 3
nervioso *nervous*, 6
nevar (**ie**) *to snow*, 5
ni *nor*, 6; **ni . . . ni . . .** *neither . . . nor . . .*, 8
Nicaragua *Nicaragua*, 8
nieta *granddaughter*
nieto *grandson*
la **nieve** *snow*, 5
ninguno (**ningún**) *none*, 8
niño/a *child*, 1; **de niño/a** *as a child*, 10
el nivel *level*; nivel de vida *standard of living*
no *no; not*, 1; **Creo que no.** *I don't think so.*, 17
nocturno *nocturnal, night* (adj.)
la **noche** *night, evening*, 3; Buenas noches. *Good evening.*; **de noche** *at night*, 6; **día y noche** *all the time*, 3
el **nombre** *name*, 1
norma *norm, standard; rule, method*
normalmente *normally*
el norte *north*
Norteamérica *North America*
norteamericano/a *North American*, 1
nos *us; to us*, 4
nosotros, nosotras *we; us* (obj. of prep.), 2
nota *note*, 1; *grade* (school), 14; *mark*
notable *notable*
notado *noted*
notar *to note; to notice*, 14
noticia *news; notice*, 6
novecientos(as) *nine hundred*, 4

novela *novel*, 3
el/la novelista *novelist*
noventa *ninety*, 4
novia *girlfriend; fiancée*, 3
noviazgo *engagement; courtship*, 18
el **noviembre** *November*, 5
novio *boyfriend; fiancé*, 3
nublado *cloudy, overcast*, 5
nuestro/a *our*, 3
nuestros/as *ours*, 3
Nueva York *New York*, 4
nueve *nine*, 1
nuevo *new*, 3; **de nuevo** *again*, 6; el **Año Nuevo** *New Year's Day*, 6; **¿Qué hay de neuvo?** *What's new?*, 9
número *number*, 1
numeroso *numerous*
nunca *never; ever*, 8

O

o *or*, 1
obedecer (**obedezco**) *to obey*, 18
obelisco *obelisk*
obispado *bishopric*
objetivo *objective*
objeto *object*, 5
la **obligación** *obligation*, 3; *necessity*
obligado *obliged*
obligar *to obligate; to oblige*
obra *work; play* (theater), 13
obrero/a *worker*, 15
la obscenidad *obscenity*
la observación *observation*
observar *to observe*
obvio *obvious*, 16
la **ocasión** *occasion*, 11
occidental *western; occidental*
océano *ocean*
el **octubre** *October*, 5
el/la **oculista** *oculist*, 4
la **ocupación** *occupation, profession*, 4

ocupado *busy*, 18
ocupar *to occupy; to keep busy*, 18
ocurrido *occurred*
ocurrir *to occur*, 11
ochenta *eighty*, 4
ocho *eight*, 1
ochocientos(as) *eight hundred*, 4
el oeste *west*
ofender *to offend;* ofenderse *to be offended*
ofensivo *offensive*
oficialmente *officially*
oficina *office*, 4
oficio *office* (position); *occupation*, 1
ofrecer (ofrezco) *to offer*, 4
oír (y) (oigo) *to hear*, 6
¡Ojalá! *I hope!, I wish!, God grant!*, 15
ojo *eye*, 14
¡Olé! *Bravo!*, 9
olímpico *Olympian; Olympic; haughty*
olvidadizo *forgetful*, 6
olvidar *to forget*, 6; **olvidarse de** *to forget*, 6
once *eleven*, 1
ópera *opera*, 13
la **operación** *operation*, 4
el/la operador/a *operator*
opinar *to opine; to judge*
la **opinión** *opinion*, 3
oponer (opongo) *to oppose*, 11; **oponerse** *to oppose, to be opposed*, 11
la **oportunidad** *opportunity*, 16
el/la **optimista** *optimist; optimistic* (adj.), 2
opuesto *opposite*
la oración *sentence; oration*
oreja *ear*, 14
organizado *organized*
organizar *to organize*, 12
orgullosamente *proudly*, 10
orgulloso *proud*, 10

el origen *origin*
originalmente *originally*
oro *gold*
orquesta *orchestra*
ortografía *spelling, orthography*
ortográfico *orthographic, pertaining to spelling* (adj.), 9
os *you; to you* (fam. pl.), 4
oscuro *dark* (color), 7
otoño *autumn*
otorgar *to present* (gift)
otro *other; another*, 1; **otra vez** *again*, 8
oveja *sheep*

P

paciencia *patience*, 7
el/la **paciente** *patient; patient* (adj.), 14
pacífico *pacific; peaceful*
el **padre** *father*, 1; los **padres** *parents*, 1
padrino *godfather*
paella *a dish of rice, meat, seafood, and vegetables*
pagar *to pay* (for), 5
página *page*, 1; **en la página ___.** *To page ___.*, 1
el **país** *country*, 15; País Vasco *Basque country*
pájaro *bird*, 12
palabra *word*, 1; **palabra interrogativa** *question word*, 1
palacio *palace; mansion*
palear *to shovel*
pálido *pale*, 14
palillo *toothpick*, 9
palo *stick*, 11
paloma *pigeon, dove*
el **pan** *bread*, 9; **pan tostado** *toast*, 9
panadería *bakery*
Panamá (m.) *Panama*, 8

panamericano *Pan-American*
panecillo *small roll*
panera *breadbasket*, 9
el **panorama** *panorama*, 6
el **panqueque** *pancake*, 9
pantaloncillo *shorts*
los **pantalones** *pants, trousers*, 3
papa *potato*, 9; **papas al horno** *baked potatoes*, 9; **papas fritas** *french fries*, 9; puré de papas *mashed potatoes*
el papa *pope*
el **papá** *father; dad*, 1
el **papel** *paper*, 1; *role*
el **par** *pair*, 5
para *for; to*, 1; **para que** *in order that, so that*, 17; **para usar** *to use*, 1
paraguayo/a *Paraguayan*
paraíso *paradise*
parar *to stop*
parcial *partial*, 18; **de tiempo parcial** *part-time*, 18
parecer (parezco) *to look like, seem, appear*, 5; **¿Qué le (te) parece . . .?** *What do you think . . .?, How do you like . . .?*, 5
la pared *wall*
pareja *pair; couple; partner*
el paréntesis *parenthesis*
el/la **pariente** *relative, family member*, 3
París (m.) *Paris*, 13
el **parque** *park*, 2
párrafo *paragraph*, 15
parrilla *grill*
parrillada *grilled meat*
parrillar *to grill*
parroquiano/a *parishoner*
la **parte** *part*, 16
partera *midwife*
el/la participante *participant*
participar *to participate*, 17
participio *participle*, 14

particular *particular, private,* 9; **de particular** *special,* 9; **nada de particular** *nothing special, nothing in particular,* 9

partido *game* (sports); *party* (political), 11

parto *delivery, birth*

pasado *past, last* (adj.); *passed* (past part.), 8; el **pasado** *the past,* 8

el **pasaporte** *passport,* 14

pasar *to pass, to happen; to spend* (time), 5; **¿Qué pasó?** *What happened?,* 8

pasatiempo *pastime,* 6

pasear *to go for a walk; to stroll,* 6; **llevar (a alguien) a pasear** *to take (someone) on a trip,* 13

paseo *walk; trip,* 8; **llevar (a alguien) de paseo** *to take (someone) for a walk,* 8

la **pasión** *passion,* 13

pasivo *passive,* 12

paso *step,* 11; **llegar a este paso** *to reach this point,* 18

el **pastel** *pie, pastry roll*

pastilla *pill,* 6

el/la **pastor/a** *shepherd/ shepherdess*

patada *kick,* 11

paterno *paternal,* 3

pato *duck*

patria *native country; native* (adj.)

patriótico *patriotic*

patrocinado *sponsored*

el **patrón**, la **patrona** *patron; boss;* (m.) *pattern* (for sewing), 17

pavo *turkey*

la **paz** *peace,* 15

el peatón, la peatona *pedestrian*

pedir (**i**) *to ask for; to request,* 4; *to order*

pegar *to stick; to beat*

peinado *hairdo,* 12

película *film, movie; picture,* 8; **película de terror** *horror movie,* 13

peligroso *dangerous,* 4

pelo *hair,* 12

pelota *ball*

peluquería *barbershop,* 12

pena *effort, trouble,* 12

penoso *difficult, arduous*

pensar (**ie**) *to think; to intend,* 3; **pensar en** *to think about,* 3

peor *worse,* 10; **el/la peor** *the worst,* 11

el Pepsi *Pepsi,* 9

pequeño *little, small, young,* 7

la percusión *percussion*

perder (**ie**) *to lose; to waste,* 6

pérdida *loss; waste,* 6

el **perdón** *pardon, forgiveness,* 1

perdonar *to pardon; to excuse; to forgive,* 7

la peregrinación *pilgrimage*

peregrino/a *pilgrim*

perezoso *lazy, slow,* 4

perfectamente *perfectly,* 1

perfecto *perfect,* 14; **pretérito perfecto** *present perfect,* 14

el perfume *perfume*

perfumería *perfumery*

periódico *periodical; news-paper,* 6

periodismo *journalism,* 15

el/la **periodista** *journalist; newspaperman (news-paperwoman),* 15

perjudicial *harmful,* 6

permiso *permission,* 7;

permit, 9; **permiso de conducir** *driver's license,* 9; **con permiso** *excuse me,* 14

permitir *to permit,* 2

pernicioso *pernicious,* 6

pero *but,* 2

persistir *to persist*

persona *person,* 1

personal *personal* (adj.), 12; (m.) *personnel*

la personalidad *personality*

personificar *to personify*

perspectiva *perspective, overview*

persuadir *to persuade*

el **Perú** *Peru,* 8

peruano/a *Peruvian*

perro *dog*

pesa *weight*

pesar *to weigh*

pesca *fishing* (sport), 6; **ir a la pesca** *to go fishing,* 6

pescado *fish,* 9

pescar *to fish,* 6

peseta *monetary unit in Spain,* 13

el/la **pesimista** *pessimist; pessimistic* (adj.), 2

peso *peso* (unit of currency), 3; *weight;* aumentar de peso *to gain weight*

la **petición** *petition; request,* 13

petróleo *petroleum; oil,* 13

el/la pianista *pianist*

piano *piano,* 6

picante *highly seasoned*

el **pie** *foot,* 10; **a pie** *on foot,* 10

pierna *leg,* 11

pieza *piece*

piloto *pilot,* 4

pimienta *pepper,* 9

pinchazo *prick; puncture*

pintar *to paint,* 6

el/la pintor/a *painter*

pintoresco *picturesque*

piñata *piñata,* 14

la pirámide *pyramid*

piropo *compliment, flirtatious remark*

pisar *to step on,* 15

piscina *swimming pool,* 11

el Piscis *Pisces* (astrology)

piso *floor*

pizarra *chalkboard,* 1

pizza *pizza,* 9

placa *plaque, tablet; badge; license plate*

placentero *pleasant, agreeable*

el **placer** *pleasure,* 1; **Es un placer.** *It's a pleasure.,* 1

el **plan** *plan,* 4

el **planeta** *planet,* 4

plano *plane; level, smooth, even; flat*

planta *plant*

plata *silver; money* (slang), 12

plataforma *platform*

platea *orchestra* (theater)

platillo *small plate, saucer,* 9

plato *plate, dish,* 9; **plato fuerte** *main dish,* 9

playa *beach,* 2

playera *T-shirt*

plaza *square, plaza,* 3

pleno *full;* en plena calle *in the middle of the street, right in the street*

plural *plural,* 1

pluscuamperfecto *pluperfect,* 14

pobre *poor,* 2

la poción *potion*

poco *little, few,* 1; **un poco** *a little,* 1

poder (ue) *to be able,* 4; **¿Se puede?** *May I?,* 7

el **poder** *power,* 10

poderoso *powerful*

poesía *poetry*

el/la **policía** *policeman (policewoman),* 4; **la policía** *police,* 4

politécnico *polytechnic,* 8

política *politics; policy*

político *politician; political* (adj.)

pollo *chicken,* 9

poner (**pongo**) *to put; to place,* 6; **poner la mesa** *to set the table,* 7; **ponerse** *to put (something) on,* 6; **ponerse a dieta** *to go on a diet,* 9; **ponerse de acuerdo** *to come to an agreement,* 8; **ponerse de buen humor** *to get in a good mood,* 8; **ponerse de mal humor** *to get upset,* 8; **ponerse enfermo** *to get sick,* 9; **ponerse rojo/a** *to blush,* 8

la popularidad *popularity*

por *in; during,* 1; *by,* 6; *for,* 7; *per,* 13; **por accidente** *by accident,* 15; **por ahora** *for now,* 13; **por aquí** *around here,* 12; **por detrás** *from behind,* 11; **por ejemplo** *for example,* 13; **por escrito** *in writing,* 17; **por eso** *that's why; therefore,* 6; **por etapas** *step by step,* 18; **por favor** *please,* 1; **por fin** *finally; at last,* 13; **por la mañana** *in the morning,* 1; **por la tarde** *in the afternoon,* 1; **por lo general** *generally, usually,* 10; **por lo menos** *at least,* 13; *por lo tanto* *therefore;* **por lo visto** *obviously,* 13; **por primera vez** *for the first time,* 9; **¿por qué?** *why?,* 1; **por supuesto** *of course,* 13

porcelana *porcelain,* 12

porque *because,* 3

el **porqué** *the reason why*

porteño/a *person from Buenos Aires*

portero *doorman*

portillo *gap, opening*

Portugal (m.) *Portugal,* 13

el **portugués** *Portuguese language; Portuguese male,* 2

portuguesa *Portuguese female,* 2

posesivo *possessive,* 3

la **posibilidad** *possibility,* 10

posible *possible,* 3

posiblemente *possibly*

la **posición** *position,* 6

la **postal** *postcard,* 5

el **postre** *dessert,* 7

práctica *practice,* 13

practicante *practicing*

practicar *to practice,* 10

práctico *practical, skillful, practiced*

precio *price,* 15

precisamente *precisely,* 6

predicar *to preach*

prefacio *preface*

preferencia *preference,* 3

preferible *preferable,* 16

preferir (**ie, i**) *to prefer,* 3

pregunta *question,* 1; **hacer una pregunta** *to ask a question,* 7

preguntar *to ask,* 7; **Pregúntele** *Ask,* 1; **Pregúntele a ___ cómo está.** *Ask (someone) how he/she is.,* 1

premio *prize*

prenda *article of clothing,* 7

prender *to arrest; to seize, to grasp; to fasten,* 15

prensa *press; newspapers,* 15

preocupado *preoccupied*

preocuparse *to worry*, 6

la preparación *preparation*

preparado *prepared*

preparar *to prepare*, 5; **prepararse** *to prepare, get oneself ready*, 7

preparatorio *preparatory*

la **preposición** *preposition*, 5

presencia *presence*, 15

la **presentación** *presentation*, 1

presentar *to present; to introduce*, 18

presente *present* (adj.), 2

el **presidente** *president*, 4

la presión *pressure*

preso *prisoner; imprisoned* (adj.), 10

prestar *to lend*, 5

prestigio *prestige*

prestigioso *prestigious*, 15

pretérito *preterit*, 8; **pretérito perfecto** *present perfect*, 14

primario *primary;* escuela primaria *grade school*

primavera *spring*, 5

primero (**primer**) *first*, 4

primo/a *cousin*, 3

principal *principal, main, chief; first, foremost*

principalmente *principally*

principio *start, beginning*, 8

prisa *haste, hurry*, 5; **de prisa** *hurriedly*, 5; **Tengo prisa.** *I'm in a hurry.*, 5

privado *private, deprived*, 10

privilegio *privilege*, 15

la **probabilidad** *probability*, 12

probar (**ue**) *to test; to try out, try on*, 7

el **problema** *problem*, 7

procesamiento *processing*

la procesión *procession*

producir (produzco) *to produce*

producto *product*

la **profesión** *profession, occupation*, 1

profesional *professional*, 11

el/la **profesor/a** *professor; teacher*, 1

profesorado *faculty*

el **programa** *program*, 11

el/la **programador/a** *programmer*, 1

programar *to program*, 4

progresar *to progress*, 13

progresista *progressive*

progresivo *progressive*, 11

progreso *progress*

prohibir (**prohíbo**) *to prohibit; to ban*, 15

prometer *to promise*, 2

el **pronombre** *pronoun*, 2

pronto *soon*, 3

la pronunciación *pronunciation*

la **propiedad** *property; ownership*, 10

propina *tip* (money)

propio *own; proper, suitable*, 13

proponer (propongo) *to propose*

propósito *purpose;* **a propósito** *by the way*, 6

prosaico *prosaic, prose*

proseguir (i) *to continue*

prosódico *prosodic; stress* (accent)

protector *protective*

proteger (protejo) *to protect;* protegerse *to protect oneself*

protestar *to protest*, 15

prototipo *prototype*

provecho *advantage; benefit; profit*, 7; **¡Buen provecho!** *Good appetite!*, 7

proveer *to provide; to furnish, to settle*

proverbio *proverb, saying*

provincia *province*

proviso *proviso, condition*, 17

provocar *to provoke*

próximo *next*, 5

proyecto *project*, 17

prueba *proof; trial; test*

el/la **psicoanalista** *psychoanalyst*, 14

psicología *psychology*

publicar *to publish*, 12

público *public*, 12

pueblo *village, town; people*

el puente *bridge*

puerta *door*, 1

puerto *port*, 16

puertorriqueño *Puerto Rican*, 16

pues *well, then, anyhow*, 4

puesto *put; placed* (irreg. past part. of **poner**), 14; *position; office*, 17; *booth, stand* (Mexico)

pulgada *inch*

el **pullover** *pullover*, 7

punto *point;* punto de vista *point of view;* **en punto** *sharp, exactly* (time), 3

la puntuación *punctuation*

puñado *handful*

pupila *pupil* (eye)

el **puré** *purée;* puré de papas *mashed potatoes*

puro *pure*

Q

que *that, which*, 3

¿qué? *what?*, 1; **¿Qué clase de . . .?** *What kind of . . .?*, 16; **¿Qué hay de nuevo?** *What's new?*, 9; **¡Qué interesante!** *How interesting!*, 8; **¿Qué le (te) parece . . .?** *What do you think . . .?, How do you like . . .?*, 5; **¡Qué lindo!** *How great!, How wonderful!, How* pretty!, 17; **¿Qué pasó?** *What happened?*, 8; **¿Qué significa __ en inglés?** *What does __ mean in English?*, 1; **¿Qué tal?** *How's it going?; How are you?*, 1; **¿Qué tiempo hace?** *What's the weather like?*, 5; **¿Qué tiene usted?** *What's the matter with you?*, 14

quedar *to remain, stay; to be left; to fit*, 7; **Le queda muy bien.** *It fits you very well.*, 7; **quedarse** *to remain, stay*, 7

el **quehacer** *task, chore;* los quehaceres de la casa *household duties*

queja *complaint*

quejarse *to complain*

querer (**ie**) *to want, wish; to love*, 3

querido/a *loved one; dear*, 16

queso *cheese*, 9

¿quién? *who?*, 1; **¿de quién?** *whose?*, 1

química *chemistry*, 4

químico/a *chemist*, 1

quince *fifteen*, 1

quinientos(as) *five hundred*, 4

quizás *perhaps, maybe*, 3

R

la **radio** *radio*, 3

la **raíz** (pl. **raíces**) *root; stem*, 3

rajar *to crack, split, splinter; to chip; to boast;* rajarse *to back down, to give up*

rápidamente *rapidly*, 18

rápido *rapid; fast*, 3

el ráquetbol *racquetball*

raro *rare; strange*

rascacielo *skyscraper*

rasgo *characteristic, trait*

rato *time; while*, 13; **un buen rato** *quite a while*, 13

raza *race* (ethnic), 6

la **razón** *reason*, 5; **Tengo razón.** *I'm right.*, 5

razonable *reasonable*

la **reacción** *reaction*

real *real; royal*

la **realidad** *reality*

realista *realistic*

realizar *to fulfill, to carry out*, 18

rebaja *discount*, 15

rebajar *to lower* (prices)

la **rebelión** *rebellion*

rebosar *to overflow*

rebozado *muffled up; covered with batter*

rebozar *to muffle up; to cover with batter*

la **recepción** *reception*

el/la **recepcionista** *receptionist*, 14

receta *recipe; prescription*, 13

recetar *to prescribe*, 14

recibido *received*

recibir *to receive, get*

reclamar *to call for; to claim, demand*

recobrar *to recover*, 14; **recobrar fuerzas** *to recover one's strength*, 14

recoger (**recojo**) *to pick up; to collect*, 7

recomendado *recommended*

recomendar *to recommend*

reconocer (reconozco) *to recognize*

reconquista *reconquest*

recordar (**ue**) *to remember*, 17

recuerdo *souvenir, remembrance, keepsake*, 12

la **red** *net*

redactar *to edit*

el/la **redactor/a** *editor*, 15

reducir (reduzco) *to reduce*

reemplazar *to replace*

referencia *reference*, 8

referir (ie, i) *to refer*

reflejar *to reflect*

reflexivo *reflexive*, 6

el **refrán** *saying; proverb*, 8

refresco *soft drink; refreshment*, 3

regalo *gift*, 3

regañar *to scold*, 9

regatear *to bargain*

regazo *lap*

la **región** *region*

registrado *registered*

regla *rule*, 14; por regla general *as a general rule*

regresar *to return*, 3

regular *regular*, 1

reír *to laugh*

reina *queen*, 9

reinar *to reign*

la **relación** *relation*

relativamente *relatively*

religioso *religious*

el **reloj** *watch; clock*, 1

remedio *remedy; solution*

remoto *remote*

renombrado *renowned*

reparar *to repair*, 12

repaso *review*, 13

repente: **de repente** *all of a sudden*, 11

repetir (**i**) *to repeat*, 4; **Repitan, por favor.** *Please repeat.*, 1

reportero/a *reporter*

reposo *rest*, 14

represalia *reprisal*

republicano *republican*

la **reputación** *reputation*

la **reservación** *reservation*

residencial *residential*

el/la **residente** *resident*

resolver (**ue**) *to resolve*, 18

respectivamente *respectively*

respectivo *respective*

respecto *respect; reference;*
con respecto a *with
respect to; with regard to*
respetado *respected,* 1
respetar *to respect*
respeto *respect*
responder *to respond,
answer,* 2; **Respondan,
por favor.** *Please respond.,* 1
la responsabilidad *responsibility*
respuesta *answer,
response,* 15
restaurado *restored*
el **restaurante** *restaurant,* 1
resto *rest, remainder*
la restricción *restriction*
resultado *result*
resultar *to result*
el resumen *summary*
la **reunión** *gathering, meeting,* 1
reunir *to assemble; to reunite*
revista *magazine,* 8
la **revolución** *revolution,* 10
revolucionario *revolutionary*
revolver (ue) *to shake; to
stir; to turn around*
revuelto *shaken; scrambled;
stirred,* 9
el **rey** *king,* 1; los **reyes
magos** *the Three Kings,
Magi,* 6
rico *rich,* 2
ridículo *ridiculous,* 12
rima *poem; rhyme*
río *river*
riquísimo *very delicious;
very rich*
ritmo *rhythm,* 16
el rival *rival*
robar *to rob*
robo *robbery,* 6
el rock 'n' roll *rock 'n' roll*
rodilla *knee*
rodillera *knee guard, kneepad*
rogar (ue) *to request*
rojo *red,* 3; **ponerse rojo/a**
to blush, 8

romano *Roman*
romántico *romantic,* 2
romper *to break; to tear,* 14
roncar *to snore,* 16
ropa *clothing, clothes,* 3
rosa *rose*
rosado *pink,* 7
roto *broken; torn,* 11
rotundamente *roundly,
categorically,* 17;
¡Rotundamente no!
Absolutely not!, 17
rubio *blond(e), fair,* 1
ruina *ruin*
rumba a Latin American dance
Rusia *Russia*
ruso *Russian; Russian male,* 7
rusa *Russian female,* 7
rutina *routine,* 6

S

sábado *Saturday,* 3
sábana *sheet*
saber (**sé**) *to know; to know
how to,* 4
el **sabor** *flavor,* 9
saborear *to flavor; to taste*
sabrosísimo *very tasty; savory*
sabroso *delicious, tasty,* 9
sacar *to get; to take; to take
out,* 4
Sagitario *Sagittarius* (astrology)
la **sal** *salt,* 9
sala *room,* 1; **sala de clase**
classroom, 1
salario *wage, salary*
salir (**salgo**) *to leave,* 3
el **salón** *salon; room,* 12
el salpicón *cocktail* (food)
salsa *salsa* (dance), 7
la salud *health;* **¡Salud!** *Your
health!; Bless you!;
Greetings!,* 15
saludar *to greet,* 8; **Salude
a estas personas.** *Greet
these people.,* 1
saludo *greeting,* 1

salvar *to save;* salvarse la
vida *to save one's life*
salvo *safe* (adj.), 10; **a
salvo** *safe, out of danger,*
10
Salzburgo *Salzburg*
san *saint,* 6; **San Nicolás**
*Saint Nicholas (Santa
Claus),* 6
sandalia *sandal,* 7
el/la **sandinista** *Sandinista,* 10
el **sandwich** *sandwich,* 9
la sangre *blood*
sangría *fruit drink with wine*
sano *healthy; sane,* 14
¡Santiago y a ellos!
*Santiago and at 'em!
(famous battle cry),* 17
santiagués *pertaining to
Santiago de Compostela,* 17
santo/a *saint,* 6; (adj.) *holy;*
santo patrón *patron
saint,* 17
el **sarape** *sarape*
el **sastre,** la **sastra** *tailor,
tailoress*
sastrería *tailor shop,* 12
sátira *satire*
la satisfacción *satisfaction*
se (sing.) *himself, herself,
itself, yourself;* (pl.)
themselves, yourselves, 1;
¡Se acabó! *That does it!,
It's finished!,* 11; **¿Se
puede?** *May I?,* 7
la sección *section*
seco *dry,* 12
secretario/a *secretary,* 1
secreto *secret,* 7
el sector *sector*
secuencia *sequence,* 5
secundario *secondary;*
escuela secundaria *high
school*
la **sed** *thirst,* 5; **Tengo sed.**
I'm thirsty., 5
seda *silk,* 7

seguida *series, succession;* **en seguida** *at once, immediately,* 6

seguidilla a type of Spanish song

seguir (**i**) (**sigo**) *to follow, pursue; to continue,* 4

según *according to,* 2

segundo *second,* 13

la seguridad *security, safety; certainty*

seguro *sure, certain; certainly,* 7; *insurance,* 14; **Seguro que sí.** *Certainly.,* 16; **Seguro Social** *Social Security,* 14

seis *six,* 1

seiscientos(as) *six hundred,* 4

la **selección** *selection,* 9

sello *stamp; seal,* 6

semana *week,* 3; el **fin de semana** *weekend,* 7

semejante *similar, like*

el **semestre** *semester,* 18

el/la senador/a *senator*

sencillo *simple, plain; single,* 17

la **sensación** *sensation,* 7

sentar (**ie**) *to seat,* 6; **sentarse** *to sit down,* 6; **Siéntese, por favor.** *Please sit down.,* 1

sentimiento *feeling; sentiment,* 15

sentir (**ie**) *to feel; to regret,* 6; **Lo siento.** *I'm sorry.,* 6; **sentirse** *to feel,* 6

el **señor** *Mr.; sir; gentleman,* 1

señora *Mrs.; ma'am; lady,* 1

señorita *Miss; young lady,* 1

el **septiembre** *September,* 5

ser (**irreg.**) *to be,* 2

el ser humano *human being*

serenata *serenade*

sereno *night watchman; serene* (adj.)

seriamente *seriously,* 18

serio *serious,* 14; en serio *seriously;* Esto va en serio. *This is getting serious.*

servicio *service,* 12

servilleta *napkin,* 9

servilletero *napkin holder,* 9

servir (**i**) *to serve,* 4

sesenta *sixty,* 5

setecientos(as) *seven hundred,* 4

setenta *seventy,* 4

severo *severe; stern; strict*

sevillana a type of Spanish song and dance (*of Seville*)

sexo *sex,* 18

si *if,* 6; **como si** *as if,* 18

sí *yes,* 1; **Claro que sí.** *Of course.,* 5; **Creo que sí.** *I think so.,* 3; **Esto sí que es . . .** *This really is . . .,* 15; **Me dio el sí.** *She/He said yes.,* 18; **Seguro que sí.** *Certainly.,* 16; **volver en sí** *to come back to oneself, to come to,* 14

siempre *always,* 1

Siéntense, por favor. *Please sit down.,* 1

siesta *nap, rest,* 6; **echar una siesta** *to take a nap,* 6

siete *seven,* 1

siglo *century,* 13

significado *meaning, significance,* 11

significar *to mean;* **¿Qué significa ___ en inglés?** *What does ___ mean in English?,* 1

signo *sign*

siguiente *following,* 10

sílaba *syllable*

silencio *silence,* 1; **Silencio, por favor.** *Quiet, please.,* 1

silla *chair,* 1

simbolizar *to symbolize*

simpático *friendly, likable,* 2

simpatiquísimo *very friendly,* 11

el/la simpatizante *sympathizer*

simplemente *simply*

sin *without,* 7; **Sin duda.** *Without a doubt; No doubt,* 17; **sin embargo** *nevertheless; however,* 14; sin novedad *without incident;* **sin que** *without,* 17

sindicato *union,* 15

sinfonía *symphony,* 16

singular *singular,* 1

sino *but, but rather*

sinónimo *synonym*

la síntesis *synthesis*

el **síntoma** *symptom,* 6

el/la sinvergüenza *scoundrel; shameless (adj.); brazen*

el sistema *system*

sitio *site; siege* (military)

la **situación** *situation,* 18

sobre *upon; over; on; about,* 4; sobre todo *especially*

sobretodo *overcoat,* 5

sobrino/a *nephew/niece,* 3

social *social,* 1

la sociedad *society*

sociología *sociology,* 4

el **sol** *sun* 5; **Hace sol.** *It's sunny.,* 5

solamente *only, solely*

soldado *soldier*

solemne *solemn*

soler (ue) *to usually (do something); to be in the habit of*

solicitar *to request*

la **solicitud** *petition; request; solicitude,* 13

solo *alone,* 9; *on one's own*

sólo *only; solely,* 6

soltera *single woman*

soltero *single man, bachelor*

la solución *solution*

sombrero *hat,* 7

sonido *sound*

sonrisa *smile*

soñar (con) *to dream (about)*

sopa *soup,* 9; **sopa de verduras** *vegetable soup,* 9

sorprendente *surprising*

sorprender *to surprise,* 18

sorpresa *surprise*

soviético *Soviet*

soy *I am,* 1

Sr. abbreviation for **señor,** 5

su, sus *his, her, its, their, one's, your* (formal), 1, 3

subir *to climb; to rise; to raise,* 10; **subir al poder** *to come to power,* 10

subjuntivo *subjunctive,* 7

subordinado *subordinate*

subsiguiente *subsequent*

la substitución *substitution*

substituir (substituyo) *to substitute*

sucio *dirty, filthy*

sud *south* (adj.)

Sudamérica *South America,* 3

suegra *mother-in-law,* 3

suegro *father-in-law,* 3

suelo *ground; floor,* 11

sueño *sleep; sleepiness,* 5; *dream,* 13; **Tengo sueño.** *I'm sleepy.,* 5

la **suerte** *luck,* 12; **tener suerte** *to be lucky,* 12

el **suéter** *sweater,* 5

suficiente *sufficient,* 13

sufrido *long-suffering; serviceable*

sufrir *to suffer,* 10

sugerir (**ie, i**) *to suggest,* 11

sujeto *subject,* 2

sumamente *most; exceedingly, highly*

sumiso *submissive*

la superioridad *superiority*

superlativo *superlative,* 11

supermercado *supermarket,* 8

superpotencia *superpower*

suponer (**supongo**) *to suppose; to assume,* 9

supuesto: por supuesto *of course,* 13

supremo *supreme*

el **sur** *south*

surtido *selection; supply; variety,* 9

sustantivo *noun,* 7

sustituir (sustituyo) *to substitute*

suyo/a *his, her, its, your* (formal), *their, one's; of his, hers, its, yours,* (formal), *theirs, one's,* 14

T

tabaco *tobacco,* 12

taberna *tavern,* 3

tabla *board;* tabla de madera *plank, wooden board*

tablado *stage, platform*

tablao *Flamenco show; stage* (short for **tablado** *platform*), 13

taco *taco,* 6

tal *such, such a,* 11; **tal vez** *perhaps,* 17; **con tal (de) que** *provided that,* 17; **¿Qué tal?** *How's it going?; How are you?,* 1

talento *talent,* 3

el taller *shop, workshop; factory;* **taller mecánico** *garage,* 4

tamaño *size,* 7

también *also, as well,* 1

tampoco *neither, not either,* 6

tan *so, as,* 10; **tan . . . como** *as . . . as,* 10; **tan pronto como** *as soon as,* 17

tango *tango,* 7

tanto *as (so) much,* 6; **tanto como** *as much as,* 10; **tanto/s . . . como** *as much/as many . . . as,* 10; **por lo tanto** *therefore*

tapar *to cover up, protect*

tapas *hors d'oeuvres,* 3

taquilla *box office*

taquillero/a *ticket seller*

tardar *to be late; to delay,* 18

la **tarde** *afternoon,* 1; (adv.) *late,* 3; **Buenas tardes.** *Good afternoon.,* 1; **en (por) la tarde** *in the afternoon,* 1

tarea *task, job; homework,* 7

tarifa *fare; tariff, tax*

tarjeta *postcard; card*

tarta *tart*

Tauro *Taurus* (astrology)

el **taxi** *taxi,* 10

el/la **taxista** *taxi driver,* 15

taza *cup,* 9

te *you; yourself* (fam.), 1

el **té** *tea,* 8

teatro *theater,* 3

técnico/a *technician,* 4; *technical* (adj.)

tecnología *technology*

tecnólogo/a *technician*

techo *ceiling,* 1

Tejas (*m.*) *Texas,* 6

tejer *to weave*

tela *cloth, fabric*

la **tele** *television, TV,* 3

teléfono *telephone,* 4

telenovela *television soap opera*

la **televisión** *television,* 1

el televisor *television set*

el **tema** *theme, topic,* 4

temer *to fear,* 18

temperatura *temperature,* 5

temporada *time, season; period*

temporal *time* (adj.), 11

temprano *early,* 6

tendencia *tendency*

el **tenedor** *fork,* 9

tener (**ie**) *to have,* 2; **tener**

cuidado *to be careful,* 9;
tener dolor de . . . *to
have a pain in . . .,* 14;
tener éxito *to succeed,*
13; **tener ganas de** +
inf. *to feel like* (doing
something), 12; **tener
que** *to have to,* 3; **tener
suerte** *to be lucky,* 12;
¿Qué tiene usted?
*What's the matter with
you?,* 14; **Tengo ___
años.** *I'm ___ years old.,*
5; **Tengo calor.** *I'm
warm.,* 5; **Tengo celos.**
I'm jealous., 5; **Tengo
frío.** *I'm cold.,* 5; **Tengo
hambre.** *I'm hungry.,* 5;
Tengo miedo. *I'm afraid.,*
5; **Tengo prisa.** *I'm in a
hurry.,* 5; **Tengo razón.**
I'm right., 5; **Tengo sed.**
I'm thirsty., 5; **Tengo
sueño.** *I'm sleepy.,* 5

el teniente *lieutenant*

el **tenis** *tennis,* 9

tenorio *Don Juan, lady killer*

la **tensión** *tension, stress,* 6

la tentación *tempatation*

teología *theology*

el tequila *tequila*

tercer *third*

la terminación *termination,
ending*

terminar *to end; to finish;
to terminate,* 3

término *term;* término medio
medium done (food)

terminología *terminology*

termómetro *thermometer,* 5

el **terror** *terror,* 13; **película
de terror** *horror movie,* 13

terrorismo *terrorism*

el/la **terrorista** *terrorist,* 15

tesoro *treasure*

texto *text*

la tez *complexion; skin*

ti *to you; yourself* (fam.), 2

tía *aunt,* 1

tiempo *tense* (verb), 2;
time, 3; *weather,* 5;
period, 5; **de tiempo
parcial** *part-time,* 18;
Hace buen/mal tiempo.
It's good/bad weather., 5;
¿Qué tiempo hace?
What's the weather like?, 5

tienda *shop, store,* 3

tiene *he/she has; you*
(formal) *have,* 1

tienes *you* (fam.) *have,* 1

tierra *land; country; earth,* 10

tímido *timid, shy*

tina *bathtub,* 6

tío *uncle,* 3

típico *typical,* 2

tipo *type, kind,* 4

tirado *thrown down, laid
out,* 11

tirar *to throw; to throw out;
to shoot,* 11

el **titular** *headline,* 15

título *title; degree,* 4

tiza *chalk,* 1

el **tocadiscos** *record player,* 16

tocar *to play* (an
instrument); *to touch,* 6

tocino *bacon,* 9

todavía *still, yet,* 10

todo *all, everything,* 3;
todo el día *all day long,
the entire day,* 13; **todo
el mundo** *everyone,
everybody,* 11; **sobre
todo** *especially*

tomado *taken*

tomar *to drink; to take,* 2

el **tomate** *tomato,* 9

tonto *dumb, foolish, stupid,* 2

tópico *topic*

toro *bull*

toronja *grapefruit,* 9

tortilla *tortilla,* 9

torturar *to torture*

la **tos** *cough,* 14

tostado *toasted,* 9

el total *total;* en total *in total,
altogether*

trabajado *worked*

el/la **trabajador/a** *worker,* 4

trabajar *to work,* 2;
trabajar de *to work as,*
18; **trabajo** *I work,* 1

trabajo *work, job,* 1

la **tradición** *tradition,* 18

tradicional *traditional*

tradicionalmente
traditionally

traducir (**traduzco**) *to
translate,* 15

traer (**traigo**) *to bring,* 6

tráfico *traffic,* 6

tragedia *tragedy,* 8

trágico *tragic*

traído *brought*

el **traje** *suit,* 6

trama *plot* (play, movie)

la tranquilidad *tranquillity*

tranquilo *tranquil, calm;
calmly,* 6; **¡Tranquilo!**
Take it easy!, 6

la transformación
transformation

la transportación
transportation

transportar *to transport*

el transporte *transport;
transportation*

trapo *rag*

tratado *treated*

tratamiento *treatment*

tratar *to treat; to discuss*
(an issue), 9; **tratar de** *to
try to,* 12

el **trauma** *trauma,* 14

trece *thirteen,* 1

treinta *thirty,* 1

tremendo *tremendous;
frightful, terrible*

el **tren** *train*

tres *three,* 1

trescientos(as) *three
hundred,* 4

la trinidad *trinity*

triste *sad,* 2

trucha *trout*

tu, tus *your* (fam.), 1, 3

tú *you* (fam.), 1
tumba *tomb, grave*
tumulto *tumult, rioting*
turismo *tourism*, 13
el/la **turista** *tourist*, 5
turno *turn*
tus *your* (pl. adj.), 2
tutear *to address each other using familiar verb forms*
tuyo/a *your* (fam.); *of yours*, 14

U

u *or* (used for **o** before a word beginning with an /o/ vowel sound)
último *last; latest*, 7; **el último grito** *the lastest thing*, 7; **de la última moda** *the latest fashion*, 7
ultraizquierdo *extreme left*
ultramarino *overseas*
un, **una** *a, an; one*, 1; **un buen rato** *quite a while*, 13; **un montón de** *a lot of*, 12; **un poco** *a little*, 1
únicamente *only*
único *unique, sole, only*, 8
unido *united*, 12; los **Estados Unidos** *the United States*, 2; **Naciones Unidas** *United Nations*, 12
el uniforme *uniform*
la unión *union*
unir *to unite*
la **universidad** *university*, 1
universitario *university student; university* (adj.); la cuidad universitaria *university campus*
uno *one*, 1
unos, **unas** *some*, 7
urgente *urgent*
Uruguay (m.) *Uruguay*
usado *used*, 4
usar *to use*, 3
uso *use*, 2

usted (**Ud.**) *you* (formal sing.), 1
ustedes (**Uds.**) *you* (formal pl.), 1
usual *usual*, 10
usualmente *usually*, 10
utensilio *utensil*
útil *useful*, 1
utilizar *to utilize*
uva *grape*, 9

V

la **vacación** *vacation*; (pl.) *vacation*, 5
vago *vague; lazy*
valenciano *Valencian*
valer (**valgo**) *to be worth*, 12; **valer la pena** *to be worth the trouble*, 12
el valor *value, worth; courage*
Vamos a conocernos. *Let's get to know each other.*, 1
Vamos a contar. *We are going to count.; Let's count.*, 1
el **vapor** *steamboat; vapor, steam*, 16
variar *to vary*
la variedad *variety*
varios *various; several*, 16
vasco *Basque*
Vascongadas *Basque provinces*
vaso *drinking glass; vase*, 9
¡Vaya! *Go on!*, 8
vecino/a *neighbor*, 13
veinte *twenty*, 1; **veinte y cinco** (**veinticinco**) *twenty-five*, 1; **veinte y cuatro** (**veinticuatro**) *twenty-four*, 1; **veinte y dos** (**veintidós**) *twenty-two*, 1; **veinte y nueve** (**veintinueve**) *twenty-nine*, 1; **veinte y ocho**

(**veintiocho**) *twenty-eight*, 1; **veinte y seis** (**veintiséis**) *twenty-six*, 1; **veinte y siete** (**veintisiete**) *twenty-seven*, 1; **veinte y tres** (**veintitrés**) *twenty-three*, 1; **veinte y uno** (**veintiuno**) *twenty-one*, 1
la vejez *old age; oldness*
la velocidad *velocity, speed*
venda *bandage*, 14
el/la **vendedor/a** *salesperson, clerk*, 1
vender *to sell*, 12
venezolano/a *Venezuelan*, 13
Venezuela *Venezuela*, 2
venganza *revenge*
venir (**ie**) (**vengo**) *to come*, 3
ventaja *advantage*, 6
ventana *window*, 1
ver *to see*, 3
el/la veraneante *summer vacationist; summer resident*
verano *summer*, 5
veras: **de veras** *really, truly*, 7
verbo *verb*, 1
la **verdad** *truth*, 1; **¿Verdad?** *Right?*, 1
verdadero *real, true*
verde *green*, 7
verdulería *green vegetable shop*
las **verduras** *green vegetables*, 9; **sopa de verduras** *vegetable soup*, 9
vereda *sidewalk*
la **versión** *version*, 15
vestido *dress*, 7
vestir (**i**) *to dress*, 4; **vestirse** *to get dressed, dress oneself*, 6
veterinario/a *veterinarian*, 4
la **vez** (pl. **veces**) *time,*

occasion, 8; **a veces** *at times*; **algunas veces** *sometimes*; **cada vez más** *more and more*; **de vez en cuando** *once in a while*, 10; **en vez de** *instead of*, 18; **otra vez** *again*, 8; **por primera vez** *for the first time*, 9; **tal vez** *perhaps*, 17

vía *way, road*

viajado *traveled*

viajar *to travel*, 13

el **viaje** *trip*, 4

viajero/a *traveler*

víctima *victim*, 6

vida *life*, 2

viejo *old; ancient*, 2

viento *wind*, 5; **Hace viento.** *It's windy.*, 5

el **viernes** *Friday*, 3

vigilancia *vigilance*

vigoroso *vigorous*

villa *town; village*

vinagreta *vinegar sauce*

vino *wine*, 9

la **violación** *violation* (of the law), 9

violencia *violence*, 6

violento *violent*

la virgen *virgin*

visita *visit*, 7

visitar *to visit*, 3

vista *sight*; **punto de vista** *point of view*

visto *evident, obvious*; **por lo visto** *obviously*, 13

viuda *widow*

¡Viva(n) . . .! *Long live . . .!*, 8

vivir *to live*, 2

vivo *I live*, 1; (adj.) *alive*, 10; *living*

vocabulario *vocabulary*, 1

la vocal *vowel*

volar (**ue**) *to fly*, 12

el **volcán** *volcano*

el **vólibol** *volleyball*

voluminoso *voluminous; huge*, 14

voluntario *voluntary; volunteer* (adj.)

volver (**ue**) *to return*, 5; **volver en sí** *to come to, to regain consciousness*, 14; **Me vuelvo loco.** *I go mad.*, 6

vosotros, vosotras *you* (fam. pl.), 2

votar *to vote*, 18

la **voz** (*pl.* **voces**) *voice*, 1; **En voz alta.** *Aloud.*, 1

vuelo *flight*

vuelta *return*, 5

vuestro/a *your* (fam.), 3

vuestros/as *your* (fam.), 3

Y

y *and*, 1

ya *already; now; right away*, 3; **¡Ya era hora!** *It was about time!*, 18; **¡Ya lo creo!** *I believe it!, I should say so!*, 3

yo *I*, 1

Z

zapatería *shoe shop, shoe store*, 12

zapato *shoe*, 3

¡zas! *bang!, boom!*, 6

zodíaco *zodiac*

zona *zone*

zoología *zoology*, 4

Vocabulario Inglés-Español

This vocabulary includes equivalents for the active vocabulary of the textbook and for all translation exercises in the textbook and the workbook. The following abbreviations are used:

adj.	*adjective*	ind. obj.	*indirect object*	pl.	*plural*
adv.	*adverb*	inf.	*infinitive*	prep.	*preposition*
conj.	*conjunction*	irreg.	*irregular*	pron.	*pronoun*
dir. obj.	*direct object*	m.	*masculine*	sing.	*singular*
f.	*feminine*	obj.	*object*		
fam.	*familiar*	part.	*participle*		

A

a un, una; **a little** un poco; **a lot** mucho; **a lot of** un montón de

abandon dejar

ability la habilidad

about acerca de; de; sobre; **about the middle of** a mediados de

absolute absoluto; **Absolutely not!** ¡Rotundamente no!

absurd absurdo

academic académico

accept aceptar

accident el accidente; **by accident** por accidente

accidental inesperado

accompany acompañar

according to según

accountant el/la contador/a

accustom acostumbrar

achievement logro

activity la actividad

actor el/la actor/a

actress la actora; la actriz

addition: in addition además

address la dirección

adjective adjetivo

adjust arreglar

admit admitir

advancement adelanto

advantage ventaja; provecho; **take advantage of** aprovechar (de)

adverb adverbio

adverbial adverbial

advice consejo

advise aconsejar

aerial aéreo

aeronautic(al) aeronáutico

affection cariño

affectionate cariñoso

affectionately cariñosamente

affirmative afirmativo

afraid: I'm afraid. Tengo miedo.

Africa África

after después (*adv.*); después (de) que (*conj.*); **after going** despues de ir

afternoon la tarde; **Good afternoon.** Buenas tardes.; **in the afternoon** en (por) la tarde

afterwards después

again de nuevo; otra vez; **Again, please.** Otra vez, por favor.

against contra

age la edad

agent el/la agente

agree convenir (ie); estar de acuerdo; **Agreed.** De acuerdo.

agreement acuerdo; concordancia; **in agreement** de acuerdo

ah! ¡ah!

ahead adelante

air el aire; aéreo (*adj.*); **Air Force** Fuerza Aérea

airplane el avión

airport aeropuerto

alarm alarma

alas! ¡ay!

alcohol el alcohol

alive vivo

all todo; **all day long** todo el día; **all of a sudden** de repente; **All right.** Está bien.; De acuerdo.; más o menos; **all the time** día y noche

allergy alergia

almost casi

alone solo
aloud en voz alta
already ya
also también
although aunque
always siempre
amateur aficionado/a
ambassador el/la embajador/a
ambitious ambicioso
American americano/a
among entre
amuse divertir (ie, i)
amusement la diversión
an un, una
ancient viejo
and y, e (*used before a word beginning with the vowel sound* i); **and so** entonces
Andes los Andes
animated animado
announce anunciar
announcer el/la locutor/a
anorexia anorexia
another otro
answer *verb* contestar; *noun* la contestación; respuesta
any alguno (algún)
anyhow pues
anyone alguien
anything algo
apartment apartamento
appear parecer (parezco)
appetite apetito; **Good appetite!** ¡Buen provecho!
appetizer aperitivo
apple manzana
appointment cita
appreciate apreciar
April el abril
architect arquitecto
architecture arquitectura
Argentina Argentina
arid árido
arm *verb* armar; *noun* brazo
around como; **around here** por aquí
arrange arreglar
arrangements los arreglos
arrest prender
arrive llegar
art el arte (*f.*); **fine arts** (las) bellas artes

article artículo; **article of clothing** prenda
artificial artificial
artist el/la artista
as como; tan; **as a child** de niño/a; **as an equal** de igual a igual; **as . . . as** tan . . . como; **as if** como si; **as (so) much** tanto; **as much as** tanto como; **as much/as many . . . as** tanto/s . . . como; **as soon as** en cuanto, tan pronto como; **as well** también
ask preguntar; **Ask ___ .** Pregúntele ___ .; **ask a question** hacer una pregunta; **ask for** pedir (i); **Ask (someone) how he/she is.** Pregúntele a ___ cómo está.
asparagus espárrago
aspirin aspirina
assassination asesinato
assistant el/la ayudante
association la asociación
assume suponer (supongo)
assure asegurar
astronaut el/la astronauta
at en; **at ease** a gusto; **at last** al fin; por fin; **at least** al menos; por lo menos; **at night** de noche; **at once** en seguida
athlete el/la deportista
attend asistir a
August agosto
aunt tía
authentic auténtico
author el/la autor/a
authoritarian macho
aviation la aviación
awaken (someone) despertar (ie)

B

back espalda
bacon tocino
bad el mal; malo
baked potatoes papas al horno
ballerina bailarina
ballpoint pen bolígrafo
ban prohibir (prohíbo)
bandage venda
bang! ¡zas!

bank banco
banker banquero/a
bar el bar
barbecued steak churrasco
barbershop peluquería
baseball el béisbol
basic básico
basketball el básquetbol
bathe (something) bañar; **bathe oneself** bañarse
battle batalla
be estar (estoy); ser (*irreg.*); **be able** poder (ue); **be acquainted with** conocer (conozco); **be afraid** tener miedo; **be all right** estar bien; **be called** llamarse; **be careful** tener cuidado; **be cold** tener frío; hacer frío; **be found** encontrarse con; **be glad** alegrarse; **be hungry** tener hambre; **be hot** hacer calor; **be in agreement** estar de acuerdo; **be in a hurry** apurarse, tener prisa; **be in the habit of** soler (ue); **be jealous** tener celos; **be lacking** faltar; hacer falta; **be late** tardar; **be left** quedar; **be lucky** tener suerte; **be on strike** estar de huelga; **be opposed** oponerse; **be painful** doler (ue); **be pleasing (to like)** gustar; **be right** tener razón; **be sleepy** tener sueño; **be sorry** sentirlo (ie); **be suitable** convenir (ie); **be sunny** hacer sol; **be thirsty** tener sed; **be windy** hacer viento; **be worth** valer (valgo); **be worth the trouble** valer la pena
beach playa
bean judía
bear aguantar
beautiful bello; bonito; hermoso
beauty belleza
because porque
become: become accustomed to acostumbrarse; **become aware of** darse cuenta de; **become engaged** comprometerse
bed cama; **go to bed** acostarse
bedroom dormitorio
beef bife
beer cerveza

before antes (de) (*prep.*); antes (de) que (*conj.*)

begin empezar (ie); comenzar (ie)

beginning principio

behind detrás de; **from behind** por detrás

believe creer; **I believe it!** ¡Ya lo creo!

belt el cinturón

beneficial beneficial

benefit provecho

besides además

best el/la mejor; mejor (*adj.*)

better mejor

between entre

beverage bebida

bicycle bicicleta

big grande

biggest el/la mayor

bill (**restaurant check**) cuenta

bird pájaro

birthday el cumpleaños

black negro

bless bendecir (i); **Bless you!** ¡Salud!

blind person ciego/a

block (*city*) manzana; cuadra

blond(e) rubio/a

blouse blusa

blue azul; **dark blue** azul oscuro; **light blue** azul claro

blush ponerse rojo/a

body cuerpo

boil hervir (ie)

boiled cocido

bone hueso

book libro

bookstore librería

boom! ¡zas!

boot bota

bore aburrir

bored aburrido

boring aburrido

boss el jefe, la jefa; el patrón, la patrona

botany botánica

bottle botella

bound comprometido

boy chico; muchacho; **young boy** mozo

boyfriend novio

Bravo! ¡Olé!

Brazil el Brasil

bread el pan; **bread roll** bolillo

breadbasket panera

break romper

breakfast desayuno; **eat breakfast** desayunar

bright listo

bring traer (traigo)

broken roto

brooch el broche

brother hermano; **little brother** hermanito

brother-in-law cuñado

brown café; marrón; moreno

brunette moreno

brush one's teeth lavarse los dientes

build construir (construyo)

bump golpear

burden cargo

bus el autobús

business comercio; negocio; **business deal** negocio

businessman el hombre de negocios

businesswoman la mujer de negocios

busy ocupado

but pero

butcher shop carnicería

butter mantequilla

buy comprar

by por; **by accident** por accidente; **by the way** a propósito

C

cabin cabaña

cabinet el escaparate

café el café

cafeteria cafetería

calm calma; tranquilo

calmly tranquilo; tranquilamente

candid franco

candidate candidato/a

candy el dulce, los dulces; el bombón

cannelloni los canelones

caprice capricho

car el coche; carro; auto; el automóvil

cardinal cardinal

care cuidado

career carrera

careful: be careful tener cuidado

Caribbean el Caribe

carpenter carpintero

carry llevar; **carry out** realizar

case caso; **in case** en caso (de) que

cassette tape cinta

categorically rotundamente

Catholic católico/a

cause causar

ceiling techo

celebrate celebrar; festejar

cent centavo

center centro

centigrade centígrado

central central

century siglo

certain cierto; seguro; **Certainly.** Seguro que sí.

chair silla

chalk tiza

chalkboard pizarra

champion el campeón, la campeona

championship campeonato

change *verb* cambiar; *noun* cambio

chaotic caótico

characteristic característica

charm encantar

chauffeur el chófer

cheap barato

cheat defraudar

cheated defraudado

check (*restaurant*) cuenta; (*money*) el cheque

cheese queso

chemist químico/a

chemistry química

chess el ajedrez

chicken pollo

chief el jefe, la jefa

child niño/a

Chile Chile (*m.*)

Chilean chileno/a

chili pepper el chile

Chinese chino; **Chinese female** china; **Chinese male** chino; **little Chinese** chinito/a

chip *verb* rajar; *noun* astilla

chocolate el chocolate

Christmas la Navidad

church iglesia

citizen ciudadano/a

city la ciudad

clasp el broche

class la clase

classic clásico

classical clásico

classmate compañero/a de clase

classroom sala de clase

clause cláusula

clean limpiar

clear claro
clearly claramente
clerk el/la dependiente/a; el/la vendedor/a
climate el clima
climb subir
clinic clínica; consultorio
clock el reloj
close cerrar (ie); (*adv.*) cerca; **Close your books.** Cierren los libros.
closed cerrado
clothes ropa
clothing ropa
cloudy nublado
club el club
Coca-Cola la Coca-Cola
cocktail el coctel
coffee el café; **black coffee** café solo
cold frío; **I'm cold.** Tengo frío.; **It's cold.** Hace frío.
colleague el/la colega
collect coleccionar; recoger
college la facultad; **College of Humanities** Facultad de Filosofía y Letras
Colombia Colombia
color el color
Columbus Day el Día de la Raza
come venir (ie); **Come in!** ¡Adelante!; **come to** volver en sí; **come to an agreement** ponerse de acuerdo; **come to an end** acabarse; **come to power** subir al poder
command *verb* mandar; *noun* mandato
commander el comandante
comment (on) comentar
commentator el/la locutor/a
commerce comercio
commissariat (*police*) comisaría
commissary comisaría
commit oneself comprometerse
committed comprometido
common común
communication la comunicación
communion la comunión
communism comunismo
communist el/la comunista
community la comunidad
companion compañero/a
company compañía
compare comparar; compararse

comparison la comparación
compassion la compasión
competition competencia
complaint lástima
complement complemento
complete *verb* completar; (*adj.*) completo
compose componer (compongo)
comprehend comprender
computer computadora
computing la computación
concept concepto
concert concierto
condition la condición; proviso
conditional el condicional
conduct conducir (conduzco)
confiscate confiscar
congestion la congestión
congress congreso
construct construir (construyo)
construction la construcción
consul el/la cónsul
consumption consumo
content contento
continually continuamente
continuation la continuación
continue durar; continuar (continúo); seguir (i) (sigo)
continuously continuamente
contraction la contracción
convene convenir (ie)
convenient acomodado
conversation la conversación
converse conversar
convince convencer (convenzo)
convinced convencido
cook *verb* cocinar; *noun* cocinero/a
cooked cocido
cool fresco
corner esquina
correct correcto
correctly correctamente
cost costar (ue)
cough la tos
counsel aconsejar
count contar (ue)
country el país; tierra; campo
countryside campo
courage esfuerzo
course asignatura; curso; **Of course.** Claro que sí., ¡Cómo no!; **Of course not.** Claro que no.
court (*athletic*) cancha
courteous cortés

courtesy cortesía
courtship noviazgo
cousin primo/a
covered cubierto (*adj.*)
craving anhelo
crazy loco; **crazy person** loco
crime el crimen
criminal el/la criminal
cry llorar; **cry out** gritar
cultural cultural
cup copa; taza
cupboard el aparador
custom la costumbre; **custom-made** hecho a la medida
customarily de costumbre
customs agency aduana; **customs officer** el/la aduanero/a
cut cortar

D

dad el papá
daily diario; **daily newspaper** diario
dance *verb* bailar; *noun* el baile
dancer el bailarín, la bailarina
dangerous peligroso
dark oscuro; moreno (*color*)
date (*calendar*) fecha; (*appointment*) cita
daughter hija
day el día; **day before yesterday** anteayer; **day's pay**, **day's work** el jornal; **all day long**, **the entire day** todo el día
dear cariño; querido/a
debate el debate
debt deuda
deceased fallecido
December el diciembre
decide decidir
decision la decisión
declaration la declaración
decoration la decoración
deduce deducir (deduzco)
deduct deducir (deduzco)
definite definido
definitive definitivo
defraud defraudar
defrauded defraudado
degree grado (*temperature*); título
delay tardar
delicious sabroso
delight encantar

deliver entregar
demonstration la manifestación
demonstrative demostrativo
dentist el/la dentista
depressed deprimido
deprived privado
description la descripción
desire *verb* desear; *noun* gana; deseo
desk escritorio
dessert el postre
dial (*telephone*) marcar
dialog diálogo
diary diario
dictator el/la dictador/a
die morir (ue); **die unexpectedly** morirse
diet dieta; **go on a diet** ponerse a dieta
difference diferencia
different diferente; distinto
difficult difícil
dining room el comedor
dinner cena
diploma el diploma; **high-school diploma** bachillerato
direct directo; **direct object** complemento directo
direction la dirección
disadvantage desventaja
disappointed defraudado
disaster el desastre
discount rebaja
discover descubrir
discovered descubierto
discuss discutir; tratar (*an issue*)
discussion el debate
dish plato; **main dish** plato fuerte
display window el escaparate
distinct distinto
diversion la diversión
do hacer (hago)
doctor médico/a; el/la doctor/a
doctorate doctorado
dollar el dólar
dominant dominante
domineering dominante
done hecho (*past part. of* **hacer**)
door puerta
doubt *verb* dudar; *noun* duda; **No doubt.**, **Without a doubt.** Sin duda.
downtown centro
drawer el cajón
dream sueño

dress *verb* vestir (i); *noun* vestido; **dress oneself** vestirse
dressmaker el/la modista
drink *verb* beber; tomar; *noun* bebida; **drink a toast to** brindar por; **soft drink** refresco
drinking glass vaso
drive conducir (conduzco)
driver's license permiso de conducir
drug droga; **drug addict** drogadicto/a
dry árido; seco; **dry cleaner** lavandería en seco
dumb tonto
during durante; por
duty derecho (*customs*)

E

each cada
ear oreja
early temprano
earn ganar
earring el arete
earth tierra
ease: at ease a gusto
easily fácilmente
easy fácil; **Take it easy!** ¡Tranquilo!
eat comer; **eat breakfast** desayunar; **eat dinner** cenar; **eat lunch** almorzar (ue)
eating el comer
Ecuador el Ecuador
effort esfuerzo; pena
egg huevo; **boiled eggs** huevos cocidos; **eggs sunny side up** huevos cara al sol; **scrambled eggs** huevos revueltos
eh? ¿eh?
eight ocho
eight hundred ochocientos/as
eighteen dieciocho
eighty ochenta
electric eléctrico
electronics electrónica
elegant elegante
eleven once
embrace abrazo
emigrate emigrar
emphatic enfático
employ emplear
employment empleo
encounter encontrar (ue)

end *verb* terminar; *noun* el fin; **to the end that** a fin (de) que
energetic enérgico
engaged comprometido
engagement noviazgo
engineer ingeniero/a
engineering ingeniería
English inglés (*adj.*); **English female** inglesa; **English language** el inglés; **English male** el inglés
enjoy disfrutar
enormous enorme
enough bastante
enter entrar
Epiphany el Día de los reyes
equal igual; **as an equal** de igual a igual
equality la igualdad
equally igualmente
equipment equipo
equivalent el equivalente
eraser el borrador
especially especialmente
establish establecer (establezco)
establishment establecimiento
eternity la eternidad
Europe Europa
evening la noche
ever nunca; jamás
every cada; todo; **every once in a while** cada cuanto
everybody todo el mundo
everyone todo el mundo
everything todo
evident evidente
evidently evidentemente
exactly exactamente; punto; en punto (*time*)
exam el examen
example ejemplo; **for example** por ejemplo
excellent fino; excelente
exchange intercambio
excursion la excursión
excuse disculpar; perdonar; **excuse me** con permiso
exotic exótico
expect esperar
expensive caro
experience *verb* experimentar; *noun* experiencia
experiment experimentar
explain explicar
express expresar
expression la expresión

exquisite exquisito
extraordinary extraordinario
eye ojo

F

fabulous fabuloso
face cara
facing contra
faint desmayarse
fair bello; rubio
fall caer (caigo); **fall asleep** dormirse; **fall down** caerse
family familia; **family member** el/la pariente
famous famoso
fan aficionado/a
fancy capricho
fantastic fantástico
fantasy fantasía
far away lejos
farewell (*party*) despedida
fascinate fascinar
fashion moda
fashionable de moda
fast rápido
fasten prender
fat gordo
father el padre; el papá
fault falta
favor el favor
favorite favorito
fear *verb* temer; *noun* miedo
February febrero
feel sentir (ie); sentirse; **feel like** (*doing something*) tener ganas de + *inf.*
feeling sentimiento
festival festivo
festive festivo
fever la fiebre
few poco
fewer menos
fiancé novio
fiancée novia
field campo; cancha (*athletics*)
fifteen quince
fifty cincuenta
film película
final final
finally al fin; en fin; por fin
find encontrar (ue); **find strange** extrañar
fine bien (*adv.*); fino, lindo (*adj.*); *noun* multa
finish acabar; terminar; **It's finished!** ¡Se acabó!

first primero (primer)
fish *verb* pescar; *noun* pescado
fishing pesca (*sport*); **go fishing** ir a la pesca
fit quedar
five cinco
five hundred quinientos/as
fix fijar; componer (compongo); arreglar
flagrant flagrante
Flamenco flamenco; **Flamenco show** tablao
flavor el sabor
flirtatious remark piropo
floor suelo
flower la flor
fly volar (ue)
folkloric folklórico
follow seguir (i) (sigo)
following siguiente
food alimento; comida
foolish tonto
foot el pie; **on foot** a pie
football el fútbol; **football player** el/la futbolista
for para; por
force fuerza; **Air Force** Fuerza Aérea
foreign extranjero/a; extraño
forest el bosque
forget olvidar; olvidarse de
forgetful olvidadizo
forgive perdonar
forgiveness el perdón
fork el tenedor
form forma
formal formal; de gala; **formal-dress** de gala
formation la formación
fortunate afortunado
fortunately afortunadamente
fortune fortuna
forty cuarenta
forward adelante
four cuatro
four hundred cuatrocientos/as
fourteen catorce
frank franco
frankly francamente
frantic frenético
free libre
freeze congelar

French francés (*adj.*); **French female** francesa; **french fries** papas fritas; **French language** el francés; **French male** el francés
frenetic frenético
frenzied frenético
frequency frecuencia
frequent frecuente (*adj.*); *verb* frecuentar
frequently frecuentemente; con frecuencia
fresh fresco
Friday el viernes
fried frito
friend amigo/a
friendly amable; simpático; **very friendly** simpatiquísimo
friendship la amistad
from de; **from behind** por detrás; **from the** del (*contraction of* de + el)
fruit fruta
fry freír (i)
fulfill realizar
full lleno
fun la diversión
function la función
furious furioso
future futuro

G

Galicia Galicia (*Spanish province*)
Galician gallego
game juego; partido (*sports*)
garage el taller mecánico
gathering la reunión
generally por lo general
generous generoso
gentle manso
gentleman caballero; el señor
geography geografía
German alemán (*adj.*); **German female** la alemana; **German language** el alemán; **German male** el alemán
gerund gerundio
get conseguir (i); recibir; sacar; **get dressed** vestirse (i); **get in a good mood** ponerse de

buen humor; **get married
(to)** casarse (con); **get off**
bajar; **get oneself ready**
prepararse; **get sick** ponerse
enfermo; **get tired** cansarse;
get up levantarse; **get up
early** madrugar; **get upset**
ponerse de mal humor; **get
used to** acostumbrarse
gift regalo
girl chica, muchacha
girlfriend novia
give dar (doy); **give a cold
shoulder** dar calabazas
glad alegre; **Glad to meet you.**
Much gusto.
glove el guante
go ir (*irreg.*); **go down** bajar; **go
fishing** ir a la pesca; **go for a
walk** pasear; **go jogging**
hacer footing; **Go on!** ¡Vaya!;
go on a diet ponerse a dieta;
go shopping ir de compras;
go to bed acostarse
goal (*soccer*) el gol
god el dios; **God** el Dios; **God
grant!** ¡Ojalá!
golf el golf
good bueno (buen); **Good
afternoon.** Buenas tardes.;
Good appetite! ¡Buen
provecho!; **Good evening.**
Buenas noches.; **Good
morning.** Buenos días.; **have
a good time** divertirse
goodbye adiós; **say goodbye**
despedirse (i)
good-looking guapo; bonita
government gobierno
grade (*school*) nota
grammar gramática
grandfather abuelo
grandmother abuela
grandparents los abuelos
grape uva
grapefruit toronja
graphic gráfico
grasp prender
gratify gratificar
gray gris
great grande; gran (*before

noun); formidable; **How great!**
¡Qué lindo!
greater mayor
green verde; **green vegetables**
las verduras
greet saludar; **Greet these
people.** Salude a estas
personas.
greeting saludo; **Greetings!**
¡Salud!
grief el dolor
ground cancha (*athletics*); suelo
group grupo
guarantee asegurar
guest invitado/a; el/la huésped
guitar guitarra
gymnasium gimnasio

H

habit la costumbre
habitual habitual
habitually habitualmente
hair cabello; pelo
hairdo peinado
half medio; mediado; *noun* la
mitad; **half over** mediado
ham el jamón
hamburger hamburguesa
hand la mano; **hand over**
entregar
handsome guapo
happen pasar
happily felizmente
happiness la felicidad
happy alegro; contento; feliz
harass ajetrear
hardly apenas
harmful perjudicial
harmony armonía
haste prisa
hat sombrero
have tener (ie) (tengo); haber
(he, ha) (*auxiliary verb*); **have
a good time** divertirse (ie, i);
have a pain in . . . tener
dolor de . . .; **have just (done
something)** acabar de + *inf.*;
have to tener que
he él
head cabeza
headline el titular

healthy sano
heap el montón
hear oír (y) (oigo)
heart el corazón
heat el calor
hectic ajetreado
Hello! ¡Hola!
helper el/la ayudante
her la (*dir. obj.*); le (*ind. obj.*);
ella (*obj. of prep.*); se (*before
lo, la, los, or las*); su, suyo/a
(*possessive*)
here aquí
hers suyo/a
herself se; (*obj. of prep.*) ella, sí
Hi! ¡Hola!
high alto; **high school** colegio;
high-school diploma
bachillerato
him lo (*dir. obj.*); le (*ind. obj.*);
él (*obj. of prep.*); se (*before
lo, la, los, or las*)
himself se; (*obj. of prep.*) él, sí
his su, suyo/a
Hispanic hispánico
history historia
hit golpear
holdup atraco
holiday el día festivo
homework tarea
honor el honor
hope esperanza; **hope for**
esperar; **I hope!** ¡Ojalá!
horrible horrible
horror movie película de terror
hors d'oeuvres tapas
horse caballo
hospital el hospital
hostel el hostal
hotel el hotel
hour hora
house casa
housekeeper ama
housewife ama de casa
how? ¿cómo?; **How are you?**
¿Cómo está usted? (*formal*);
¿Cómo estás? (*fam.*), ¿Qué
tal?; **How do you like . . .?**
¿Qué le (te) parece . . .?; **How
do you say ___ in Spanish?**
¿Cómo se dice ___ en

español?; **How great!** ¡Qué lindo!; **How interesting!** ¡Qué interesante!; **How long have you been here?** ¿Hace cuánto tiempo que estás aquí?; **how many?** ¿cuánto/a/s?; **how much?** ¿cuánto/a/s?; **How pretty!** ¡Qué lindo!; **How's it going?** ¿Qué tal?; **How wonderful!** ¡Qué lindo!

however sin embargo

hug *verb* dar un abrazo; *noun* abrazo

huge voluminoso

human humano

humble humilde

humid húmedo

humor el humor

hundred cien, ciento; **hundred and one** ciento uno (un, una)

hunger el hambre (*f.*)

hungry: **I'm hungry.** Tengo hambre.

hurriedly de prisa

hurry prisa; **I'm in a hurry.** Tengo prisa.

hurt doler (ue)

husband esposo; marido

I

I yo; **I hope!** ¡Ojalá; **I wish!** ¡Ojalá!

ice cream helado

idea idea

ideal ideal

idealist el/la idealista

idealistic idealista

identical igual

if si

ill enfermo; mal

illness la enfermedad

imagination la imaginación

imagine imaginarse

immediately en seguida

imperative imperativo

imperfect imperfecto

impersonal impersonal

implant implantar

implantation la implantación

important importante; **very important** importantísimo

impose imponer (impongo)

impossible imposible

impressive impresionante

imprisoned preso

in en; por; **in addition** además; **in agreement with** de acuerdo con; **in case** en caso (de) que; **in order that** para que; a fin de que; **in writing** por escrito

incident el incidente

inconvenient inconveniente

increase aumentar

incredible increíble

incredulous incrédulo

indecent indecente

indefinite indefinido

independence independencia; **Independence Day** el Día de la Independencia

indirect indirecto

industrious industrioso

inequality la desigualdad

inexpensive barato

infinitive infinitivo

influence influencia

informal informal

infraction la infracción

inherit heredar

injection la inyección

inn el hostal

insanity locura

insist insistir

instead of en vez de

institute instituto

instruction la instrucción

instructor maestro/a

insult herida

insurance seguro

integrity la integridad

intelligent inteligente

intend pensar (ie)

intention la intención

interaction la interacción

interest *verb* interesar; *noun* el interés

interesting interesante; **How interesting!** ¡Qué interesante!; **very interesting** interesantísimo

interpret interpretar

interrogative interrogativo

introduce presentar

introduction la introducción

investigator el/la investigador/a

invitation la invitación

invite invitar

irregular irregular

it lo, la (*dir. obj.*); le (*ind. obj.*); (*obj. of prep.*) él, ella; se (*before* lo, la, los, *or* las); ello

Italian italiano (*adj.*); **Italian female** italiana; **Italian language** italiano; **Italian male** italiano

its su, suyo/a

itself se; (*obj. of prep.*) él, ella, sí

J

jacket chaqueta

jail la cárcel

January enero

jealous celoso; **I'm jealous.** Tengo celos.; **jealous person** celoso

jealousy los celos

jeans los jeans

Jesuit el jesuita

jewel joya

jewelry store joyería

jilt dar calabazas

job cargo; tarea; trabajo

jog correr; hacer footing

jogging el footing

journalism periodismo

journalist el/la periodista

juice jugo

July julio

June junio

K

keep guardar; **keep busy** ocupar

keepsake recuerdo

kick patada

kilometer kilómetro

kind tipo; (*adj.*) amable

king el rey

kiss *verb* dar un beso; *noun* beso

kitchen cocina

knife cuchillo
know conocer (conozco); saber (sé); **know how to** saber

L

laboratory laboratorio
lack falta
lacking: **be lacking** faltar; hacer falta
lady señora
laid out tirado
land tierra
landlady ama
language el idioma; lengua
large grande (gran)
last *verb* durar; (*adj.*) último; pasado; **last night** anoche
late tarde; **be late** tardar
later luego
latest último; **latest fashion** de la última moda; **latest thing** de último grito
Latin latino (*adj.*); **Latin America** Latinoamérica; **Latin language** el latín; **Latin person** latino/a
laundry lavandería
law derecho
lawyer abogado/a
lay (something) down acostar (ue)
lead conducir (conduzco)
leaf hoja
learn aprender
least: **at least** al menos, por lo menos
leave dejar; salir (salgo)
left izquierdo; **to the left** a la izquierda
leg pierna
lend prestar
less menos; **less than** menos que/de
lesser menor
lesson la lección
let dejar; **Let's get to know each other.** Vamos a conocernos.
letter carta; letra (*of alphabet*)
lettuce lechuga
lie (prevaricate) *verb* mentir

(ie); *noun* mentira; **lie down** acostarse
life vida
lift (someone, something) levantar
light la luz (*pl.* luces); (*adj.*) claro (*color*)
likable simpático
like como (*adv.*); *verb* gustar
line línea
lion el león
list lista
listen to escuchar
literature literatura
little pequeño; poco; chico; **a little** un poco
live vivir
lively animado
load cargo
lobby el lobby
location la colocación
London Londres (*m.*)
long: **Long live . . .!** ¡Viva(n) . . .!
longing anhelo
look mirar; **look at** mirar; **look for** buscar; **look like** parecer (parezco)
lose perder (ie)
loss pérdida
lot: **a lot** mucho; **a lot of** un montón de
lottery lotería
Louder, please. Más fuerte, por favor.
love *verb* querer (ie); *noun* el amor; cariño
loved one querido/a
lovesickness el mal de amores
loving cariñoso; amoroso
lovingly cariñosamente
lower bajar
luck la suerte
luckily felizmente
lucky feliz; **be lucky** tener suerte
lunch almuerzo; **eat lunch** almorzar (ue)

M

ma'ma señora
machine máquina

mad loco; **I go mad.** Me vuelvo loco.
made hecho (*past part. of* hacer)
madness locura
magazine revista
Magi los reyes magos
magnificent magnífico
mail correo
major la especialidad
make hacer (hago)
male machista
man el hombre
mandate mandato
manifestation la manifestación
manly macho
manner forma; modo
March marzo
marijuana marihuana
mark marcar; notar
market mercado
marriage casamiento; matrimonio
married casado; **married couple** matrimonio; **get married (to)** casarse (con)
marry casar
marvel maravilla
masculine masculino; machista
Master's degree maestría
match cerilla; (*game, sports*) juego; partido
material materia; material (*adj.*)
maternal materno
mathematics las matemáticas
matter la cuestión; materia
May mayo
May I? ¿Se puede?
maybe quizás
me me (*dir. or ind. obj.*); mí (*obj. of prep.*); **with me** conmigo
meal comida
mealtime la hora de comer
meaning significado
measure *verb* medir (i); *noun* medida
measurement medida
meat la carne; **meat market** carnicería
mechanic mecánico
medicine medicina

mediocre mediocre
medium medio
meek manso
meet encontrarse con; **Glad to meet you.** Mucho gusto.
meeting la reunión
melody melodía
member miembro
mention: **Don't mention it.** No hay de qué.
menu el menú
mercury mercurio
Mexican mexicano
Mexico México
midday el mediodía
middle la mitad; **about the middle of** a mediados de
midnight la medianoche
migrate emigrar
Milan Milano
mild manso
milk la leche; **milk shake** malteada
million millón; **a (one) million . . .** un millón de . . .
millionaire millonario/a
mine mío/a
minimum mínimo
minute minuto
miss extrañar
Miss señorita; doña (*title of respect*)
mix mezclar
mixed mixto
mode modo
model modelo
modern moderno
molar muela
mom mamá
moment momento; momentito (*diminutive of* momento)
Monday el lunes
money dinero; plata (*slang*)
monkey mono/a
month el mes
mood (*grammar*) modo
moon luna
more más; **more than** más que/de
morning mañana; **Good morning.** Buenos días.; **in**

the morning en (por) la mañana
mother la madre; mamá; **Mother's Day** el Día de la Madre; **mother-in-law** suegra
mount montar
mountain montaña
mouth boca
movie el cine; película; **movies** el cine; **movie theater** el cine
Mr. el señor (Sr.); don (*title of respect*)
Mrs. señora; doña (*title of respect*)
much mucho; **as (so) much** tanto; **as much as** tanto como; **too much** demasiado; **very much** muchísimo
municipal municipal
music música
must deber
my mi, mis; mío/a
myself me; mí (*obj. of prep.*)

N

nachos los nachos
name el nombre; **My name is ___.** Me llamo ___.
nap siesta; **take a nap** echar una siesta
napkin servilleta; **napkin holder** servilletero
nation la nación; **United Nations** Naciones Unidas
nationality la nacionalidad
native (*adj.*) natal
near cerca de
nearby cerca
necessary necesario
necessity la necesidad
necktie corbata
need *verb* hacer falta; necesitar; *noun* la necesidad
negative negativo
neighbor vecino/a
neither tampoco; **neither . . . nor . . .** ni . . . ni . . .
nephew sobrino
nervous nervioso
never jamás; nunca
nevertheless sin embargo

new nuevo; **New Year's Day** el Año Nuevo; **New York** Nueva York; **What's new?** ¿Qué hay de nuevo?
news noticia
newspaper periódico; diario
newspaperman (**newspaperwoman**) el/la periodista
newspapers prensa
next próximo
Nicaragua Nicaragua
niece sobrina
night la noche; **at night** de noche; **last night** anoche
nine nueve
nine hundred novecientos/as
nineteen diecinueve
ninety noventa
no no; **No doubt.** Sin duda.; **no one** nadie; **No problem.** No hay cuidado.
nobody nadie
none ninguno (ningún)
noon el mediodía
nor ni
North American norteamericano/a
not no; **Not at all.** En absoluto.; **not either** tampoco
note *verb* notar; *noun* nota
nothing nada; **nothing special** nada de particular; **It's nothing.** No hay de qué.
notice *verb* notar; *noun* noticia
noun sustantivo
nourishment alimento
novel novela
November el noviembre
now ahora; ya; **for now** por ahora
number número
nurse enfermero/a

O

obey obedecer (obedezco)
object objeto
obligation la obligación
obstacle inconveniente
obtain conseguir (i)
obvious obvio; evidente

obviously evidentemente; por lo visto; obviamente

occasion la ocasión; la vez

occupation la ocupación; oficio; la profesión

occupy ocupar

occur ocurrir

October el octubre

oculist el/la oculista

of de; **of course** claro; por supuesto; **Of course!** ¡Cómo no!; ¡Claro que sí!; **Of course not!** ¡Claro que no!; **of the** del (*contraction of* de + el)

offer ofrecer (ofrezco)

office despacho; consultorio; (*position*) oficio; puesto

often a menudo

oh! ¡ay!; **Oh me!** ¡Ay de mí!

oil petróleo

Okay. De acuerdo.

old viejo; anciano

older mayor

oldest el/la mayor

on en; sobre; **on one's own** solo/a, por su cuenta

once una vez; **once in a while** de vez en cuando

one uno; un, una

one's su, suyo/a; **on one's own** solo/a, por su cuenta

onion cebolla

only sólo; único

open *verb* abrir; franco (*adj.*); **Open your books . . .** Abran los libros . . .

opera ópera

operation la operación

opinion la opinión

opportunity la oportunidad

oppose oponer (opongo); oponerse

opposite opuesto

optimist el/la optimista

optimistic optimista

or o, u (*used before a word beginning with the vowel sound* o)

orange *noun* naranja; anaranjado (*color*) (*adj.*)

order mandar

organize organizar

orthographic ortográfico

other otro

ought (*to do something*) deber

our nuestro/a

oven horno

over sobre

overcast nublado

overcoat abrigo; sobretodo

owe deber

own *verb* poseer; propio (*adj.*); **on one's own** solo/a, por su cuenta

ownership la propiedad

P

page página

pain el dolor; **have a pain in . . .** tener dolor de . . .

painful: be painful doler (ue)

paint pintar

painting cuadro

pair el par

pale pálido

Panama Panamá (*m.*)

pancake el panqueque

panorama el panorama

pants los pantalones

paper el papel

paragraph párrafo

pardon *verb* perdonar; *noun* el perdón

parents los padres

Paris París (*m.*)

park el parque

part la parte

partial parcial

participate participar

participle participio

particular particular; **nothing in particular** nada de particular

partner compañero/a

part-time de tiempo parcial

party fiesta; partido (*political*); **farewell party** despedida

passed pasado (*past part.*)

passion la pasión

passive pasivo

passport el pasaporte

past el pasado; pasado (*adj.*)

pastime pasatiempo

paternal paterno

patience paciencia

patient el/la paciente; paciente (*adj.*)

patron el patrón, la patrona; **patron saint** santo patrón

pattern (*for sewing*) el patrón

pay (**for**) pagar

peace la paz

pen (**ballpoint**) bolígrafo

pencil el lápiz (*pl.* lápices)

pepper pimienta

Pepsi el Pepsi

perfect perfecto

perfectly perfectamente

performance la función

perhaps tal vez; quizás

period (*sports*) tiempo; período

periodical periódico

permission permiso

permit *verb* dejar; permitir; *noun* permiso

pernicious pernicioso

person persona; **person invited** invitado/a

personal personal

Peru el Perú

pessimist el/la pesimista

pessimistic pesimista

petition la petición; la solicitud

petroleum petróleo

pharmacist farmacéutico/a

pharmacy farmacia

phenomenon fenómeno

philately filatelia

philosophy filosofía

photo la foto

phrase la frase

physics física

piano piano

pick up recoger (recojo)

picture cuadro; película

pile el montón

pill pastilla

pilot piloto

pin el broche

pink rosado

piñata piñata

pity lástima

pizza pizza

place *verb* poner (pongo); *noun* el lugar; **place setting** cubierto

placed puesto (*irreg. past part. of* poner)

placement la colocación

plain sencillo

plan el plan

planet el planeta

plate plato; **small plate** platillo

play *verb* jugar (ue); *noun* obra (*theater*); **play** (*an instrument*) tocar; **play sports** hacer deporte

plaza plaza

pleasant agradable

please por favor; **Please an-swer.** Conteste(n), por favor.; **Please repeat.** Repita(n), por favor.; **Please respond.** Re-sponda(n), por favor.; **Please sit down.** Siénte(n)se, por favor.

pleasure gusto; el placer; **It's a pleasure.** Es un placer.

pluperfect pluscuamperfecto

plural plural

plus más

police policía; **policeman** (**policewoman**) el/la policía

polish lustrar

polite cortés

polytechnic politécnico

poor el mal; pobre

porcelain porcelana

port puerto

Portugal Portugal (*m.*)

Portuguese portugués (*adj.*); **Portuguese female** portuguesa; **Portuguese language** el portugués; **Portuguese male** el portugués

position puesto; la posición

possessive posesivo

possibility la posibilidad

possible posible

post cargo

postcard la postal

poster letrero

post office correo

potato papa; patata; **baked**

potatoes papas al horno; **mashed potatoes** puré de papas

power fuerza; el poder

practice *verb* practicar; *noun* práctica

precisely precisamente

prefer preferir (ie, i)

preferable preferible

preference preferencia

prepare preparar; prepararse

preposition la preposición

prescribe recetar

prescription receta

presence presencia

present *verb* presentar; presente (*adj.*); **present perfect** pretérito perfecto

presentation la presentación

president el presidente, la presidenta

press prensa

prestigious prestigioso

preterit pretérito

pretty bonito; lindo; guapo

previously previamente

price precio

prisoner preso

private privado; particular

privilege privilegio

probability la probabilidad

problem el problema; **It's no problem.** No hay inconve-niente.

profession la ocupación; la profesión

professional profesional

professor el/la profesor/a

profit provecho

program *verb* programar; *noun* el programa

programmer el/la programador/a

progress *verb* progresar; *noun* adelanto

progressive progresivo

prohibit prohibir (prohíbo)

project proyecto

promise prometer

pronoun el pronombre

proper propio

property la propiedad

proposal la declaración

prose prosa

protest protestar

proud orgulloso

proudly orgullosamente

proverb el refrán

provided that con tal (de) que

proviso proviso

psychoanalyst el/la psicoanalista

public público

publish publicar

Puerto Rican puertorriqueño/a

pullover el pullover

pumpkin calabaza

purchase *verb* comprar; *noun* compra

purple morado

pursue seguir (i) (sigo)

put *verb* poner (pongo); puesto (*irreg. past part. of* poner); **put (something) on** ponerse; **put together** (*a program, etc.*) montar; **put up with** aguantar

Q

quarter (*time*) cuarto

queen reina

question pregunta; la cuestión; **ask a question** hacer una pregunta; **question word** palabra interrogativa

quite a while un buen rato

R

race carrera; raza (*ethnic*)

radio la radio

rain *verb* llover (ue); *noun* lluvia

raincoat el impermeable

rainy lluvioso; **It's rainy.** Hay lluvia.

raise aumentar; levantar; criar; subir

rapid rápido

rapidly rápidamente; rápido

razor blade hoja

reach alcanzar; **reach this point** llegar a este paso

read leer

ready listo

realize darse cuenta
really de veras
reason la razón
receptionist el/la recepcionista
recipe receta
recognize reconocer (reconozco)
recommend aconsejar
recompense gratificar
record disco; **record player** el tocadiscos
recover recobrar; **recover one's strength** recobrar fuerzas
red rojo
reference referencia; respecto
reflexive reflexivo
refreshment refresco
regret sentir (ie)
regular regular
relative el/la pariente
remain quedar; quedarse
remember acordarse (ue); recordar (ue)
remembrance recuerdo
repair reparar
repeat repetir (i)
reply *verb* responder; *noun* la contestación; respuesta
reputation fama
request *verb* pedir; *noun* la petición; la solicitud
resolve resolver (ue)
respected respetado
respond responder
response respuesta
responsibility cargo; la responsabilidad
rest *verb* descansar; *noun* siesta; reposo
restaurant el restaurante
result resultado; **with the result that** así que
return *verb* volver (ue); regresar; *noun* vuelta
review repaso
revolution la revolución
reward gratificar
rhythm ritmo
rich rico
ride montar; **ride a horse** montar a caballo

ridiculous ridículo
right derecho; **Right?** ¿Verdad?; **right away** ya; **I'm right.** Tengo razón.; **that's right** eso es; **to the right** a la derecha
ring anillo
rise subir
road carretera
robbed robado
robbery robo
role el papel
romantic romántico
room cuarto; sala; el salón
roommate compañero/a de cuarto
root la raíz
roster lista
roundly rotundamente
routine rutina
rule regla
run correr; **run into** encontrarse (ue) con
Russian ruso (*adj.*); **Russian female** rusa; **Russian language** ruso; **Russian male** ruso

S

sad triste
safe (*adj.*) salvo; **safe, out of danger** a salvo
saint san; santo/a
salad ensalada
salesperson el/la dependiente/a; el/la vendedor/a
salon el salón
salsa salsa (*dance*)
salt la sal
same mismo; igual; **the same to you** igualmente
sandal sandalia
Sandinista el/la sandinista
sandwich el sandwich
sane sano
Santa Claus San Nicolás
sash el cinturón
Saturday sábado
saucer platillo
say decir (i) (digo); **say goodbye**

despedirse (i); **I should say so!** ¡Ya lo creo!
saying el refrán
scarcely apenas
school escuela; la facultad; **high school** colegio
science ciencia
scientific científico
scold regañar
score (*sports*) marcar
scream *verb* gritar; *noun* grito
scriptwriter el/la guionista
seafood mariscos
seal sello
search for buscar
season la estación
seat sentar (ie)
second segundo
secretary secretario/a
secure *verb* aseguar; asegurado (*adj.*)
see ver; **See you later.** Hasta luego.; **See you tomorrow.** Hasta mañana.
seem parecer (parezco)
seize prender
selection la selección; surtido
self mismo
sell vender
semester el semestre
send mandar
sensation la sensación
sentence la frase; cláusula
sentiment sentimiento
September el septiembre
sequence secuencia
serious serio
seriously seriamente
serve servir (i)
service servicio
set fijar (*a date*); arreglar (*hair*); **set the table** poner la mesa
seven siete
seven hundred setecientos/as
seventeen diecisiete
seventy setenta
several varios
sex sexo
shake hands dar la mano
shampoo el champú
shape forma

sharp (*time*) en punto
shave afeitar; afeitarse
she ella
shellfish marisco
shine lustrar
shirt camisa
shoe zapato; **shoe store** zapatería
shoot tirar
shop tienda
shopping: **go shopping** ir de compras
short bajo
shot la inyección
should (**do something**) deber (+ *inf.*)
shoulder: **give a cold shoulder** dar calabazas
shout *verb* gritar; *noun* grita
show mostrar (ue)
shower ducha; **take a shower** ducharse
sick enfermo
sickness la enfermedad; el mal
side lado
sign letrero
significance significado
silence silencio
silk seda
silver plata
simple sencillo
since desde
sing cantar
singer el/la cantante
single sencillo
singular singular
sir el señor
sister hermana
sit down sentarse
situation la situación
six seis
six hundred seiscientos/as
sixteen dieciséis
sixty sesenta
size tamaño
ski *verb* esquiar; *noun* el esquí
skiing el esquí
skinny flaco
skirt falda
sleep *verb* dormir (ue); *noun* sueño

sleepiness sueño
sleepy: **I'm sleepy.** Tengo sueño.
slow despacio; perezoso
slowly despacio
small pequeño; **small plate** platillo
smaller menor; más pequeño
smart listo
smoke fumar
smoked pork sausage chorizo
sneeze estornudar
snore roncar
snow *verb* nevar (ie); *noun* la nieve
so así; tan + *adj.*; **so much** tanto; **so that** a fin (de) que; así que; para que
soccer el fútbol; **soccer player** el/la futbolista
social social; **Social Security** Seguro Social
sociology sociología
sock el calcetín
sole único
solely sólo
solicitude la solicitud
some alguno (algún); unos, unas; **some day** algún día
someone alguien
something algo
son hijo
song canto; la canción
soon luego; pronto
sorrow el dolor
sorry: **be sorry** sentirlo (ie, i); sentir (que); **I'm sorry.** Lo siento.
so·so más o menos; así así
soup sopa; **vegetable soup** sopa de verduras
South America Sudamérica
souvenir recuerdo
Spain España
Spanish español (*adj.*); **Spanish female** española; **Spanish language** el español; **Spanish male** el español
speak hablar
special de particular; **nothing special** nada de particular

specialized especializado
spend gastar (*money*); pasar (*time*)
splinter astilla
spoon cuchara
sport deporte; **play sports** hacer deporte
spouse esposo/a
spring primavera (*season*)
square plaza
squash calabaza
stage (*of a process*); etapa (*theater*) tablado, tablao
stamp sello; estampilla; **stamp collecting** filatelia
stand *verb* aguantar; *noun* estanco (*kiosk*)
star estrella
start *verb* comenzar (ie); *noun* principio
state estado
statement la declaración
stay quedar; quedarse
steak el bife; (*barbecued*) churrasco
steam el vapor
steamboat el vapor
stem la raíz
step etapa; paso; **step by step** por etapas; **step on** pisar
stick palo
stocking media
stomach estómago
store estanco; tienda
straight ahead derecho
strange extraño
strawberry fresa
street la calle
strength fuerza
stress la tensión
stressed enfático
strike *verb* golpear; *noun* huelga; **be on strike** estar de huelga
stroll pasear
strong fuerte
student el/la estudiante; alumno/a; estudiantil (*adj.*)
study *verb* estudiar; *noun* estudio (*room*)
stupendous estupendo

stupid tonto
style moda
subject asignatura; sujeto;
  subject matter materia
subjunctive subjuntivo
subtitle writer el/la guionista
succeed tener éxito
success éxito
such tal
suddenly de repente
suffer sufrir
sufficient bastante; suficiente
sugar el azúcar
suggest sugerir (ie, i)
suit el traje
suitable acomodado; propio
summer verano
sun el sol; **It's sunny.** Hace sol.
Sunday domingo
superlative superlativo
supermarket supermercado
supply surtido
suppose suponer (supongo)
sure cierto; seguro
surgeon cirujano
surgical cirujano
surname apellido
surprise sorprender
swear jurar
sweater el suéter
sweet dulce (*adj.*); **sweets** los
  dulces
swim nadar
swimming pool piscina
symphony sinfonía
symptom el síntoma

T

table mesa; **on the table** en la
  mesa; **set the table** poner la
  mesa
tablecloth el mantel
taco taco
tailor shop sastrería
take llevar; sacar; tomar; **take
  advantage of** aprovechar
  (de); **take a nap** echar una
  siesta; **take a shower**
  ducharse; **Take it easy!**
  ¡Tranquilo!; **take out** sacar;
  take (someone) for a walk

llevar (a alguien) de paseo;
  take (someone) on a trip
  llevar (a alguien) a pasear
talent talento
talk hablar
tall alto
tame manso
tango tango
tape recorder grabadora
task tarea
tasty sabroso
tavern taberna
taxi el taxi; **taxi driver** el/la
  taxista
tea el té
teach enseñar
teacher maestro/a; profesor/a
team equipo
tear romper
technician técnico/a
technology tecnología
telephone teléfono
television la televisión; la tele
tell contar (ue); decir (i) (digo)
temperature temperatura
ten diez
tennis el tenis
tense tiempo (*verb*)
tension la tensión
terminate terminar
terror el terror
terrorist el/la terrorista
test *verb* provar (ue); *noun* el
  examen
Texas Tejas (*m.*)
thank you gracias
that que; aquel, aquella; ese,
  esa (*adj.*); **That does it!** ¡Se
  acabó!; **that one** aquél,
  aquélla; ése, ésa; aquello, eso
  (*pron.*); **That's right.** Eso es.;
  that's why por eso
the el; la; los; las
theater teatro
their, theirs su; suyo/a
them los, las (*dir. obj.*); les, se
  (*ind. obj. if before* lo, la, los,
  las); ellos/ellas (*obj. of prep.*)
theme el tema
themselves se, sí; ellos, ellas
  (*obj. of prep.*)

then entonces; luego; pues
there ahí; allá; allí; **there are**
  hay (*from* haber); **there is** hay
  (*from* haber)
therefore por eso
thermometer termómetro
these estos, estas (*adj.*); éstos,
  éstas (*pron.*)
they ellos, ellas
thin flaco
thing cosa; **the latest thing** el
  último grito
think creer; pensar (ie); **think
  about** pensar en; **Think
  nothing of it.** No tenga
  cuidado.; **I think so.** Creo
  que sí.
thirst la sed
thirsty: **I'm thirsty.** Tengo sed.
thirteen trece
thirty treinta
this este, esta (*adj.*); esto (*pron.*)
those aquellos, aquellas; esos,
  esas (*adj.*); aquéllos, aquéllas;
  ésos, ésas (*pron.*)
though aunque
thousand mil; **one thousand
  five hundred** mil quinientos/as
three tres
three hundred trescientos/as
throw echar; tirar; **throw away**
  echar; **throw out** echar; tirar
thrown down tirado
Thursday el jueves
thus así
ticket boleto; el billete
time hora; rato; tiempo; la vez;
  temporal (*adj.*); **a short time**
  momentito; **have a good
  time** divertirse (ie, i); **It was
  about time!** ¡Ya era hora!;
  part-time de tiempo parcial
tired cansado; **get tired**
  cansarse
tiresome aburrido
title título
to a; para; **to the** al (*contraction
  of* a + el)
toast *verb* brindar por; *noun* el
  pan tostado
toasted tostado

tobacco tabaco
today hoy
tomato el tomate
tomorrow mañana
tongue lengua
tonight esta noche
too también; **too many**, **too much** demasiado
tooth el diente; **back tooth** muela
toothpick palillo
topic el tema
torn roto
tortilla tortilla
touch tocar
tourism turismo
tradition la tradición
traffic tráfico
tragedy tragedia
training entrenamiento
tranquil tranquilo
transaction negocio
translate traducir (traduzco)
trauma el trauma
travel viajar; **travel agent** el/la agente de viajes
treat tratar
trip la excursión; paseo; el viaje
trouble pena
trousers los pantalones
truly de veras
truth la verdad
try tratar; probar (ue); **try on** probar (ue); **try out** probar (ue); **try to** tratar de
T-shirt camiseta; playera
Tuesday el martes
turn *verb* doblar; *noun* turno
TV la tele
twelve doce
twenty veinte
twenty-eight veinte y ocho, veintiocho
twenty-five veinte y cinco, veinticinco
twenty-four veinte y cuatro, veinticuatro
twenty-nine veinte y nueve, veintinueve
twenty-one veinte y uno, veintiuno (veintiún)

twenty-seven veinte y siete, veintisiete
twenty-six veinte y seis, veintiséis
twenty-three veinte y tres, veintitrés
twenty-two veinte y dos, veintidós
two dos
two hundred doscientos/as
type tipo
typical típico

U

ugly feo
unbelievable increíble
unbelieving incrédulo
uncle tío
under bajo (*prep.*); debajo (de)
understand comprender; entender (ie)
unexpected inesperado
unexpectedly inesperadamente
unfortunate desafortunado
unfortunately desafortunadamente
unfriendly antipático
unique único
united unido; **United Nations** las Naciones Unidas; **the United States** los Estados Unidos
university *noun* la universidad; universitario (*adj.*)
unless a menos que
unlikable antipático
until hasta (*prep.*); hasta que (*conj.*); **Until I see you.** Hasta la vista; **Until later.** Hasta luego.; **Until tomorrow.** Hasta mañana.
upon sobre
us nos (*dir. and ind. obj.*); nosotros, nosotras (*obj. of prep.*)
use *verb* usar; *noun* uso
used usado
useful útil
usual usual
usually de costumbre; usualmente; por lo general

V

vacation la vacación; las vacaciones
Valentine's Day el Día de los Novios
vapor el vapor
various varios
vase vaso
vegetable la legumbre; **vegetable soup** sopa de verduras; (**green**) **vegetables** las verduras
Venezuelan venezolano/a
verb verbo
version la versión
very muy; **very friendly** simpatiquísimo; **very important** importantísimo; **very interesting** interesantísimo; **very much** muchísimo; **very tasty** riquísimo
veterinarian veterinario/a
victim víctima
vigor esfuerzo
violation (*of the law*) la violación
violence violencia
visit *verb* visitar; *noun* visita
vocabulary vocabulario
voice la voz (*pl.* voces)
voluminous voluminoso
vote votar

W

wages el jornal
wait esperar
waiter mozo
wake up despertarse (ie)
walk *verb* caminar; *noun* paseo; **take (someone) for a walk** llevar (a alguien) de paseo
want querer (ie)
war guerra
warm: I'm warm. Tengo calor.
warmth el calor
wash lavar; **wash oneself** lavarse
waste *verb* perder (ie); *noun* pérdida
watch *verb* mirar; *noun* el reloj
water el agua (*f.*)

way forma; modo

we nosotros, nosotras

weak débil

wear llevar

weary cansarse

weather tiempo; **It's good/bad weather.** Hace buen/mal tiempo.; **What's the weather like?** ¿Qué tiempo hace?

wedding boda

Wednesday el miércoles

week semana

weekend el fin de semana

weight peso

well bien; pues; **as well** también; **well-to-do** acomodado

what? ¿qué?; ¿cuál?; **What color is . . .?** ¿De qué color es . . .?; **What do you think . . .?** ¿Qué le (te) parece . . .?; **What does ___ mean in English?** ¿Qué significa ___ en inglés?; **What happened?** ¿Qué pasó?; **What is your name?** ¿Cómo se llama usted? (*formal*); ¿Cómo te llamas? (*fam.*); **What kind of . . .?** ¿Qué clase de . . .?; **What's new?** ¿Qué hay de nuevo?; **What's the matter with you?** ¿Qué tiene usted?; **What's the weather like?** ¿Qué tiempo hace?

when cuando; **when?** ¿cuándo?

where donde; **where?** ¿dónde?; **(to) where?** ¿adónde?

which? (**which one?**) ¿cuál?; ¿qué?

while mientras (que); *noun* rato; **once in a while** de vez en cuando; **quite a while** un buen rato

whim capricho

white blanco

who que, quien; **who?** ¿quién?

why? ¿por qué?

widow viuda

wife esposa

win ganar

wind viento

window ventana

windy: **It's windy.** Hace viento.

wine vino; **wine glass** copa

winter invierno

wish *verb* desear; querer (ie); *noun* deseo; **I wish!** ¡Ojalá!

with con; **with difficulty** difícilmente; **with me** conmigo; **with the result that** así que; **with you** (*fam. sing.*) contigo

without sin (*prep.*); sin que (*conj.*); **Without a doubt.** Sin duda.

wolf lobo

woman la mujer

wonder maravilla

wonderful lindo; **How wonderful!** ¡Qué lindo!

woods el bosque

word palabra

work *verb* trabajar; *noun* trabajo; obra (*theater*); **work as** trabajar de

worker obrero/a; el/la trabajador/a

world mundo; mundial (*adj.*)

worry *verb* preocuparse; *noun* cuidado

worse peor

worst el/la peor

write escribir

wrong el mal

Y

year año; **I'm ___ years old.** Tengo ___ años.; **New Year's Day** el Año Nuevo

yearning anhelo

yellow amarillo

yes sí

yesterday ayer

you *Familiar, Singular:* (*subject*) tú; (*dir. and ind. obj.*) te; (*obj. of prep.*) ti; *Familiar, Plural:* (*Latin America: same as Formal, Plural.*) Spain: (*subject, obj. of prep.*) vosotros, vosotras, (*dir. and ind. obj.*) os *Formal, Singular and Plural:* (*subject, obj. of prep.*) usted, ustedes, Ud., Uds.; (*dir. obj.*) lo, la, los, las; (*ind. obj.*) le, les; se (*if before* lo, la, los, *or* las) *Indefinite:* se (+ *verb form*); **with you** contigo; **You're welcome.** No hay de qué.

young pequeño; joven; **young boy** mozo; el joven; **young lady** señorita; **young man/ young woman** el/la joven; **young people** los jóvenes; **as a young man/woman** de joven

younger menor; más joven

your, yours *Familiar, Singular:* tú, tuyo; *Familiar, Plural, Spain:* vuestro; *Formal:* su, suyo

yourself *Familiar:* (*subject,* **you yourself**) tú mismo, tú misma; (*obj.*) te; (*obj. of prep.*) ti; *Formal:* (*subject,* **you yourself**) usted mismo, usted misma; (*obj.*) se; (*obj. of prep.*) usted, sí

yourselves *Familiar:* (*Latin America same as Formal.*) Spain: (*subject,* **you yourselves**) vosotros mismos, vosotras mismas; (*obj.*) os; (*obj. of prep.*) vosotros, vosotras

youth la juventud

Z

zero cero

zodiac zodíaco

zoology zoología

Photo Credit List

COLOR PHOTOGRAPHS

Page 1: (top) Robert Frerck (middle) Joe Viesti/Viesti Associates, Inc. (bottom left) Kal Muller/Woodfin Camp & Associates. (bottom right) Victor Englebert. *Page 2:* (top left) Comstock (top right) Comstock (bottom left) Robert Frerck/Woodfin Camp & Associates (bottom right) Robert Frerck/Woodfin Camp & Associates. *Page 3:* (top left) Peter Menzel/Stock, Boston (top right) David Alan Harvey/Woodfin Camp & Associates (bottom left) Thomas Nebbia/Woodfin Camp & Associates (bottom right) Bonnie Kamin/Comstock. *Page 4:* (top) Joe Viesti/Viesti Associates, Inc. (bottom left) Joe Viesti/Viesti Associates, Inc. (bottom right) Joe Viesti/Viesti Associates, Inc. *Page 5:* (top left) Joe Viesti/Viesti Associates, Inc. (top right) Peter Menzel/Stock, Boston (bottom) Joe Viesti/Viesti Associates, Inc. *Page 6:* (top left) C.J. Collins/Photo Researchers (top right) Peter Menzel (middle left) Peter Menzel (middle right) Stuart Cohen/Comstock (bottom left) Stuart Cohen/Comstock. *Page 7:* (top left) Peter Menzel (top right) Peter Menzel (middle left) Douglas Donne Bryant (middle right) Peter Menzel (bottom right) Stuart Cohen/Comstock. *Page 8:* (top left) Owen Franken (top right) G. Rancinan/Sygma (bottom left) Joe Viesti/Viesti Associates, Inc. (bottom right) Randy Taylor/Sygma.

CHAPTER 1 Page 2: Ulrike Welsch/Photo Researchers. Page 4: (top) Stuart Cohen/Comstock (bottom) Stuart Cohen/Comstock. Page 5: Peter Menzel. Page 6: (left) Stuart Cohen/Comstock (right) Owen Franken. Page 14: Peter Menzel. Page 15: (left) Owen Franken (right) Stuart Cohen/Comstock.

CHAPTER 2 Page 24: Peter Menzel/Stock, Boston. Page 26: (left) Owen Franken (right) Jean Gaumy/Magnum. Page 27: Ulrike Welsch. Page 29: Robert Frerck/Odyssey. Page 34: Peter Menzel/Stock, Boston. Page 42: Peter Menzel.

CHAPTER 3 Page 48: Stuart Cohen/Comstock. Page 50: (top) Stuart Cohen/Comstock (bottom) Peter Menzel/Stock, Boston. Page 56: Peter Menzel. Page 62: Peter Menzel/Stock, Boston. Page 64: Peter Menzel/Stock, Boston. Page 66: Larry Mangino/The Image Works. Page 68: Peter Menzel.

CHAPTER 4 Page 72: Peter Menzel/Stock, Boston. Page 73: Peter Menzel/Stock, Boston. Page 75: Lionel Delevingne/Stock, Boston. Page 76: Stuart Cohen/Comstock. Page 77: Peter Menzel. Page 80: (top left) Peter Menzel (top right) Victor Englebert/Photo Researchers (bottom left) Katherine A. Lambert (bottom right) Peter Menzel/Stock, Boston. Page 81: (left) Peter Menzel (top right) Bernard Pierre Wolff/Photo Researchers (middle right) Peter Menzel (bottom) Ulrike Welsch/Stock, Boston. Page 83: Ulrike Welsch. Page 88: Owen Franken.

CHAPTER 5 Page 96: Peter Menzel. Page 99: Mark Antman/The Image Works. Page 101: Stuart Cohen/Comstock. Page 104: Susan Meiselas/Magnum. Page 110: Larry Mangino/The Image Works. Page 111: Peter Menzel. Page 114: Peter Menzel.

CHAPTER 6 Page 119: Stuart Cohen. Page 120: Owen Franken. Page 125: Peter Menzel/Stock, Boston. Page 127: Stuart Cohen/Comstock. Page 129: Ulrike Welsch. Page 136: Peter Menzel/Stock, Boston. Page 137: Peter Menzel.

CHAPTER 7 Page 143: Ulrike Welsch. Page 145: Peter Menzel. Page 150: Ulrike Welsch. Page 152: Miguel Sayago/Photo Researchers. Page 153: Stuart Cohen/Comstock. Page 154: Peter Menzel. Page 155: Owen Franken.

CHAPTER 8 Page 165: Peter Menzel. Page 166: Ulrike Welsch. Page 167: Peter Menzel/Stock, Boston. Page 170: Terry Moore/Woodfin Camp & Associates. Page 182: (top) Hazel Hankin (bottom) Stuart Cohen/Comstock.

CHAPTER 9 Page 186: (top) Peter Menzel/Stock, Boston (bottom) Mark Antman/The Image Works. Page 188: Peter Menzel. Page 190: Ulrike Welsch/Photo Researchers. Page 197: Stuart Cohen/Comstock. Page 201: Victor Englebert/Photo Researchers. Page 204: Owen Franken.

CHAPTER 10 Page 209: Owen Franken. Page 210: Peter Menzel/Stock, Boston. Page 212: Christine Spengler/Sygma. Page 213: Stuart Cohen/Comstock. Page 222: Stuart Cohen/Comstock. Page 225: Peter Menzel. Page 227: Spencer Grant/The Picture Cube.

CHAPTER 11 Page 231: Ulrike Welsch/Photo Researchers. Page 232: Peter Menzel. Page 233: Stuart Cohen/Comstock. Page 239: Abbas/Magnum. Page 247: Stuart Cohen/Comstock. Page 248: Stuart Cohen/Comstock.

CHAPTER 12 Page 252: Victor Englebert/Photo Researchers. Page 253: Susan Meiselas/Magnum. Page 267: (left) Owen Franken (right) Peter Menzel. Page 269: Ulrike Welsch. Page 272: Peter Menzel/Stock, Boston.

CHAPTER 13 Page 276: Robert Frerck/Odyssey. Page 280: Josef Koudelka/Magnum. Page 281: Ulrike Welsch. Page 290: Hazel Hankin. Page 292: Barbara Rios/Photo Researchers. Page 293: Owen Franken/Stock, Boston.

CHAPTER 14 Page 296: Hazel Hankin. Page 297: Ingeborg Lippman/Magnum. Page 299: Tyrone Hall/Stock, Boston. Page 304: Susan Meiselas/Magnum. Page 313: Stuart Cohen/Comstock. Page 314: Peter Menzel/Stock, Boston.

CHAPTER 15 Page 317: Stuart Cohen/Comstock. Page 319: Ulrike Welsch. Page 322: Will McIntyre/Photo Researchers. Page 325: Terry Moore/Woodfin Camp & Associates. Page 331: Ulrike Welsch. Page 332: Peter Menzel/Stock, Boston.

CHAPTER 16 Page 337: Peter Menzel. Page 338: Stuart Cohen. Page 339: (top) Courtesy Mexican National Tourist Council (middle) Beth Bergman (bottom left) Tom Hollyman/Photo Researchers (bottom right) Courtesy Phillips Records. Page 341: Peter Menzel/Stock, Boston. Page 346: Peter Menzel. Page 352: David Kupferschmid. Page 354: Owen Franken/Stock, Boston.

CHAPTER 17 Page 358: Klaus D. Francke/Peter Arnold. Page 359: (top) Victor Englebert/Photo Researchers (bottom) Owen Franken/Stock, Boston. Page 362: (left) Peter Menzel/Stock, Boston (right) Peter Menzel/Stock, Boston. Page 363: Peter Menzel/Stock, Boston. Page 364: Peter Menzel.

CHAPTER 18 Page 378: Katherine A. Lambert/Kay Reese. Page 380: (top left) Peter Southwick/Stock, Boston (top right) Culver Pictures (bottom) Owen Franken. Page 381: (top left) Kent Reno/Jeroboam, Inc. (top right) Katherine A. Lambert (bottom) Dorka Raynor. Page 385: Peter Menzel. Page 389: Charles Kennard/Stock, Boston. Page 396: Courtesy of United Nations.

Índice

Separate lists of the *Notas culturales*, the *Lecturas*, and the *Vocabulario útil* appear at the end of this index.

a, personal, 65; + **el** → **al**, 56
absolute superlative, 243
accents, *see* Appendix
acostar, present subjunctive, 325
acostarse, present indicative, 126; preterit, 170
adjective clauses, imperfect subjunctive in, 393; indicative vs. subjunctive in, 342; subjunctive in, 341, review, 393
adjectives, agreement of, with noun, 37; demonstrative, 11; descriptive, 38; forms of, 11; irregular comparatives of, 224; long-form or stressed possessive, 307; of nationality, 38; placement of, 38; plural of, 37; possession with **de**, 59; possessive, 58, 307; regular comparatives, 222–223; superlative, 242
adverbial clauses, imperfect subjunctive in, 394; indicative vs. subjunctive in, 362; of proviso, 366; of time, 362; subjunctive in, 362, review, 394
adverbs, formation of, in **-mente**, 218; **mejor** and **peor** as, 242; use of **tampoco, nunca, nada, nadie, ninguno, ni . . . ni**, 178
afeitarse, 123
affirmative commands, for **tú**, 202; first-person plural (*let's*), 349; formal (**Ud.** and **Uds.**) with irregular verbs, 158, with regular verbs, 157, with stem-changing verbs, 157
affirmatives vs. negatives, 178
agreement, of adjectives with nouns, 37
al (contraction of **a** + **el**), 56; infinitive with, 371
algo, 178
alguien, 178
algunos, 178
alphabet, Spanish, *see* Appendix

article, definite, forms and agreement of, 7; indefinite, 36; uses of, 35

buscar, preterit, 194

capitalization, *see* Appendix
cardinal numbers, *see* numbers
classification of verbs, 29
classroom instructions, 9
clothing—articles of clothing, 151
colors, 152
comenzar, preterit, 194
command forms, first-person plural (*let's*), 349; formal (**Ud.** and **Uds.**), 157, 158; indirect commands, 351; informal (**tú**), 202, 203; of irregular verbs, 158; of regular verbs, 157; of stem-changing verbs, 157
commands, 157; affirmative, formal (**Ud.** and **Uds.**), 157, review, 203; affirmative, informal (**tú**), 202; direct- and indirect-object pronouns with, 158; first-person plural (*let's*), 349; indirect, the present subjunctive in, 351; informal (**tú**), irregular verbs, 202; formal (**Ud.** and **Uds.**), irregular, 158, stem-changing verbs, 157; negative, formal (**Ud.** and **Uds.**), 157, informal (**tú**), 203; position of reflexive and object pronouns with, 158
como si, imperfect subjunctive after, 386
comparatives, irregular, of adjectives, 224; regular, of adjectives, 222–223
comparison, of equality, 221; of inequality, 223; of inequality with **de**, 224; of inequality with **que**, 223; with **mejor** and **peor**, 242

conditional, to indicate probability in the past, 283; forms of, 279; of irregular verbs, 281; of regular verbs, 279; softened request, 283, 386

conditional tense, use of, 279–280

conjugation of verbs, classification, 29; forms, 29

conjunctions, taking the subjunctive, 366; taking the subjunctive or the indicative, 363

conocer, present indicative, 83; present subjunctive, 323; preterit, 240; or **saber**, 83

consonants, sounds of Spanish, *see* Lección de pronunciación *in Workbook*; syllabication, *see* Appendix

contraction, of **a** + **el** → **al**, 56; of **de** + **el** → **del**, 56

Cultural Notes: *see* Notas culturales *at the end of this index*

cursos y carreras, 78

dar, formal (**Ud.** and **Uds.**) command forms, 158; imperfect subjunctive, 382; present indicative, 108; present subjunctive, 324; preterit, 175

date, 102

days of the week, 52

de, comparisons of inequality with, 224; + **el** → **del**, 56; possession with, 59; use of, in telling time, 64

decir, conditional, 281; informal (**tú**) command form, 202; future, 260; imperfect subjunctive, 382, 383; past participle, 301; present indicative, 78; present participle, 134; present subjunctive, 153, 323; preterit, 192

definite article, forms and agreement of, 7; use of, 35

del (contraction of **de** + **el**), 56

demonstrative, adjectives, 11; pronouns, 263

dependent clauses, imperfect subjunctive in, 383, 386, 389, 393–394; present subjunctive in, 147, 320

despertarse, present indicative, 122

diphthongs, 249, 355

direct object, pronouns, 86; placement, relative to infinitive, 87, 107, relative to verb, 86, vis-à-vis indirect-object pronouns, 106, with command forms, 107, 158, with indirect commands, 352

division of words into syllables, *see* Appendix

dormir, formal (**Ud.** and **Uds.**) command form, 157; imperfect subjunctive, 382; present indicative, 101; present subjunctive, 326; preterit, 191

equality, comparisons of, and inequality, 221–224

estar, and **ser**, uses of, 39–40; imperfect subjunctive, 386; past progressive, 237; present indicative, 33; present subjunctive, 148, 324; preterit, 174

expressions, of desire, request, or feelings with subjunctive, 320; impersonal, use with subjunctive, 347; of courtesy, 327, 386; of time with **hacer**, 244–245; useful, 267; with **tener**, 112

faltar, indirect-object constructions with, 109

future, forms of, 256; of irregular verbs, 259; of regular verbs, 256; present used to indicate, 266; of probability, 261

gender, of nouns, 7; of pronouns, 27

greetings, 3; formal, 3; informal, 4

gustar, to express idea of liking something, 12; indirect-object constructions with, 109

haber (auxiliary verb), conditional, 281; future, 259; imperfect, 306; present indicative, 299; present subjunctive, 324; preterit, 174

hacer, conditional, 281; expressions of time with, 244–245; expressions with, 99, 244–245; expressions with, + present, 244, + preterit, 245; future, 260; **hacer preguntas**, 155; informal (**tú**) command form, 202; past participle, 301; present subjunctive, 153, 323; preterit, 174

hay, use of, 8

if-clauses, 383

imperative, first-person plural (*let's*), 349; formal (**Ud.** and **Uds.**), 157, 158; informal (**tú**), 202, 203

imperfect, 213; and preterit, summary, 235; of regular verbs, 214; three verbs irregular in, 217; uses of, 213, 235

imperfect subjunctive, 382; for softened request, 386; *if*-clauses, 383; in adjective clauses, 393; in adverbial clauses, 394; in noun clauses, 389; of irregular verbs, 382–383; of regular verbs, 382–383; vs. present indicative after **como si**, 386; with **ojalá**, 388

impersonal expressions with subjunctive, 347

indefinite article, forms and use of, 36

indicative, vs. subjunctive, in adjective clauses, 342; in adverbial clauses, 362; in noun clauses, 330

indirect commands, present subjunctive in, 351

indirect object, constructions with **gustar**, **parecer**, and **faltar**, 109; pronouns, 102; placement, relative to direct-object pronoun, 106, with command forms, 107, 158, with indirect commands, 352, with infinitive, 107

inequality, comparisons of, 223, with **de**, 224, with **que**, 223

infinitive, 29; after prepositions, 371; instead of subjunctive, 330; introduction to, 29; object pronouns follow, 87, 107; uses of, 371; with **al**, 371

interrogative words, 16

instructions, for classroom use, 9

ir, formal (**Ud.** and **Uds.**) command forms, 158; imperfect, 217; informal (**tú**) command form, 202; no past progressive, 238; + **a** + infinitive, 52; present indicative, 51; present subjunctive, 324; preterit, 174, 177

irregular comparatives of adjectives, 224

irregular past participles, 301

irregular verbs, conditional of, 281; future of, 259; imperfect of, 217; imperfect subjunctive of, 382–383; informal (**tú**) command forms of, 202; present indicative of, 34, 51, 54, 55, 78; present subjunctive of, 153, 323; preterit of, 174, 194; *see also* individual irregular verbs

-ísimo (superlative ending), 243

jugar, preterit, 194

lavarse, present indicative, 123

leer, present participle, 133; preterit, 194

levantarse, present indicative, 122

linking, 18

llamarse, 10

long-form possessive adjectives, 307

mejor, 242; as an adverb, 242; as a comparative for **bien**, 242

-mente, formation of adverbs with, 218

months of the year, 102

nada, as adverb, 178

nadie, 178

names, *see* **llamarse**

negative commands, for **tú**, 203; formal (**Ud.** and **Uds.**), 158

negative sentences, formation of, 16

negatives, 178

neuter, demonstrative pronouns, 263

ni . . . ni, 178

ninguno, 178

non-personal subject, reflexive **se** as, 287

notas culturales: *see separate list at the end of this index*

noun clauses, definition, 149, 321; imperfect subjunctive in, 389; indicative vs. subjunctive in, 330; subjunctive in, 149, 320; review, 204, 289, 345, 389

nouns, gender and plural of, 7

numbers, cardinal from 0 to 50, 8; from 50 to 1,000,000, 88

nunca, 178

object, *see* direct object; indirect object; prepositional object pronouns

occupations, 13, 76

ojalá, and subjunctive, 328, 388

para, and **por**, uses of, 284–285

parecer, indirect-object constructions with, 109

participles, past, 299, 301; placement of reflexive and object pronouns with, 300; present, 133

passive voice, reflexive as equivalent of, 264

past, probability in, conditional for, 283

past participles, 299, 301; irregular, 301

past progressive, 217

past subjunctive, *see* imperfect subjunctive

past tense, *see* imperfect, preterit

pedir, vs. **preguntar**, 155; present indicative, 78; present subjunctive, 153, 323, 326; preterit, 190

pensar, formal (**Ud.** and **Uds.**) command form, 157; imperfect subjunctive, 382; present indicative, 62; preterit, 170

peor, 242; as an adverb, 242; as a comparative for **mal**, 242

perfect: pluperfect, 306; present perfect, 299

personal **a**, 65

places of work, 77

pluperfect, 306

plural, of adjectives, 37; of nouns, 7

poder, conditional, 281; future, 259; imperfect subjunctive, 386; present indicative, 101; present subjunctive, 325; preterit, 174

poner, conditional, 281; future, 259; imperfect subjunctive, 382, 383; informal (**tú**) command form, 202; past participle, 301; present subjunctive 153, 323; preterit, 174

por, and **para**, uses of, 284–285; use of, in telling time, 64

possession, 58–59

possessive adjectives, 58; long-form or stressed, 307

possessive pronouns, 309

preguntar, vs. **pedir**, 155

prepositional object pronouns, 105

prepositions, infinitive after, 371; with pronouns, 105

present indicative, for *shall* and *will*, 262; irregular verbs, 34, 51, 54, 55, 78, *see also* individual irregular verbs; regular verbs, 30; with future meaning, 266; vs. imperfect subjunctive after **como si**, 386

present participles, 133

present perfect, 299

present progressive, 133

present subjunctive, 147; for first-person plural (*let's*) command, 349; in noun clause, 149, 320, review, 204, 289, 345, 389; in adjective clause, 341; in adverbial clause, 362, 366; of irregular verbs, 153, 323; of regular verbs, 148, 320; of stem-changing verbs, 325; with **ojalá**, 328, 388

preterit, and imperfect, 235; differences between preterit and imperfect, 235, 240; irregular forms, 174, 192, 194; irregular stems in, 174; of **ir** and **ser**, 177; of regular verbs, 169–170; spelling changes, verbs ending in **-car**, **-gar**, **-zar**, 194; stem-changing verbs in, 190, 191; verbs with different meaning in, 240

probability, future to express, 261; in past, conditional used to express, 283

progressive, not for **ser**, **ir**, **venir**, 238; past, 237; present, 133

pronouns, demonstrative, 263; direct-object, 86; direct- and indirect-object in sequence, 106; direct- and indirect-object with commands, 107, 158, 352; gender of, 27; indirect-object, 104; possessive, 309; prepositional object, 105; reflexive, 123; reflexive and object with commands, 158, 352; reflexive and object with present participle, 134; reflexive may be attached to infinitive, 123; subject, 27, use of, 27; with present participle, 134; with **gustar**, **parecer**, and **faltar**, 109

pronunciation: *consonants*, general, *see* Appendix *and* Lección de pronunciación *in Workbook*; consonant **b**, 68, 116, 314; **c**, 92, 162; **c** before **e** or **i**, 162; **ch**, 44; **d**, 18, 44, 205, 375; **d**, fricative, 205, 375; **d**, plosive, 205; **g**, 115,

334; **h**, 44; **j**, 115, 334; **k**, 183; **ll**, 116; **ñ**, 139; **p**, 183; **r**, 183, 228; **r**, single-tap, 183; **r**, trilled, 92, 228; **rr**, 92, 228; **s**, 161, 293; **t**, 162; **v**, 68, 116, 314; **x**, 115, 334; **y**, 116, 334; **z**, 161; voiced and voiceless consonants, 161; *diphthongs* **ai**, **ia**, **ie**, **ei**, **io**, 249, review, 355; linking, 18; *vowels*, general, *see* Appendix, review, 355; vowel **a**, 18; **e**, 44; **i**, 45; **o**, 69; **u**, 69, 293; vowel sounds in words of multiple syllables, 272; *see also* Lección de pronunciación *in Workbook*

punctuation, *see* Lección de ortografía *in Workbook*

que, comparisons of inequality with, 223; with indirect commands, 351

querer, conditional, 281; future, 259; imperfect subjunctive, 386; present indicative, 62; preterit, 174

questions, formation of, 14

question words, summary of, 16

reflexive construction, forms of, 123

reflexive pronouns, 123; placement of, 123, with present participle, 134

reflexive **se**, as equivalent of the passive voice, 264; as non-personal subject, 287; placement of with present participle, 134

reflexive verbs, 122–126

regular verbs, conditional of, 280; formal (**Ud.** and **Uds.**) command forms of, 157; future of, 256; imperfect of, 214; imperfect subjunctive of, 382; informal (**tú**) command forms of, 202; present indicative of, 30; preterit of, 169–170; subjunctive of, 148, 320

relatives—chart of family relationships, 60

ropa, items of clothing, 151

saber, conditional, 281; future, 259; present indicative, 83; present subjunctive, 324; preterit, 174; or **conocer**, 83

salir, conditional, 281; future, 259; informal (**tú**) command form, 202; present subjunctive, 153, 323

se, as non-personal subject, 287; substituted for **le** or **les**, 107

seasons of the year, 102

seguir, present indicative, 78; present subjunctive, 326

sentarse, present indicative, 124

sentir, present subjunctive, 326

ser, and **estar**, 39–40; formal (**Ud.** and **Uds.**) command forms, 158; imperfect, 217; imperfect subjunctive, 386; informal (**tú**) command form, 202; no past progressive, 238; present indicative, 34; present subjunctive, 324; preterit, 177; uses of, 39–40

si, imperfect subjunctive with, 383; indicative vs. subjunctive after, 383

siempre, 178

softened requests and statements, conditional for, 283, 386; imperfect subjunctive for, 386

stem-changing verbs, formal (**Ud.** and **Uds.**) command forms of, 157; present indicative, **e** to **i**, 78, **e** to **ie**, 62, **o** to **ue**, 101, review, 136; present subjunctive, 153, 325; preterit, 190, 191

stressed possessive adjectives, 307

subject, pronouns, 27, use of, 27; **se** as non-personal, 287

subjunctive, imperfect, 382–383; imperfect after **como si**, 386; imperfect in adverbial clauses, 394; imperfect in dependent clauses, 383, 386, 389, 393, 394; imperfect of irregular verbs, 382–383; imperfect of regular verbs, 382–383; imperfect with *if*-clauses, 383; in adjective clauses, 341, 393; in adverbial clauses, 362, 394; in direct commands, 157; in indirect commands, 351; in first-person plural (*let's*) commands, 349; in noun clauses, 149, 320, 389, review, 204, 289, 345, 389; in softened requests, 386; infinitive instead of, 330; mood, 147, review, 320; present in dependent clauses, 149; present of irregular verbs, 153, 323; present of regular verbs, 148, 320; present of stem-changing verbs, 325; present, used as command, 157; vs. indicative in adjective clauses, 342, 393; vs. indicative in adverbial clauses, 362, 394; with impersonal expressions, 347; with **ojalá**, 328, 388

suffix **-mente**, 218

superlative, ending **-ísimo**, 243; of adjectives, 242

syllabication, *see* Appendix

también, 178

tampoco, 178

telling time, 63–64

temperature, 98

tener, conditional, 281; expressions with, 112; future, 259; imperfect, 214; imperfect subjunctive, 383; informal (**tú**) command form, 202; present indicative, 55; present subjunctive, 153, 323; preterit, 174

tener que + infinitive, 55; uses of, 55

time, *see* telling time

time expressions, 63–64; with **hacer** 244–245

traer, present participle, 133; present subjunctive, 323; preterit, 192

tú, affirmative and negative commands, 202–203; vs. **Ud.**, 28

Ud. and **Uds.**, affirmative commands for, 157; irregular verb commands, 158; negative commands for, 158; stem-changing verb commands, 157; vs. **tú**, 28

un, uno, una, uses of, 36

useful vocabulary: *see separate list of* Vocabulario útil *at the end of this index*

valer, conditional, 281; future, 259

venir, conditional, 281; future, 259; imperfect subjunctive, 382; informal (**tú**) command form, 202; no past progressive, 238; present indicative, 54; present subjunctive, 153, 323; preterit, 174

ver, imperfect, 217; past participle, 301; present subjunctive, 153, 323; preterit, 175

verbs, after **como si**, 386; **-ar** verbs, 30–31; classification, 29; conditional, 270; conjugation forms, 29; command forms, formal (**Ud.** and **Uds.**), 157, 158, informal (**tú**), 202–203; **-er** verbs, 32; future, 256; imperfect, 214, 217; imperfect subjunctive, 382, 383; in dependent clauses, 383, 386, 389, 393, 394; **-ir** verbs, 32; past participle of, 299, 301; pluperfect, 306; present indicative of irregular, 34, 51, 54, 55, 78, *see also* individual irregular verbs; present indicative of regular, 30; present participle, 133; present perfect, 299; present progressive, 133; present subjunctive, 147; present with future meaning, 266; preterit, 169–170, 190–194; reflexive, 122; stem-changing, **e** to **i**, 78, **e** to **ie**, 62, **o** to **ue**, 101, 136; terminology, 29; three irregular in the imperfect, 217; with different meaning in the preterit, 240

vestirse, present indicative, 124; present participle, 134

vocabulario útil: *see separate list at the end of this index*

volver, past participle, 301; present indicative, 101; preterit, 170

weather, 98–99
week, days of, 52
word stress, *see* Appendix

year, months of, 102; seasons of, 102

Notas culturales

abrazo, 5
aficionados, 232
almacenes, 254
amistad, 358
apellidos, 50
bar, 26
béisbol, 233
botánica, 297
botica, 297
cena, 121
ciudad universitaria, 73
clima: Los contrastes del clima, 96
colegio, 73
comida, 121
Compostela, 360
compromiso, 167
confianza, 358
confitería, 254
cortéjo, 167
curanderas, 297
deportes, 232
deportistas, 145
    Forma de vestir, 145
desayuno, 121
Día: El Día de la Madre, 49
educación, 72–73
escuela:
    Colegio, 73
    Escuela normal, 73
    Escuela preparatoria, 73
    Escuela primaria, 73
    Escuela secundaria, 73
estudiantes, 144
    Modo de vestir, 144
familia hispana, 50
farmacia, 297
flamenco, 277
fútbol, 145, 232
hombre, 379
horario, 121
jai alai, 233
Liceo, 73
machismo, 379
madre, 49

Madrid, 278
madrinas, 360
matrimonio, 167
mediodía, 119
mercados, 253
mesa, 189
modista, 144
modo de vestir, 144–145
mozo, 188
mujer hispana, 381
música:
    La música clásica, 339
    La música popular, 338
noche, 120, 278
padre, 49
padrinos, 360
El papel de la madre, 49
El papel de la padre, 49
parteras, 297
piropos, 166
planes para el futuro, 74
platos típicos, 187
plaza, 26
Premio Bolívar, 211
Rey don Juan Carlos, 211
saludos, 3–5
Santiago de Compostela, 360
sastre, 144
Simón Bolívar, 210
sistema educativo, 72
social:
    El Seguro Social, 297
    La vida social, 25
supermercados, 254
tablao, 277
tiendas, 253
titulares del diario, 318
vida social, 25

Lecturas

Adelita tiene un problema, 181
Dos hispanos, 41
El gallo, 353
El jefe de la familia, 395
El tiempo no es oro, 137
En el restaurante, 199

En la taquilla, 290
Juan Carlos Ramos de La Habana, 225
La familia de Luisa, 66
La lotería, 270
La soltera, 159
Los signos de zodíaco—el horóscopo, 311
Mario y sus diversiones, 246
Otros titulares de la prensa, 332
Ricardo quiere ser ingeniero, 90
Un piloto peruano, 114
Una carta de Evelina, 373

Vocabulario útil

Algunas características humanas, 344
Asignaturas, 76
Cena, 198
Contestaciones sencillas, 370
Desayuno, 197
Descripciones, 38
Días festivos importantes, 128
El noviazgo y casamiento de Ricardo y Catalina—por etapas, 391
El tiempo, 99
En el consultorio del médico, 303
En la mesa, 198
Establecimientos de servicios personales, 265
Expresiones adverbiales de tiempo, 219
Expresiones de cortesía, 327
Expresiones del tiempo con **hacer**, 99
Expresiones del tiempo con **estar**, 99
Expresiones temporales con **hace**, 287
Frases hechas con **por**, 286
La familia de Luisa, 60
La fecha, 102
La ropa, 151
Las bebidas, 197

Las comidas, 196
Las estaciones del año, 102
Los colores básicos, 152
Los deportes y juegos, 238
Los meses del año, 102
Lugares de trabajo, 77

Mediodía, 198
Menú, 197
Nacionalidades, 38
Ocupaciones, 76
Oficios o profesiones, 76
Pasatiempos y hobbies, 130

Pidiendo direcciones en la calle, 267
Prendas de vestir, 151
Profesiones, 13, 76
Referencias al pasado, 171
¡Vamos a comer!, 196

América del Sur